Série História das Nações

História Concisa da Índia Moderna

Série História das Nações

A Edipro traz para o Brasil uma seleção de títulos da Série *História Concisa*, originalmente produzida pela Editora Cambridge, na Inglaterra, e publicada entre os renomados títulos acadêmicos e profissionais que compõem o seu vasto catálogo.

"Esta série de 'breves histórias' ilustradas, cada qual dedicada a um país selecionado, foi pensada para servir de livro-texto para estudantes universitários e do ensino médio, bem como uma introdução histórica para leitores em geral, viajantes e membros da comunidade executiva."

Cada exemplar da série – aqui intitulada *História das Nações* – constitui-se num compêndio da evolução histórica de um povo. De leitura fácil e rápida, mas que, apesar de não conter mais que o essencial, apresenta uma imagem global do percurso histórico a que se propõe a aclarar.

Os Editores

O livro é a porta que se abre para a realização do homem.

Jair Lot Vieira

BARBARA D. METCALF E THOMAS R. METCALF

Série História das Nações

História Concisa da Índia Moderna

Tradução de
JOSÉ IGNACIO COELHO MENDES NETO

História Concisa da Índia Moderna

Série História das Nações

Barbara D. Metcalf e Thomas R. Metcalf

tradução: José Ignacio Coelho Mendes Neto

1ª Edição 2013

© desta tradução: *Edipro Edições Profissionais Ltda.* – CNPJ nº 47.640.982/0001-40

Editores: Jair Lot Vieira e Maíra Lot Vieira Micales
Coordenação editorial: Fernanda Godoy Tarcinalli
Revisão: Tatiana Yumi Tanaka e Wânia Milanez
Diagramação e Arte: Heloise Gomes Basso, Karine Moreto Massoca e Danielle Mariotin

Syndicate of the Press of the University of Cambridge, England
A Concise History of Modern India – Third Edition
© Cambridge University Press 2001, 2006, 2012

This publication is in copyright. Subject to statutory exception and to the provisions of relevant collective licensing agreements, no reproduction of any part may take place without the written permission of Cambridge University Press.

Dados Internacionais de Catalogação na Publicação (CIP)
(Câmara Brasileira do Livro, SP, Brasil)

Metcalf, Barbara D.

História concisa da Índia moderna / Barbara D. Metcalf e Thomas R. Metcalf ; tradução de José Ignacio Coelho Mendes Neto. – 1. ed. – São Paulo : EDIPRO, 2013. – (Série história das nações)

Título original: A concise history of modern India.

Bibliografia.

ISBN 978-85-7283-819-1

1. Índia - História I. Metcalf, Thomas R. II. Título. III. Série.

12-05095   CDD-954.03

Índices para catálogo sistemático:

1. Índia : História : 954.03

edipro
edições profissionais ltda.

São Paulo: Fone (11) 3107-4788 – Fax (11) 3107-0061
Bauru: Fone (14) 3234-4121 – Fax (14) 3234-4122
www.edipro.com.br

Sumário

Lista de imagens e mapas   9
Prefácio à terceira edição   13
Prefácio à primeira edição   15
Cronologia   21

Capítulo 1 • Sultões, mogóis e a sociedade indiana pré-colonial   27
O sultanato de Déli   29
A emergência dos reinos regionais   34
O império mogol   40

Capítulo 2 • O ocaso mogol: a emergência dos Estados regionais e a Companhia das Índias Orientais   55
As "linhas de fratura" do controle mogol   55
O Noroeste: siques, persas e afegãos   58
A nova ordem regional: "fiscalismo militar" e florescência cultural   61
A ascensão da Companhia das Índias Orientais inglesa   70
A conquista de Bengala   76

Capítulo 3 • O domínio da Companhia das Índias Orientais, 1772-1850   83
Fundação do domínio colonial   83

Conquista e instalação 94
Tradição e reforma: a sociedade indiana sob a Companhia 107

Capítulo 4 • Revolta, o Estado moderno e os súditos colonizados, 1848-1885 119

Dalhousie: a unificação da soberania e redes de comunicação 121
Ano de 1857, governo da Coroa e as consequências da revolta 126
A estruturação do domínio britânico: segurança, saneamento, ordenação da sociedade 134
"Líderes naturais" e as linguagens da modernidade 140
As elites de educação inglesa 143
Os vernáculos 146

Capítulo 5 • Sociedade civil, restrições coloniais, 1885-1919 149

Um sistema imperial global 150
Novas classes, novos colaboradores 157
Associações voluntárias, movimentos religiosos e instituições tradicionalistas 163
Mulheres e gênero 170
Os anos 90: comunitarismo e calamidades 175
Lorde Curzon e a partição de Bengala 180
Primeira Guerra Mundial, novos objetivos, novas alianças 187

Capítulo 6 • A crise da ordem colonial, 1919-1939 193

Reforma e repressão 193
O advento de Gandhi 195
O poder do nome de Gandhi: defensores e adversários 201
O curso da não cooperação 207
Levantes agrários e industriais 210
Não cooperação: a segunda rodada, 1927-1934 215
Novas oportunidades e novos conflitos 218
A indústria e a economia 223

Capítulo 7 • A década de 1940: triunfo e tragédia 227
Da negociação ao "levante" de agosto 228
Jinnah e a ideia do Paquistão 231
Guerra e fome 233
Da Conferência de Simla à missão do gabinete 234
Massacre e partição 240
Definir a nação: príncipes, Caxemira, rapto de mulheres 247
A direita hindu e o assassinato de Gandhi 251

Capítulo 8 • O governo do Congresso: democracia e desenvolvimento, 1950-1989 255
A nova ordem política 261
A nova ordem econômica 266
Guerra, fome e turbulência política 270
O governo de Indira 275
O interlúdio Janata e o retorno de Indira 280
O fim de uma dinastia – Rajiv Gandhi, 1984-1989 283

Capítulo 9 • A Índia democrática na virada do milênio: prosperidade, pobreza, poder 289
A década de 1990 e a ascensão do nacionalismo hindu 296
Liberalização econômica 307
Um século asiático 316

Notas biográficas 319
Ensaio bibliográfico 325
Índice remissivo 339
Glossário 355

Lista de imagens e mapas

Imagens

1. Vista do Forte Vermelho de Shah Jahan, Déli. Reproduzida por cortesia do Centro de Arte e Arqueologia, Instituto Americano de Estudos Indianos, Gurgaon, Índia. — 28
2. Pilar Asoka, Ferozshah Kotla, Nova Déli. Fotografia de Thomas Metcalf. — 35
3. *Babur supervisionando o Jardim da Fidelidade*, de Bishan Das, do *Baburnama*. Reproduzida por cortesia da V&A Picture Library, Victoria and Albert Museum, Londres. — 42
4. Vista do Taj Mahal, Agra. Fotografia de Thomas Metcalf. — 45
5. Um templo hindu em estilo mogol, construído por Raja Man Singh, Brindaban. Fotografia de Catherine Asher. — 48
6. Forte Daulatabad, Maharashtra. Fotografia de Thomas Metcalf. — 60
7. Gopal Bhavan, Dig, *c.* 1763. Fotografia de Thomas Metcalf. — 62
8. Túmulo de John William Hessing, 1803, Agra. Fotografia de Thomas Metcalf. — 64
9. Palácio da cidade de Jaipur, com o observatório astronômico Jantar Mantar atrás, à esquerda. Fotografia de Thomas Metcalf. — 66
10. Pintura *ragmala* de Radha e Krishna, Kulu, início do século XIX. Da coleção de Thomas e Barbara Metcalf. — 68
11. *O Oriente oferece suas riquezas a Britânia*, por Spiridion Roma (1778). Com permissão da British Library (F245). — 72
12. Forte de São Jorge, Madras, *c.* 1750. Fotografia de Thomas Metcalf. — 73

13. Um magistrado distrital lê para os aldeões reunidos os nomes escritos num   88
mapa de tecido das possessões da vila para confirmar os direitos de propriedade. Faizabad, Uttar Pradesh, 1965. Fotografia de Thomas Metcalf.
14. Detalhe de *Um funcionário da Companhia prestes a esboçar um templo em*   92
ruínas, da coleção Colin Mackenzie (*c*. 1810). Com permissão da British Library (LID586).
15. Detalhe de *A batalha de Pollilur 1780*, de artista indiano desconhecido   96
(*c*. 1820). Reproduzido de *The Tiger and the Thistle: Tipu Sultan and the Scots in India*, publicado pela Picture Gallery, National Library of Scotland, 1999. Com permissão de Otto Money.
16. *Cidade de Lucknow* (1824), de J. Ackerman. Coleção de Thomas e Barbara   101
Metcalf.
17. Universidade de Patna, *c*. 1837. Fotografia por cortesia de Rebecca Brown.   110
18. Ram Mohan Roy. Cortesia do City Museum and Art Gallery, Bristol.   113
19. Selos postais do Governo da Índia, [série] "Entregando a correspondência",   125
1937. Da coleção de Thomas Metcalf.
20. Poço memorial, Kanpur. Fotografia de 1903, cortesia da Ames Library, Universidade de Minnesota.   133
21. Bangalô, Allahabad. Fotografia de 1866. Com permissão da British Library   136
(491/1).
22. "Brinjara e sua esposa", de J. Forbes Watson e J. W. Kaye, *The Peoples of India*   139
(Governo da Índia, 1868).
23. *The Lytton Gazette*. Reprodução por cortesia de Narayani Gupta.   144
24. Terminal da Grande Estrada de Ferro Indiana (Terminal Victoria), Bombaim.   153
Cortesia da Ames Library, Universidade de Minnesota.
25. Trabalhadores na ferrovia de Uganda. Com permissão dos curadores da   156
Biblioteca da Universidade de Cambridge.
26. Capas de livros para publicações de Kipling. Cortesia da Biblioteca da Universidade da Califórnia, Davis.   158
27. Livreiros, Amritsar, 1908. Cortesia da Ames Library, Universidade de Minnesota.   165
28. *Nascimento de Shakuntala*, pintura de Ravi Varma, incorporada num cartaz   170
de propaganda de comida de bebês. Cortesia de Jim Masselos.
29. *O primeiro golpe*. Pintura *kalighat*, *c*. 1880, de Nirbaran Chandra Ghosh.   172
Cortesia da V&A Picture Gallery, Victoria and Albert Museum, Londres.

30. Festival Ganapati em Dhar, Índia Ocidental. Fotografia de Vernon and Co. (1913). Cortesia da British Library (foto 10/14[196] Reading; B11765). 177
31. "Kali pisoteia seu consorte Shiva", 1908. Calendário em cromolitogravura para os Cigarros Kali de Bowbazar Street, Calcutá. Com permissão do Royal Anthropological Institute, Londres. 183
32. Página de rosto de *Rashtriya Sangit Julmi Daayar – Jallianwalla Bagh*, de Manohar Lal Shukla, Kanpur, 1922. Com permissão da British Library (14158.de.28[5]). Agradecimentos a Kathryn Hansen, em cujo *Grounds for Play: the Nautanki Theatre of North India* (Berkeley: University of California Press, 1992) vimos pela primeira vez esta ilustração. 196
33. Gandhi à sua escrivaninha. Cortesia do Nehru Memorial Museum and Library, Nova Déli. 200
34. Delegados na sessão de 1919 do Congresso de Amritsar. Cortesia do Nehru Memorial Museum and Library, Nova Déli. 211
35. Trabalhadores do Congresso na Índia meridional (1924). Cortesia do Nehru Memorial Museum and Library, Nova Déli. 212
36. Publicidade das fábricas E. D. Sassoon & Co. (*c.* 1925), em *A Classified List of Manufacturers of Swadeshi Goods and Their Agents and Dealers* (Bombaim: Bombaim Swadeshi League, 1931). Agradecimentos a Lisa Trivedi, que trouxe esta ilustração ao nosso conhecimento. 225
37. Jawaharlal Nehru (esq.) e M. A. Jinnah (dir.) na Conferência de Simla. Com permissão da British Library (134/2 [28]). 235
38. Motim de Calcutá, agosto de 1946. Fotografia por cortesia do Nehru Memorial Museum and Library, Nova Déli. 241
39. Nehru dirige-se à nação a partir do Forte Vermelho, Déli. Fotografia por cortesia do Nehru Memorial Museum and Library, Nova Déli. 244
40. Trem levando refugiados, 1947. Fotografia por cortesia do Nehru Memorial Museum and Library, Nova Déli. 245
41. Vijayalakshmi Pandit dirige-se a um comício eleitoral, Phulpur, Allahabad, 1964. Fotografia de Thomas Metcalf. 258
42. Detalhe de arquitetura, Chandigarh. Fotografia de Thomas Metcalf. 260
43. Cartaz do filme *Shree 420* (1955). 262
44. Reprodução fac-similar de uma cédula indiana de 10 rúpias. 265
45. Siderúrgica Durgapur, Bengala Ocidental. Fotografia de Thomas Metcalf. 269
46. "Hora de votar – Índia". Fotografia por cortesia de M. S. Gill, presidente da Comissão Eleitoral da Índia. 290

47. Cadetes em treinamento na Escola de Combate na Selva e Contrainsurgên- 295
cia, Chattisgarh (separados aqui em dois grupos, que representam os irmãos
beligerantes "Pandav" e "Kaurav" do épico *Mahabharata*). Fotografia por
cortesia de Vasundara Sirnate.

48. L. K. Advani como o deus Ram. Cortesia de *India Today*, 15 de maio de 1991. 300

49. Estátua de B. R. Ambedkar em construção, Varanasi. Fotografia de Thomas 307
Metcalf.

50. Cinco e meia da tarde na Via Expressa Gurgaon. Fotografia de Thomas 313
Metcalf.

51. Oficial do Exército tenta dispersar moradores locais que bloquearam uma 315
estrada durante protestos em Manipur, 2010. Fotografia por cortesia de
Kishalay Bhattacharjee.

52. Sala de aula, Madhya Pradesh. Fotografia de Thomas Metcalf. 316

Mapas

1. A Índia em 1500. 36
2. A Índia em 1798. 98
3. O Império britânico na Índia, *c.* 1900. 154
4. A Índia em 2000. 290

Prefácio à terceira edição

A primeira edição da *História Concisa da Índia* foi publicada em língua inglesa em 2001 e cobria acontecimentos até o final do século XX, em 2000. A segunda edição (também em inglês), intitulada *História Concisa da Índia Moderna* para refletir com mais precisão seu escopo, foi publicada em 2006. Essa edição acompanhou a história da Índia até 2005 e incluiu a destituição do governo do BJP pelo Congresso, liderado por Manmohan Singh, no ano anterior. Somos imensamente gratos pela acolhida calorosa que este livro recebeu nos últimos dez anos de professores, colegas e estudantes. Embora não tenha sido concebida como um manual, para nossa grata surpresa a *História Concisa da Índia Moderna* foi amplamente adotada em cursos de universidades e faculdades na Ásia meridional.

Esta terceira edição* manteve intacto o material dos capítulos 1 a 8, até 1989. Revisamos esses capítulos em profundidade para a segunda edição, incorporando novas perspectivas e novas pesquisas à nossa narrativa. Embora uma série de estudos importantes tenham sido publicados nos últimos anos sobre o período colonial e o início do período nacional, sem falar no século XVIII, não julgamos que uma revisão fosse necessária a esta altura. No entanto, o Capítulo 9 e o epílogo haviam ficado seriamente datados e, para serem úteis, exigiam uma revisão abrangente, que redundou numa reorganização completa. O atual Capítulo 9 cobre o período de 20 anos de 1990 a 2010, numa narrativa contínua. Tentou-se também reorganizar o capítulo de forma temática em vez de simplesmente cronológica. Suas duas seções

---

* Originalmente publicada em 2012, em língua inglesa. (N.E.)

principais avaliam sucessivamente a natureza cambiante da política indiana, dando especial atenção à ascensão do nacionalismo hindu, e ao incremento e às consequências da liberalização econômica nos 20 anos desde a posse do governo Narasimha Rao em 1991. Refletimos particularmente sobre uma polarização econômica perturbadora, com prosperidade crescente nas cidades mas profundas desvantagens para os demais. Entre os mais carentes estão as populações majoritariamente tribais da Índia interior central e Oriental, onde houve violência endêmica em anos recentes. O capítulo encerra-se com um exame da fascinante questão da rivalidade entre a Índia e a China, os dois "gigantes" asiáticos, neste momento em que o fulcro do poder econômico global se desloca para leste. Nessa seção, baseamo-nos fortemente nos escritos de especialistas, como o renomado economista Amartya Sen.

Mantivemos novamente o prefácio à primeira edição porque ele contém informações sobre a historiografia e geografia indianas que podem ser úteis para os leitores.

Queremos mais uma vez agradecer a diversos colegas que chamaram nossa atenção para erros ou sugeriram tópicos que exigiram mais consideração no momento da preparação da segunda edição. Entre eles estão Sumit Guha, Ralph Nicholas e Leonard Gordon. Taymiya Zaman, agora na Universidade de São Francisco, trabalhou conosco em Ann Arbor para conseguir permissões para as ilustrações e criar um novo texto eletrônico para a Cambridge University Press. Somos gratos a Hannah Archambault e Emma Kalb pelo auxílio na preparação desta edição, e a Lloyd Rudolph e Susanne Rudolph, Anupamo Rao e outros colegas pelas discussões em Berkeley e Stanford. Também agradecemos a Susan Bean, que nos ajudou a obter a permissão para usar o quadro de M. F. Husain na capa. Como sempre, temos uma dívida de gratidão para com nossa editora diligente e incentivadora, Marigold Acland, da Cambridge University Press, que trabalha conosco desde que este projeto começou a tomar forma, cerca de 15 anos atrás.

Prefácio à primeira edição

Esta é uma breve história da Índia desde a época dos mogóis. Ela compreende a história do que foi conhecido como a Índia Britânica do final do século XVIII até 1947, quando o subcontinente foi dividido nos dois países independentes da Índia e do Paquistão, e posteriormente da República da Índia. (A história do Paquistão e, depois de 1971, do Bangladesh, é tratada num volume à parte desta série.)

Nesta obra, esperamos capturar um pouco do entusiasmo que tem caracterizado o campo dos estudos sobre a Índia nas últimas décadas. Qualquer história escrita hoje difere acentuadamente daquelas do final dos anos 1950 e início dos 1960, quando nós, então estudantes de pós-graduação, "descobrimos" a Índia pela primeira vez. A história da Índia, assim como as histórias de todos os lugares, é escrita hoje, na sua melhor forma, como uma história mais inclusiva e com menos narrativas determinantes. Os historiadores procuram não apenas incluir mais segmentos da população nas suas histórias – mulheres, minorias, os despossuídos –, mas também estão interessados em narrativas históricas alternativas, aquelas moldadas por cosmologias distintas ou por experiências locais. Eles questionam, sobretudo, as narrativas que foram forjadas – como o foram em toda parte no mundo moderno – pelas visões imperiosas do nacionalismo. As primeiras histórias da Índia, escritas a partir das décadas inaugurais do século XIX, eram servas do nacionalismo britânico. Posteriormente, elas foram contestadas e reescritas por historiadores indianos nacionalistas. Todas essas histórias, incluindo aquelas escritas de uma perspectiva marxista, foram moldadas por noções de "progresso" e do que era visto como uma progressão inevitável em direção a modelos presumivelmente já conhecidos de "modernidade", que incluíam o desenvolvimento econômico e a democracia. Recentemente, historiadores indianos tomaram a iniciativa de romper as velhas narrativas, às custas, diriam alguns, de uma continuidade cultural acalentada e das instigantes estórias de heroísmo que fomentam o patriotismo. O que eles nos deram em vez disso foi o que o eminente "subalternista" Partha Chatterjee chama de "fragmentos" de história. Mas essa história não deixa de ser crucial para a formação de cidadãos informados, seja de uma nação específica ou do mundo.

Nesta breve história, enfocamos o tema fundamentalmente político que é "imaginar" a Índia, assim como as estruturas institucionais que transformaram e sustentaram esse país. Ao fazê-lo, almejamos mostrar também as mudanças sociais e os valores culturais que foram constituídos em interação com sua estrutura política e essa visão. Escolhemos situar a história política e as ações da elite política no centro da nossa narrativa porque elas foram a força motriz da mudança histórica. Um "subalternista" poderia insistir com propriedade que tal ênfase não faz jus às mentalidades múltiplas e às diversas experiências vividas do grosso da população indiana. Um exemplo intrigante da disparidade entre a história política e a memória individual foi analisado recentemente pelo historiador Paul Greenough. Ele observa que os pesquisadores do censo coloniais e posteriores exigiam o registro das datas de nascimento de populações que, na sua maior parte, não comemoravam esse evento. Por isso, os funcionários do censo forneciam aos respondentes listas de eventos "históricos" para ajudar a ancorar memórias, os quais incluíam fatos nacionais, como a coroação de Jorge V ou a proclamação da República da Índia, e eventos locais, como desastres naturais ou eleições fraudadas. Estes últimos eventos, na visão de Greenough, mostraram-se mais evocadores para suscitar recordações do passado, e portanto revelam uma história mais "subalterna" que a versão oficial ou acadêmica. No entanto, a nosso ver, as vidas das pessoas entrevistadas pelo censo foram inevitavelmente moldadas de múltiplas maneiras, desde os alimentos que eles comiam e as terras que eles aravam até as perspectivas para seus filhos, pela sua existência como súditos do domínio colonial, e depois como cidadãos do Estado indiano independente.

Assim como outros que acabaram por reconhecer as teleologias implícitas da história "nacional", reconhecemos que a história é sempre escrita, e necessariamente reescrita, para atender às necessidades do presente. Uma dessas necessidades, na nossa visão, é mostrar que as noções de continuidade do senso comum, fomentadas pelo nacionalismo, precisam ser substituídas por um entendimento sobre a novidade das identidades modernas e os novos significados infundidos em velhos termos ("casta", "hindu", "muçulmano" e até mesmo "Índia"). É isso que o cientista político Benedict Anderson chamou de o grande paradoxo do nacionalismo: que os Estados-nação, um produto dos séculos recentes, sempre precisam alegar serem muito, muito antigos. Mostrar o contrário no caso da Índia é especialmente desafiador, pois os colonialistas britânicos tinham um incentivo poderoso para fazer da Índia uma terra atemporal e imutável em contraste com o seu próprio "progresso" declarado, enquanto os nacionalistas indianos foram impelidos por um desejo igualmente insistente de reivindicar uma chancela de antiguidade para seus próprios ideais culturais e políticos. Porém, entender como nossas culturas são construídas é essencial para nos dar um distanciamento crítico em relação àquilo que, de outra forma, parece fazer parte da natureza. Essa é uma contribuição notável que a História pode dar à vida cívica.

Chamamos em particular a atenção do leitor para as citações feitas e as imagens ilustrativas inseridas em toda a narrativa histórica. Os excertos representam "vozes" de participantes dos eventos descritos. Quando possível, selecionamos esses trechos de obras que estão facilmente disponíveis para quem quiser explorar mais essas fontes. Eles exemplificam as modalidades cambiantes da expressão e do comportamento contemporâneo. De igual modo, as reproduções visuais não são meras "ilustrações", mas têm por objetivo dar alguma noção do mundo visual de cada época, incluindo as novas mídias.

Os mapas apresentados no volume visam a orientar o leitor quanto aos elementos centrais da geografia da Índia. As características físicas do subcontinente indiano moldaram sua história de maneiras fundamentais. Seu tamanho – mais de 3 mil km de Leste a Oeste e mais de 3 mil km de Norte a Sul – levanta dúvidas quanto ao rótulo de "subcontinente" que lhe foi dado pelos cartógrafos europeus, cujo próprio "continente" europeu mal chega a ser mais extenso. O subcontinente indiano, como a própria Europa, é um característico marcante da massa de terra mais ampla da Eurásia, da qual ele se projeta. Contudo, ao contrário da Europa, a Índia é separada pelas imponentes cordilheiras da Ásia Central, de modo que ela participou apenas de forma marginal do tráfico de bens e de pessoas que varreu as estepes para Leste e para Oeste ao longo dos séculos.

Apesar da barreira persistente ao deslocamento formada pela cadeia ininterrupta de montanhas que vai dos Pamir e do Karakoram a Noroeste, através do Himalaia central até os montes recobertos de densas florestas na fronteira birmanesa, a Índia interagiu continuamente com seus vizinhos. Essa interação ocorreu para Oeste, onde as passagens Khyber e Bolan proporcionavam acesso ao platô afegão. A mais antiga civilização indiana, conhecida como harappianos ou do vale do Indo (ápice em 2000-1500 a.C.), possuía laços comerciais estreitos com a Mesopotâmia. Os povos da Ásia Central chegaram ao subcontinente por volta de 1000 a.C., trazendo consigo uma língua, o indo-europeu, que também se espalhou para Oeste por grande parte da Europa. Em decorrência disso, as línguas que surgiram no Norte e no Centro da Índia partilham padrões linguísticos fundamentais com as de muitos países europeus. Os gregos sob Alexandre, o Grande, seguidos pelos sacas, citas e hunos da Ásia Central, e finalmente os turcos, mongóis e afegãos, conquistaram o Noroeste e frequentemente estabeleceram-se ali. Também ocorreram migrações para fora da Índia em direção à Ásia Central, sobretudo peregrinos e mestres budistas para o Tibete e a China, assim como comerciantes de artigos de luxo.

Os dois braços do oceano Índico – a baía de Bengala e o mar da Arábia – que definem os dois lados restantes do triângulo indiano delimitam a região como um espaço distinto e moldam-na como uma zona climática distinta – a das monções. Após juntar força nas quentes regiões equatoriais do oceano Índico, as chuvas de monções varrem a Índia todos os verões. A agricultura indiana é quase totalmente dependente dessas chuvas, cuja intensidade varia drasticamente de 1,5 mil a 2 mil mm por ano nas costas ocidental e oriental e nos sopés montanhosos a menos 400 a 500 mm no Punjab. O Sind e o Rajastão no Noroeste estão situados fora da influência das monções, e por isso são cobertos quase completamente por um deserto estéril. Os oceanos também ligaram a Índia aos seus vizinhos. Os Cholas navegadores do extremo Sul tiveram importância fundamental na transmissão dos ensinamentos budistas e bramânicos da Índia para o Sudeste Asiático. Mercadores indianos aprenderam cedo a navegar com os ventos das monções ao velejar pelo oceano Índico ocidental. Começando em 1498, quando Vasco da Gama, guiado por um piloto guzerate, levou sua nau a um porto indiano, os conquistadores europeus da Índia vieram do Oeste pelo mar.

Suas características físicas, em particular suas montanhas e rios, dividem a Índia em regiões não menos distintas que os diversos países da

Europa. Essas regiões caracterizam-se por diferenças de padrões ecológicos, línguas e culturas. Ao longo do Himalaia estão os rios da planície Gangética que se unem para formar o "Ganga" sagrado, que flui de Noroeste a Sudeste para a baía de Bengala. Essa região, uma rica zona agrícola conhecida como "Hindustão", foi o cerne dos impérios do Norte e a meta dos invasores que vieram pelo Noroeste. A planície indo-Gangética, de mais de 1,5 mil km de comprimento, comporta o Punjab, cujos "cinco rios" fluem para Sudoeste em direção ao Indo; a rica área de "doab" entre o Ganges e o Jamuna; e mais para Leste, onde o Brahmaputra junta-se a ele vindo do Tibete, a região fértil, abundante em água, de agricultura arrozeira em Bengala.

O Norte da Índia destaca-se da Índia peninsular, conhecida como Decão, por cordilheiras de montanhas baixas, matagais e rios que fluem para Oeste. Embora não sejam uma barreira tão intimidadora quanto as alturas do Himalaia, as montanhas da Índia Central permitiram que os povos da Índia meridional ali instalados, que falavam línguas derivadas da chamada família dravidiana, desenvolvessem características culturais distintas. Ademais, no Sul, ao contrário das vastas planícies do vale do Ganges, a própria terra – que comporta vales de rios separados por montanhas, além das cordilheiras litorâneas conhecidas como "ghats" – incitou os povos a desenvolverem Estados separados e até línguas diferentes. No entanto, apesar de toda essa diversidade, na Idade Média os elementos unificadores do que pode ser chamado de civilização índica atingiram a maioria das áreas do subcontinente. Nosso volume começa com um exame dessa civilização medieval indiana.

Queremos expressar nossos agradecimentos a uma série de instituições que puseram suas instalações à nossa disposição durante a redação deste livro. Elas incluem as bibliotecas da Universidade da Califórnia em Berkeley e em Davis, a Ames Library da Universidade de Minnesota, a British Library e o Nehru Memorial Museum and Library, em Nova Déli. Diversos amigos e colegas, sobretudo Catherine Asher, Frederick Asher, Rebecca Brown e Narayani Gupta auxiliaram-nos na obtenção de fotografias raras usadas como ilustrações. Somos especialmente gratos a Rachel Sturman, que, além de fazer uma leitura cuidadosa do manuscrito, assumiu a tarefa de coletar as ilustrações e assegurar as permissões para uso das mesmas. De modo mais geral, queremos agradecer aos nossos alunos, que, ao longo das várias décadas desde que iniciamos nossas carreiras docentes, com suas perguntas e seu entusiasmo sempre nos encorajaram a renovar nossa reflexão sobre a história da Índia.

Gostaríamos especialmente de mencionar aqueles que compartilharam conosco ideias de projetos de pesquisa ainda não publicados. Eles incluem Lisa Trivedi, Durba Ghosh e Rachel Sturman, entre outros. Também devemos muito a Marigold Acland, da Cambridge University Press, que foi a primeira a nos incentivar a assumir essa tarefa e depois nos cutucou para terminá-la a tempo. Finalmente, queremos agradecer Kavita Datla e Ariana de Rochefort Reynolds pela preparação do índice sob intensa pressão do cronograma.

Cronologia

Índia antiga

c. 2600-1700 A.C. Civilização Harappa. Cidades com avanços em hidrologia, arquitetura e ofícios manuais, e comércio com a Ásia Ocidental e Central. Localizada no vale do Indo, bem como nos adjacentes Punjab e Guzerate. A maioria do subcontinente escassamente povoada por caçadores, coletores e pastores.

c. 1500-1200 A.C. Cultura ariana no Punjab e na Planície Gangética ocidental derivada de contatos ou movimentos populacionais vindos da Ásia Central. Textos ritualísticos, os vedas, em sânscrito (linguisticamente relacionado às línguas iranianas e europeias), preservados por sacerdotes brâmanes ao longo dos séculos e gradualmente levados para o Leste e para o Sul. Textos descrevem ferramentas de bronze, cavalos e cosmologia complexa.

c. 900-800 A.C. Os épicos *Ramayana* e *Mahabharata* contam histórias de reinos e guerras; foram revistos ao longo dos séculos e são conhecidos em muitas versões hoje. O *Mahabharata* ("*Grande História*") conta a guerra entre dois ramos de uma família real e inclui o *Bhagavad Gita* ("*Canção do Belo Senhor*"), na qual o deus Krishna explica o Dever e a Realidade a Arjuna, um herói guerreiro. No *Ramayana* ("*Caminho de Rama*"), Rama (mais tarde considerado uma reencarnação de Vishnu), sua mulher Sita e seu irmão Lakshaman escolhem o exílio na floresta quando Rama perde o direito ao seu trono em Ayodhya; eles derrotam inimigos para retornar em triunfo e fomentar a justiça e a paz.

Século VI A.C. "Era Axial" do florescimento filosófico em todo o mundo antigo: Mahavira Jain (599-527), cujos seguidores são conhecidos como "jainistas", e Gautama Buda (563-483), mestre dos "budistas", desafiam o domínio bramânico. Sábios bramânicos compõem os *Upanixades*. Todas as três filosofias desenvolvem conceitos de reencarnação, carma e cosmologias complexas.

327-325 A.C. Invasão de Alexandre, o Grande.

268-233 A.C. Reino de Ashoka Maurya, apogeu do Império Máuria, baseado no Noroeste mas com influência em todo o subcontinente. Ele converte-se ao budismo depois de conquistar Kalinga (261); missões budistas começam na Ásia meridional, espalham-se para o leste e sudeste da Ásia.

C. 200 A.C. – 200 D.C. "Sastras" em sânscrito descrevem a sociedade ideal com quatro classes hierárquicas: brâmanes ritualmente superiores acima dos guerreiros, agricultores e comerciantes, e trabalhadores e servos. Indo-gregos, *shakas* e *kushans* entram pelo Noroeste e estabelecem dinastias. Segundo a lenda, São Tomás começa a pregar o cristianismo na Índia por volta de 52 d.C.

320-497 Império Gupta baseado no Norte; "Era Clássica" da cultura bramânica, literatura sânscrita, arquitetura e escultura de templos. Peregrinos chineses chegam para estudar o budismo.

680-720 Reino *Pallava*; templo litorâneo em Mahabalipuram.

711 Estabelecimento de dinastia árabe em Sind.

985-1120 Estabelecimento do Império Chola no Sul da Índia, conquistas do Sri Lanka, Sumatra, Malaya; incursões ao norte, incluindo conquistas de Orissa e Bengala. Florescimento artístico inclui escultura em bronze.

1000-27 Incursões de Mahmud de Ghazna no Norte da Índia, incluindo saque dos templos de Mathura, Kanauj e Somnath.

1206-1398 Estabelecimento de dinastias turco-afegãs em Déli, que se expandem para o sul no século XIV. Fomento da língua persa e das instituições islâmicas.

1297-1306 Sultões de Déli repelem ataques mongóis e acolhem refugiados das incursões mongóis.

1346-1565 Império Vijayanagara no Sul da Índia; em 1398, ataque de Déli por Timur. Reinos regionais separam-se de Déli no norte em Guzerate, Bengala, Jaunpur. Em 1510, os portugueses conquistam Goa.

1347-1481 Sultanato de Bahmani no Decão sucedido por reinos regionais.

1526-1858 Império Mogol unifica o Norte e partes do Sul da Índia sob seu governo, gerando prosperidade, estabilidade e florescimento cultural. Enfraquece-se depois de 1707.

1600 Estabelecimento da Companhia das Índias Orientais pelos ingleses, seguida por companhias semelhantes de mercadores holandeses (1602) e franceses (1664).

1646 Shivaji estabelece fortaleza marata para desafiar os mogóis.

1707 Morte de Aurangzeb.

1708 Revolta sique no Punjab sob o comando de Banda (até 1715).

1713 Confederação marata estabelecida sob os *peshwas* (até 1818).

1717 O imperador Farrukhsiyar concede aos britânicos o privilégio de exportação isenta de impostos.

1724 Nizam-ul Mulk estabelece governo em Haiderabad.

1727 Jai Singh funda a cidade de Jaipur com planta.

1739 O invasor persa Nadir Shah saqueia Déli.

1744 Guerra da Sucessão Austríaca na Europa (até 1748); Dupleix afirma o poder francês na Índia.

1756 O nababo de Bengala Suraj-ud-daula conquista Calcutá.

1757 Batalha de Plassey; controle britânico de Bengala.

1761 Afegãos derrotam maratas na batalha de Panipat; Haider Ali funda o Estado de Mysore no Sul.

1764 Britânicos derrotam forças combinadas dos nababos de Bengala e Awadh e do imperador mogol em Buxar (Baksar).

1765 O imperador concede aos britânicos o direito de arrecadar impostos (*diwani*) em Bengala.

1772 Warren Hastings é nomeado primeiro governador-geral.

1783 Lei da Índia estabelece o Conselho de Controle.

1784 Fundação da Sociedade Asiática de Bengala.

1793 Cornwallis restringe cargos do serviço público indiano a europeus; *Permanent Settlement* de Bengala.

1803 Conquista de Déli; imperador mogol confinado no seu palácio como pensionista.

1818 Derrota dos maratas; britânicos controlam todo o subcontinente fora o Noroeste.

1819 Fundação do Hindu College, Calcutá.

1828 Ram Mohan Roy funda a Brahmo Samaj.

1829 Bentinck abole o *sati*.

1835 "Minuta sobre a educação", de Macaulay.

1849 Segunda Guerra Sique; conquista do Punjab; chega o governador-geral Dalhousie.

1853 Começa a construção das ferrovias, com juros garantidos para os investidores.

1856 Anexação de Awadh (Oudh).

1857 Motim e revolta por todo o Norte da Índia; criação das primeiras universidades indianas.

1858 Abolição da Companhia das Índias Orientais; governante mogol exilado; instituição do governo da Coroa.

1868 Academia muçulmana criada em Deoband.

1872 Primeiro censo de toda a Índia.

1875 Sayyid Ahmad Khan funda o MAO College, Aligarh; Dayanand Saraswati funda a Arya Samaj.

1876 Lei da Imperatriz da Índia.

1877 Assembleia Imperial presidida por lorde Lytton.

1878 Guerra Afegã; Lei da Imprensa Vernacular.

1882 Vice-rei liberal Ripon promulga autogoverno local para os municípios.

1884 Ilbert Bill garante julgamento de europeus pelo júri.

1885 Fundação do Congresso Nacional Indiano; conquista final da Birmânia.

1891 Lei da Idade de Consentimento.

1893 Swami Vivekananda comparece ao Parlamento Mundial das Religiões; Tilak cria o festival Ganapati; motim em torno da proteção das vacas.

1896 Peste em Bombaim.

1899 Chega o vice-rei Curzon (até 1905).

1901 Lei da Alienação de Terras do Punjab proíbe transferência para fora das classes agricultoras.

1905 Partição de Bengala; começa o movimento *swadeshi*; Gokhale funda a Sociedade dos Servidores da Índia.

1906 Fundação da Liga Muçulmana.

1907 Fundação da Tata Iron and Steel Company [Companhia de Ferro e Aço Tata].

1909 Lei dos Conselhos Indianos; Gandhi publica *Hind Swaraj*.

1911 Partição de Bengala desfeita; Déli torna-se capital da Índia.

1914 Começa a Primeira Guerra Mundial; a Índia participa do lado britânico.

1916 O Congresso e a Liga juntam-se no Pacto de Lucknow.

1917 Declaração Montagu sobre um eventual governo responsável.

1919 Leis Rowlatt; massacre de Amritsar; relatório Montagu-Chelmsford oferece diarquia.

1920 Gandhi lança campanha não violenta para obter o autogoverno indiano, com apoio do movimento Khilafat muçulmano e do Congresso Nacional Indiano.

1922 Matança em Chauri Chaura; Gandhi renuncia à não cooperação.

1925 Fundação da Rashtriya Swayamsevak Sangh (RSS).

1927 Nomeação da Comissão Simon de parlamentares britânicos.

1930 Gandhi lança o movimento da desobediência civil com a marcha do sal até o mar para opor-se aos impostos britânicos; conferências realizadas em Londres em esforço para negociar um acordo.

1932 *Communal Award* e Pacto de Poona entre Gandhi e Ambedkar.

1935 Lei do Governo da Índia.

1937 Eleições sob a Lei de 1935 dão ao Congresso o controle de sete províncias.

1939 Segunda Guerra Mundial; os ministros do Congresso renunciam.

1940 Liga Muçulmana sob o comando de M. A. Jinnah adota a Resolução do Paquistão.

1942 Missão Cripps; movimento "Saiam da Índia".

1943 Fome em Bengala; Subhas Chandra Bose líder do Indian National Army (INA) em Cingapura.

1946 Eleições dão ao Congresso e à Liga Muçulmana vitórias esmagadoras nas regiões de maioria hindu e muçulmana; Missão do Gabinete procura compromisso; matança de Calcutá inicia ciclo de violência.

1947 Índia conquista independência da Grã-Bretanha e é dividida, criando-se uma nova Índia e a "Pátria-Mãe Muçulmana" do Paquistão. Até 1 milhão de pessoas perdem a vida durante essa transição.

1948 Gandhi assassinado por um terrorista nacionalista hindu.

1950 Adoção da Constituição da Índia, que torna-se uma república.

1951-2 Primeira eleição geral; primeiro Plano Quinquenal.

1953 Primeiro estado linguístico, Andhra Pradesh.

1956 Comissão de Reorganização dos Estados.

1962 Guerra Indo-chinesa sobre fronteira litigiosa.

1964 Morte de Nehru; fundação da organização hindu Vishna Hindu Parishad (VHP).

1965 Guerra Indo-paquistanesa pela Caxemira.

1966 Indira Gandhi torna-se primeira-ministra (1966-77, 1980-4).

1967 Eleições dão a vitória aos partidos regionais no Leste e no Sul; início da Revolução Verde.

1971 Paquistão do Leste pede autonomia do Paquistão do Oeste. Guerra civil leva à intervenção da Índia e ao surgimento do Bangladesh.

1974 Índia torna-se a sexta potência nuclear do mundo ao detonar um dispositivo nuclear no Rajastão.

1975 Governo de emergência de Indira Gandhi (até 1977).

1977 Governo de coalizão sob o partido Janata (até 1979).

1980 Movimento crescente pela independência do Calistão no Punjab.

1984 Indira Gandhi morta por seus guarda-costas depois do ataque ao templo de Amritsar; Rajiv Gandhi assume.

1985 Decisão de Shah Bano sobre a condição das mulheres sob o direito pessoal muçulmano.

1989 V. P. Singh assume pelo partido Janata Dal; relatório da Comissão Mandal; começa a insurgência na Caxemira.

1990 Choques com ativistas da Caxemira levam a anos de violência e ocupação militar.

1991 Governo do Congresso sob P. V. Narasimha Rao (até 1996); aceleração da liberalização econômica; Rajiv Gandhi assassinado.

1992 Destruição da mesquita de Babri, Ayodhya, seguida por motins antimuçulmanos.

1998 Índia e Paquistão detonam armas nucleares e declaram-se Estados nucleares; Bharatiya Janata Party (BJP) assume sob A. B. Vajpayee (até 2004).

1999 Invasão de Kargil leva a uma breve guerra com o Paquistão pela Caxemira.

2000 Índia marca o nascimento do bilionésimo cidadão.

2002 Incêndio ferroviário provoca violência contra muçulmanos em todo o Guzerate.

2004 Congresso volta ao governo sob o comando de Manmohan Singh.

2005 Índia e Estados Unidos assinam acordo para compartilhar tecnologia nuclear civil, ratificado em 2008.

2007 Rebeldes maoístas em Chattisgarh matam mais de 50 policiais durante violência contínua no chamado cinturão tribal.

2008 Terroristas apoiados pelo Paquistão atacam hotéis e outros edifícios no centro de Mumbai, matando cerca de 200 pessoas.

2009 Partido do Congresso sob o comando de Manmohan Singh obtém segundo mandato no Parlamento, a somente 11 cadeiras da maioria.

2010 Escândalo de concessão de contratos de telecomunicações implica altos funcionários do governo Singh em atos de corrupção.

capítulo 1

Sultões, mogóis
e a sociedade indiana pré-colonial

Imagine um viajante temporal na Déli mogol, em meio ao esplendor da elegante cidade ribeirinha de Shah Jahan (imperador entre 1627-58), no ano de 1707 (**imagem 1**). Haviam acabado de chegar notícias de que o filho de Shah Jahan, Aurangzeb (imperador entre 1658-1707), que reinara por muito tempo, tinha morrido no distante Decão, onde estava ardorosamente empenhado em estender seu vasto império. É compreensível que o viajante, indagando o que significaria a morte de um monarca poderoso, possa ter primeiramente olhado um século para trás, digamos para a morte do avô de Shah Jahan, Akbar (imperador entre 1556-1605). Caso o fizesse, teria visto em operação as instituições fundamentais que fizeram do Mogol, no século transcorrido, o império mais poderoso que o subcontinente já vira. Ele era muito maior em população, riqueza e poder que os impérios turco-mongóis contemporâneos com os quais os mogóis tinham tanto em comum: os safávidas persas e os turcos otomanos. A população mogol em 1700 pode ter sido de 100 milhões, 5 vezes a dos otomanos, quase 20 a dos safávidas. Dada a trajetória de continuidade e crescimento que ocorrera no século XVII, nosso viajante temporal na virada do século XVIII pode legitimamente ter imaginado um futuro mogol à altura desse passado glorioso.

Mas se, com a dupla face de Jano, o viajante olhasse então um século à frente, digamos para 1803, ele teria encontrado não a continuidade, mas uma mudança extraordinária. Ele teria visto um império que existia apenas nominalmente em meio a um cenário de potências regionais concorrentes. Entre esses Estados regionais havia um que, de mero órgão comercial europeu que operava a partir de enclaves litorâneos em 1707, havia se tornado

IMAGEM 1. O Forte Vermelho de Shah Jahan, Déli, agora ostenta a bandeira da República da Índia.

um órgão governamental baseado na rica província oriental de Bengala. O imperador mogol, embora ainda fosse soberano simbólico, agora estava confinado à área em torno de Déli, onde era alvo dos afegãos e dos maratas ocidentais baseados no Decão, e, em 1803, foi posto sob o controle da própria Companhia inglesa que, na virada desse novo século, havia recentemente concebido a visão de criar um império seu.

As maneiras mais familiares de se compreender a era mogol na história indiana foram forjadas num quadro criado pelo britânicos, enquanto os indianos concebiam uma história nacional para a sua nação emergente. O elemento central da imagem de si mesmos, bem como da imagem de nação atrasada mas incipiente que eles passaram a ter de sua cultura, foi o que o historiador David Arnold chamou de "*triptych*" ("tríptico") orientalista da história indiana. Nessa visão, os antigos "hindus" haviam criado outrora uma grande civilização. Com o advento dos governantes islâmicos no início do século XIII, a cultura indiana fortaleceu-se, a vida política deu lugar ao despotismo e a disparidade entre os governantes "muçulmanos" estrangeiros e o povo "hindu" nativo levou necessariamente a uma estrutura frágil. Argumentos morais, especialmente a ênfase no que se tornou uma caricatura da "intolerância" de Aurangzeb, foram fundamentais para explicar esse "declínio". O terceiro estágio trouxe a dominação colonial britânica com sua liderança esclarecida, progresso científico e tutela confessa para a independência. Esse esquema tripartido era explícito em grande parte dos estudos britânicos e amiúde subjacente até à historiografia nacionalista indiana anticolonialista. Mesmo hoje, ele é tenaz na sua persistência como "senso comum" não reconhecido nos estudos históricos; e, como veremos no Capítulo 9, hoje essa periodização é tratada como um fato nas ideologias nacionalistas hindus.

Atualmente, os historiadores que estudam os séculos anteriores ao período britânico rejeitam as caracterizações anteriores do período das dinastias muçulmanas. Com relação ao século XVIII, eles também afirmam – o que talvez surpreenda – que foi a culminação de transições de longo prazo no comércio, finanças, cultura e sociedade que ofereceu aos ingleses os recursos de que eles precisavam para exercer suas próprias inovações notáveis em finanças, organização e tecnologia militar e naval. Este capítulo apresenta o quadro intermediário do "tríptico", que cobre aproximadamente de 1206 a 1707, período em que foram fixados padrões que ajudam a explicar a visão do nosso viajante tanto para trás quanto para frente no tempo.

O SULTANATO DE DÉLI

A imagem comum do passado da Índia foi profundamente influenciada por duas concepções errôneas inter-relacionadas: primeiro, que os textos clássicos dos brâmanes descreviam uma sociedade existente; e, segundo, que, como a Índia era "atemporal", a organização de suas vilas e castas da era colonial ou mesmo contemporânea era um guia para o seu passado histórico. Na verdade, os períodos do Sultanato e do domínio mogol aceleraram padrões de mudança já existentes. Esses séculos viram a expansão da fronteira agrícola, redes comerciais extensas, mudanças tecnológicas graduais e o desenvolvimento de instituições políticas e religiosas. Essas transformações, e não uma sociedade estagnada, compõem o prelúdio à era colonial. Tampouco, pode-se acrescentar, os governantes muçulmanos correspondem à caricatura que foi feita deles. Por exemplo, é incorreto falar deles como "estrangeiros", pois, seguindo padrões fixados pelos primeiros Sultanatos, as comunidades políticas e as culturas muçulmanas e não muçulmanas alteraram-se em interação recíproca. Também é incorreto falar dessa era como o período do domínio "muçulmano". Essa expressão exagera as diferenças entre os Estados governados pelos muçulmanos e aqueles governados por não muçulmanos. Ela também obscurece a participação dos não muçulmanos nas comunidades políticas lideradas por muçulmanos, podendo ainda sugerir que havia práticas religiosas (como a conversão em massa) que não existiam.

Os sucessivos regimes turco-afegãos, conhecidos coletivamente como Sultanato de Déli, dominaram a vida política no Norte, com incursões periódicas no Sul, no final do século XIII e no XIV. Esses turcos e afegãos, como outros invasores até dois milênios antes deles, entraram inicialmente no subcontinente pelas passagens montanhosas do Noroeste. Um corretivo imediato a grande parte dos estudos é enfatizar o quanto esse reino tinha em comum com outras comunidades políticas índicas dessa época. Tal como esses outros Estados, incluindo-se o do celebrado *rajput* Prithviraj Chauhan, os turcos e afegãos procuravam acima de tudo sucessos militares para assegurar o acesso aos excedentes agrícolas do interior. Como os outros, eles possuíam uma autoridade política fragmentada, pois o direito a uma parcela do imposto fundiário de uma área específica era atribuído aos seus subordinados como forma de remuneração. Também como outros, os sultões de Déli davam oportunidades para realizações individuais, sobretudo através de proezas militares. Qualquer periodização baseada simplesmente na religião dos governantes deixaria de lado essas semelhanças fundamentais. Os turcos e afegãos eram invasores, mas comportavam-se de uma forma que era familiar aos seus inimigos. Os "turcos", como se convencionou chamar esses governantes, foram assimilados a categorias familiares como *yavana* ("jônicos"), termo usado para descrever os invasores gregos que seguiram Alexandre, o Grande, um milênio antes, ou *mlecca* ("bárbaros"), adotado para aqueles de fora da área onde estava instalada a civilização índica, seja em áreas distantes, seja em selvas próximas.

Assim, as instituições militares e econômicas centrais dessas dinastias não eram especificamente "islâmicas". Os próprios sultões não eram líderes religiosos. Assim como os governantes não muçulmanos, eles não conquistavam sua autoridade por meio de sua santidade ou ensinamento sagrado, mas através de sua habilidade militar e de governo. Contudo, esperava-se que eles patrocinassem os homens santos e instruídos. O historiador Peter Hardy chamou os sultões de "policiais pios" que colaboravam com "advogados pios". Os governantes muçulmanos patrocinavam não somente os eruditos jurídicos, ou *ulama*, que dominavam os textos árabes sagrados, mas também os guias morais e intermediários espirituais, os *sufi shaikhs*. Esses dois grupos de especialistas haviam se destacado como os focos da vida comunitária muçulmana a partir do século XI. Da mesma forma, os governantes não muçulmanos, fossem rajás guerreiros ou senhores inferiores, patrocinavam os brâmanes. Os brâmanes cultivavam o ensino tanto religioso quanto jurídico tal como registrado nos textos sagrados em sânscrito e desempenhavam papéis nos cultos dos templos, onde a piedade devocional (*bhakti*) floresceu nos séculos de domínio do Sultanato.

Apesar de todas essas semelhanças institucionais entre Estados muçulmanos e não muçulmanos, as dinastias muçulmanas efetivamente desbravaram novas direções. Por mais de 600 anos após o estabelecimento da primeira dinastia túrquica em Déli pelo mameluco ou governante escravo Qutbu'd-din Aibak, em 1206, o dialeto da elite governante muçulmana foi o persa. Na condição de participantes de uma cultura de língua persa que se estendia para o centro e o sudoeste da Ásia, essas dinastias foram um canal para a introdução de inovações nas instituições de governo, assim como de tradições culturais distintas no Direito, na teoria política e nos estilos literários e religiosos. Elas também trouxeram inovações práticas na guerra a cavalo, nos padrões de cultivo e nas técnicas de irrigação, como a roda "persa", muito difundida. Elas fomentaram o crescimento urbano e as redes viárias que incentivaram o comércio dentro e além da região. Os muçulmanos de língua árabe estiveram presentes muito antes no subcontinente, estabeleceram um reino em Sind no vale do Baixo Indo em 711 como parte da expansão da dinastia omíada baseada em Damasco. Eles também eram encontrados no século VIII como comerciantes ao longo da costa do Malabar no Sudoeste, onde se instalaram, casaram entre si e mantiveram formas culturais próprias forjadas a partir dos seus laços árabes e do ambiente local e, ao fazê-lo, ajudaram a ligar "al-Hind" às rotas comerciais direcionadas para o mar. Nos anos de aproximadamente 1200 a 1500, o movimento de bens e pessoas pelos portos do oceano Índico, bem como por terra através dos países de língua persa, era tão expressivo que Janet Abu-Lughod caracterizou esse período como um "sistema mundial islâmico" de interação econômica e política. Nesse sistema, o subcontinente indiano desempenhou um papel significativo. A participação nessas redes de governo e comércio não exigia que os indivíduos fossem muçulmanos, mas a expansão política muçulmana facilitou o sucesso do conjunto.

Outro padrão fixado no início do período do Sultanato foi o pluralismo étnico e linguístico duradouro tanto das elites governantes como dos governados. Os governantes incluíam não apenas os de origem túrquica, mas também afegãos, persas e nativos, assim como imigrantes vindos de longe.

Entre esses, o mais conhecido é o grande viajante e memorialista marroquino Ibn Batuta (*m.* 1368-9), para quem o conhecimento jurídico árabe foi um passaporte para a viagem e o emprego. Ibn Batuta serviu a dinastia Tughluq do século XIV como juiz-chefe de Déli, e suas memórias são um testemunho da vitalidade e variedade cosmopolitas que ele encontrou. Seu primeiro encontro com o sultão refletiu o entusiasmo da corte pelos viajantes:

> Aproximei-me do sultão, que pegou minha mão e apertou-a, e continuou a segurá-la enquanto me dirigia a palavra do modo mais afável, dizendo em persa: "Isto é uma benção; tua chegada é abençoada; fique à vontade; serei magnânimo contigo e dar-te-ei favores tamanhos que teus conterrâneos ouvirão falar deles e virão juntar-se a ti". Então ele perguntou-me de onde eu vinha e eu lhe disse: "Da terra do Maghrib". [...] A cada vez que ele me dizia uma palavra encorajadora, eu beijava sua mão, até que a tinha beijado sete vezes, e depois que ele me deu uma túnica de honra eu me retirei.

Os súditos das dinastias eram principalmente não muçulmanos, denominados *zimmi*, "pessoas protegidas", cujo direito e costumes próprios eram preservados. Eles eram, em princípio, sujeitos a um imposto de capitação (*jizya*), mas não ao alistamento militar. A justiça, em geral, era ministrada segundo o direito das partes ou, se ele diferisse, o do réu. Para a maioria dos muçulmanos, isso significava o direito *hanafi* partilhado com o centro e o sudoeste da Ásia, enquanto para os do sul, ligados à Arábia pelo oceano Índico, o direito era *maliki*. Era aceito aqui como em outros lugares nas comunidades políticas muçulmanas que o Direito administrativo sobre assuntos como impostos teria seus próprios códigos separados das normas de sanção divina da *shari'a*, baseadas nos textos árabes clássicos. A criatividade e o vigor da vida cultural em todos os lados foi moldada por esse pluralismo.

Para os governantes do Sultanato, assim como para os mogóis que os sucederam, as ambições islâmicas focavam-se na extensão do poder muçulmano, não na conversão. Uma pista para a ausência de qualquer programa sistemático de conversão é que as populações muçulmanas da Índia não eram encontradas majoritariamente nas áreas centrais do domínio muçulmano. Os historiadores asseveraram durante muito tempo que os convertidos aderiram à mensagem sufi de igualdade para escapar das discriminações hierárquicas de uma sociedade de "castas" dominada pelos brâmanes. No entanto, não existe correlação entre as áreas de influência bramânica e as de conversão substancial ao Islã – e a medida da influência bramânica no período pré-colonial, de qualquer modo, é cada vez mais contestada. Talvez surpreenda que tampouco os próprios sufis jamais tenham ensinado que o Islã oferecesse igualdade social. De fato, por mais que eles tenham pregado a igualdade perante Alá, os muçulmanos sempre viveram em sociedades hierárquicas.

Não obstante, nas áreas onde ocorria implantação agrícola, os sufis desempenharam um papel crucial como agentes de incorporação gradual às estruturas culturais e civilizacionais mais amplas da época. Eles recebiam dotações de terras florestadas cuja limpeza supervisionavam e serviam como mediadores junto aos poderes temporais e divinos. Richard Eaton mostrou a importância desse processo para as duas principais áreas que apresentariam populações muçulmanas importantes, o Punjab Ocidental e o Bengala Oriental. Em outras áreas, os especialistas religiosos hindus desempenharam um papel praticamente igual. Na região teluga, no Sudeste da Índia, por exemplo, como mostrou Cynthia Talbot, a criação de novos templos estava associada à expansão agrícola no reino coevo de Kakatiya (1175-1324). Uma segunda força que impulsionava a conversão, para indivíduos ou agrupamentos de famílias de artesãos ou de outros ofícios, foi, segundo Susan Bayly, não o desejo de escapar à hierarquia, mas sim de aproveitar uma oportunidade estratégica para ascender na hierarquia social existente. Os casamentos mistos também contribuíram para o crescimento da população muçulmana, assim como a escolha de indivíduos ou famílias de seguirem mestres carismáticos. Quando os primeiros censos foram realizados no final do século XIX, a população muçulmana da Índia britânica era aproximadamente de um quarto do total.

Hoje em dia os historiadores têm dúvidas não apenas quanto aos relatos de conversão forçada em massa, mas também quanto aos de destruição sistemática de templos e outros locais sagrados não muçulmanos. Tal como no caso dos relatos de conversões, a leitura dos registros judiciais muçulmanos como questões de fato (e não como convenção literária) iludiu muitos estudiosos. Houve, decerto, destruição de templos e locais de culto não muçulmano em circunstâncias específicas, como por ocasião de ataques em áreas fora dos seus próprios territórios para saque. Entre essas investidas, as mais famosas são talvez as de Mahmud Ghaznawi (*m.* 1030) em Sind e Guzerate. Mahmud foi atraído pelas riquezas da Índia para amealhar butim à sua corte cosmopolita em Ghazna (no Afeganistão atual), de modo não diferente das incursões de governantes índicos que levaram ídolos vencidos junto com seu butim como símbolos de sua vitória. Os sultões que estabeleceram cortes permanentes no Norte da Índia também destruíram templos durante a fase inicial de conquista para marcar seu triunfo. O complexo da mesquita Quwwatu'l-Islam, do início do século XII, junto ao grande minarete de Déli, o Qutb Minar, foi construído no mesmo local de templos destruídos e utilizou elementos das estruturas anteriores. O uso de elementos "reciclados" de estruturas anteriores – tão verdadeiro em torno do Mediterrâneo, por exemplo, como na Índia – era às vezes uma declaração de poder, e outras apenas um uso conveniente de destroços abandonados. Firoz Shah Tughluq (imperador entre 1351-88) escolheu adornar seu forte construído em meados do século XIV, por exemplo, com uma coluna de um milênio e meio antes, cujo construtor havia sido esquecido há muito tempo, talvez como forma de assinalar um elo com alguma glória anterior mal definida (**imagem 2**).

A vida espiritual e filosófica muçulmana na Índia evoluiu junto com a vida religiosa dos não muçulmanos. Ambas reagiam a um contexto compartilhado e, ao mesmo tempo, interagiam com as expressões das respectivas tradições. Nenhum padrão cultural do período do Sultanato foi mais duradouro para a população muçulmana que o do devocionismo sufi. De fato, uma das características definidoras do Islã no contexto índico em toda a sua longa história é a onipresença da tradição sufi no discurso e nas instituições. Como os 'ulama associados aos tribunais, os santos sufis costumavam aderir a *shari'a*, mas também enfatizavam a realização interna da presença divina, a prática de disciplinas morais e físicas e a necessidade de submeter-se à autoridade de cadeias carismáticas de autoridade santa. Eles serviam os governantes mas, em graus variados, procuravam apresentar-se como distantes da corrupção do governo temporal. Os fundadores das linhagens sufis mais importantes, *chishti*, *suhrawardi*, *qadiri* e *naqshbandi*, eram originários da Ásia Central e Ocidental, mas floresceram no subcontinente. Os ensinamentos sufis foram enriquecidos e estimulados pela presença e concorrência de santos similares das tradições *bhakti* índicas de devoção, disciplinas espirituais e filosofias monistas sofisticadas. A devoção e o culto *bhakti*, por sua vez, também floresceram.

A EMERGÊNCIA DOS REINOS REGIONAIS

Nos séculos XV e XVI, o Sultanato cedeu lugar a uma série de reinos regionais no Norte: Guzerate, Malwa, Jaunpur, Déli e Bengala. Além disso, no Decão e na Índia peninsular, as incursões do Sultanato haviam derrubado os regimes existentes, abrindo caminho para o surgimento de novos reinos. Pouco depois que Muhammad bin Tughluq, cujos esforços para expandir-se para o Sul foram extremamente intensos, se retirou da capital que havia estabelecido em Daulatabad, no Decão, o reino Bahmani, também dominado por muçulmanos, foi estabelecido em 1345. Após aproximadamente um século e meio, assim como o Sultanato, ele cedeu lugar a poderes mais localizados ao longo do Decão, e esses reinos – Bijapur, Ahmadnagar, Berar, Bidar e Golcunda – subsistiram como dinastias muçulmanas do século XV até bem adiante, na era mogol.

Mais ou menos na mesma época do estabelecimento dos Bahmani, o reino de Vijayanagara, baseado em Karnataka mas que logo se expandiu para Andhra e mais além, foi fundado por irmãos que haviam servido os

IMAGEM 2. Pilar Asoka, Ferozshah Kotla, Déli.

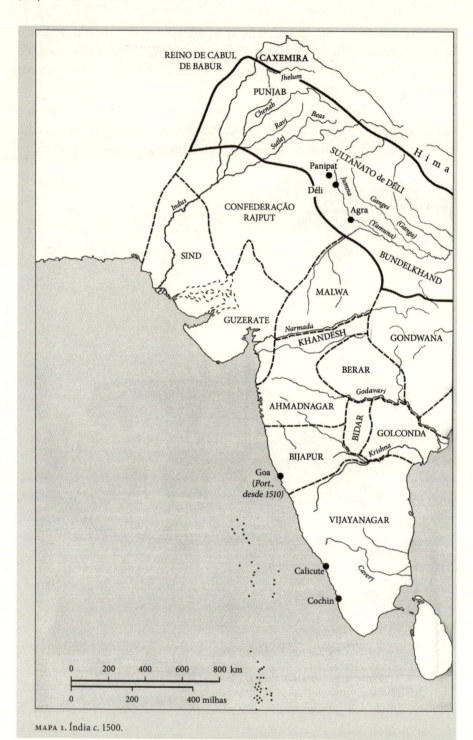

MAPA 1. Índia c. 1500.

SULTÕES, MOGÓIS E A SOCIEDADE INDIANA PRÉ-COLONIAL

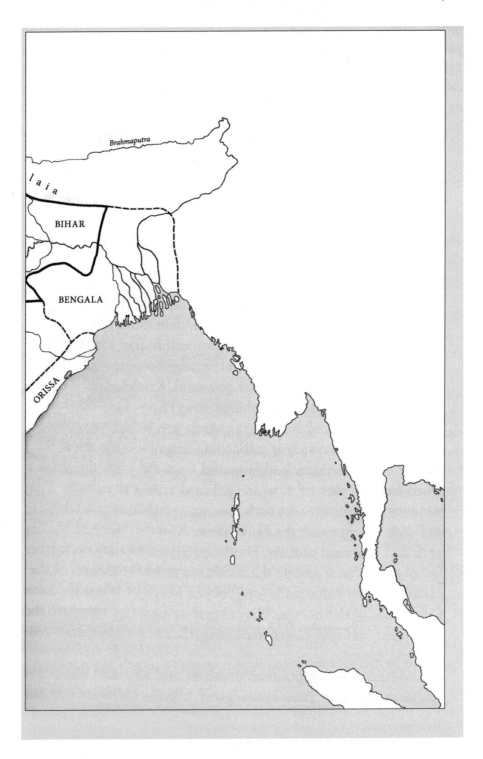

Tughluqs, provavelmente foram muçulmanos por algum tempo e agora desposavam uma forte tradição shivaísta*, a de cultuar o deus Shiva*, como uma ideologia que os distinguia nitidamente do Sultanato e dos Bahmani. Esse reino emulava a tecnologia militar do Sultanato, empregando até unidades de combatentes montados do Norte da Índia. Embora recorresse a modelos anteriores de realeza da Índia meridional, Vijayanagara compartilhava idiomas políticos com os Estados vizinhos também. Diversos reis, incluindo o mais poderoso, Krishnadevaraya (imperador entre 1509-29), chamavam a si mesmos de "sultão entre os reis hindus", título em que os termos "sultão" e "hindu" (um termo geográfico árabe) foram tirados dos muçulmanos. Os edifícios públicos de Vijayanagara usavam as formas arquitetônicas da edificação setentrional, e até a roupa do imperador demarcava-o como parte de uma cultura política mais ampla. A guerra mais persistente de Vijayanagara foi com Bijapur, Estado cuja capital partilhava com sua adversária o mesmo nome, "Cidade da Vitória". Nos séculos XV e XVI, as inscrições hindus sugerem ademais uma espécie de equivalência entre os poderes dominantes da época, em que os líderes dos Bahmani (ou turcos ou mogóis) eram conhecidos como *asvapati*, senhor dos cavalos; os de Vijayanagara como *narapati*, senhor dos homens (infantaria); e os Gajapatis (ao longo da costa de Orissa) como "senhores dos elefantes".

Apesar da emergência de divisões políticas e culturas vernaculares distintas, os primeiros três séculos de domínio muçulmano fomentaram mudanças duradouras nas redes comerciais, na vida social e nas instituições religiosas, bem como nas estratégias políticas, que geraram continuidade numa área geográfica vasta. O século XV e início do XVI na Índia setentrional antecipou, sob certos aspectos, os reinos regionais que sucederam o Império Mogol no século XVIII. Ambos foram períodos caracterizados por amplas semelhanças e conexões, apesar das divisões políticas, e pela expressão cultural criativa em contextos locais vernaculares.

Líderes *bhakti* desse período cujos ensinamentos e cultos persistem até o presente incluem Kabir (1440-1518), Guru Nanak (1469-1539), Mirabai (*c.* 1498-1550), Dadu (1544-1603), Tukaram (1608-1649) e Chaitanya (1486-1533). Como os sufis, os mestres *bhakti* enfatizaram a devoção do indivíduo ao divino. Uma corrente minoritária, representada por Kabir e

---

* Optamos por manter os termos Shiva e shivaísta assim grafados – embora o *Vocabulário Ortográfico da Língua Portuguesa* apresente a grafia com *x* – uma vez que este é o emprego corrente nas literaturas sobre a Índia. (N.E.)

Nanak, enfatizava a veneração de um Deus pessoal sem forma. Ao fazê-lo, eles distanciaram-se de símbolos característicos hindus e muçulmanos. Escreveu Nanak: "Os deuses e deusas que vocês veneram e para quem vocês rezam, que podem eles dar? Vocês mesmos os lavam; deixados a si mesmos, eles afundarão na água". Ao contrário, Nanak incentivava um amor desinteressado de Deus: "Aquele que está imerso em Seu amor dia e noite O vê imanente nos três mundos e por todo o tempo. Ele torna-se como Ele, o qual ele conhece. Ele torna-se inteiramente puro, seu corpo é santificado e Deus mora no seu coração como seu único amor".

Mais comuns que os veneradores de um deus amorfo eram os vishnuístas*, devotos do deus Vishnu; os shivaístas, devotos do deus Shiva; e os veneradores da Deusa (*devi*) nas suas múltiplas formas. O culto vishnuísta focava-se nas manifestações do deus Vishnu ora como o rei ideal (o deus Ram), ora como o deus Krishna pastoral, celebrado como infante, pastor de vacas e amante. Essa ênfase no acesso individual ao divino, muitas vezes acompanhada de críticas aos rituais meramente formais, não obstante conciliava, na maior parte, a orientação dos sacerdotes brâmanes, que desempenhavam um papel central nas comunidades sectárias.

A tradição tanto persa quanto índica usou encontros eróticos para representar a relação entre o humano e o divino. No final do século XIV, poetas sufis escreviam numa gama de formas líricas e narrativas, incluindo as histórias de amor *masnawi* que descrevem simultaneamente um relato de paixão humana e a busca pela verdade derradeira. Esses poetas compunham não só em persa, mas também nos vernáculos do Norte da Índia e, mais tarde, do Decão. Eles baseavam-se no rico vocabulário e nas ressonâncias da filosofia e do pensamento religioso índicos, assim como numa série de convenções poéticas típicas da poesia *bhakti*. Os poetas *bhakti*, por sua vez, foram influenciados pelos novos gêneros derivados do persa. Cronistas muçulmanos que escreviam nos vernáculos, como os primeiros historiadores árabes antes deles, também enriqueceram as tradições islâmicas incorporando figuras épicas e lendárias regionais aos seus escritos. No *Nabi-vamsa* bengalês do final do século XVI, por exemplo, as divindades do panteão hindu eram simplesmente entendidas como profetas islâmicos.

Também na arquitetura o período foi de variedade e criatividade. Olhando apenas para as mesquitas do século XV, por exemplo, ninguém confundiria as mesquitas de tijolo de Bengala, as estruturas de madeira quase góticas

---

* Idem à anterior. (N.E.)

da Caxemira, os salões com colunas e ares de templo de Ahmadabad ou as mesquitas maciças precedidas de portais de Jaunpur; no entanto, todas representavam uma cultura muçulmana nova desde o início do período, que agora encontrava expressão numa variedade de contextos locais. Uma medida do poder mogol centralizador que logo se manifestaria é o grau em que ele conseguiu formar um gosto estético comum, refletido nos templos e mesquitas, palácios e fortes, em todos os seus vastos domínios (como exemplificado na **imagem 5**).

O IMPÉRIO MOGOL

Em 1526, o reino da dinastia afegã muçulmana Lodi, baseado em Déli, caiu diante da brilhante estratégia militar e da artilharia superior de Zahir al-Din Muhammad Babur (1483-1530) em Panipat, a Noroeste de Déli. Como os sultões, os mogóis estimularam um novo nível de agricultura sedentária, capacidade militar e integração geográfica. Babur era descendente de Timur ("Tamerlão", 1336-1405) pelo lado paterno e do mongol Genghis Khan (1167?-1227) pelo lado materno. Era a primeira dessas duas linhagens que a dinastia prezava e é, portanto, uma ironia da história que, desde o século XIX, esses governantes tenham sido chamados por uma variante do nome da segunda. Babur lamentava seu patrimônio perdido em Samarcanda e voltou-se para o Hindustão como algo que parecia uma pífia compensação. Babur presta-se a uma comparação fácil, como salientou o historiador Stephen Dale, com os príncipes contemporâneos da Renascença no seu autocultivo e seus interesses ecléticos, da estratégia militar linha-dura às nuanças da poesia túrquica e persa. Suas próprias memórias em turco, e as da sua filha Gulbadan em persa, são uma mostra dessa imagem. Gulbadan relatou um dos episódios mais famosos da vida de Babur – o sacrifício voluntário de sua vida por parte do imperador para salvar seu filho doente:

> Quando sua Majestade chegou e viu como ele estava, seu semblante iluminado tornou-se imediatamente triste e apiedado, e ele começou mais e mais a apresentar sinais de apreensão. Sua Majestade [disse]: "Embora tenha outros filhos, não amo nenhum deles como amo Humayun. Eu rogo que este filho dileto possa satisfazer os desejos do seu coração e viver por muito tempo, porque ele não tem igual em distinção". Durante a doença de Humayun, sua Majestade andava em torno dele. Ele circundava-o sem parar, com ansiedade e profundo desânimo. Enquanto isso ele rezava, dizendo assim: "Ó Deus! Se uma vida pode ser trocada por outra vida, eu que sou Babur dou minha vida e meu ser por Humayun". Nesse mesmo dia ele ficou doente e Humayun despejou água em sua cabeça, e saiu e concedeu audiência.

Uma preciosa miniatura tardia que ilustra as memórias de Babur mostra-o organizando o tipo de jardim formal de que ele tanto gostava, o que é ao mesmo tempo um aspecto da gama de suas competências e uma metáfora da ordem que ele aspirava trazer para a vida individual e social (**imagem 3**). Além disso, as memórias de Gulbadan oferecem uma visão rara da vida das mulheres da corte. Nesse relato, elas são mostradas como conselheiras e mediadoras entre membros da família, dispõem de propriedade e organizam eventos rituais que definem solidariedades sociais. Quando Gulbadan morreu, o imperador Akbar ajudou a carregar seu féretro.

Babur reinou por meros quatro anos, e nem ele nem seu filho Humayun, forçado a exilar-se na Pérsia, fizeram mais que estabelecer guarnições para demarcar a área que controlavam. A fundação de uma infraestrutura aprimorada de estradas e os primórdios dos censos agrícolas foram lançados por inovadores afegãos, os *surs*, que governaram até que Humayun, acompanhado de imigrantes safávidas, retomou o controle do reino no seu último ano de vida (1555-6). Foi o meio século de reinado do filho de Humayun, Akbar, que estabeleceu a dinastia como um império, criado pelas conquistas que deslocaram as fronteiras do controle mogol ao Norte para Cabul e a Caxemira, a Leste para Bengala e o Orissa litorâneo, ao Sul para o Guzerate e parte do Decão e, mais importante de todos, a Sudoeste de Déli até o Rajastão.

Akbar adotou e depois ampliou a política do Sultanato de uma elite reinante diversa e inclusiva. Ele procurou incorporar poderosas linhagens autóctones, sobretudo as dos *rajputs*, que tinham assegurado seu direito à arrecadação fiscal nos seus próprios domínios. Ele deu início ao costume dinástico de tomar esposas *rajputs* (que não eram obrigadas a converter-se ao Islã), entre elas Jodh Bai, mãe do sucessor de Akbar, Jahangir (imperador entre 1605-27). As diversas elites reinantes mogóis comportavam não somente vertentes divergentes da Ásia Central mas também persas (que, por serem xiitas, diferiam na religião da maioria muçulmana sunita) e alguns árabes, assim como nativos muçulmanos, *rajputs*, brâmanes e, mais tarde, maratas. A ideologia unificadora do regime era a lealdade, expressa através de formas culturais persianizadas, e não a filiação tribal (como a dos otomanos), nem uma identidade sectária islâmica (como a dos safávidas). Essa ideologia também abarcava funcionários militares e escribas de nível inferior, majoritariamente não muçulmanos.

A lealdade era focada na pessoa do governante, o ápice de uma pirâmide de vínculos verticais. O principal biógrafo e divulgador de Akbar, Abu'l

IMAGEM 3. *Babur supervisionando o Jardim da Fidelidade*, de Bishan Das, do Baburnama.

Fazl, louvou o imperador como um homem de extraordinária vitalidade, curiosidade universal e mestre de todas as artes. Ele fomentou uma nova imagem do imperador não apenas como um líder militar e estratégico e patrono dos santos e eruditos, mas também como uma pessoa de conhecimento espiritual e carisma próprios. Nas palavras de Abu'l Fazl nos seus celebrados *A'in-i-Akbari (Institutos de Akbar)*:

> Nenhuma dignidade é mais alta aos olhos de Deus que a realeza, e aqueles que são sábios bebem da sua fonte auspiciosa. Prova suficiente disso, para aqueles que dela precisam, é o fato de que a realeza é um remédio para o espírito de rebelião e a razão pela qual os súditos obedecem. A realeza é uma luz que emana de Deus, e um raio do sol, o iluminador do universo, o argumento do livro da perfeição, o receptáculo de todas as virtudes. Muitas qualidades excelentes defluem da posse dessa luz: um amor paterno pelos súditos; um coração generoso; uma confiança em Deus que cresce dia após dia; prece e devoção. Ele precisa assegurar que nenhuma injustiça seja feita dentro do seu reino.

Assim, Akbar e seus sucessores reivindicavam um tipo de realeza diferente da dos sultões.

A condição quase divina do imperador era expressa não somente em escritos teóricos, mas também em cerimônias, devoção sufi, alegoria artística e analogias arquitetônicas. Akbar era associado a imagens de luz imanente e perfectibilidade humana cultuadas entre alguns pensadores xiitas e sufis. Seus ensinamentos, denominados *din-i ilahi* ou "fé divina", serviam de foco para um pequeno número de discípulos da corte que consideravam o imperador não só como mestre real, mas também espiritual. Alguns poucos hindus, além dos generais *rajputs,* pertenciam ao círculo íntimo da elite da corte de Akbar. Entre eles estava o arquiteto das políticas agrárias do império, Todar Mal, e o cortesão e confidente Birbal, cujos *bons mots* e humor passaram para a história. Havia certos *'ulama* da corte que se opunham às pretensões de Akbar, dos quais o mais famoso foi o ressentido 'Abdul'l-Qadir Badayuni (c. 1540-1615), cujo escárnio indiscriminado fez que Akbar fosse lembrado como apóstata.

O uso de símbolos islâmicos por Akbar não era excludente, e ele acolhia para discussão na sua corte em Fatehpur Sikri brâmanes, iogues, jainistas, padres jesuítas provenientes dos enclaves comerciais portugueses da costa Sudoeste, zoroastrianos e eruditos muçulmanos de todas as orientações. Assim como Jahangir depois dele, Akbar era particularmente fascinado pelos iogues, cuja influência sobre o pensamento e a prática muçulmana na Índia foi ampla (e pouco reconhecida). Tal como muitos intelectuais e homens santos no ambiente de abertura desse período, Akbar buscava verdades esotéricas ou filosóficas compartilhadas pelas tradições, bem como práticas disciplinares na busca dessas verdades. Ele patrocinou traduções do sânscrito para o persa do *Ramayana* (a história do deus Ram) e do *Mahabharata*, assim como a pintura de miniaturas que representavam episódios dos dois épicos. Ele aboliu os impostos *jizya* cobrados dos não muçulmanos.

Jahangir deu continuidade ao interesse de seu pai pela religião católica. Ele tinha devoção pessoal não somente ao santo *qadiri* Miyan Mir, mas também ao iogue vishnuísta Gosain Jadrup. Ele continuou a prática de arregimentar nobres leais como discípulos, que simbolizavam sua fidelidade portando seu retrato e brincos de pérola em sinal de servidão. Já as reivindicações de legitimidade de Shah Jahan foram feitas na pedra. Suas realizações arquitetônicas incluem jardins, a cidade planejada de Shahjahanabad (cujo "Forte Vermelho" está representado na **imagem 1**) e a mais famosa delas, o mausoléu dedicado à sua esposa predileta, o Taj Mahal (**imagem 4**), inteiramente associado a símbolos paradisíacos. Através desse simbolismo, Shah Jahan fez de si mesmo nada menos que um análogo do divino, cujo paraíso estava representado na vegetação e na pedra. Os mogóis compartilhavam essas elaborações ritualísticas com outros governantes do início da era moderna em toda a Eurásia, que identificavam, de diversas maneiras, suas aspirações a um poder sem precedentes com expressões do governo sancionado cosmologicamente ou divinamente.

Outra chave para os sucessos de Akbar foram as reformas administrativas que criaram uma estrutura de governo duradouro. Não havia nada especificamente "islâmico" nessas estratégias: elas baseavam-se em precedentes do Sultanato e, de modo geral, eram comuns aos impérios agrários do início da era moderna em toda a Ásia. Os nobres recebiam patentes, conhecidas como *mansab*, demarcadas por contagem decimal, e eram incumbidos de fornecer cavaleiros para uso do imperador conforme o número da patente. Eles eram nomeados para cargos em duas hierarquias paralelas, uma com responsabilidades civis e outra militar – de modo que uma era contrapeso da outra – nos níveis de distrito, província e centro, em todo o império. Aos nobres cabia o direito de arrecadar a receita fiscal calculada sobre territórios, *jagirs*, como base da sua remuneração. Devido ao revezamento frequente dessas atribuições, os nobres eram impossibilitados de formar uma base local que pudesse desafiar a autoridade mogol. No entanto, mesmo um império centralizado como esse tinha alcance limitado nas comunidades locais. Os funcionários mogóis costumavam negociar a entrega da receita

IMAGEM 4. Taj Mahal, Agra, visto do Grande Portão (1648).

arrecadada com os chefes das linhagens e das tribos, homogeneizados no uso mogol como *zamindars* (proprietários rurais).

No nível mais baixo dessa hierarquia estavam os camponeses cultivadores. Sua condição sob os mogóis tem sido objeto de controvérsia. No seu estudo clássico do sistema agrário mogol, Irfan Habib concluiu que o campesinato cultivador, embora não tivesse propriedade da terra, e portanto não pudesse vendê-la, possuía no entanto um direito hereditário de ocupação enquanto pagasse o tributo cobrado pelo Estado. Para Habib, o resultado era uma opressão incessante, uma vez que os superiores procuravam privar os cultivadores de todo excedente. A intensidade crescente dessas exações ao longo do século XVII provocou uma série de revoltas que abalaram o império e, no fim, ajudaram a causar sua queda. Outros historiadores indicaram que a existência de vastos lotes de terra não cultivada moderava a exploração, já que os cultivadores podiam votar com os pés caso o fardo da taxação se tornasse intolerável. Ademais, como discutiremos adiante, a maioria das revoltas agrárias foi liderada pelos *zamindari* e, portanto, não envolvia o campesinato como protagonista principal. Sustentado por uma economia em expansão, o campesinato tinha, no mínimo, pouca probabilidade de sair dos anos de governo mogol em condição pior do que estava no começo.

Gerações de historiadores e políticos modernos culparam o sucessor de Shah Jahan, Aurangzeb, por ter desfeito o pluralismo cultural e a eficiência administrativa do império. Aurangzeb competiu o trono com seu irmão mais velho, Dara Shukoh (1615-58), e os dois passaram para a história como oponentes ideológicos: Dara era o "liberal", e Aurangzeb o rígido "conservador". Dara era, de fato, um intelectual na tradição de Akbar, que procurava verdades filosóficas comuns a todas as tradições religiosas. Ele traduziu os Upanixades do sânscrito e escreveu um tratado que ligava o pensamento filosófico sufi e upanixádico, o celebrado *Majma'u'l-bahrain* (a mistura dos dois oceanos). O foco nas filosofias divergentes negligencia o fato de que Dara não era um bom general e líder. Também ignora o fato de que as linhas faccionais da disputa sucessória não eram, de forma geral, demarcadas pela ideologia, embora não surpreenda que Aurangzeb tenha acusado seu irmão de idolatria. Também vale notar que um foco importante do reino de Aurangzeb era a guerra dirigida contra outros muçulmanos. Embora Aurangzeb tenha incentivado um estilo islâmico mais estreito e austero na cultura da corte, essa não foi a causa do declínio do império.

Aurangzeb deslocou mas não alterou fundamentalmente a política religiosa do império. Por mais que os imperadores fomentassem o pluralismo cultural, todos eles, como Aurangzeb, privilegiavam a cultura islâmica. Aurangzeb foi um patrocinador generoso dos *'ulama* e mandou fazer uma compilação de pareceres jurídicos no *Fatawa-yi 'Alamgiri*. Ele cultivou uma imagem de si mesmo como homem de devoção pessoal. Ele patrocinou líderes e sítios islâmicos, reinstituiu políticas que aplicavam impostos diferenciados aos hindus (não por coincidência, uma fonte de renda para esse regime dispendioso) e favoreceu o emprego de funcionários muçulmanos. A mesquita imponente de Aurangzeb em Benares foi uma afirmação do poder mogol e da força islâmica. Mas a destruição de templos em Benares, Mathura e no Rajastão tinha menos a ver com iconoclastia, uma vez que ele continuou a patrocinar outros templos hindus, do que com a presumida deslealdade dos nobres associados a esses sítios. A construção e o patrocínio dos templos dos nobres leais, assim como a ereção de mesquitas que usufruíam de auxílio do Estado, foram considerados elementos da política estatal. Os templos, assim como outros edifícios construídos no estilo arquitetônico imperial compartilhado, entre eles o templo hindu construído por *rajputs* da **imagem 5**, eram manifestações visíveis do poder mogol. Igualmente, a acusação de blasfêmia lançada por Aurangzeb contra o guru sique Tegh Bahadur (imperador entre 1664-75) e sua subsequente execução devem ser vistas no contexto da política imperial. Tegh Bahadur era um organizador militar e prosélito ativo com laços familiares com um seguidor de Dara. Sua execução misturou justificações islâmicas com política imperial, tal como a execução do quinto guru por Jahangir, por motivos semelhantes, antes dele. Até o fim, Aurangzeb dependeu de cortesãos não muçulmanos. Mais de um quarto dos detentores de *mansab*, além de seus generais principais, eram hindus.

    Será que o próprio sucesso de Aurangzeb em alcançar a maior expansão do império, como muitas vezes se afirma, plantou as sementes da sua derrocada? Ele estava determinado a expandir-se no Decão a qualquer custo contra os reinos muçulmanos que haviam sucedido o Sultanato Bahmani e contra os maratas recentemente insurgidos, um inimigo assustador com táticas de guerrilha e fortalezas estrategicamente situadas nas montanhas. Em 1685, suas tropas tomaram Bijapur; em 1689, Golconda. A área central do Norte foi desconsiderada, já que o imperador, sua corte e seus exércitos, uma verdadeira cidade móvel como evocam vividamente as memórias do médico francês Bernier, permaneciam longe de Déli. O sistema de cooptar novas elites por meio da concessão de *jagirs* caiu por terra à medida que o ritmo da necessidade, exacerbado pelos custos debilitantes dessas campanhas, superou a disponibilidade de concessões lucrativas. Não apenas os maratas, mas também os *zamindars* siques e *jats*, assim como alguns *rajputs*, logo desafiaram o poder imperial. Todavia, esses insurgentes foram contidos até o final do reino de Aurangzeb.

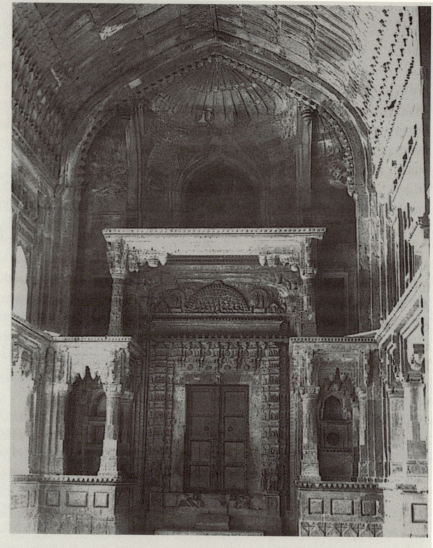

IMAGEM 5. Interior de templo hindu construído no estilo mogol, por Raja Man Singh, em Brindaban.

Claramente, o foco na personalidade – ou mesmo na política – de um imperador, sejam quais forem os problemas de curto prazo que ele possa ter criado, é inadequado para explicar o declínio do império. Esse foco ajusta-se de maneira demasiado fácil à antiga teoria europeia do "despotismo" asiático. Duas linhas de argumentação mais persuasivas sugerem transições de longo prazo, incipientes no século XVII, que contribuíram para acelerar a descentralização depois da morte de Aurangzeb em 1707. Uma delas, talvez surpreendente, é a de que os guerreiros emergentes, maratas, *jats* e afins, como grupos sociais coerentes com ideais militares e de governo, eram eles mesmos um produto do contexto mogol, que os reconhecia e lhes proporcionava experiência militar e de governo. Seus sucessos eram um produto do sucesso mogol. A segunda linha de argumentação é econômica. Em toda a Ásia, as economias dos impérios agrários foram alimentadas no século XVII pelo influxo de dinheiro em espécie obtido com a conquista do Novo Mundo, pois os europeus procuravam mercadorias de valor. As economias asiáticas, incluindo a dos mogóis, ficaram cada vez mais monetarizadas, e a produção agrícola comercial, ajustável à demanda, expandiu-se. Provas da vasta extensão e riqueza do império subsistem nos monumentos da dinastia, sobretudo os de Shah Jahan. O comércio marítimo da Índia, decerto, estava principalmente nas mãos dos árabes; e, a partir do início do século XVI, dos portugueses. Mais tarde, companhias mercantes inglesas e holandesas estabeleceram-se em enclaves durante o século XVII. Mas a monetarização e a expansão do tráfico geradas por esse comércio deram origem, como veremos no capítulo seguinte, a novas elites comerciais e políticas na Índia, especialmente nas áreas litorâneas do Sul e do Leste. Assim, os Estados regionais do século XVIII podem ser vistos como a realização e não o fim do poder mogol.

Os desafios contra Aurangzeb não provinham de grupos que haviam sido suprimidos sob o poder mogol e agora buscavam recuperar sua autonomia. Maratas, siques, *jats* e até *rajputs* representavam grupos sociais com velhos nomes mas nova coesão e condição. Não se tratavam de "castas" indianas da velha guarda. Um dos argumentos surpreendentes dos estudos mais recentes, baseados em provas tiradas de inscrições e outras fontes da época, é que, até os séculos relativamente recentes, a organização social na maior parte do subcontinente foi pouco afetada pelas quatro categorias hierárquicas normativas (*varnas*) conhecidas dos textos védicos em sânscrito: sacerdotes brâmanes como guardiões ritualísticos da pureza social; guerreiros xátrias; mercadores vaixás; e camponeses sudra. As "subcastas" ou *jati* (grupos endógamos identificados por *varna*) tampouco eram as peças constituintes da sociedade. Na prática, dava-se muito mais importância às identidades ocupacionais e à mobilidade individual do que reconheceu a maioria dos comentadores desde o período colonial. Um dos principais estímulos ao uso das categorias sanscríticas parecem ter sido as reivindicações dos dinastas aspirantes do período mogol, xátrias *parvenus* que, por sua vez, identificavam os camponeses e soldados como grupos inferiores, dando novos significados a antigos títulos que anteriormente tinham apenas um vago significado regional ou ocupacional. Quando esses termos são aduzidos, eles podem não somente permitir uma reivindicação a uma melhora de condição social, mas também contribuir para a integração social entre regiões culturais e linguísticas. Pode-se notar que a hierarquia social muçulmana também adotou uma nova formalidade, evidente no século XVIII, na qual os bem-nascidos se identificavam em termos de quatro grupos hierárquicos de ascendência putativa: *sayyid*, descendentes do Profeta; *shaikh*, descendentes dos seus companheiros; mogóis; e *pathan*. A categoria de "*shaikh*" era particularmente porosa na absorção dos ascendentes sociais.

O que Susan Bayly chama de "caso paradigmático" de mobilidade social da realeza é o de Shivaji Bhonsle (1630-80), a figura fulcral da insurgência marata que tanto atormentou Aurangzeb no Decão. Shivaji vinha de família cultivadora, dos povos conhecidos na Índia Ocidental como maratas. No século XVI, o termo "marata" adquiriu maior respeitabilidade graças ao seu uso pelos sultões do Decão à medida que eles recompensavam essas comunidades pelos seus serviços como soldados e detentores de cargos. O pai de Shivaji serviu os Estados de Bijapur e Ahmadnagar como comandante sênior, antes de fracassar ao liderar suas próprias tropas contra os mogóis. Shivaji, por sua vez, continuou como combatente rebelde. Numa ocasião célebre, ele fingiu render-se, somente para assassinar o general *bijapuri* Afzal Khan com uma "garra de tigre" oculta ao simular um abraço. Posteriormente, ele sofreu uma derrota esmagadora nas mãos de Jai Singh, general *rajput* de Aurangzeb, e aceitou uma *mansab* a serviço dos mogóis, mas depois desafiou o ritual imperial quando se sentiu menosprezado pela patente que lhe foi concedida. Shivaji ganhou legitimidade com as honras mogóis, mas também procurou prestígio em outra parte. Sob os mogóis, o termo "*rajput*" tornara-se o símbolo do legítimo governo xátria, daí Shivaji ter decidido obter essa condição para si. Ele contratou um erudito brâmane a seu serviço, como costumavam fazer os *rajputs*. Junto com outros brâmanes, ele proporcionou a Shivaji os serviços genealógicos cerimoniais que o legitimavam como descendente de antepassados guerreiros. Em 1674, Shivaji fez-se coroar rei em elaboradas cerimônias brâmânicas. Shivaji exemplifica o papel do guerreiro bem-sucedido no fomento de ideais de casta formalizados. Ele acolhia homens hábeis e leais sem considerar sua origem, mas posteriormente introduziu classificações de *jati* e *varna* no rito e na organização de sua corte.

O período mogol foi, portanto, de amplas reconfigurações políticas, econômicas e sociais. A vida cultural também floresceu no contexto do pluralismo interno e da fertilização mútua entre as regiões. A pintura de miniaturas e a arquitetura mogol, ambas com raízes persas mas profundamente transformadas no ambiente indiano, permanecem como o legado mais visível dessa rica vida cultural. Sistemas médicos – o *ayurveda* sanscrítico e o *yunani tibb* árabe (derivado de teorias gregas) – que compartilham um quadro holístico de temperatura e umidade interagiram e enriqueceram-se mutuamente. A música floresceu. Em especial, elementos fundamentais da devoção vishnuísta tomaram forma, como deixam claro o trabalho de poetas como Sur, durante o reinado de Akbar, e o apreciado *Ramcaritmanas* de Tulsidas. O mais luminoso pensador islâmico desse período, o sufi *naqshbandi* Shaikh Ahmad Sirhindi (1564-1624), serve de lembrete de que o próprio subcontinente foi um centro de pensamento e prática islâmica. Sirhindi, que criticou a política cultural imperial, era uma pedra no sapato do império e chegou a ser preso por Jahangir devido ao seu autoenaltecimento. Mas seu pensamento cosmológico e filosófico teve um impacto duradouro não somente no subcontinente, mas também na Ásia Central e nas terras otomanas. A abertura e o ecletismo básico do período são ilustrados pela incorporação, com o advento das companhias mercantes europeias, de novas técnicas de construção de navios, de horticultura e até de arte (por exemplo, na reprodução da paisagem e da perspectiva). A metáfora da "estagnação" não poderia ser mais equivocada.

A flexibilidade e a abertura das instituições mogóis também são ressaltadas se o período não for descrito, como foi por muito tempo, como parte da Índia "medieval" ou da Índia "muçulmana" (termos que sugerem isolamento e exotismo), mas sim para usar o termo preferido hoje por muitos historiadores como "pré-moderno". Essa descrição indica uma gama de transformações que começaram por volta de 1500 em toda a Eurásia, e não apenas na Europa, onde a periodização "pré-moderna" para os séculos XVI a XVIII é o uso padrão. O historiador da Índia mogol John Richards identificou vários desses processos inéditos de mudança em escala mundial, a começar pela criação das passagens marítimas globais que ligaram o mundo inteiro pela primeira vez. O impacto dessas mudanças na Índia, como já foi salientado, inclui a intensificação da monetarização e a expansão da produção têxtil, evidentes já no século XVII. Essa era também conheceu o crescimento populacional e a expansão da fronteira agrícola, tanto na Índia quanto em muitas outras regiões do mundo. A Índia, como outras regiões da Ásia, adotou cultivares do Novo Mundo, entre eles o tabaco, o milho e as pimentas. O período pré-moderno foi igualmente uma era de novos Estados centralizados, entre os quais o mogol. E foi um período de difusão tecnológica, inclusive da pólvora. Essa tecnologia foi tão importante que um historiador, Marshall Hodgson, descreveu os grandes impérios agrários do período – otomano, safávida, mogol, qing – como "impérios da pólvora", não somente por causa do poder disponível para aqueles capazes de empregar armas de fogo de uso pessoal e canhões mais aprimorados, mas também porque esses regimes foram obrigados a instituir novos níveis de controle burocrático a fim de sustentar a nova tecnologia militar.

Como fica então, perguntamos de novo, a "islamicidade"? Durante aproximadamente meio milênio, as dinastias muçulmanas dominaram a vida política no subcontinente. Tanto as visões "orientalistas" quanto o recente nacionalismo hindu asseveraram que as crenças e instituições hindus foram reprimidas durante todos esses séculos. Em contrapartida, para reiterar fatos afirmados anteriormente, as próprias instituições da organização social, assim como os novos padrões da devoção vishnuísta e shivaísta, surgiram exatamente nesse período. O pensamento e a prática islâmica, sobretudo no quadro do devocionismo sufi, foram transformados de modo semelhante. Os regimes eram "muçulmanos" no sentido de que eram liderados por eles, patrocinavam (entre outros) líderes muçulmanos santos e eruditos e justificavam sua existência em termos islâmicos. Mas a lealdade, e não a filiação religiosa, definiram a participação, e as elites não muçulmanas foram essenciais para o funcionamento dos regimes do Sultanato e dos mogóis. Não havia programas de conversão em massa, muito menos forçada.

Seriam então esses regimes "estrangeiros", como frequentemente se alega? É certo que as dinastias foram fundadas por pessoas de fora das fronteiras políticas atuais da Ásia meridional, e os imigrantes viam a Índia como uma "terra de oportunidades". Mas as zonas culturais ultrapassavam as fronteiras atuais, e as pessoas dentro dos circuitos da Ásia Central ou das redes de comércio marítimas para Leste e Oeste tinham certamente mais em comum dentro dessas zonas do que com agrupamentos supostamente "nacionais". O que significa "estrangeiro" numa era anterior aos Estados modernos e passaportes? Quanto tempo leva para que aqueles de origem diferente sejam aceitos como "nativos" num dado lugar, especialmente quando se pode dizer que os próprios sistemas simbólicos e instituições autóctones estão mudando em interação com os dos antigos forasteiros? O fato de que hindus e muçulmanos tenham passado a se ver como comunidades religiosas distintas, e até como duas nações, é um fato central na história moderna da Índia. Mas é imprescindível entender, apesar das continuidades de terminologia, que os agrupamentos religiosos do passado eram muito diferentes dos de hoje. Os regimes políticos pré-modernos fomentaram identidades de classe alta que incorporavam indivíduos de diversas regiões e religiões. Cada ilustração deste capítulo representa um nobre específico (Firoz Shah, Babur, Shah Jahan, Raja Man Singh) a quem uma série de aliados e subordinados devia fidelidade. Cada artefato tornava visível a intenção desse nobre de afirmar o poderio militar, impor ordem à sociedade que ele controlava e agir como o cabeça dos subordinados de quem ele obtinha serviços e recursos. A imagem contrastante de comunidades "horizontais" autoconscientes de hindus e muçulmanos, tal como a imagem da Índia pré-colonial como uma terra de vilarejos autossuficientes, rígidas hierarquias de casta e estagnação generalizada, imputa características da sociedade colonial ao passado pré-colonial.

capítulo 2

O ocaso mogol: a emergência dos Estados regionais e a Companhia das Índias Orientais

Nosso viajante temporal em 1707, especialmente se tiver sido iludido por relatos europeus sobre os "déspotas orientais", pode muito bem ter deixado de apreender a medida em que o Império Mogol, assim como outros sistemas políticos pré-modernos dessa magnitude, operava através de uma distribuição hierárquica da autoridade entre diferentes níveis da sociedade. Não havia um monopólio da força militar; não havia um monopólio da autoridade política. O próprio Grão-Mogol era *shahinshah*, "rei dos reis": portanto, um soberano entre vários. A concorrência pela expansão geográfica era sempre endêmica, bem como a concorrência entre os níveis verticais do sistema. É o conflito, como escreveu Bernard Cohn usando o período mogol tardio como exemplo desses sistemas, que produz o consenso e equilíbrio precário que permitem a subsistência desses sistemas políticos. O poder efetivo exigia não apenas superar a concorrência, mas também avaliar em quais conflitos imiscuir-se. Durante a primeira metade do século XVIII, o poderio mogol retraiu-se, enquanto aqueles que haviam sido outrora submetidos aos mogóis floresceram. Entre os novos poderes regionais havia uma sociedade por ações de mercadores ingleses, que, no final do século, estava pronta para reivindicar o manto dos mogóis como governante do subcontinente.

As "linhas de fratura" do controle mogol

Uma perspectiva convincente de Aurangzeb como governante nos é dada por um dito Bhimsen, um memorialista hindu *kayastha*, que, nas suas últimas décadas de serviço, atuou como auditor e inspetor para um nobre *rajput*. Escrevendo no final da vida de Aurangzeb, Bhimsen nos dá uma visão, do ponto de vista das "comunidades de base", daquilo que ele vê como o fracasso do império. Ele foi, como escreveu John Richards, um entre muitos que reivindicavam gerações de lealdade ao regime mogol, homens que tinham orgulho de sua devoção e coragem, bem como de seu domínio da cultura cortesã indo-persa. Quando Bhimsen seguiu seu amo nas batalhas fúteis contra os *zamindars* e chefes rebeldes, ele desesperou-se diante da diferença entre o governo mogol inicial e o do período final de Aurangzeb:

> Quando a meta do soberano reinante é a felicidade do povo, o país prospera, os camponeses levam uma vida fácil e as pessoas vivem em paz. O temor das ordens do rei assalta os corações de ricos e pobres. Agora que a última era [*kaliyuga*] chegou, ninguém tem um desejo honesto; o Imperador, tomado pela paixão de capturar fortalezas, desistiu de cuidar da felicidade dos súditos. Os nobres desistiram de dar bons conselhos.

Bhimsen prossegue então apresentando o que se poderia chamar de *argumentação sociológica* sobre a desordem que ele deplorava. Os *zamindars*, explica ele, haviam "ganhado força [...], arregimentado exércitos e subjugado o país ao fardo da opressão".

Ao identificar os *zamindars* emergentes como um sinal fundamental da desordem, Bhimsen identificou uma das três "linhas de fratura" cruciais que lançaram desafios ao poder mogol centralizado. Os *zamindars* eram homens com raízes locais, amiúde chefes de linhagens e de tribos, que possuíam conhecimento local e controle sobre os camponeses cultivadores. Eles haviam angariado poder à medida que aumentaram sua riqueza durante o próspero século XVII e obtido reconhecimento (às vezes incluindo-se até título e cargo) das autoridades mogóis. Depois da morte de Aurangzeb, como Muzaffar Alam deixou claro em diversos estudos, *zamindars* por toda a Índia do Norte e Central sublevaram-se para resistir à autoridade imperial. Eles raramente coordenavam suas atividades. Muito pelo contrário, os chefes locais competiam frequentemente pelo domínio da zona rural. Contudo, alguns se uniram para formar comunidades coesas capazes de oferecer um desafio constante à autoridade mogol. Entre eles, os mais destacados eram os maratas do Decão, os siques do Punjab e os *jats* a sudeste de Déli, na região de Agra.

Uma segunda "linha de fratura" intrínseca à administração mogol era a dos príncipes regentes estabelecidos, que haviam aceito o governo mogol mas mantido autoridade dentro de seus próprios domínios estreitos, prestando tributo mas não sujeitos à administração mogol. Esses territórios situavam-se geralmente em áreas inacessíveis ou periféricas. Alguns chefes simplesmente pararam de entregar os tributos; outros resistiram cada vez mais às exigências dos mogóis graças à robustez de suas fortalezas. Em certa medida, os *rajputs*, que haviam mantido pleno controle da sua pátria no deserto embora servissem ao império, encaixam-se nessa categoria. No fim do século XVII, duas das mais importantes casas *rajputs* rebelaram-se.

A terceira "linha de fratura" era a dos governadores provinciais, que eram nomeados pelo imperador segundo os trâmites normais como administradores em áreas onde eles não tinham conexões locais preexistentes, mas que depois agiam com autonomia, embora continuassem nominalmente subordinados à autoridade mogol. Esse estilo de rompimento tornou-se visível em 1724, quando o primeiro-ministro imperial, Nizamu'l Mulk, retirou-se para Haiderabad, deixou de participar dos projetos imperiais e até lutou contra tropas mogóis para afirmar sua autonomia. A dura realidade foi logo dignificada pelo cerimonial, já que ele foi nomeado vice-rei mogol da parte meridional do império. As ricas províncias de Awadh e Bengala obtiveram igualmente a independência *de facto* a partir dos anos 1720 à medida que os governadores locais, agora chamados de *nababos*, indicavam seus próprios funcionários e nomeavam seus sucessores (ainda que, durante a década de 1730, o sucessor tivesse de ser confirmado pelo imperador). Na qualidade de governantes de Estados quase independentes, eles desviaram para si mesmos receitas enviadas anteriormente a Déli, iniciaram atividades diplomáticas e militares e interromperam o comparecimento à corte. De funcionários indicados pelos mogóis, esses governadores de antanho haviam se tornado, em meados do século, chefes de suas próprias dinastias.

Além desses rebeldes nobres e investidos de autoridade, o enfraquecimento do império ofereceu oportunidades para os impiedosos e ambiciosos de todo tipo. Um deles, que se tornou depois um herói folclórico ao estilo de Robin Hood, foi Papadu, um chefe telugo fora da lei de casta baixa. Nos anos posteriores a 1700, segundo sua história contada por John Richards e V. Narayana Rao, Papadu, de uma casta de destiladores de licor fermentado, recrutou seguidores dentre uma pletora de grupos de intocáveis e castas ritualmente baixas para formar um Exército de vários milhares. Com este, ele lançou ataques bem-sucedidos contra várias das grandes cidades em Telengana. Finalmente, após um cerco de um ano de seu refúgio fortificado nas montanhas por uma força combinada mogol e *zamindari*, Papadu foi capturado e morto. Rebeliões desse tipo, como deixam claro Richards e Narayana Rao, não estavam destinadas ao sucesso. Na condição de líder de uma "dupla rebelião" contra a autoridade imperial e local, Papadu ousou demais ao atacar a ordenação mais básica da sociedade, e por isso mobilizou contra si todos aqueles que tinham interesse nas hierarquias estabelecidas de casta e patrimônio.

Essas "linhas de fratura" mogóis, especialmente as dos chefes e *zamindars*, foram vistas amiúde como uma afirmação da luta hindu contra a dominação estrangeira. No caso dos maratas, os nacionalistas indianos do fim do século XIX, como o moderado M. G. Ranade, viam Shivaji e seus sucessores através da lente anacrônica de uma resistência emergente ao domínio britânico e, portanto, fizeram deles uma "nação" que desafiava a dominação "estrangeira". B. G. Tilak, o nacionalista extremista, fez posteriormente de Shivaji um herói do poder hindu. Esse tema assumiu nova importância nas décadas de 1930 e 1940 à medida que as relações entre hindus e muçulmanos deterioraram-se nos anos que levaram à independência, de forma que Shivaji se tornou um símbolo da resistência hindu contra a dominação muçulmana. De igual modo, a resistência sique ao poder mogol foi interpretada como ideologicamente motivada. Na verdade, os rebeldes faziam alianças com base na conveniência e não procuravam um fronte unificado do ponto de vista religioso. Por exemplo, quando os rajás *rajputs* de Marwar e Mewar sublevaram-se durante o reinado de Aurangzeb, o príncipe Akbar, enviado para subjugá-los, ao invés de fazê-lo juntou-se a eles; ele também aliou-se ao filho e sucessor de Shivaji, mas acabou fracassando e fugindo para salvar sua vida. Os maratas foram atores ativos nas rivalidades faccionais mogóis, demonstrando constantemente uma submissão nominal ao poder mogol e muitas vezes concluindo acordos para compartilhar o acesso às zonas contestadas. Shahu (imperador entre 1708-49), criado na corte depois que seu pai Shambaji, filho de Shivaji, foi executado em 1689, aceitou o cargo de *diwan* mogol (o mais alto administrador civil) das áreas maratas centrais. Certamente, rituais e ideologias distintas eram importantes para os regimes insurgentes, mas não excluíam cooperação estratégica e até alianças com os governantes muçulmanos.

O Noroeste: siques, persas e afegãos

Uma revolta sique de base agrária liderada por Banda Bahadur impôs um grande desafio ao sucessor de Aurangzeb, o idoso Bahadur Shah (imperador entre 1707-12). Os siques, como os maratas, são um exemplo do papel formador da interação com dinastias muçulmanas ao longo de muitos séculos. O próprio Guru Nanak, o grande mestre da devoção amorosa a um Deus amorfo e do desprezo pelas estruturas mundanas de poder e hierarquia, vinha de uma família *khatri* que serviu as dinastias do Sultanato. Quando jovem, ele estudou persa e trabalhou por uns dez anos num entreposto fiscal para a dinastia afegã Lodi. Três dos seus sucessores foram patrocinados por Akbar, em cujo reinado Amritsar destacou-se como o centro de uma região praticamente autônoma. Os gurus buscavam poderes tanto temporais quanto espirituais. Na verdade, a participação na concorrência faccional pela sucessão na corte custou a vida a dois gurus. O último guru, Gobind Singh (1666-1708), como outros chefes do Punjab, alternou entre o uso e a resistência ao poder mogol. Embora derrotado por Aurangzeb no final do seu reinado, Gobind apelou ao novo imperador, em vão, para a restauração de suas terras. Com a morte de Gobind, a liderança temporal passou para os chefes de guerrilha, entre os quais o mais forte era Banda.

Embora os mogóis tivessem o apoio de diversos *zamindars* e chefes de linhagem do Punjab, foi só em 1715 que eles finalmente derrotaram e executaram Banda. Então muitos siques depuseram as armas, mas um grupo central refugiou-se nas montanhas, cometendo saques e assassinatos. Até mesmo eles reagiram, ainda que brevemente, à abertura de um *jagir* mogol e a um título para o seu líder em 1730. Encurralados pelas suas próprias rivalidades, pela sua proximidade da capital imperial em Déli e pelas invasões vindas do Noroeste em meados do século, os siques não puderam fazer muito mais que lançar ataques e estabelecer pequenos principados até os anos 1760.

Nessas décadas, o Punjab, e com ele Déli, conheceu golpes devastadores em todos os níveis da sociedade. Nenhum episódio abalou mais a confiança e estabilidade imperiais do que o ataque do persa Nadir Shah (imperador entre 1736-47) em 1739, que trouxe devastação em seu caminho e deflagrou uma carnificina e brutalidade que deixaram cerca de 30 mil mortos apenas em Déli. Seu butim, quando ele retornou à sua pátria, incluía o fabuloso trono do pavão de Shah Jahan. Os anos seguintes viram um crescimento do poder afegão, favorecido em parte pela expansão russa e chinesa que atraiu os afegãos para redes comerciais florescentes, sustentadas em grande parte por banqueiros hindus baseados em cidades como Shikarpur. Em 1748 e 1757, o afegão Ahmad Shah Abdali (imperador entre 1747-73), cujo império chegava ao Baluchistão, ao litoral de Makran, a Sind e a grande parte do Punjab, atacou Déli. Ademais, a região de Déli foi desafiada de dentro pelos *rohillas* afegãos e pelos *zamindars jats* de Agra. A visão a partir de Déli, assim como de grande parte do Punjab, deve ter sido de caos e confusão irrefreada em meados do século XVIII.

IMAGEM 6. Forte de Daulatabad, Maharashtra.

A NOVA ORDEM REGIONAL: "FISCALISMO MILITAR" E FLORESCÊNCIA CULTURAL

A visão de Déli, entretanto, não descreve a Índia como um todo. De modo geral, o século XVIII foi um período de crescimento populacional gradual, aumento lento dos preços, urbanização e estabelecimento de novos mercados. No interior dos Estados guerreiros *zamindar*, bem como no interior das províncias mogóis agora autônomas, os novos reinos regionais eram centros de uma construção de Estado efetiva, que envolvia profundamente suas populações e formava exércitos poderosos. O símbolo por excelência do século XVIII é o forte. Este incluía não somente bastiões como a fortaleza rude e altamente defensável de Daulatabad (**imagem 6**), nas montanhas do Decão, afirmação de um poder regional, mas também, dentro dos Estados regionais, os bastiões de muros de barro de uma série de potências locais. Porém, não havia apenas esses redutos fortificados. Em meados do século, o governante do novo reino *jat* centrado em Bharatpur, à proximidade do centro do poder mogol, estava suficientemente seguro para construir um palácio ajardinado na vizinha Dig (Deeg). Embora o Gopal Bhavan de Raja Suraj Mal (**imagem 7**) tenha sido nomeado em honra do deus Krishna, de quem os governantes eram devotos, o uso de trabalho em *pietra dura* – junto com os domos, arcos, pavilhões e jardim formal – lembra o estilo imperial mogol, e portanto proporciona um lembrete visual à medida que aqueles que desafiavam o poder mogol eram produtos dele, às vezes até superando, quanto ao controle administrativo efetivo, seus predecessores mogóis.

O Estado marata nas décadas intermediárias do século XVIII oferece o melhor exemplo de eficiência burocrática nesse período. Os arquitetos principais dessa organização eram uma linha hereditária de primeiros-ministros brâmanes *chitpavan*, dos quais o primeiro foi Balaji Vishvanath (imperador entre 1713-20). Apesar de rivalidades faccionais, o poderio militar marata, especialmente sob o *peshwa*, ou primeiro-ministro, Baji Rao (imperador entre 1720-40), estendeu o alcance do Estado até o Guzerate e Malwa, com incursões nos anos 1730 até Déli, e em Bengala uma década mais tarde.

Ao mesmo tempo, o Estado estabeleceu um forte controle sobre os chefes rurais, aventureiros militares e outros que se tornaram intermediários para entregar a parcela da receita que cabia ao Estado. Nos domínios maratas, assim como alhures, uma característica importante do século XVIII foi o colapso no nível local das linhas separadas de autoridade civil e militar em favor da figura única do rendeiro fiscal (*revenue farmer*) ou contratador.

IMAGEM 7. Gopal Bhavan, palácio ajardinado dos rajás *jats* de Dig, c. 1763.

O rendeiro fazia lances para obter o direito de pagar ao tesouro estatal um montante acordado para determinado território por um número fixo de anos. Ele arcava com as despesas da arrecadação e tomava para si qualquer receita adicional arrecadada. Para o Estado, esse arranjo proporcionava uma receita segura a um custo mínimo. Contudo, muitas vezes ele abria caminho para a extorsão, quando os contratadores, desimpedidos enquanto cumprissem seus contratos, passavam a amealhar fortunas pessoais às custas dos cultivadores indefesos. Porém, quando os contratos eram concedidos por muitos anos, os rendeiros fiscais tinham um motivo óbvio para incentivar a prosperidade agrícola nas regiões sob seu controle, e o processo dava claramente a muitos indivíduos empreendedores e socialmente ascendentes um espaço de ação. Os rendeiros mais bem-sucedidos combinavam o poder militar com adiantamentos em dinheiro a aldeões locais, além da participação no comércio das mercadorias produzidas. Os 40 anos em que Mian Almas Ali deteve distritos que forneciam um terço da renda de Awadh, por exemplo, foram considerados retrospectivamente pelo povo como uma "era de ouro".

Uma inovação com implicações profundas para o funcionamento do novo sistema de Estados regionais foi o recrutamento de tropas de infantaria que manejavam uma artilharia mais eficiente, as quais eram mobilizadas com muito mais disciplina e eficiência que a tradicional cavalaria montada dos mogóis. Os Estados do século XVIII acolhiam aventureiros europeus para treinar essas novas unidades de soldados profissionais, que, à diferença dos camponeses arregimentados pelos soberanos nobres por períodos limitados, agora eram soldados mercenários em tempo integral. Uniformizados, eles eram treinados para seguir ordens até sob ataque. Em meados do século, Haiderabad tinha contingentes de combatentes liderados por franceses, mas alemães, holandeses e outros também encontraram lugar nas cortes indianas. A **imagem 8** mostra o túmulo em Agra de John William Hessing (e dos seus descendentes e parentes de sua esposa), que começou sua carreira a serviço da Companhia das Índias Orientais holandesa no Ceilão, passou a servir o *nizam* de Haiderabad e acabou como coronel a serviço dos Sindhia maratas que comandavam a cidade de Agra. Como sugerem o tamanho e estilo do túmulo, esses homens, apesar de aventureiros militares, adotaram muitas práticas sociais e culturais indianas.

Aventureiros mercenários e contingentes de infantaria eram caros, pois precisavam ser pagos em espécie. Esse novo empenho dos recursos estatais estimulou estratégias inéditas de governança. Essas estratégias, resumidas

IMAGEM 8. Túmulo em estilo mogol do "aventureiro" europeu John William Hessing, Agra, 1803.

na expressão "fiscalismo militar" de David Washbrook, criaram uma nova relação entre obtenção de receitas, Exército e agentes financeiros. Partindo da monetarização gradual e expansão econômica já evidentes no século anterior, os governantes recorreram cada vez mais ao auxílio de famílias de banqueiros, comerciantes e intermediários fiscais. Ao longo dos anos, esses homens haviam estabelecido redes de clientes cada vez mais amplas e criado instrumentos financeiros que lhes permitiam assumir papéis no sistema político. Em Bengala, por exemplo, a família de banqueiros dos Jagat Seths forneceu crédito aos nababos e adiantamentos para a venda e transporte de produtos agrícolas para *zamindars* e rendeiros fiscais. Em meados do século, esses financistas tinham se tornado indispensáveis aos governantes de muitos Estados da Índia. Por outro lado, para facilitar a cobrança dos tributos, os lotes *zamindari* eram frequentemente consolidados e, junto com os antigos patriarcas e chefes de linhagem, novos homens, incluindo funcionários da corte, aventureiros militares e as próprias famílias de banqueiros, despontaram como *zamindars*.

À medida que ficavam cada vez mais carentes de fundos, alguns governantes adotaram um esquema oposto, o de contornar os intermediários e cobrar diretamente do campesinato. Essa foi a solução adotada pela conquista muçulmana do Estado de Mysore, fundado por Haider Ali em 1761. Haider e seu filho Tipu Sultan introduziram no seu Estado uma administração fiscal rigorosa baseada no incentivo à agricultura camponesa e na eliminação de *zamindars* e rendeiros. Ao fazê-lo, proporcionaram a Mysore um grau invejável de prosperidade e fundos para manter um Exército de 60 mil homens. Porém, não mais do que aqueles que procuravam auxílio por meio de empréstimos, os governantes de Mysore não conseguiram, por meio da sua centralização impiedosa do poder, impedir a derrota final nas mãos daqueles que, como veremos, controlavam mais recursos e um Exército maior. No fim, o "fiscalismo militar" não preservou a Índia da conquista, mas abriu caminho para ela.

Estudos recentes sobre o Império Otomano no século XVIII sugerem que, nesse período, a sociedade tenha passado por uma transição limitada de solidariedades "verticais" para "horizontais". Pode-se imaginar, esquematicamente, que uma ordenação "vertical" da autoridade passa do imperador para os nobres, para os funcionários inferiores, para os chefes de linhagem, e deles para os chefes de vilarejos e patriarcas das famílias. Os problemas seriam resolvidos hierarquicamente, voltando-se para a pessoa

IMAGEM 9. Palácio da cidade de Jaipur, com o observatório astronômico de Jai Singh no fundo, à esquerda.

no nível superior para a solução. Em contrapartida, numa ordenação "horizontal", as solidariedades entre os membros do mesmo grupo ocupacional (ou região geográfica, ou associação sectária ou outra associação voluntária) formavam a base para a solução de controvérsias. No século XVIII, o deslocamento para uma "sociedade civil" distinta do Estado pode ter sido mais evidente nas terras otomanas que no subcontinente indiano. No entanto, uma transição um tanto semelhante entre grupos de comerciantes, banqueiros e redes de especialistas religiosos, que atravessava algumas fronteiras de região e até de etnicidade, estava ocorrendo na Índia também.

Os novos Estados regionais também fomentaram mudanças duradouras na expressão cultural, fixando novas direções na poesia, arte, arquitetura, música e pensamento religioso. As cortes *rajputs*, em especial, estabeleceram-se como centros de mecenato cultural. A **imagem 9** mostra o palácio que domina a notável nova cidade de Jaipur, desenhada por Raja Jai Singh nas décadas de 1720 e 1730 em plano geométrico. No fundo vê-se a forma triangular de uma das instalações astronômicas do observatório de Jaipur, um dos três que Jai Singh ergueu para medir os padrões celestiais. As cortes *rajputs* setecentistas acolhiam artistas, inclusive aqueles fugidos da capital imperial, e, junto com diversos Estados das montanhas do Himalaia, desenvolveram renomadas escolas de pintura, cada uma conhecida por paletas características, tipos faciais ou temas. Entre os temas mais significativos abordados estavam aqueles conhecidos como *ragmala*, "uma guirlanda de modos musicais", que mostravam visualmente o estado de espírito criado por um estilo da música clássica, nesse caso aqueles associados a episódios do amor divino/humano representados sobretudo pelo símbolo do deus Krishna. A **imagem 10** mostra os amantes Radha e Krishna no momento em que uma tempestade iminente reflete sua paixão crescente. O culto do deus Ram, o rei ideal, também floresceu nesse período. Seu local de nascimento lendário em Ayodhya impôs-se como centro de peregrinação, e seus edifícios foram patrocinados pelos nababos xiitas de Awadh. A guerra reforçou igualmente a popularidade das ordens ascéticas armadas dos *gosains* e *bhairagis*, que eram procuradas com frequência para dar proteção em tempos de desordem.

As tradições islâmicas também encontraram uma nova expressão nos ambientes regionais. Poetas como Shah Abdu'l Latif Bhita'i (1689-1752), que escrevia em sindi, Bulhe Shah (1680-1758) e Waris Shah (nascido em *c.* 1730), que escreviam em punjabi, produziram nos vernáculos obras-primas de poesia mística que reinterpretam contos folclóricos locais. Abdu'l Latif usou a história de amor *kutchi* de Sasui, que busca seu amado Baluch, para contar a história da alma humana, simbolizada por uma mulher, em busca do divino, tal como os poemas e pinturas *bhakti* da época. A seguinte estrofe, por exemplo, versa sobre o tema perene da pungência do "amor apartado":

IMAGEM 10. Pintura *ragmala* de Radha e Krishna, Kulu, início do século XIX.

Não encontrei meu amor, mas tu
Imerges em teu repouso, ó Sol.
As mensagens que te dou, leve-as
E diga-as ao meu bem-amado.
Vá para Kech e diga: "A mulher triste morreu
Na senda". Não me foi dado
Encontrar meu amor: a morte chegou.
Morrerei, não serei absolutamente nada
Separada do meu amor.

Igualmente na corte de Déli, a língua vernácula do urdu, com seu uso intenso de palavras emprestadas do persa, foi adaptada aos gêneros poéticos persas por grandes poetas, entre eles Mir Taqi Mir (1723-1810) e Khwaja Mir Dard (1720-85).

Uma das figuras mais influentes da vida religiosa muçulmana na capital foi Shah Waliullah (1703-62), um sufi *naqshbandi* que muitos movimentos islâmicos posteriores da Índia moderna invocariam como predecessor. Ele fazia parte dos círculos eruditos baseados em Hijaz, envolvidos na fixação de um novo padrão de fidelidade às tradições dos ditos e ações do profeta Maomé (*hadith*). Esses ensinamentos encontraram uma ressonância especial na atenção renovada que foi dada, na Índia do século XVIII, ao devocionismo em todas as tradições religiosas, já que, no caso do islamismo, a devoção ao Profeta era tida como essencial na busca pelo divino. O *hadith* também servia como âncora no fluxo das circunstâncias políticas e sociais cambiantes do período. No Punjab, e especialmente entre os *rohillas*, os sufis *chishti* disseminaram um interesse renovado pelo *hadith*. Foi também o período do florescimento xiita. Estados de liderança xiita, incluindo Bengala por um certo tempo e, sobretudo, Awadh, patrocinaram as elaboradas cerimônias fúnebres que exprimiam a devoção aos imames xiitas (Shi'a imans) e apoiaram a redação e recitação de elegias em urdu (*marsiya*). Essa tradição poética foi iniciada por homens como Mirza Rafi'ud-din Sauda (1713-81), que, junto com tantos outros, procurou refúgio na corte de Lucknow para escapar à desordem de Déli em meados do século.

Na esteira do colapso da autoridade no Norte da Índia, o confronto decisivo na luta pela dominação aconteceu em 1761, quando maratas e afegãos ordenaram seus exércitos no campo histórico de Panipat, onde o Império Mogol havia sido derrotado. A batalha definiu os limites do poderio de ambos. Os afegãos prevaleceram no campo de batalha, mas eram incapazes de sustentar um império tão afastado do Afeganistão, e por isso retiraram-se. A partir da sua base em Poona, nas décadas anteriores, o poder marata estendera seu alcance muito longe em direção ao Norte e ao Leste. Após a derrota em Panipat, esse avanço foi detido e os maratas dividiram-se em quatro Estados cada vez mais separados. Cada um era dominado por uma das casas militares maratas recentemente ascendentes e, embora ligado superficialmente ao *peshwa* em Poona, possuía sua própria base geográfica: os Gaekwad em Baroda, os Sindhia em Gwalior, os Holkar em Indore e os Bhonsle em Nagpur.

A ascensão da Companhia das Índias Orientais inglesa

Enquanto emergia um novo sistema de Estados regionais, a Companhia das Índias Orientais inglesa juntava forças para o que se tornaria uma contestação bem-sucedida de todas as outras potências. Fundada em 31 de dezembro de 1600 e constituída pela rainha Elizabeth, a companhia inglesa era uma entre várias empreitadas comerciais europeias que procuravam sugar as riquezas do "Oriente". O essencial para manter a força da Companhia era sua organização de sociedade por ações. Os indivíduos não poderiam comerciar sozinhos tão afastados da Europa se a Coroa inglesa, ao contrário da de Portugal, não se dispusesse a comprometer recursos seus num empreendimento tão incerto. A forma de sociedade por ações permitia que os mercadores compartilhassem o risco do negócio e possibilitava que eles angariassem fundos conforme o necessário. O acesso aos recursos fornecidos pela estrutura de sociedade por ações fez dos ingleses concorrentes temíveis quando enfrentavam as famílias mercadoras nativas da Índia. A Companhia ganhou ainda mais força graças à sua direção centralizada (a cargo de uma Junta de Diretores de 24 membros), à estabilidade de seus arquivos e à sua equipe recrutada pelas suas habilidades especializadas. Como veremos nos capítulos seguintes, foi no seu trato com a Índia, e não na própria Inglaterra, que a Grã-Bretanha desenvolveu muitas das instituições do Estado "moderno", entre as quais nenhuma viria a ser mais crucial que a sociedade por ações.

Tendo recebido o monopólio do comércio asiático da Grã-Bretanha e o direito de armar suas embarcações para afastar atravessadores, a Companhia procurou entrar no comércio imensamente lucrativo de especiarias com as ilhas das Índias Orientais. Ali, no entanto, ela encontrou uma rival melhor organizada e financiada, a Companhia das Índias Orientais holandesa (VOC). Por isso, ela logo decidiu centrar suas operações comerciais na Índia. Essa decisão gerou problemas tanto econômicos quanto políticos para a Companhia. Fora a pimenta malabar, que compunha o grosso das primeiras cargas da Companhia, a Índia não possuía especiarias. Para piorar, os indianos não se interessavam pelas mercadorias que a Inglaterra tinha para vender, especialmente os artigos de lã, de forma que, contra os princípios vigentes do mercantilismo e apesar da severa desaprovação da metrópole, a Companhia tinha que exportar lingotes de metal precioso para pagar pelas suas compras na Índia. Outrossim, ao contrário dos holandeses, que sobrepujaram com facilidade os rajás insignificantes do arquipélago, os ingleses enfrentavam, na Índia seiscentista, o Império Mogol no seu apogeu. Logo, não se podia pensar em conquista. Era somente na condição de humildes solicitantes de favores que os ingleses podiam esperar obter acesso ao mercado indiano. Os mogóis acolheram os ingleses para contrabalançar a predominância dos portugueses, e mais tarde dos holandeses, assim como fizeram os mercadores indianos, que prezavam as oportunidades de comércio lucrativo que surgiam.

Todavia, durante o século XVII, a Companhia das Índias Orientais criou para si um comércio seguro e proveitoso. Em vez do comércio lucrativo mas limitado de especiarias, os ingleses desenvolveram mercados na Europa para uma variedade de produtos indianos, inclusive o índigo (uma tintura azul) e o salitre (usado para a pólvora). Contudo, mais valiosos eram os tecidos indianos de alta qualidade feitos à mão. Com o crescimento da economia de consumo numa Grã-Bretanha próspera, depois de 1660, a demanda por fazendas indianas como chintz, calicô e musselina (todas palavras de origem indiana) aumentou rapidamente. Como seria demonstrado repetidas vezes, o consumidor moderno possuía um desejo quase insaciável pelos bens de luxo do mundo tropical e, posteriormente, colonial. As importações da Companhia das Índias para a Europa, equivalentes a cerca de 360 mil libras em 1670, triplicaram de valor nos 30 anos seguintes, e depois duplicaram novamente até atingir quase 2 milhões de libras em 1740. A tela *O Oriente oferece suas riquezas a Britânia* (**imagem 11**), de 1778, mostra a gama de portos asiáticos que forneciam à Grã-Bretanha bens valiosos, de chá a têxteis. Britânia, sentada numa rocha, é altivamente superior, e seu comércio é facilitado pelo deus grego Mercúrio.

O sustentáculo desse comércio era uma concessão dada em 1617 pelo imperador Jahangir a sir Thomas Roe, o embaixador de Jaime I junto à corte mogol. De acordo com os termos da concessão, os ingleses foram autorizados a estabelecer feitorias em portos mogóis selecionados, especialmente Surat, em Guzerate. Essas "feitorias" não eram (contrariamente ao uso atual do termo[1]) locais de fabrico, mas sim armazéns onde os bens eram reunidos por agentes residentes, chamados *feitores*, até que pudessem ser carregados em navios. Embora a capacidade naval da Companhia incentivasse os mogóis a conceder esses direitos de comércio, uma vez que os mogóis não tinham Marinha própria, mesmo assim a Companhia, que não

---

1   Em inglês, as feitorias são designadas pelo termo *factories*, o mesmo usado atualmente para fábricas. (N.T.)

IMAGEM 11. Tela *O Oriente oferece suas riquezas a Britânia*, de Spiridion Roma, 1778, na East India House, Londres.

era autorizada a fortificar suas feitorias, continuava totalmente dependente da boa vontade das autoridades mogóis para com sua empreitada comercial. Essas exportações geravam receitas aduaneiras, especialmente em Guzerate e mais tarde em Golconda, onde, em 1678, as importações em espécie dos holandeses e ingleses pagaram o soldo de 17 mil cavaleiros e trouxeram riqueza aos mercadores e tecelões. O historiador Om Prakash estimou que a demanda ultramarina tenha gerado cerca de 80 mil empregos, sobretudo em tecelagem, apenas em Bengala. Contudo, os principais beneficiários foram os empreendedores mercantis locais, que davam adiantamentos aos tecelões e forneciam mercadorias às companhias europeias. Até o advento da supremacia britânica, a concorrência entre companhias europeias rivais proporcionou um retorno razoável para os produtores indianos.

Na década de 1660, quando o poder mogol começou a vacilar, a Companhia julgou que suas feitorias, especialmente a de Surat, atacada duas vezes por Shivaji, estavam cada vez mais vulneráveis, e por isso voltou-se para uma política de defesa armada. Isso gerou conflito entre a Companhia e as autoridades mogóis, que lhe infligiram uma derrota humilhante em 1686. No entanto, em 1700 a Companhia já tinha obtido as três capitais "presidenciais" – Madras, Bombaim e Calcutá – a partir das quais sua autoridade se expandiria posteriormente para o interior. Embora fossem somente diminutos apoios no litoral indiano, essas três cidades, protegidas por fortificações robustas, como o Forte de São Jorge em Madras (representado na **imagem 12**), cresceram e prosperaram. Mercadores indianos acorreram para elas, buscando segurança para si mesmos e seus bens nesses tempos cada vez mais conturbados. Além

IMAGEM 12. Forte de São Jorge, Madras, *c.* 1750.

disso, os ingleses procuraram tranquilizar os indianos desmentindo qualquer esforço de conversão ao cristianismo do tipo praticado pela Inquisição portuguesa e pelos jesuítas franceses. Ao longo do século XVIII, recusou-se residência aos missionários nos estabelecimentos ingleses.

Bombaim, uma ilha com um porto magnífico, foi obtida em 1661, de modo comparável às alianças forjadas entre Akbar e os *rajputs*, como parte do dote de uma princesa portuguesa que se casou com o rei Carlos II. À medida que a Companhia deslocou suas operações dali para Surat, mercadores e artesãos pársis (zoroastrianos de origem iraniana) seguiram seus passos. A maior parte dos funcionários da Companhia vivia em comunidade dentro dos fortes, de onde negociavam com os intermediários e mercadores indianos, instalados do lado de fora, que obtinham tecidos de tecelões no campo mediante adiantamentos em dinheiro. Essas capitais presidenciais não foram estabelecidas com o objetivo de conquista colonial. A quantidade de pessoal da Companhia postado em cada uma nunca excedeu algumas centenas, ao passo que os fortes eram guardados por soldados mal treinados, cerca de 300 em Madras, recrutados nas ruas de Londres.

O comércio com a Índia fazia parte de um cenário comercial em escala mundial. O chamado pano "da Guiné", exportado da Índia para a África Ocidental, era usado para comprar escravos para as plantações das Índias Ocidentais, enquanto no Sudeste Asiático os tecidos indianos proporcionavam o meio de troca para o comércio de especiarias. Durante todo o século XVII e nas primeiras décadas do século XVIII, os ingleses tiveram de competir com poderosas companhias comerciais rivais, que, como eles, estabeleceram postos fortificados ao longo da costa indiana. Nos anos 1680, os holandeses, já estabelecidos há muito tempo, ganharam a companhia de dinamarqueses e franceses em Pondicherry, um enclave no Sul da Índia que eles mantiveram até 1950. À medida que o Império Mogol se enfraquecia após a morte de Aurangzeb e o comércio se tornava cada vez mais rentável, também aumentava a tentação de ganhar vantagem sobre os rivais através de meios políticos. Em 1717, os britânicos obtiveram do imperador Farrukhsiyar o valioso benefício da exportação livre de direitos dos seus bens a partir de Bengala. Todavia, os franceses, que chegaram depois, tinham mais a ganhar com a intervenção na política local.

A oportunidade foi a Guerra da Sucessão Austríaca na Europa (1744-8). Esta deflagrou uns 70 anos de conflito entre a Grã-Bretanha e a França, e com isso um novo tipo de confronto no qual essas duas potências europeias competiam pela dominação em todo o globo, na América e na Índia, além da própria Europa. A rivalidade foi impulsionada cada vez mais por um moderno entusiasmo nacionalista que arrebatou tanto os povos quanto as dinastias. Na Índia, o governador-geral francês François Dupleix (1697-1764) viu nas disputas reiteradas pela sucessão entre os príncipes indianos (por exemplo em Arcot e Haiderabad) uma oportunidade para promover os interesses franceses. Ele concebeu a estratégia de oferecer a um dos competidores numa tal disputa o apoio de soldados franceses; em troca, uma vez no poder, o príncipe cliente outorgaria aos franceses condições comerciais favoráveis em detrimento dos britânicos. Ao mesmo tempo, Dupleix agiu diretamente contra os britânicos, sitiando Madras com sucesso em 1746. Essas realizações levaram Ananda Ranga Pillai, mercador de Pondicherry, a ver em Dupleix o governante indiano ideal:

> Quando [o nome de Pondicherry] é pronunciado, seus inimigos tremem e não ousam mover-se. Tudo isso se deve à capacidade, prontidão e sorte do atual governador, o sr. Dupleix. Seu método de fazer as coisas não é conhecido de ninguém, porque ninguém mais está imbuído do espírito ágil do qual ele é dotado. Em paciência ele não tem igual. Ele tem habilidade especial na execução de seus planos e desígnios [...] e na adoção de um semblante ao mesmo tempo digno e cortês para com todos.

Em nada disso se tinha a sensação de que Dupleix era um "forasteiro" a quem os "indianos" deveriam opor-se. Ao contrário, os franceses, como outros europeus, eram simplesmente assimilados à sucessão cambiante de potentados locais.

Ao verem seus interesses desafiados, os ingleses reagiram imediatamente. Eles retomaram Madras por meio do tratado de 1749 que encerrou a guerra e empenharam-se para virar a mesa contra Dupleix jogando o seu jogo. Em pouco tempo, eles puseram seu cliente no trono de Arcot, e Dupleix foi logo chamado de volta em desgraça. Apesar da compreensão que Dupleix tinha do equilíbrio precário da ordem política da Índia no século XVIII, com as oportunidades de manipulação que ele oferecia, os franceses, preocupados com as querelas dinásticas na Europa, simplesmente não tinham recursos para conter seus rivais na Índia. Sobretudo, por terem chegado mais tarde à Índia, eles nunca desenvolveram os laços próximos que tinham os britânicos com os mercadores e intermediários, de modo que o comércio da França com a Índia, em média equivalente à metade do da Companhia inglesa em valor, despencou, em meados do século, para meramente um quarto do da sua rival. Para a Grã-Bretanha, em contrapartida, não só a Companhia era um ator principal na política doméstica, mas a opinião popular, especialmente nas cidades portuárias do país, via no comércio e no império a maneira de assegurar a grandeza da Grã-Bretanha. *Rule Britannia* ("Que Britânia governe"), hino do novo patriotismo, foi cantado pela primeira vez em 1740. A figura de Britânia sentada numa rocha acima dos seus tributários asiáticos na pintura de Spiridion Roma (**imagem 11**), representa visivelmente esse sentimento crescente de identidade nacional, que distinguiu a Grã-Bretanha da Ásia, vista como uma coleção de cidades e regiões.

Os quatro anos de guerra de 1744 a 1748 tornaram visível, pela primeira vez para os europeus, o poder da infantaria disciplinada na guerra conduzida na Índia. Algumas centenas de soldados franceses ou britânicos, atirando em salvas numa formação em quadrado, podiam agora conter milhares de cavaleiros mogóis. Por conseguinte, um contingente de tropas europeias valia um bocado para um governante indiano. Outro fator essencial para o sucesso dos europeus foi a lealdade nacional. Embora europeus se pusessem frequentemente a serviço de Estados indianos na condição de aventureiros, eles nunca lutariam contra seus compatriotas nem mudariam de lado no meio de uma batalha, como faziam com frequência os indianos, motivados não por um nacionalismo "indiano" equivalente, mas por lealdades mais paroquiais. A Guerra dos Sete Anos, travada de 1756 a 1763, que opôs mais uma vez a Grã-Bretanha à França, deixou aparentes para todos as implicações dessa "revolução militar".

A CONQUISTA DE BENGALA

A partir do início do século XVIII, o comércio de Bengala havia se tornado cada vez mais lucrativo para a Companhia das Índias Orientais. Em 1750, essa rica província do delta, a via de saída do comércio de todo o vale do Ganges, representava 75% da aquisição de produtos indianos pela Companhia. Dean Mahomet, um indiano empregado pela Companhia que depois emigrou para a Grã-Bretanha, descreveu Daca (Dhaka), hoje capital do Bangladesh, nestes termos:

> Daca é considerada a manufatura mais importante da Índia e produz os mais ricos bordados com ouro, prata e seda [...]. Mantimentos de toda sorte são incrivelmente baratos e abundantes em Daca: a fertilidade do seu solo e as vantagens da sua situação fizeram dela, há muito tempo, o centro de um extenso comércio [...]. Aqui também fica a residência de um grande nababo, que, ao ascender ao trono, conforme a um antigo costume, algo semelhante ao do doge de Veneza no Adriático, goza um dia de prazer no rio, [numa barcaça] recoberta de prata.

A prosperidade de Bengala, portanto, foi descrita para parecer ilimitada e, ao mesmo tempo, familiar, através da evocação da "senhora dos mares" italiana bordada de canais. Não é por acaso que a figura que representa Calcutá em *O Oriente oferece suas riquezas* está situada no centro da tela com o presente mais caro, uma cesta de joias e pérolas. Dessas representações surgiu uma imagem duradoura da Índia diante dos britânicos.

Determinados a aumentar seus lucros, os britânicos em Bengala começaram, em meados do século, a abusar sistematicamente do direito ao livre-comércio, que lhes foi concedido pelo imperador. Passes de livre-comércio eram vendidos a favorecidos indianos e estendidos ilegalmente à participação no comércio interno de grãos e outros produtos. Em 1756, quando estourou a guerra, para deter o ataque francês, os britânicos começaram a ampliar as fortificações de Calcutá. O jovem nababo Siraj-ud-daula, que havia ascendido recentemente ao trono de Bengala, viu tudo isso – com razão – como uma contestação da sua autoridade. Consequentemente, em junho de 1756 ele marchou sobre Calcutá, derrotou a guarnição e aprisionou quem não conseguiu fugir. Cerca de 40 ou mais dos aprisionados, confinados num pequeno cômodo sem ventilação, morreram sufocados do dia para a noite. Embora o nababo não tivesse ordenado esse tratamento abusivo aos prisioneiros ingleses, que foi um ato de negligência por parte dos seus oficiais, mesmo assim o incidente, exagerado como o "Buraco Negro" de Calcutá, reverberou ao longo dos anos como prova, para os ingleses, da crueldade e barbárie dos indianos.

Para vingar essa humilhação, os britânicos recorreram ao coronel Robert Clive (1725-74), que já havia se distinguido em guerras no Sul. Uma expedição montada em Madras retomou Calcutá em fevereiro de 1757 e garantiu a restauração dos privilégios comerciais da Companhia. Não satisfeito com essa vitória, Clive tramou uma conspiração com um grupo de banqueiros mercadores liderados por Jagat Seth, em conflito com o novo nababo por causa de suas exações financeiras sobre eles, para derrubar Siraj em prol de um governante mais maleável. Juntos, eles selecionaram o general rebelde Mir Jafar, que prometeu aos britânicos régios pagamentos em troca da sua ajuda para colocá-lo no trono. O resultado foi a famosa batalha de Plassey, em 23 de junho de 1757. Militarmente esta batalha foi uma farsa, pois os soldados de Mir Jafar observavam de longe enquanto Clive desbandava as tropas de Siraj. No entanto, as consequências do embate viriam a ser tremendas.

Embora Mir Jafar tenha se tornado nababo depois de Plassey, ele era – e era visto como tal – um fantoche mantido no poder por Clive e seu Exército.

Os pagamentos em dinheiro, para falar só neles, foram assombrosos. Os britânicos receberam cerca de 28 milhões de rúpias, o equivalente a 3 milhões de libras esterlinas, dos quais quase metade foi destinado a particulares, incluindo o próprio Clive. A Companhia garantiu os direitos de arrecadar impostos em diversos distritos e um acesso comercial desimpedido ao interior. Decerto, Clive não tinha em mente uma conquista, nem os diretores da Companhia na metrópole. Os funcionários da Companhia na Índia, determinados a amealhar fortunas para si mesmos, recusavam qualquer controle sobre suas atividades rapaces. Nesse processo, à medida que viviam de modo cada vez mais extravagante, eles ficaram conhecidos como *nabobs*, do termo mogol *nawab* (governador). Por sua vez, a Companhia também buscou cada vez mais fundos para suas operações comerciais. É significativo que, depois de 1757, a Companhia tenha interrompido o envio de lingotes de metal precioso para Bengala. Ao contrário, numa reviravolta drástica da relação econômica entre a Grã-Bretanha e a Índia, ela passou a usar as receitas fiscais internas da província para financiar a compra dos produtos que enviava todo ano para a Inglaterra. Bengala era, como Clive assegurou ao governador de Madras, "um fundo inesgotável de riquezas".

A soberania *nawabi* foi degradada de modo mais visível à medida que os britânicos tomaram para si o comércio de uma gama de mercadorias valiosas, especialmente sal, noz-de-areca, tabaco e salitre. Estes, como ressalta Sudipta Sen, eram os "produtos de prestígio dos nababos", revestidos dos sinais da autoridade do governante. Em 1760, o desventurado Mir Jafar foi substituído por Mir Kasim, que promoveu uma nova rodada de presentes. Decidido a não tolerar a pilhagem contínua do seu reino pelos ingleses, Mir Kasim tentou recuperar sua autoridade pelo menos sobre a parte setentrional de Bengala e o adjacente Bihar. Ao fazê-lo, ele provocou o que viria a ser o confronto final, pois os britânicos, depois de terem seu apetite por riqueza e poder estimulado, não aceitariam restrição alguma. Em 1764, as linhas de batalha foram traçadas entre Mir Kasim, aliado ao nababo de Awadh e ao imperador mogol, de um lado, e a Companhia das Índias Orientais, do outro. Em 23 de outubro do mesmo ano, em Buxar, num árduo confronto bem diferente do de Plassey, os britânicos tornaram-se senhores da Índia Oriental.

Incapaz de continuar fingindo que seu propósito era meramente comercial, em 1765, por meio de um tratado com o imperador mogol, a Companhia obteve, em troca de um tributo anual, o *diwani* (ou direito de arrecadar impostos) para as províncias de Bengala, Bihar e Orissa. Juridicamente, isso fazia da Companhia a representante do imperador na condição de ministro da Fazenda, posição que ela manteve até 1858. A administração da justiça, ou *nizamat*, foi deixada ao nababo. Formalmente, Bengala continuou a ser uma província mogol. Porém, de fato ela estava totalmente sob controle da Companhia das Índias Orientais, pois nem o imperador em Déli, nem o nababo decorativo exerciam qualquer autoridade independente sobre a região. Mesmo assim, os britânicos hesitavam. Relutante em abandonar um comércio lucrativo pelas vantagens incertas do governo, Clive, agora governador, decidiu deixar a cobrança efetiva dos impostos nas mãos dos funcionários do nababo. Mas a desconfiança com relação a esses funcionários, aliada à necessidade insaciável de fundos da Companhia, sobretudo para seu Exército que crescia rapidamente, levou os britânicos a "assumirem" o *diwani* em 1772. Uma nova era estava prestes a começar.

Alguém poderia perguntar: o que levou uma Companhia mercante de 150 anos a lançar-se subitamente num empreendimento de conquista? E como os britânicos conseguiram tão facilmente criar um Estado próprio em meio às potências concorrentes da Índia pós-mogol? Como nem Clive nem a Companhia tinham concebido um plano coerente, grande parte disso foi fruto das circunstâncias. A Guerra dos Sete Anos forneceu uma oportunidade conveniente. Embora a França depois de Dupleix não tenha conseguido oferecer um desafio sério à Grã-Bretanha na Índia, mesmo assim a guerra, com o sentimento patriótico que insuflava, justificava aventuras militares ao redor do globo. As façanhas "heroicas" de Clive em Bengala complementavam, ou assim parecia ser, as de James Wolfe no Quebec. E também havia simplesmente a importância do comércio de Bengala para a Companhia, junto com, por outro lado, a ameaça que o volume de comércio e a posição privilegiada dos britânicos ofereciam ao nababo. O conflito, se não era inevitável, dependia de uma contenção que nenhum dos lados tinha a probabilidade de exercer indefinidamente. Outrossim, havia a pura ganância dos residentes britânicos. Depois que surgiu a oportunidade de obter a riqueza dos "*nabobs*", não havia como voltar atrás. Afinal, o próprio Clive deu o exemplo. Como disse à Câmara dos Comuns em 1772, ele ficou "espantado com sua própria moderação" quando deixou a Índia com uma imensa fortuna, incluindo o *jagir* de um distrito indiano no valor de 28 mil libras anuais. A Companhia, por sua vez, de inicialmente hesitante, assustada com os custos astronômicos da temeridade de Clive, passou a acostumar-se com o império depois que se tornaram evidentes as vantagens fiscais para ela, sobretudo no financiamento do seu comércio com a Ásia. De fato, a Companhia usou sua riqueza recém-adquirida para construir uma sede palaciana em Londres, para a qual ela encomendou, como obra principal, a pintura no teto de *O Oriente oferece suas riquezas*, discutida anteriormente.

Ao avançar sobre Bengala, a Companhia tirou proveito das estratégias de "fiscalismo militar" que foram a chave do sucesso no sistema político da Índia no século XVIII. Entre elas estava uma obediência titular ao imperador mogol em Déli, a utilização de monopólios comerciais (desenvolvidos pelos nababos locais) sobre bens como o salitre, o emprego de uma infantaria profissional disciplinada (que os europeus inauguraram na Índia) e laços estreitos com grupos banqueiros e financeiros de poder recente, como os Jagat Seths, cuja posição autônoma lhes dava uma importância sem precedentes no sistema político. De modo mais geral, pode-se dizer, como David Washbrook, que o meio do século XVIII conheceu a "conjunção" de dois mundos comerciais prósperos, o da Índia e o da Europa Ocidental. A Índia e a Inglaterra faziam parte do mundo "pré-moderno", isto é, tinham sido moldadas simultaneamente por um sistema comercial interconectado. Em vez de justapor uma Europa "progressista" a uma Índia "tradicional" em declínio, pronta para ser conquistada, esse argumento encontra a chave para a penetração europeia na Índia exatamente na sua acessibilidade e na sua economia florescente.

Mas por que a Companhia das Índias Orientais inglesa teve um sucesso tão espetacular na Índia enquanto outras, europeias e indianas, não tiveram? Grande parte da resposta está na Europa. Por ser uma nação insular para a qual o comércio ultramarino era vital, a Grã-Bretanha estava disposta a preservar seus interesses na Índia a todo custo. O controle dos mares, numa era em que o comércio de exportação gerava os maiores lucros, deu à Grã-Bretanha uma vantagem sobre todas as suas rivais. Observe o "indiano oriental" na pintura de Roma (**imagem 11**). Portanto, na Índia, o século XVIII oferece um contraste radical com a ordem agrária mogol do século XVII, quando o comércio ultramarino tinha importância secundária. Ademais, embora a Revolução Industrial ainda não estivesse em curso, a economia britânica já tinha se tornado imbuída de uma ética comercial dinâmica sustentada por sólidos direitos de propriedade privada. Na Índia, os britânicos podiam oferecer às classes mercantes nativas, primeiro nas capitais presidenciais e depois no interior, de uma forma que os governantes locais não podiam fazer, a perspectiva atraente da liberdade contra exações arbitrárias. Parte da razão do sucesso britânico reside também, muito simplesmente, no fato de que, após 1757, por meio da sua conquista de Bengala, a Companhia das Índias Orientais obteve o controle da província mais rica da Índia. Isso conferiu-lhe os recursos para dominar os outros atores nos confrontos contínuos entre os Estados regionais indianos. Com uma base fiscal mais ampla, a Companhia podia arregimentar um Exército maior que o dos seus rivais indianos e organizar uma estrutura estatal mais eficiente. Em decorrência disso, embora o Estado britânico em Bengala fosse constituído, em grande parte, pelos mesmos elementos do "fiscalismo militar" presentes em outros Estados em todo o subcontinente, ele pôde, com o passar do tempo, subjugá-los todos, um a um.

capítulo 3

O DOMÍNIO DA COMPANHIA DAS ÍNDIAS ORIENTAIS, 1772-1850

Em 1772, enfim determinados a pôr fim ao caos e à desordem fiscal que sua intervenção havia provocado em Bengala, os diretores da Companhia nomearam Warren Hastings, um homem com um histórico distinto de serviço diplomático e comercial na Índia, como o primeiro governador-geral dos territórios indianos da Companhia. Após subordinar as outras presidências a uma nova capital estabelecida em Calcutá, Hastings empreendeu a tarefa de criar um sistema ordenado de governo para a Índia britânica. Os 13 anos de Hastings à frente do governo foram bastante problemáticos. De fato, ao longo dos seus anos no cargo, ele teve de enfrentar um conselho dividido em Calcutá, cuja maioria se opunha a todas as suas ações, ao passo que, depois do seu retorno à Inglaterra, seus feitos foram objeto de um amargo processo de destituição na Câmara dos Comuns. Do ponto de vista do espetáculo, pois Hastings acabou por ser absolvido, o julgamento dominou a vida pública britânica por anos. Não obstante, Hastings lançou uma base duradoura para o domínio britânico na Índia. Este capítulo começará por examinar as estruturas de governança estabelecidas por Hastings e seu sucessor lorde Cornwallis (1785-93), em Bengala sob o domínio britânico. Em seguida, indagaremos como e por que os britânicos acabaram por conquistar a totalidade do subcontinente indiano nas primeiras duas décadas do século XIX, e concluiremos examinando as relações que surgiram entre aquele que era conhecido como o "Bahadur da Companhia", como se fosse um dignitário mogol, e seus súditos indianos nos anos até 1850.

FUNDAÇÃO DO DOMÍNIO COLONIAL

Quando Hastings assumiu, os funcionários da Companhia das Índias Orientais não sabiam nada sobre a Índia exceto as exigências do comércio, e quase nunca se aventuravam para fora dos seus enclaves litorâneos. Com raras exceções, entre elas o próprio Hastings, eles não sabiam nenhuma língua indiana. Além disso, dentro do Império Britânico então existente, o governo sobre uma população nativa tão vasta quanto a da Índia era algo nunca visto. Com a exceção parcial da Irlanda, a expansão imperial anterior da Grã-Bretanha, nas Índias Ocidentais e na América do Norte, envolvera o desalojamento dos povos nativos em prol de colonos vindos da Europa e da África. Por isso, à medida que se deparavam com suas novas responsabilidades na Índia, os britânicos viram-se navegando em águas totalmente incógnitas. Suas dificuldades tornaram-se ainda maiores diante da relutância dos agentes da Companhia na Índia em abandonar suas atividades comerciais lucrativas em troca das vantagens incertas do governo. Portanto, ligada à nomeação de Hastings como governador-geral estava a primeira de uma série de Leis Reguladoras que procuravam subordinar a Companhia ao governo britânico e impor aos agentes desta a obrigação de governar – como afirmou Edmund Burke, o estadista *whig* e filósofo político, nos debates acerca da destituição de Hastings – na condição de "fiduciários" do povo indiano. Essa subordinação ganhou forma institucional em 1783 com a criação do Conselho de Controle, cujo presidente era membro do gabinete britânico.

Desde o início, os britânicos rejeitaram, por ser inapropriado para um país conquistado, seu próprio sistema de governo, ou sequer o das colônias americanas, que tinham assembleias representativas sob um governador régio. Essa decisão foi reforçada pela convicção da diferença cultural fundamental entre a Índia e a Grã-Bretanha. Segundo a descrição que Hastings fez do seu "plano" para os diretores em 1772, os objetivos deveriam ser "adaptar nossas regulamentações aos modos e entendimentos do povo e às exigências do país, aderindo o mais próximo que pudermos aos seus antigos usos e instituições". No entanto, isso era mais fácil de falar que de fazer. Deveriam os ingleses governar a Índia "despoticamente", como acreditavam que era a prática costumeira no "Oriente"? Deveriam eles reconstruir arduamente o sistema administrativo do Império Mogol? Deveriam eles investigar supostos princípios jurídicos que haviam "permanecido imutáveis desde a mais remota Antiguidade", ou deveriam eles seguir os passos dos seus predecessores imediatos, os nababos de Bengala? Tanto os princípios como a prática estavam em jogo quando os britânicos debatiam essas questões. Em um ponto, contudo, os britânicos estavam de acordo: eles não podiam confessar uma preferência pelo "despotismo", pois um compromisso com o "Estado de direito", na visão deles, definia-os como nação "civilizada" e era a única coisa que poderia dar legitimidade ao seu domínio. No entanto, a dominação colonial, pela sua própria natureza, não poderia deixar de criar sua própria versão do "despotismo".

Duas convicções fundamentais moldaram a legislação de Hastings. Uma era a de que, como escreveu o historiador Bernard Cohn, existia na Índia "um corpo fixo de leis, códigos que haviam sido compilados ou criados por 'legisladores' e que, ao longo do tempo, haviam sido corrompidos por acréscimos, interpretações e comentários". Hastings julgou que sua tarefa era restaurar esses textos "originais" em toda a sua pureza, para assim libertar os britânicos da dependência com relação aos juristas indianos versados em sânscrito ou árabe. Além disso, Hastings acreditava que existiam códigos jurídicos distintos e separados para hindus e muçulmanos. Nos processos cíveis relativos a casamentos, heranças e afins, ele escreveu, "as leis do Corão com respeito ao maometanos e as do Shaster com respeito aos *gentoos* [hindus] devem ser invariavelmente seguidas". Essa insistência numa diferença fundamental entre "hindu" e "muçulmano" reduziu a duas uma variedade de comunidades sectárias caracterizadas por costumes e práticas distintas, cada qual definida pela sua tradição textual. Ao fazê-lo, Hastings inaugurou a prática de considerar essas categorias como centrais na organização da sociedade indiana, e isso, por sua vez, ajudou a consolidar o modo como os indianos construíram identidades para si mesmos nos anos subsequentes.

A "recuperação" desses chamados usos "antigos" não era uma tarefa fácil. De fato, o árduo processo de compilação tornava clara a natureza artificial da empreitada como um todo. Em 1776, Hastings convocou uma comissão de juristas sanscríticos (*pandits*) para compilar um "Código de Leis *Gentoo*". Os *pandits*, segundo a descrição que N. B. Halhed fez do seu trabalho, primeiro "selecionaram frase por frase de diversos originais em sânscrito" das decisões judiciais sobre diferentes tópicos. Em seguida, como nenhum inglês na época sabia sânscrito, esses trechos foram "traduzidos literalmente em persa" e dessa língua foram vertidos em inglês pelo próprio Halhed. Uma década mais tarde, o jurista sir William Jones havia dominado o sânscrito e lançou assim os estudos "orientalistas", que tornariam acessível a todos o passado remoto da Índia. A insistência num corpo "fixo" de leis, necessário para que os britânicos administrassem o Direito hindu, privilegiava inevitavelmente os textos bramânicos em detrimento dos usos locais, que variavam segundo a casta e a região, e davam aos *pandits* brâmanes, ligados às cortes como "compiladores" até 1864, um papel inédito na tomada de decisão. Todos esses fatores, acrescidos do crescimento anterior do poder político brâmane, provocaram a "bramanização" do Direito indiano. Os procedimentos jurídicos foram transformados também pela introdução do Direito casuístico inglês, no qual processos individuais eram levados a juízo perante um juiz, em vez dos procedimentos tradicionais baseados em mediação e consenso.

Hastings também deu os primeiros passos em direção ao estabelecimento de uma diferenciada forma colonial de governança executiva – a do "arrecadador" encarregado de um distrito. Existiam precedentes mogóis dessa estrutura administrativa que a tornavam atraente aos olhos de Hastings, mas o sistema mogol havia deixado de funcionar sob os nababos de Bengala. Ademais, Hastings foi prejudicado pela falta de pessoal britânico treinado. Como Clive havia observado já em 1765, quando os britânicos assumiram o *diwani* pela primeira vez, "confiar essa arrecadação da qual dependem nossa segurança e crédito para a administração de funcionários da Companhia que desconhecem completamente o negócio teria sido um experimento perigoso e chamado, naquela época, de *criminoso*". Logo, a administração fiscal na era Hastings teve de ser deixada, na sua maior parte, aos antigos funcionários indianos. Só haveria mudanças sob o poder de lorde Cornwallis, de reputação inabalada pela sua derrota na América, que veio à Índia com um mandato de reforma. Frustrado, perplexo e irritado com o "intricamento e confusão" das contas distritais deixadas nas mãos dos indianos, Cornwallis destituiu todos os funcionários superiores indianos. Fazendo dos indianos bodes expiatórios pela credulidade e cumplicidade dos ingleses na má administração, Cornwallis asseverou que "todo nativo do Hindustão, acredito deveras, é corrupto". Formalizados pelo estatuto da Companhia de 1793, todos os cargos públicos acima de um certo nível de remuneração deviam ser ocupados por funcionários "contratuais", todos os quais deviam ser de origem britânica europeia. Esse foi o início de uma política de exclusão racista no emprego que caracterizaria o domínio britânico na Índia quase até o fim.

Como o próprio nome deixa claro, a função principal do arrecadador era a arrecadação de impostos. Sua reputação dependia, em grande medida, da sua capacidade de fornecer regularmente o montante integral da receita calculada para o seu distrito. Todavia, na condição de magistrado, o arrecadador também controlava a polícia e, muitas vezes, na condição de juiz, decidia casos em juízo. Figura central do governo, o arrecadador distrital era responsável perante uma hierarquia de burocratas acima dele e supervisionava o trabalho de uma série de subordinados indianos abaixo dele.

Estes últimos, embora responsáveis pelo trabalho efetivo de arrecadação fiscal, e capazes às vezes de manipular em vantagem própria arrecadadores ingênuos ou inexperientes, não exerciam autoridade independente nem tinham oportunidade de promoção. As reformas de Cornwallis, ao conferir o pagamento de salários altos, um monopólio das posições superiores e pensões garantidas, asseguraram aos funcionários públicos da Companhia, agora excluídos do comércio privado, uma reputação de incorruptibilidade e imparcialidade. A última reforma foi a de lorde Wellesley (1798-1805), que fundou a Universidade Fort William, em Calcutá (1802), para ser um lugar onde os funcionários públicos recém-admitidos aprenderiam línguas locais antes de assumir seus cargos. Ao mesmo tempo, os diretores da Companhia criaram um colégio em Haileybury, na Inglaterra (1804), para proporcionar aos funcionários públicos iniciantes, que eram obrigados a passar dois anos na Índia, os rudimentos de uma instrução geral antes de irem para lá.

Juntas, essas reformas criaram o famoso "quadro de aço" da administração indiana, o Serviço Público Indiano, do qual os britânicos, e muitos indianos, muito se orgulhavam. Uma nova reforma ocorreria em 1854, quando a nomeação pelos diretores da Companhia foi substituída por um concurso. Com o nome de *Serviço Administrativo Indiano*, ele sobreviveu ao domínio britânico, embora com poderes reduzidos para adequar-se ao regime democrático. A **imagem 13** mostra um magistrado distrital durante um *tour* pelo campo em 1965 para verificar, vila por vila, os direitos fundiários ainda registrados num mapa de tecido das propriedades.

A fundação da administração pública numa "base mais justa, sólida e permanente" foi complementada pela organização de um Exército eficiente. As campanhas britânicas iniciais para expulsar os franceses e derrubar os nababos de Bengala exigiam pouca força militar. Defender Bengala contra ataques e, posteriormente, conquistar toda a Índia, era outra coisa. Uma força suficiente para essa tarefa não poderia ser composta por europeus caros e escassos. Por conseguinte, o próprio Clive, após a batalha de Plassey, aumentou drasticamente o recrutamento de soldados indianos, conhecidos como *sipais* (em inglês *sepoys*, do persa *sipahi*), para lutar pela Companhia. Ao rejeitar como indignos de confiança aqueles que haviam servido ao nababo, Hastings estabeleceu a base de recrutamento da Companhia entre o campesinato hindu de casta alta, principalmente *rajput* e brâmane, da Planície Gangética oriental, de Awadh a Bihar. Preocupado em evitar uma comoção social, Hastings (bem como seus sucessores) teve o cuidado de agradar as sensibilidades de casta e de religião no Exército. As refeições em

IMAGEM 13. Um magistrado distrital lê para os aldeões reunidos, e um dos autores, os nomes dos proprietários escritos num mapa de tecido das possessões da vila, a fim de confirmar os direitos de propriedade, Faizabad, Uttar Pradesh, 1965.

comum eram evitadas, o serviço ultramarino não era exigido e os festivais hindus, como o Ram Lila, eram reconhecidos oficialmente nos acantonamentos. Porém, esse incentivo da condição ritual de casta alta deixou o governo vulnerável a protestos e até a motins sempre que os sipais detectavam uma infração das suas prerrogativas. No final do século XVIII e início do XIX, o tamanho do Exército cresceu rapidamente. De um contingente de cerca de 100 mil em 1789, o Exército Indiano expandiu-se durante as Guerras Napoleônicas para 155 mil homens, com um braço de cavalaria além da infantaria, o que fazia dele um dos maiores exércitos permanentes de estilo europeu no mundo.

O Exército sipai era necessariamente uma força mercenária. A lealdade do serviço era assegurada em parte pela regularidade do soldo e pela perspectiva de uma pensão – incomum em outros exércitos indianos – e em parte pelo desenvolvimento do orgulho pelo regimento. Esse orgulho, alimentado pelas vitórias em campo, ganhou forma visível no casaco vermelho do Exército sipai e na disciplina imposta aos seus integrantes. A autobiografia de um soldado, Sita Ram, conta como ele foi instigado a alistar-se após uma visita do seu tio: "Ele [o tio] tinha um esplêndido colar de contas de ouro e um curioso casaco de um vermelho-vivo, coberto de botões de ouro; e, sobretudo, ele parecia ter um estoque ilimitado de *mohurs* de ouro. Ansiei pelo momento em que eu pudesse possuir a mesma coisa". Depois de alistar-se, Sita Ram conheceu o campo de treinamento: "A praça de armas estava coberta por grupos de seis ou oito homens, realizando os movimentos mais extraordinários que eu jamais havia visto, e isso mediante comandos numa língua da qual eu não entendia uma única palavra. Senti-me inclinado a rir e fiquei espantado com essa visão. Contudo, uma torção violenta da minha orelha pelo *havildar* [sargento] de treinamento logo trouxe-me de volta a mim". Sita Ram serviu fielmente no Exército por mais de 40 anos, mas, como todos os sipais, não tinha esperança de ascender ao corpo de oficiais, um privilégio europeu guardado ciosamente.

Junto a reestruturação do governo, Hastings lançou aquilo que se tornaria uma empreitada de décadas para dominar a geografia, a história e a cultura da Índia. Movido em parte pelo entusiasmo iluminista de conhecer e, portanto, classificar e ordenar tudo que havia sob o sol, o estudo da Índia também atendia aos interesses dos novos governantes do país. Como Hastings explicou sem rodeios aos diretores em 1784: "Toda acumulação de conhecimento, e especialmente aquela obtida por comunicação social com pessoas sobre as quais exercemos uma dominação fundada no direito de conquista, é útil para o Estado [...] ela atrai e concilia afeições distantes; ela reduz o peso da cadeia por meio da qual os nativos são mantidos em sujeição; e ela imprime nos corações dos nossos conterrâneos o sentido de obrigação e benevolência". A principal criação institucional de Hastings foi a Sociedade Asiática de Bengala. Fundada em 1784, sob a liderança de sir William Jones, a sociedade dedicava-se sobretudo ao estudo dos textos religiosos e cosmológicos da Antiguidade indiana. Ao fazê-lo, esses estudiosos britânicos, trabalhando em estreita colaboração com os *pandits* sanscríticos aos quais sempre foram profundamente gratos, elaboraram uma história da Índia, tal como se estava fazendo para as nações da Europa na mesma época.

Foi essencial para essa história a descoberta capital, através de laços linguísticos "arianos" compartilhados, de um passado que ligava a Índia à própria Grã-Bretanha. Como escreveu Jones, entre o sânscrito, o grego e o latim existia "uma afinidade mais forte do que poderia porventura ter existido por acidente"; logo, os três deviam "ter brotado de alguma fonte comum". Assim delineou-se a família amplamente dispersa de línguas relacionadas conhecida como *indo-europeia*, que havia se espalhado para fora da Ásia Central em tempos pré-históricos. De modo mais geral, por meio dos seus estudos, Jones e seus sucessores fizeram do "hinduísmo" uma grande religião e repositório de uma sabedoria antiga, ao mesmo tempo que foi dado à Índia um passado glorioso comparável ao da Grécia e de Roma. Descobertas arqueológicas nas primeiras décadas do século XIX reforçaram essa convicção da grandeza antiga da Índia. O deciframento da escrita brami, por exemplo, revelou que a Índia havia conhecido um longo período de predominância budista sob governantes como os da dinastia máuria. A história do pilar mostrada na na **imagem 2** é instrutiva. Como indicado no Capítulo 1, o sultão Feroz Shah, do século XIV, erigiu-o na sua corte. Mas ele não tinha ideia do que a coluna significava ou de quem a tinha esculpido. Foi somente após as descobertas do início do século XIX que esse pilar, da mesma forma que outros iguais a ele em todo o Norte da Índia, foi associado ao imperador budista Asoka Maurya (*c.* 268-33 a.C.), desconhecido até então. O reino de Asoka foi imaginado subsequentemente como uma era de concórdia e não violência e, no século XX, foi celebrado pelos nacionalistas gandhianos.

Mas não se deve deixar que essa abordagem favorável do aprendizado sobre a Índia, inspirada por uma busca iluminista por correspondências e conexões entre culturas, ofusque a crença britânica na superioridade da sua própria civilização. Ao contrário das histórias europeias de "progresso", o arco da história indiana, como até mesmo Jones o descreveu, declinou de uma antiga grandeza para a "sórdida clerocracia" e "superstição". Não é por acaso que essa trajetória ajudou a legitimar a conquista britânica. O próprio Jones, apesar da sua crença de que a Índia tinha muito a ensinar ao Ocidente na literatura e na filosofia, ainda acreditava que, no raciocínio científico, os indianos eram "meras crianças". A tensão entre o hinduísmo supostamente prístino do passado e o presente "corrupto" pode ser sentida nestes versos de Halhed:

> Eras *houve* em que tua flama refulgente
> Brilhou com pleno vigor sobre a vista mental,
> Em que a superstição indulgente não ousava sonhar
> E os fantasmas da loucura pereciam nos teus raios.

Por conseguinte, não surpreende que, à medida que crescia a autoconfiança da Grã-Bretanha na era das Guerras Napoleônicas, a avaliação "orientalista" positiva da civilização indiana ia fenecendo aos poucos. Em decorrência disso, conforme passaram os anos, os laços linguísticos de Jones deram lugar a uma teoria da raça biológica segundo a qual as pessoas de presumida ascendência ariana na Índia, consideradas degeneradas devido aos longos séculos de mistura do seu sangue com o dos povos autóctones, compartilhavam pouco com seus "primos" europeus.

No âmbito mais mundano também existia uma tensão entre as categorias abstratas que os britânicos trouxeram consigo para a Índia e a incorporação dos sistemas indianos de informação. Como escreveu o historiador David Ludden, para homens como o cartógrafo James Rennell, do final do século XVIII, "os verdadeiros especialistas da Índia eram os cientistas e administradores formados que trabalhavam e viajavam pelo campo e observavam as condições locais". O conhecimento local e as formas locais de entendimento moldaram, desde o início, a maneira como os britânicos se apoderaram da Índia. Eles inseriram-se nas redes de jornalistas e serviços postais indianos; introduziram agentes nas cortes principescas; e colaboraram, ao pesquisar o interior, com proprietários rurais e informantes de influência local. Os limites entre aldeias foram demarcados, por exemplo, não pelos britânicos apenas, mas por "peregrinos" sob a vigilância da comunidade. Como afirmou C. A. Bayly, "a ordem colonial de informação" foi erigida "sobre as fundações das suas precursoras indianas".

No entanto, a demanda insistente por uma compreensão mais "científica" da Índia significava que, com o tempo, o conhecimento abstrato institucionalizado tomaria cada vez mais o lugar das "redes autóctones de detentores de conhecimento" anteriormente existentes. Os levantamentos detalhados de Colin Mackenzie e Francis Buchanan nas décadas posteriores a 1800 assinalaram a nova ordem. Embora continuassem dependentes de assistentes nativos, ambos investigaram com voracidade todos os aspectos da vida indiana. Do esboço do templo em ruínas (representado na **imagem 14**) a listas de cultivares e castas, e histórias de famílias locais, o trabalho desses homens, apesar de assistemático, prenunciou os dicionários geográficos e censos exaustivos da era vitoriana que sucederia. Um exemplo típico da nova ordem de informação foi o Grande Levantamento Trigonométrico. Iniciado em 1818, esse levantamento procurou mapear o país inteiro com base numa triangulação detalhada, usando linhas de base medidas com correntes de aço. O "grande arco meridional" resultante, de 2,4 mil km de Norte a Sul, de longe o maior levantamento geodésico empreendido em qualquer lugar do mundo até então, excedia amplamente as necessidades militares ou fiscais da Companhia. Sua realização, como observou Matthew Edney, foi uma expressão triunfante da dominação britânica, ao mesmo tempo científica, racional e imperial, sobre a paisagem indiana. Esse recurso a mapas e estatísticas, porém, ao isolar os britânicos da opinião informada indiana,

IMAGEM 14. Detalhe de *Um funcionário da Companhia prestes a esboçar um templo em ruínas*, c. 1810. Note-se os criados carregando a cadeira, os instrumentos para escrever e o cavalete.

deixou-os vulneráveis ao pânico, ao medo e, em 1857, a um levante maciço que os tomou de surpresa.

Os primórdios da vida colonial, principalmente nas capitais presidenciais, separaram de igual modo britânicos e indianos, mas aproximaram-nos numa intimidade compartilhada. Tanto em Calcutá como em Madras, o forte – um lembrete de que o domínio colonial dependia de armas – representava o núcleo a partir do qual a cidade se expandia para fora. Madras possuía uma "Cidade Negra" claramente demarcada, cedida para o comércio e residência dos indianos. Os próprios britânicos, à medida que transbordaram dos confins do forte depois de 1770, desenvolveram subúrbios ajardinados pontilhados de grandes mansões ao estilo de Paládio. Assim como o próprio forte, esse padrão de instalação tornou visível o advento de uma nova ordem colonial. Calcutá, com uma população de cerca de 200 mil habitantes na década de 1780, incluindo mais de 3 mil residentes europeus, no final do século estava nitidamente dividida entre mansões europeias com pilares e pórticos de Chowringhee e setores densamente ocupados da cidade ao Norte.

Embora os moradores ingleses dessas cidades, muitas vezes prósperos *nabobs*, levassem um estilo de vida luxuoso, a falta de resistência às doenças tropicais levou muitos deles a uma morte precoce. Em locais como o Park Street Cemetery [Cemitério da Rua do Parque], em Calcutá, eles erigiram monumentos imponentes para anunciar sua pretensão de imortalidade. O cemitério de estilo moderno, aberto a todos, que substituiu os antigos locais de sepultura paroquiais, fornece outro exemplo de uma instituição inaugurada na Índia e depois adotada na Europa. No final do século XVIII, tanto *nabobs* quanto soldados comuns costumavam viver abertamente com amantes indianas, chamadas *bibis*. Essas relações definiam uma domesticidade em conflito com a da Grã-Bretanha, apesar de comum em terras coloniais distantes. Todavia, ao contrário das Índias Orientais holandesas ou da Goa portuguesa, por volta dos anos 1790, após as reformas de Cornwallis, tais relações sofreram críticas crescentes na Índia por causa da sua presumida imoralidade e sua cumplicidade com o que era visto como práticas "corrompidas" da era Hastings. Os próprios *nabobs* sempre haviam limitado a adoção dos costumes e trajes indianos às suas vidas privadas. Eles nunca haviam permitido que a busca do prazer abalasse a convicção de sua superioridade racial. Por conseguinte, eles raramente aceitavam como plenamente "britânicos" os filhos nascidos das suas *bibis* indianas. Estigmatizados como "*half-caste*" ou eurasianos, os indivíduos de raça mista tiveram a entrada no serviço público negada por Cornwallis em 1793. Com o tempo, eles passaram a formar uma comunidade, ao contrário das elites mistas "*indische*" de Java, desconfortavelmente situadas entre britânicos e indianos e desprezadas por ambos.

Com a reforma moral veio o estranhamento racial. Cada vez mais, embora com um descompasso nas áreas mais distantes, esperava-se dos homens britânicos, moradores na Índia, que vivessem modestamente num bangalô com uma esposa britânica, que usassem roupas britânicas e se abstivessem de contato social com indianos fora das suas obrigações oficiais. Os historiadores alegaram às vezes que esse estranhamento era fruto do aparecimento na Índia de grandes quantidades de mulheres inglesas, chamadas de *memsahibs*, que impunham uma domesticidade burguesa aos seus maridos. Na verdade, o distanciamento racial britânico alimentava-se da arrogância gerada pela conquista, assim como da difusão, a partir do início do século XIX, da religião evangélica e de um liberalismo moralizante. As mulheres britânicas, na condição de encarnação da pureza racial britânica, simplesmente tornaram visível no âmbito doméstico essa nova ordem racial.

Recentemente, os historiadores procuraram minimizar a extensão das mudanças provocadas pela imposição do domínio colonial na Índia setecentista. Diz-se que, entre o Estado da Companhia em Bengala e outras potências "estatais" pós-mogóis, havia pouco a escolher. Certamente, muito da velha ordem persistia. Os britânicos insistiam há muito tempo, nos escritos de homens como Alexander Dow, que o despotismo, ou a vontade irrefreada do governante, definia o sistema político mogol-indiano. Apesar de repudiar o regime despótico, desde o início os britânicos viram-se envoltos nele. Por exemplo, o cerne das acusações movidas contra Hastings por Edmund Burke – como a do tratamento duro que ele dera às beguns de Awadh e ao rajá de Benares – era que ele, na qualidade de governador-geral, havia agido como um indiano e não como se espera de um governante britânico. Posteriormente, sobretudo na pessoa do arrecadador distrital, o ideal do déspota benevolente, imaginado como alguém que governa os indianos no melhor interesse destes últimos, continuou atraente. A Companhia adotou práticas autóctones também de outras formas. Ao longo dos seus anos de governança, esta reconheceu a suserania do rei mogol em Déli. As moedas da Companhia exibem o perfil do rei, ao passo que o persa mogol continuou a ser a língua oficial até 1835. Ela também patrocinou ativamente as instituições religiosas hindus e muçulmanas, tal como haviam feito seus predecessores.

Mesmo assim, por volta de 1800 estavam lançadas as bases para uma nova ordem política. As reformas de Hastings apontavam para a novidade do que Radhika Singha chamou de "um despotismo de direito", enquanto os novos estudos sobre o Oriente deram aos indianos uma nova perspectiva sobre o passado do seu país. Da administração dos templos hindus aos preceitos do Direito penal, as práticas cotidianas tornaram-se cada vez mais atreladas a normas e perderam a flexibilidade de aplicação que tinham anteriormente. Sobretudo, os britânicos haviam criado um Exército de tamanho inédito. A amplitude do Estado da Companhia, seu monopólio da força física e sua capacidade de gerir recursos, como escreveu C. A. Bayly, "distinguiram-na, mesmo nos seus primórdios, de todos os regimes que a haviam precedido".

Conquista e instalação

A chegada do governador-geral, lorde Wellesley, em 1798, pôs fim a um quarto de século, durante o qual os britânicos haviam existido como uma entre diversas outras "potências estatais" indianas. Impelido por uma nova visão que conferia ao Império Britânico alçada sobre todo o subcontinente, Wellesley inaugurou 20 anos de atividade militar que fizeram da Companhia, em 1818, a soberana da Índia. O complemento da conquista pelas armas levada a cabo por Wellesley foi o fomento de um entusiasmo imperial agressivo. Muito disso foi fruto de eventos na Europa. Ao longo desses anos, uma Grã-Bretanha assediada confrontou Napoleão, cujos exércitos triunfaram não somente na Europa, mas no Egito em 1798, porta de entrada para a Índia; e o patriotismo insuflado por essa luta desesperada transmutou-se facilmente numa convicção do direito da Grã-Bretanha de governar todo e qualquer território que seus exércitos conquistassem. Parte desse espírito desafiador pode ser encontrado na defesa feita por lorde Valentia da magnífica nova Casa do Governo construída por Wellesley em Calcutá, criticada pelos diretores da Companhia devido à sua extravagância:

> O chefe de um império poderoso precisa conformar-se com os preconceitos do país que ele governa; e os britânicos, em especial, precisam emular os trabalhos esplêndidos dos príncipes da casa de Timour, para que não se suponha que merecemos a crítica que nossos grandes rivais, os franceses, sempre nos fizeram, que é de sermos influenciados apenas por um sórdido espírito mercantil. Em suma, desejo que a Índia seja governada de um palácio, não de uma contadoria; com as ideias de um príncipe, não com as de um varejista de musselina e índigo.

Wellesley avançou primeiro contra Tipu Sultan em Mysore. Implacavelmente hostil aos britânicos, apoiado por um poderoso Exército de infantaria e artilharia auxiliado por uma ampla Cavalaria ligeira, Tipu havia combatido os britânicos e chegado a um empate em 1780. A **imagem 15**, de autoria de um artista indiano desconhecido, mostra a resistência final de uma tropa britânica sitiada que tentou, sem sucesso, apesar das fileiras disciplinadas de soldados, rechaçar os soldados de Tipu. Embora fosse um Estado beligerante semelhante, em muitos aspectos, ao da Companhia das Índias Orientais, o Mysore de Tipu, rodeado por território britânico e incapaz de obter auxílio da distante França revolucionária, simplesmente não dispunha de recursos suficientes para resistir indefinidamente. Para os britânicos, Tipu era o modelo de "déspota oriental" e sua derrota em 1799 suscitou grande regozijo na Grã-Bretanha.

Nos primeiros anos do novo século, Wellesley ampliou a fronteira da Índia britânica em direção ao Norte no vale do Ganges e começou o processo de incorporar os maratas ao império. Embora a "confederação" marata tivesse perdido, no final do século XVIII, qualquer coerência que já possuíra, seus

IMAGEM 15. Detalhe de *A batalha de Pollilur 1780*, de artista indiano desconhecido, *c.* 1820.

diversos líderes senhoriais, cada qual ancorado na sua própria base regional, ainda detinham recursos substanciais. Mahadji Sindhia, por exemplo, estabelecido em Gwalior, perto de Agra, construiu nos anos 1780 um poderoso maquinário militar abastecido com material de sua própria fábrica. Não obstante, por estarem muito afastados da sua base em Maharashtra, esses chefes eram totalmente dependentes de alianças frágeis com elites locais e aventureiros europeus, ao passo que suas divisões e dissensões abriam oportunidades para que os britânicos os jogassem uns contra os outros. Ao negociar o Tratado de Bassein (1802), Wellesley neutralizou o *peshwa* de Poona (Pune); e através de suas campanhas no Norte, que levaram em 1803 à conquista de Déli, ele barrou as ambições dos maratas sob essa região. Mas a luta pela supremacia na Índia Central não estava resolvida. Foi somente em 1817, quando os britânicos tentaram conter os *pindaris* – bandos de cavalaria irregular que vagavam e saqueavam por toda a Índia Central –, que a batalha final foi travada, já que os maratas eram tidos como financiadores dos *pindaris*. No ano seguinte, grande parte do Guzerate e de Maharashtra foi anexada aos domínios da Companhia, enquanto os dirigentes maratas vencidos foram reduzidos à condição de príncipes "protegidos", completamente dependentes dos britânicos.

Novas aquisições substanciais ocorreram por meio do funcionamento do sistema subsidiário de alianças. Concebidas na época de Clive, essas alianças entre a Companhia e os príncipes indianos eram justificadas como uma maneira de proteger Bengala de ataques, mobilizando suas tropas dentro de Estados que lhe eram favoráveis. O príncipe, por seu turno, obtinha proteção contra seus inimigos, externos e internos, e concordava em arcar com o custo das tropas e aceitar um residente britânico na sua corte. Com esse arranjo, o príncipe tinha certeza de ter um aliado poderoso, enquanto os britânicos podiam enfrentar seus inimigos a uma distância segura do seu próprio território e compartilhar com outros o custo de manter seu dispendioso Exército. Entre aqueles atraídos de início para essa rede de obrigações estavam os governantes de Arcot, Awadh e Haiderabad. Contudo, o funcionamento desse arranjo aparentemente equilibrado só fez levar à conquista britânica e à falência indiana.

Os imperativos do "fiscalismo militar", como vimos, haviam jogado os príncipes indianos, a partir de meados do século XVIII, nos braços dos banqueiros e financistas por causa da sua tentativa de financiar exércitos onerosos. A aliança com os britânicos não resolveu, mas exacerbou essa pressão financeira, pois os britânicos exigiam somas volumosas rigorosa e incansavelmente, a cada ano. À medida que buscavam receitas para cobrir esses pagamentos subsidiários, os príncipes foram levados a expedientes cada vez mais desesperados. O caso clássico é o de Awadh, aliado com os britânicos desde 1765. Ali, a demanda incessante por receita, ao jogar o nababo e o líder *rajput* um contra o outro, destruiu o frágil sistema político no qual a fraqueza mútua de cada um havia garantido uma certa estabilidade. Dirigentes locais empobrecidos viram-se compelidos à revolta, ao passo que grandes contratadores fiscais, como Almas Ali Khan, enriqueceram às custas do Estado. Tentativas de incrementar a receita inevitavelmente atraíam sobre o desventurado nababo reclamações dos britânicos quanto ao mau governo e à opressão, enquanto ele era privado de fundos para suas próprias finalidades, atrasava o soldo de seus soldados e atolava-se cada vez mais em dívidas.

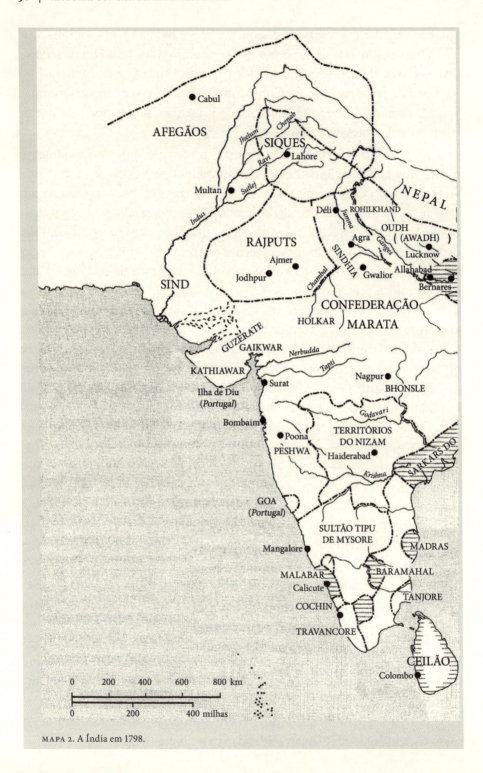

MAPA 2. A Índia em 1798.

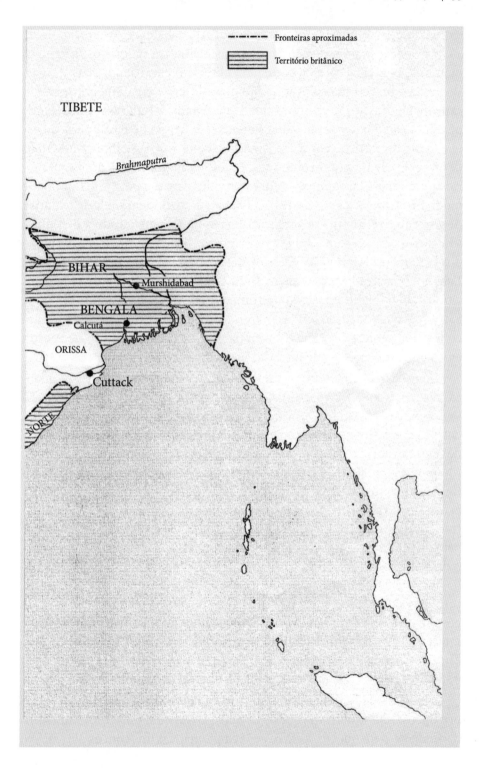

A contestação aberta, como a de Wazir Ali, nababo de Awadh, em 1798, só levava a uma intervenção ainda mais coercitiva, já que os britânicos manipulavam as facções da corte para obter um governante mais flexível. Wellesley obteve uma solução temporária da crise em 1801 por meio do expediente drástico de anexar metade de Awadh à Índia Britânica, o que pôs fim aos pedidos de subsídio. Porém, essa cessão de terras ricas a Leste e Oeste do núcleo central de Awadh deixou os governantes ainda mais desprovidos de fundos do que antes, e cada vez mais à mercê dos proprietários rurais armados (*taluqdars*), que consolidavam seu poder no interior de modo insolente. A partir de 1815, os nababos abandonaram toda tentativa de governo e retiraram-se para suas cortes, onde fomentaram a literatura, a música e a dança com um luxo refinado que lhes valeu apenas o desprezo dos britânicos. A procissão de elefantes e a arquitetura ornamentada de Lucknow mostradas na **imagem 16** ilustram algo do estilo de vida principesco, bem como o fascinante filme *Os jogadores de xadrez* (1977), de Satyajit Ray. A "decadência" e anarquia de que os britânicos reclamavam com tanta frequência e que usaram para justificar a anexação de Awadh em 1856 eram, em grande medida, sua própria criação.

Com a derrota final dos maratas em 1818, o sistema subsidiário de alianças deixou de atender à sua finalidade original, a de isolar os britânicos dos seus inimigos. No entanto, um grande número de Estados continuou a existir, entre eles os vastos domínios do *nizam* de Haiderabad, e outros foram formados entre os governantes derrotados, a quem se permitiu manter seus tronos. Mesmo nas condições alteradas de supremacia incontestada, esses Estados tinham uma finalidade útil. Regiões secas e montanhosas que geravam pouca produção, do deserto do Rajastão e dos sopés do Himalaia até a Índia Central, eram administradas pelos rajás locais de modo mais econômico do que pelo dispendioso pessoal britânico. Príncipes leais podiam ajudar a mitigar o descontentamento na Índia britânica, como seria demonstrado pelo auxílio dos príncipes indianos durante a crise de 1857. A continuação do regime principesco também ajudou os britânicos a mascarar seu poder por trás do de governantes cujo cerimonial e autoridade ritual permaneciam visivelmente intactos. A magnificência das cortes principescas, com as atividades de doação e mecenato que elas promoviam, mantinha vivos os laços entre príncipes e súditos e ocultava de ambos a perda da independência do Estado.

O sistema de "governo indireto" foi cuidadosamente patrulhado pelos britânicos. Não se permitia que os Estados possuíssem uma força militar independente, nem que tivessem relações diplomáticas uns com os outros. Um

IMAGEM 16. *Cidade de Lucknow*, 1824, de J. Ackerman.

elemento central do funcionamento do sistema era o "residente" postado na capital principesca. Os residentes intervinham ativamente em disputas sucessórias; formavam alianças com os *diwans*, ou primeiros-ministros, que frequentemente eram forasteiros, mas próximos dos banqueiros e funcionários fiscais do Estado; e, com o passar do tempo, por meio da nomeação de tutores cuidadosamente selecionados, eles empenharam-se para treinar herdeiros que adotassem as ideias ocidentais de governo "progressivo". Para a frustração dos britânicos, os esforços para reformar a governança principesca raramente tiveram grande sucesso. Os príncipes desdenhavam as inovações dos seus governantes, que não lhes traziam benefícios, e em vez disso preferiam o consolo da música e da arte autóctones.

As duas primeiras décadas do século XIX também viram o início de uma transformação fundamental na economia da Índia e na relação desta com a Grã-Bretanha. Nas suas primeiras décadas de governo, a Companhia continuou a ver a si mesma principalmente como um órgão comercial, que comprava seu "investimento" de tecidos indianos em peça para o mercado britânico e desenvolvia novos mercados para produtos como algodão cru e ópio na China. O comércio do ópio, em especial, mostrar-se-ia altamente rentável. O ópio, cuja produção era estritamente regulada por adiantamentos aos plantadores, era vendido pela Companhia a mercadores britânicos que o contrabandeavam para a China. Os lucros da venda, ao mesmo tempo que sustentavam as finanças sempre precárias da Companhia, livraram a Grã-Bretanha da necessidade de exportar lingotes de metal precioso para pagar pelo chá chinês, cuja demanda era crescente, assim como a de outros artigos de luxo, como açúcar e chocolate, no florescente mercado de consumo britânico. Nos anos 1830, o ópio fornecia até 15% da receita total do Governo da Índia. Muito embora, a partir da década de 1790, a Companhia tenha se esforçado para garantir que os mercados e as feiras indianas fossem abertos a todos, o livre-comércio sempre era subordinado às necessidades fiscais e militares do seu império em expansão.

Conforme avançava o novo século, os mercantes privados britânicos, incentivados pela Revolução Industrial e pela esperança de novos mercados no Oriente, desafiaram o monopólio comercial da Companhia. Um Parlamento favorável pôs fim ao monopólio da Companhia sobre a Índia em 1813 e sobre a China em 1833. Ao mesmo tempo, a balança comercial entre a Grã-Bretanha e a Índia começou a deslocar-se. Em 1815, tecidos indianos e outros produtos artesanais não podiam mais competir na Grã-Bretanha ou no mercado mundial com produtos britânicos feitos à máquina. Em poucos anos, os tecidos britânicos começaram a penetrar no mercado indiano, dando início ao desenvolvimento de uma economia "colonial" clássica, de importação de produtos manufaturados e exportação de matérias-primas, que duraria um século, até os anos 1920. Ainda assim, a integração da Índia à ordem mundial capitalista continuava hesitante e incompleta. O destino do índigo, uma tintura azul popular na Europa, que gerou uma renda de exportação substancial para a Índia no período tardio da Companhia, é revelador. Plantado por agricultores europeus, que obtinham a planta mediante adiantamentos em dinheiro aos camponeses cultivadores, acompanhados frequentemente de coerção, o índigo sempre havia sido uma fonte precária de riqueza. Os mercados europeus eram imprevisíveis e sujeitos a flutuações de expansão e retração, às quais os agricultores na distante Índia eram agudamente vulneráveis. Os credores que sustentavam a produção também corriam risco. As quebras de mercado em 1827 e depois em 1847 provocaram inadimplências bancárias maciças que reduziram os fundos disponíveis por anos a fio.

Embora as novas oportunidades na agricultura comercial tivessem trazido vantagens para alguns, a perda dos mercados ultramarinos para os produtos artesanais foi devastadora, especialmente para os tecelões qualificados dos grandes centros têxteis, como Daca e Murshidabad. No campo, os tecelões conseguiram sobreviver tirando proveito do fio barato importado; mas aqueles que dependiam da fiação manual para sua subsistência foram, muitas vezes, forçados a voltar à agricultura. Por outro lado, o rápido declínio do número das cortes indianas, que gastavam prodigamente com artigos de luxo e armamento, reduziu a demanda por muitos produtos. O desmantelamento dessas cortes também empurrou para o campo grandes quantidades de antigos milicianos e criados, o que, por sua vez, afetou negativamente a produção artesanal.

De modo geral, embora o período de saque descarado das riquezas do país tivesse acabado, nas primeiras décadas do século XIX a Companhia das Índias Orientais pouco fez para pôr a Índia no caminho do crescimento econômico. Decerto, muitos obstáculos eram estruturais. Ao contrário da Grã-Bretanha ou dos Estados Unidos na mesma época, cujas redes de canais foram construídas para proporcionar acesso fácil ao interior, a Índia só podia contar com seus rios, principalmente com o Ganges, para o transporte das mercadorias a granel. Embora isso gerasse riqueza para cidades ribeirinhas como Mirzapur, deixava o restante do país fora da órbita da economia de exportação. A falta de infraestrutura bancária e rodoviária desestimulava o investimento ultramarino direto, com o resultado de que o único capital britânico disponível era aquele fornecido pela acumulação de riqueza privada na própria Índia. E ainda, longe de investir na Índia, os britânicos ali residentes costumavam enviar seu dinheiro para a metrópole, investindo em títulos seguros da Companhia. Esse "desvio" de riqueza era complementado pelo saque de fundos feito pela própria para cobrir o que ela chamava de "custos domésticos", incluindo pensões, serviço de financiamento e o custo de manutenção de seus escritórios. Posteriormente, esses pagamentos serviriam de alvo altamente visível para as acusações nacionalistas de exploração econômica pelos britânicos.

Do fim da década de 1820 à de 1840, a Índia também foi atingida pela depressão econômica, que acarretou na queda do valor da rúpia e na retração do estoque de prata. Embora fosse em parte fruto de uma escassez mundial de prata, a situação foi exacerbada pela política da Companhia de finanças deflacionárias, através da qual ela buscava cortar seus *deficits* orçamentários. De todos, o ônus mais pesado que a Índia tinha de suportar era o da tributação da terra. Essenciais para a manutenção do Exército e da administração, esses pagamentos, rigorosamente arrecadados em dinheiro, estavam no cerne do impacto britânico sobre o meio rural na Índia.

Como de início os britânicos não sabiam nada sobre a sociedade rural indiana, suas primeiras tentativas de administração fiscal, sob o comando de Hastings, envolveram uma série de experimentos desastrosos de cessão e leilão do direito de arrecadar impostos. Esses experimentos caóticos, junto com a ignorância britânica, pioraram dramaticamente o impacto da fome que atingiu em 1770 Bengala, geralmente bem abastecido de água. Até um quarto da população de Bengala pode ter morrido e os ativos disponíveis da província foram reduzidos por décadas a seguir. No século XVIII, os britânicos haviam passado a acreditar que apenas a propriedade privada da terra garantia a estabilidade e o progresso da sociedade. Ao mesmo tempo, os fisiocratas na França argumentavam que a terra era a base de toda riqueza. Por isso, em 1776, Philip Francis, do conselho de Bengala, apresentou um plano para um "governo da propriedade" em Bengala. Escreveu Francis: "Se a propriedade privada não for garantida de uma vez por todas numa base permanente, a receita pública cairá rapidamente, junto com o produto geral do país". Tais ideias adequavam-se à crença *whig* setecentista na importância de uma aristocracia fundiária hereditária. O *zamindar*, segundo essa visão, era uma versão indiana do *gentleman-farmer* inglês; assim que seus direitos de propriedade fossem assegurados, ele seria tão empreendedor quanto o seu equivalente inglês. O plano ganhou forma legislativa em 1793, sob o comando do figurão *whig* lorde Cornwallis, quando o *Permanent Settlement* [a Determinação Permanente] de Bengala, de consequências duradouras para a região, conferiu aos *zamindars* da província um direito de propriedade pleno sobre suas posses com uma avaliação fiscal fixada à perpetuidade.

Infelizmente, a repartição fiscal de Cornwallis equivocou-se completamente quanto à posição dos *zamindars*, de forma que seu resultado teve poucas semelhanças com as expectativas de Francis. Na Índia, antes da chegada dos britânicos, o pacote de direitos associados à propriedade não estava concentrado num "proprietário" rural, mas disperso entre todos aqueles que tinham interesse na terra, entre eles o camponês cultivador, o *zamindar* e o governo. Por seu lado, o *zamindar* cobrava "tributos" do campesinato e, depois de deduzir uma parcela para o seu próprio sustento, transferia o restante como "receita" para o Estado. Ele podia vender ou transferir somente seu próprio direito de cobrar tributos, mas não a terra em si, pois ela não lhe pertencia. Em contrapartida, sob o novo sistema fundiário, os camponeses viram-se reduzidos à condição de arrendatários sem direitos, enquanto o *zamindar*, por ser proprietário, deparava-se com toda a sua propriedade passível de venda em caso de falta de pagamento dos impostos atribuídos a ela.

Como, de início, a exigência elevada e inflexível dos britânicos não podia ser satisfeita com facilidade, as propriedades logo passaram para o mercado. Estimou-se que até um terço das propriedades em Bengala mudaram de mãos nos 20 anos após o *Permanent Settlement* de 1793. Os compradores eram indivíduos familiarizados com as instituições do novo regime e que tinham prosperado sob o mesmo, em particular empregados brâmanes e *kayastha* da Companhia e dos antigos *zamindars*.

Porém, nem os antigos nem os novos proprietários tinham muito interesse em desempenhar o papel do proprietário rural "empreendedor" inglês. Nunca foi factível eliminar os cultivadores existentes a fim de introduzir "melhorias" custosas. Por isso, os *zamindars* de Bengala logo se tornaram uma classe de rentistas que, enquanto a população rural se recuperava do período de fome, viviam cada vez mais confortavelmente graças aos tributos que cobravam dos seus arrendatários. Muitas vezes, eles tinham de compartilhá-los com arrendadores intermediários, como os *jotedars*, que dirigiam a atividade agrícola nas vilas. Mas o cultivo permaneceu, da mesma forma de antes, como uma questão de plantio de subsistência numa miríade de diminutos arrozais, em contraste com a consolidação dos lotes típica do movimento de *"enclosure"*, que acontecia na mesma época na Grã-Bretanha.

Desanimados, depois de 1800 os britânicos procuraram uma alternativa à dependência dos *zamindars*. Esta assumiu a forma do assentamento *ryotwari*, inaugurado por Thomas Munro nas terras tomadas de Mysore. Nessa forma de assentamento, os direitos de propriedade eram concedidos ao camponês cultivador (*ryot*). Essa mudança de política não era inteiramente uma questão de escolha, já que as guerras de Mysore tinham destruído de forma efetiva a classe dos magnatas agrários em vastas áreas. Mesmo assim, Munro, fruto do movimento romântico que se difundia então pela Inglaterra, idealizou a vida simples do camponês, o qual ele desejava governar com o mínimo possível de ruptura dos seus antigos modos. Não obstante, muito do sistema *ryotwari*, implementado na maior parte de Madras e no vizinho Maharashtra na década de 1820, era um exercício de autoilusão. As elites aldeãs dominantes interceptavam com frequência os direitos de assentamento e negavam garantia de posse ao cultivador humilde que manejava o arado. Por outro lado, os britânicos abandonaram a ideia de permanência das avaliações fiscais. Ansiosos por garantir uma parcela do produto que aumentava conforme a prosperidade do país, em todo lugar fora de Bengala eles mantiveram o direito de revisar as avaliações a cada 20 ou 30 anos. Por ter suas exigências sempre fixadas no nível mais alto que a sociedade era capaz de suportar, o sistema fiscal fundiário gerou um descontentamento permanente que irrompeu em rebelião em grande parte do Norte no ano de 1857.

Junto com a fixação da demanda fiscal veio uma determinação mais abrangente de "fixar" toda a população indiana num local visível ligado à terra. O século XVIII, como vimos, foi uma era marcada por movimento incessante – de pastores e criadores, de exércitos e iogues. Esse processo continuou no início do século XIX, quando grupos de invasores como os *pindaris* atravessavam as fronteiras indefinidas e não patrulhadas dos Estados indianos. Na visão da Companhia, essas atividades representavam uma ameaça política ao seu monopólio da coerção e traziam também perdas econômicas, pois esses viandantes escapavam à rede de tributação. Grande parte desse esforço de "sedentarização" foi dirigida contra os povos tribais da Índia Central. Essas tribos de silvícolas, em geral caçadores-coletores que atacavam periodicamente áreas de agricultura sedentária, como os *bhils* de Khandesh, foram alvo de uma série de incursões armadas durante a década de 1820. Ataques dos *bhils*, como escreveu o historiador Ajay Skaria, "eram tratados pelos oficiais britânicos não como oportunidades de negociação, mas como atos de agressão contra um território sobre o qual eles tinham soberania exclusiva". Subsequentemente, os povos tribais foram ora confinados às florestas, mas privados do controle sobre os recursos destas, que agora seriam geridos "cientificamente", ora incentivados a abandonar seus "modos selvagens e errantes" em prol do cultivo. Uma das tarefas da Khandesh Bill Agency era conceder empréstimos a tribos no intuito de fazê-las adotar a agricultura sedentária.

Da mesma forma, grupos como os transportadores *banjara*, cujos animais de carga haviam acompanhado os exércitos setecentistas, junto com pastores como os *gujars* e *bhattis*, viram suas áreas de pastagem restritas pela classificação de terras improdutivas e pela criação de direitos de propriedade privada, ao passo que suas oportunidades de emprego declinaram com o desmantelamento dos exércitos. Aqueles que insistiram em ser nômades viram-se alvo de suspeita e começaram a ser estigmatizados como "tribos criminosas". Tais suspeitas alimentaram um dos episódios mais famosos da história da Índia britânica – a campanha contra os *thagi* (*thuggee*, em inglês), que deu à língua inglesa a palavra *thug*. Célebres pelo seu mistério, pela sua presumida devoção à deusa sedenta de sangue Kali e pelo seu costume de assassinato ritual de viajantes por estrangulamento, os *thagi* alimentaram os medos e as fantasias dos britânicos de uma Índia exótica além do seu alcance. Por isso, os britânicos criaram uma conspiração imaginária, na qual bandos díspares de assaltantes de estrada foram amalgamados numa fraternidade de criminosos por nascimento e profissão, e a força do Estado colonial foi então lançada sobre ela. Nas numerosas prisões que se seguiram, os procedimentos ordinários de Direito penal foram ignorados. Mas o anúncio, em 1839, da "extirpação" dos *thagi* desencadeou uma orgia de autocongratulação. Os britânicos podiam agora pensar na Índia como uma terra pacificada, composta de camponeses respeitadores das leis e pagadores de impostos.

Tradição e reforma: a sociedade indiana sob a Companhia

Thomas Macaulay, membro jurídico do gabinete do governador-geral, escreveu em 1834 sobre o jovem Charles Trevelyan, seu futuro cunhado:

> Ele está na liderança daquele grupo ativo de jovens funcionários da Companhia que tomam o partido do desenvolvimento [...]. Ele não diz amenidades. Sua mente é repleta de planos de aprimoramento moral e político, e seu zelo borbulha na sua fala. Seus temas, até ao fazer a corte, são a navegação a vapor, a educação dos nativos, a equalização dos direitos sobre o açúcar, a substituição do alfabeto arábico pelo romano nas línguas orientais.

Esses sentimentos exprimiam o otimismo expansivo de uma era na qual parecia que as barreiras do costume e da tradição cederiam facilmente, em toda parte, diante do poder dos ideais liberais britânicos. Afinal, a Grã-Bretanha havia vencido Napoleão e, por ser a única nação industrializada, havia se tornado a "oficina do mundo". Seu cristianismo evangélico julgava-se detentor de uma religião "salvadora" a ser compartilhada com todas as pessoas. Para os seus defensores – de Adam Smith e Jeremy Bentham a James e John Stuart Mill – o liberalismo não era apenas uma filosofia de governo adequada para a Inglaterra: seus preceitos definiam não a civilização "ocidental", mas a própria civilização. Na Índia, os liberais viam com confiança sua tarefa de arrancar os grilhões do "despotismo", "clerocracia" e "superstição" que faziam do seu povo, como James Mill escreveu na sua *História da Índia Britânica* (1818), "a porção mais escravizada da raça humana".

Era inevitável que os liberais não aderissem aos orientalistas na veneração das realizações do antigo passado da Índia. Como escreveu Macaulay, numa expressão que ecoou ao longo dos anos, "toda a literatura nativa da Índia e da Arábia" não valia "uma única prateleira de uma boa biblioteca europeia". Para os liberais, a superioridade da Inglaterra era inquestionável. Porém, sua natureza não era racial nem ambiental. Os indianos, como qualquer um, podiam ser transformados por meio da ação do Direito, do livre-comércio e da educação. Como insistiu Macaulay na sua "Minuta sobre a educação" de 1835, a missão da Grã-Bretanha era criar não somente uma classe de indianos suficientemente versados em inglês para ajudar os britânicos a governar seu país, mas uma classe "inglesa nos seus gostos, opiniões, moral e intelecto". Com o tempo – embora não, é claro, num futuro próximo – a Índia assim transformada se tornaria independente, mas encarnaria, segundo ele, "um império imperecível de nossas artes e nossa moral, nossa literatura e nossas leis".

Lorde William Bentinck (1828-35), como governador-geral, iniciou o processo de implementação da agenda de reforma. Isso não seria uma tarefa fácil. Os fundos eram sempre escassos e Bentinck preocupava-se em não antagonizar a opinião indiana avançando rápido demais. Entre seus primeiros atos estava a abolição do *sati* em 1829. Esse ato de imolação de uma mulher viva na pira funeral do seu marido, tal como as execuções públicas britânicas, apelava para uma obsessão inglesa da morte como espetáculo. Embora observadores ingleses do século XVIII tivessem valorizado o *sati* como um ato heroico de autossacrifício romântico, na época de Bentinck ele era visto como emblemático da Índia como terra de fé bárbara e sanguinolenta. Sobretudo, para os britânicos, o *sati* era uma prova da fraqueza moral dos homens indianos, que careciam da força masculina para cuidar de suas mulheres em vez de degradá-las, e portanto uma prova da necessidade da Grã-Bretanha dispor-se a protegê-las.

Embora seguisse a ultrajada opinião liberal e evangélica, Bentinck teve o cuidado de solicitar o apoio de indianos, principalmente de uma comissão de *pandits* brâmanes que ele arregimentou para assegurar-se de que a prática não era exigida pela "escritura"; e ele apresentou sua ação como a de um governante hindu esclarecido. Apesar da sua visibilidade, na verdade o *sati* não era amplamente praticado, pois havia no máximo 800 casos por ano em todo o Bengala. De fato, uma residente europeia de Calcutá escreveu com vivacidade, em 1780, sobre os horrores do *sati*, mas depois relatou: "Eu nunca tive a oportunidade de testemunhar as diversas cerimônias, nem jamais vi algum europeu que tivesse estado presente em alguma delas". Logo, a proibição do *sati* podia satisfazer o impulso reformista liberal sem o risco de desencadear um levante. Outras práticas mais difundidas, como a do infanticídio de meninas entre os *rajputs* do Norte da Índia, foram contornadas cautelosamente pelos britânicos.

Um fator central para o credo liberal era a educação. Desde a época de Hastings, a Companhia tinha apoiado a educação em sânscrito e árabe, por meio de escolas criadas em Benares e Calcutá. À medida que a opinião começou a mudar, essa política sofreu ataques por parte dos chamados "anglicistas", que insistiam no fato que matérias ocidentais e a língua inglesa deveriam compor a base dos estudos. A vitória dos anglicistas em 1835, impulsionada pela retórica poderosa da "Minuta" de Macaulay, foi seguida pela criação de escolas públicas nas principais cidades indianas, mas não no campo, e nenhuma atenção foi dada à educação primária. Na época não existiam escolas públicas na Inglaterra, onde a educação era controlada pelas denominações religiosas. Aqui, como foi o caso do levantamento trigonométrico coetâneo, do cemitério separado e da posterior introdução de concursos de entrada para o Serviço Público Indiano, as instituições do Estado moderno formaram-se na colônia, que pode ser vista como um laboratório de práticas administrativas antes que estas fossem levadas para a Inglaterra. O fato de que a educação não se destinava apenas a produzir escreventes fica claramente visível em estruturas como a Universidade de Patna, mostrada na **imagem 17**, cuja elegante arquitetura neoclássica representava uma visão britânica do mundo moderno civilizado.

Até mesmo antes da chegada de Bentinck, os indianos haviam iniciado o processo de acostumar-se com a nova cultura ocidental associada ao domínio britânico. A iniciativa privada europeia e indiana havia levado, em 1817, à fundação em Calcutá da primeira instituição de ensino superior de língua inglesa da Índia, a Universidade Hindu. Na década de 1830, vários milhares de indianos estudavam inglês só nessa cidade. Poucos, no entanto, estavam preparados para adotar como suas as ideias associadas a homens como Macaulay, pois isso envolveria o repúdio total da sua cultura. Os mais famosos entre aqueles que o fizeram eram o grupo Jovem Bengala, baseado na Universidade Hindu e associado ao entusiasta Henry Louis Vivian Derozio (1809-31). Comendo carne e bebendo uísque em atitude desafiadora, esses rapazes zombavam dos costumes hindus "irracionais"; alguns deles, incluindo Derozio, chegaram a converter-se ao cristianismo.

A maioria dos pensadores indianos, quando confrontados com as ideias poderosas do "Ocidente", procurou encontrar algum equilíbrio entre "tradição" e "reforma", ou seja, entre uma cultura de rica textura que ainda os sustentava e a empolgação suscitada pelos novos modos. Para avaliar os diversos movimentos que surgiram, é essencial evitar dicotomias simplistas. A "tradição", tanto no hinduísmo quanto no Islã, como vimos no Capítulo 1,

IMAGEM 17. Fachada da Universidade de Patna, c. 1837.

possuía sua própria vitalidade, enquanto a "reforma" podia assumir várias formas. Em áreas distantes das cercanias imediatas das capitais presidenciais, movimentos de prática reformada sofriam pouca influência do Ocidente, e portanto seguiam canais costumeiros no período colonial. O devocionismo hindu permanecia atraente, sobretudo para grupos socialmente ascendentes que procuravam distanciar-se das origens tribais ou de casta baixa. O mais destacado, talvez, tenha sido o movimento fundado no Guzerate por Swami Narayan (1780-1830). Ao rejeitar grande parte do ritualismo bramânico em prol de um devocionismo vishnuísta, Swami Narayan atraiu seguidores de comunidades deslocadas e guerreiras, e ajudou assim a fomentar o processo de sedentarização agrícola.

O movimento islâmico mais significativo do início do século XIX foi aquele associado às ideias reformistas, já discutidas neste livro, de Shah Waliullah. Explanadas por seu filho Shah Abdul Aziz, que traduziu o Corão em urdu, as ideias de Waliullah difundiram-se amplamente entre a elite muçulmana do Norte da Índia. Para muitos muçulmanos, uma reforma da prática islâmica, com uma adesão mais estrita aos preceitos do Corão e à *hadith* e com a purgação de grande parte do culto aos santos do sufismo, era acompanhada da intenção de restaurar uma vida política e social ordenada.

Embora o conhecimento ocidental, normalmente através de traduções de obras científicas em urdu, tivesse encontrado acolhida na Universidade de Déli, fundada em 1792, o ensino ocidental não tinha um papel significativo a desempenhar numa regeneração que buscava seus princípios dentro da tradição islâmica. O mais carismático desses reformadores foi Sayyid Ahmad Barelvi (1786-1831). Na década de 1820, Sayyid Ahmad pregou por toda a planície Gangética, conquistando discípulos entre os tecelões e artesãos muçulmanos em dificuldades. Em 1829, baseado nas suas experiências anteriores como soldado no Exército do governante afegão de Tonk, ele lançou-se na criação do seu próprio Estado. Para fazê-lo, ele organizou, a partir da fronteira afegã, uma campanha contra o Estado sique de Ranjit Singh. Incapaz de obter apoio entre os afegãos, pouco interessados na reforma islâmica, o pequeno bando de seguidores de Sayyid Ahmad não foi um adversário à altura do Exército de Ranjit, que o empurrou para os sopés do Himalaia, onde ele morreu lutando. Todavia, a memória de Sayyid Ahmad continuou viva a ponto de inspirar posteriormente levantes islâmicos ao longo da fronteira e assustar os britânicos com conspirações *"wahabi"* imaginárias.

Uma série de outras revoltas sacudiram a Índia britânica nos anos do governo da Companhia. Algumas combinavam a retórica religiosa com o antagonismo de classes. Em 1821, Shariat Allah (1781-1840) retornou depois de duas décadas na Meca para pregar um Islã purificado. Nos anos 1830 ele tinha angariado um grande séquito da população rural do Bengala Oriental para o que se tornou conhecido como *movimento Faraizi*. A recusa dos seus seguidores de pagar as taxas costumeiras para sustentar os templos e festivais hindus valeu ao movimento a inimizade dos *zamindars* hindus da província. O filho de Shariat Allah, Didu Miyan, organizou os Faraizis para defender diretamente os direitos dos cultivadores e artesãos contra os proprietários rurais e usurários hindus e os plantadores de índigo britânicos. Durante várias décadas, os Faraizis tiveram um papel determinante na organização das atividades de protesto agrário em todo o Bengala Oriental.

Um número de revoltas procurou contestar o monopólio da força coercitiva que os britânicos estavam decididos a guardar para si. Essas revoltas foram geralmente lideradas nas planícies por *zamindars* e nas montanhas e florestas por chefes tribais. Os *poligars* do extremo Sul, por exemplo, ofereceram uma resistência feroz às tropas da Companhia em 1800, enquanto povos silvestres como os *bhils* nos anos 1820, mencionados anteriormente, e os *santals* do Bengala Ocidental em 1855, lutaram para preservar seus modos tribais. Essas revoltas não tiveram sucesso contra o poderio britânico, mas são prova da profundidade do descontentamento permanente, ainda que raramente organizado de forma eficiente, diante da imposição do domínio britânico sobre a Índia.

Entre aqueles que tentaram adaptar-se ao novo ensino ocidental, o mais influente era de longe o estudioso bengali Ram Mohan Roy (1772-1833). Conhecedor de sânscrito, árabe, persa e inglês, empregado por alguns anos na virada do século pela Companhia e seus funcionários, Ram Mohan procurou criar, a partir da filosofia monista dos antigos textos dos Upanixades, uma visão de uma Índia "moderna", racionalista e monoteísta. Rompendo com o hinduísmo devocional, ele acolheu com simpatia o monoteísmo do Islã e o idealismo ético do cristianismo. Contudo, Ram Mohan julgou a doutrina cristã, especialmente a divindade de Cristo, incompatível com sua busca de uma religião "racional". Esse raciocínio especulativo confundia os missionários cristãos que, após o fim das restrições à pregação missionária, chegavam agora à Índia para converter os "pagãos". A fé de Ram Mohan era próxima à dos unitários deístas com quem ele se correspondia em Bristol e Boston. Para propagar suas crenças, ele fundou uma sociedade chamada Brahmo Samaj em 1828. Parte da dignidade e confiança com que ele abordava os ingleses está evidente no retrato, mostrado na **imagem 18**, pintado no fim da sua vida na Inglaterra, onde ele foi recebido com honras.

O programa social e político de Ram Mohan, cujos valores centrais ele descrevia como "aperfeiçoamento" e "esclarecimento", aproximou-o dos liberais reunidos em torno de Bentinck. Tal como eles, o estudioso apoiou a educação inglesa e a abolição do *sati*. De fato, ao recorrer ao governo em 1823 a promover "um sistema de instrução mais liberal e esclarecido, que abrangesse a matemática, a filosofia natural, a química e a anatomia, além de outras ciências úteis", Ram Mohan forneceu argumentos que Macaulay adotaria mais tarde. Porém, diferentemente dos liberais ingleses, ele não repudiava o passado indiano. Pelo contrário, assim como os orientalistas da geração anterior, Mohan via nas antigas "escrituras" um hinduísmo "puro" sobre o qual ele poderia basear sua fé racionalista e a partir do qual ele poderia contestar, por não serem "propriamente" hindus as práticas recentes da idolatria e do *sati*. Esse retorno aos primeiros textos para fornecer um fundamento seguro para a reforma seria um traço recorrente dos movimentos reformistas hindus.

Com tais visões vinha também uma aceitação das ideias orientalistas sobre o "declínio" da Índia depois de um passado glorioso e a identificação dos governantes muçulmanos medievais como agentes principais desse de-

IMAGEM 18. Ram Mohan Roy (1772-1833).

clínio. Essa teoria do passado indiano exacerbava inevitavelmente a divisão emergente entre hindus e muçulmanos. Até uma mente liberal como a de Ram Mohan havia descrito os séculos de governo muçulmano como uma época em que "os direitos civis e religiosos" dos "habitantes originais" da Índia tinham sido "constantemente pisoteados". Em contrapartida, para os escritores que não se escoravam nessas ideias, como Mrityunjay Vidyalankar, cuja história de Bengala de 1808 fora encomendada pela Universidade Fort William, as mudanças de dinastia revelavam somente os fracassos dos governantes individuais, cuja substituição, quando eles deixavam de seguir a *dharma* (boa conduta), seja por muçulmanos ou até por britânicos, só podia acontecer para o bem comum. Os protagonistas dessa história eram deuses e reis, não povos ou nações.

Ram Mohan Roy obteve o apoio da influente família Tagore, chefiada por um dos primeiros empreendedores capitalistas da Índia, Dwarkanath Tagore; seu filho Debendranath (1817-1905) reinstituiu a Brahmo Samaj depois da morte de Ram Mohan. Mesmo assim, as visões radicais de Ram Mohan provocaram intensa controvérsia entre a elite instruída de Calcutá. Conhecidos como *bhadralok* (pessoas respeitáveis), eles eram mercadores, escreventes, funcionários do governo, rentistas e afins, a maioria de casta alta, que haviam prosperado sob os britânicos. Entre eles, especialmente como patronos do novo ensino, estavam os endinheirados compradores das terras vendidas durante o levante gerado pelo *Permanent Settlement*. Em sua maioria, esses homens não estavam dispostos a seguir Ram Mohan Roy num repúdio tão virulento de uma parte tão grande da prática devocional hindu. Os conservadores liderados por Radha Kanta Deb, que fundou a Dharma Sabha (1830) para angariar apoio ao hinduísmo, foram frequentemente denunciados como reacionários obstinados e infensos ao progresso. No entanto, esses homens compartilhavam muitas coisas com Ram Mohan Roy. Deb, por exemplo, era um mecenas ativo da Universidade Hindu e apoiava a educação inglesa. Eles opunham-se à abolição do *sati* por Bentinck não simplesmente por causa de um desejo de ver a prática continuar, mas devido a uma objeção à interferência do governo colonial na vida doméstica e familiar indiana. Tais objeções à reforma promovida pelos britânicos ressurgiriam, com vigor crescente, entre os nacionalistas no final do século.

A opinião dos *bhadralok* era moldada não somente por desacordos de princípio, mas por facções sociais, chamadas *dals*. Estas congregavam diversos agrupamentos de castas sob figuras de liderança como Tagore e Deb, que resolviam desavenças entre seus membros a respeito de questões de condição de casta e poluição. A participação num *dal*, como mostrou S. N. Mukherjee, influenciava muitas vezes as posturas adotadas nos temas de atualidade. Outro fórum de discussão notável em Bengala era proporcionado por *adda*, encontros informais para discussão nas casas dos patronos da cultura e literatura, e subsequentemente nos novos espaços públicos, como os cafés.

O debate público era uma nova dimensão da sociabilidade no início do século XIX na Índia. A tradução e publicação de textos em línguas indianas, bem como o apoio dado a estudiosos locais, tinha sido uma característica da Universidade Fort William desde a sua fundação. O resultado foi uma "cultura letrada" não muito diferente daquela que estava crescendo na Europa na mesma época. À medida que panfletos eram impressos e textos distribuídos, os indianos cultos, embora excluídos do governo do país, criaram para si uma arena pública onde as questões de atualidade eram discutidas. Independentemente das posições assumidas pelos organizadores, a existência de encontros públicos, panfletos e sociedades voluntárias anunciava o advento de uma nova Índia "moderna". A partir das suas origens em Calcutá, esse estilo de atividade pública espalhou-se para outras capitais presidenciais e depois, mais lentamente, para o interior, onde os debates com missionários cristãos proporcionaram alguns dos seus momentos mais acirrados. Não obstante, especialmente em comparação com o clima mais livre na Grã-Bretanha, a visão reformista continuou sempre limitada pelo contexto colonial.

Os governadores-gerais que sucederam Bentinck, o lorde *whig* Auckland (1836-42), o lorde *tory* Ellenborough (1842-4) e o velho general e lorde Hardinge (1844-8), mostraram-se menos comprometidos com reformas. Auckland reinstituiu o apoio ao ensino oriental, ao passo que, no assentamento final do vale do Alto Ganges nos anos 1840, homens como James Thomason procuraram temperar o compromisso britânico com a propriedade individual por meio de uma política de assentamento conjunto com as comunidades aldeãs. Esses assentamentos raramente incluíam todos os residentes da vila e a partição dos lotes era permitida, mas sua adoção, acompanhada de uma idealização da comunidade aldeã indiana autossuficiente, assinalava um distanciamento da aplicação universal dos direitos individuais de propriedade.

Durante esses anos, o lento desenrolar dos eventos na fronteira Noroeste da Índia desencadeou as últimas conquistas da Companhia. Nas quatro primeiras décadas do século XIX, enquanto a Companhia expandia seu território até a Birmânia a Leste e o Nepal ao Norte, a fronteira a Oeste permaneceu estável. Ao reunir as tribos siques dispersas e incorporar muçulmanos além de siques, Ranjit Singh criou no Punjab um Estado próspero com um Exército disciplinado de cerca de 20 mil soldados de infantaria e 4 mil de cavalaria. Como os britânicos não tinham intenção de se meter com essa força poderosa, e Ranjit evitava cuidadosamente ataques ao território britânico, foi somente com a morte de Ranjit em 1839 que a Companhia se envolveu nas terras ao longo e além do Indo.

O primeiro passo adiante ocorreu no Baixo Indo. Atraente tanto pelo seu controle do comércio ao longo do rio, que as fantasias britânicas imaginavam ser uma "estrada" para a Ásia Central, quanto pelo acesso que proporcionava ao Afeganistão, Sind foi conquistada entre 1839 e 1842 pelo obstinado Charles Napier. Seguiu-se a primeira Guerra Afegã, quando os britânicos tentaram fazer dessa região montanhosa um "Estado-tampão" para conter o avanço crescente dos russos vindos do Norte em direção ao Hindu Kush. A guerra, que foi a manobra inicial do que se tornaria o "Grande Jogo", foi um desastre para os britânicos. Encurraladas em Cabul, as tropas indianas britânicas foram aniquiladas, exceto por um único sobrevivente (dos cerca de 15 mil homens) para contar a história. Abandonada a tentativa de subjugar o Afeganistão, os britânicos voltaram-se em seguida para o Punjab. Disputas entre os dirigentes siques, e dentro do seu próprio Exército, abriram oportunidades para uma intervenção que levou à primeira Guerra Sique em 1845 e à instalação de um residente britânico em Lahore. Entre aqueles que buscaram vantagens apoiando os britânicos estava o rajá hindu de Jammu, Gulab Singh. Sua recompensa foi o luxuriante reino montanhoso da Caxemira, com uma população quase inteiramente muçulmana. Assim, estava montado o palco para o que se tornaria, um século depois, o conflito mais aguerrido e prolongado entre os Estados sucessores do domínio britânico.

Os anos da época de Hastings até meados do século XIX trouxeram um conjunto de mudanças fundamentais para a Índia. Sobretudo, a Companhia das Índias Orientais que, nos anos 1770, representava um Estado recente entre outros Estados regionais igualmente poderosos, por volta de 1850 havia submetido ao seu controle, com a conquista do Punjab, todo o subcontinente indiano, formando um vasto império indiano. Sob o governo da Companhia havia se iniciado, especialmente com o incentivo da agricultura comercial, um movimento de transformação da economia da Índia para atender às necessidades da ordem capitalista mundial mais ampla. Um sistema de direito e propriedade havia sido instituído. Diversos planos de reforma social haviam sido formulados. Novas ideias sobre o passado da Índia e seus possíveis futuros começaram a circular entre as pessoas instruídas. Porém, de forma alguma isso constituiu um processo inequívoco de "modernização". Muitas "reformas" existiam apenas no papel ou limitavam-se a diminutas elites urbanas. Outras tinham o efeito de vincular os indianos mais estreitamente à terra, dado que aristocracias guerreiras eram convertidas em proprietários rurais e criadores nômades eram forçados a tornar-se camponeses cultivadores. As elites comerciais e banqueiras haviam tirado proveito dos britânicos com as novas oportunidades da era colonial, como exemplificam empreendimentos colaborativos como Carr Tagore & Co. No entanto, em meados do século, com a exceção quase única dos pársis em Bombaim, elas viram-se excluídas do setor exportador para o comércio menos lucrativo com o interior ou para a agricultura. Os templos do Sul da Índia, que já tinham sido grandes fontes de redistribuição de riqueza, viram seus ativos taxados, foram cortados do patrocínio governamental e tiveram sua administração constantemente vigiada em busca de práticas "corruptas".

Outras mudanças atavam os indianos mais estreitamente a noções rigidamente definidas do que era tido como a sua "tradição". O que importava agora eram os textos, e não os costumes locais, de forma que os brâmanes estenderam uma dominação crescente sobre uma sociedade cada vez mais estratificada pelas prescrições de casta, que somente o Direito reconhecia. Assim, o novo direito de propriedade procurou liberar energias individuais, mas foi imediatamente restringido por concessões aos "costumes" de casta e tribo definidos pelos britânicos. As mulheres, que outrora podiam herdar propriedade, viram-se excluídas pela determinação britânica de defender o direito "hindu". Essas diversas "tradições" de hierarquia e distinção ritual não foram, decerto, inventadas pelos britânicos. Mas agora elas começavam a pesar sobre a sociedade indiana de maneira rígida e não costumeira. Outras mudanças significativas viriam com a chegada, em 1849, de um governador-geral mais enérgico e, uma década depois, com o governo da Coroa.

capítulo 4

Revolta, o Estado moderno e os súditos colonizados, 1848-1885

A revolta de 1857-8, que varreu grande parte do Norte da Índia em oposição ao domínio britânico, é considerada convencionalmente o ponto de divisão que marca o começo da Índia moderna. Contudo, a periodização histórica sempre é um tanto arbitrária. Com maior distanciamento do período colonial, quando o caos intenso do levante foi entendido ora como um "motim" para os governantes coloniais, ora como a "Primeira Guerra de Independência" para muitos nacionalistas, é possível enfocar transformações substanciais, de longo prazo, em vez de um único evento. Além disso, tal ênfase situa a Índia no contexto de mudanças que aconteciam no mundo como um todo, não apenas em termos de eventos e personalidades da própria Índia. Longe de ser uma modernidade que estava "acontecendo" na Europa e foi transplantada para um país como a Índia, muitas dessas mudanças ocorreram em relação umas com as outras.

Mudanças tecnológicas modernas, entre elas canais, ferrovias e o telégrafo, foram introduzidas na Índia poucos anos depois do seu surgimento na Europa. Mudanças essenciais para o Estado moderno, incluindo-se a unificação da soberania, a fiscalização e o policiamento da população e instituições destinadas a criar cidadãos instruídos, também foram, de modo geral, introduzidas no mesmo período na Índia e em partes da Europa. De fato, certas práticas e instituições modernas foram estimuladas pela experiência da Índia ou tiveram sua origem ali. Cemitérios municipais, como notado em capítulos anteriores, apareceram antes na Índia do que na Inglaterra; o mesmo vale para a literatura inglesa como matéria curricular e as instituições científicas e estatísticas financiadas pelo Estado. Ademais, a relação colonial com a Índia era essencial, como afirmou recentemente Gauri Vishwanathan, para uma das características fundamentais dos Estados modernos, a saber, a prática do secularismo estatal. Outrossim, novas organizações religiosas na Índia e na Grã-Bretanha compartilhavam o padrão comum de envolvimento inédito dos leigos. Além disso, em ambos os países, a difusão da política eleitoral havia sido acompanhada de um debate sobre o lugar da religião na vida pública. Sobretudo, a vida econômica das duas nações estava profunda e crescentemente interligada.

Porém, o ano de 1848 como ponto de partida para o "Estado moderno" na Índia representa um lembrete de uma diferença crucial na natureza do Estado desse país. Em 1848, na Europa, uma onda de protestos varreu o continente pedindo a expansão do sufrágio e outras reformas políticas. Na Grã-Bretanha, o movimento cartista, que ganhou apoio com a depressão econômica e a expansão limitada do sufrágio trazida pela Lei de Reforma de 1832, levou as classes trabalhadoras às ruas num esforço de obter o poder político. As oportunidades de expressão pública e vida pública variavam bastante entre as regiões na Índia, mas até em Bengala, onde as associações e publicações voluntárias modernas eram mais difundidas, relativamente poucas vozes podiam ser erguidas para exigir reformas políticas desse tipo antes do final do século. Na política, como na vida econômica, um Estado colonial autoritário restringia as aspirações indianas.

A maioria dos historiadores concorda hoje com o fato de que as exigênciais introduzidas pela política colonial moldaram decisivamente e até distorceram a modernidade na Índia. Essa abordagem oferece um corretivo ao que era descrito com demasiada facilidade durante a era colonial como as "bênçãos do domínio britânico", quais sejam, a pacificação e unificação do país, a codificação jurídica, o uso da língua inglesa, as obras públicas e uma gama de reformas sociais. Os críticos da modernidade europeia, entre eles britânicos, assim como indianos, viam, mesmo naquela época, o lado escuro dessas mudanças, incluindo o racismo, o militarismo e a exploração econômica que fazia parte da relação colonial. O que tingia essas "bênçãos" era principalmente uma mentalidade que descartava as capacidades indianas e aspirações ao autogoverno, uma atitude que o historiador Francis Hutchins denominou de "ilusão da permanência" por parte dos britânicos. O domínio britânico nos anos 1830 e 1840 baseava-se nas ideias iluministas de destino humano universal e expectativa de progresso, embora seja certo que, mesmo então, uma tensão autoritária era evidente na reforma evangélica e utilitária. Porém, na década de 1870 o clima era diferente, sobretudo numa atitude explicitamente autoritária entre os funcionários coloniais. Eles estavam, na sua maioria, convencidos da existência de uma diferença essencial entre os britânicos e os indianos, o que justificava o controle indefinido do poder político por uma "raça superior".

Dalhousie:
A UNIFICAÇÃO DA SOBERANIA E REDES DE COMUNICAÇÃO

No final do século XIX, John Beames relembrou seus primeiros dias de funcionário público inexperiente no final dos anos 1850:

> Mas Adams [seu superior] havia me dito enquanto andávamos que o trabalho era tão pesado que ele mal podia dar conta, portanto imagino que ele não tivesse tempo para ensinar os novatos. Meu estoque de conhecimento disponível consistia em persa e hindustâni [...]. De Direito e procedimento, obviamente, eu não sabia nada [...]. Disse como que por instinto: "Chame o primeiro caso" [...]. Ambas as pessoas falavam panjabi, do qual eu não conseguia entender uma palavra, mas o *sarishtadar* [escrivão-chefe] traduzia em hindustâni à medida que eles falavam, então consegui me sair muito bem [...]. Depois comecei a aprender panjabi e, nesse intuito, contratei um velho sacerdote sique [...]. Como a maioria dos panjabis daquela época, o bom Bhai era uma velha criança gentil e de espírito simples [...]. Eles são uma raça boa e viril [...]. Não havia Direito no Panjab naquela época. Nossas instruções eram para decidir todos os casos à luz do senso comum e do nosso próprio senso do que era justo e correto [...].
>
> [Elmslie, seu colega de classe em Haileybury e agora de profissão] e eu já estávamos montados às cinco da manhã e trabalhávamos a cavalo por duas ou três horas, cavalgando para inspecionar as estações de polícia, estradas e pontes e edifícios públicos em construção, plantações de árvores, balsas, resolvendo disputas de terra e propriedade entre aldeões, e outros assuntos afins. Ou então caminhávamos levando nossos cavalos atrás de nós pelas ruelas estreitas da cidade antiga, acompanhados por uma multidão de oficiais de polícia, superintendentes e outros, dando ordens para melhorias sanitárias, consertando pavimentações e drenos, abrindo novas ruas, resolvendo disputas e uma variedade de questões semelhantes [...]. O trabalho duro de sempre preenchia o dia.

As recordações de Beames ilustram atitudes generalizadas que moldaram o domínio britânico na Índia a partir de meados do século. Uma autoconfiança paternalista, aliada a um compromisso com o progresso material e o trabalho árduo, eram tão característicos de James Ramsey, marquês de Dalhousie, que serviu como governador-geral de 1848 a 1856, quanto o foram do jovem John Beames no interior do Punjab. Dalhousie chegou em Calcutá com uma visão dupla que implementou elementos significativos do quadro do que viria a ser o século restante de domínio britânico. Dalhousie estava comprometido, em primeiro lugar, com a unificação da soberania britânica, tanto territorial quanto juridicamente. E ele também estava convencido da importância das novas redes de comunicações e transporte na Índia.

A chegada de Dalhousie coincidiu com a Segunda Guerra Sique em 1848-9, que acarretou a anexação da rica e estrategicamente crucial província do Punjab e estendeu o domínio britânico até o Passo Khyber. Dalhousie também executou, relutante mas efetivamente, uma campanha militar na Birmânia em 1852, atendendo em particular a interesses comerciais, e anexou a Baixa Birmânia (num prelúdio à anexação final do país inteiro por Dufferin em 1886). Sob a direção de Dalhousie, a administração do Punjab foi confiada a uma *coterie* de oficiais de temperamento semelhante sob a forte direção de dois irmãos, John e Henry Lawrence. Na tensão entre o governo através da codificação e do sistema, de um lado, e o despotismo esclarecido, do outro, a "Escola do Punjab" inclinou-se pelo último. Impelidos pela confiança no "homem no local" e pela crença de que somente eles poderiam trazer ordem e prosperidade para uma sociedade camponesa satisfeita, os oficiais do Punjab gozavam de uma margem maior de autoridade discricionária do que em outros lugares. O poder confiado a Beames, com a idade de 23 anos e sem experiência, é revelador. O massacre de Jallianwalla Bagh em 1919, prova do lado trágico desse poder oficial, é igualmente revelador.

Uma segunda dimensão do impulso para a unificação foi o esforço para reduzir a soberania dos príncipes. O Estado moderno não poderia tolerar, do ponto de vista de Dalhousie, as soberanias irredutíveis e as fronteiras fluidas típicas dos regimes anteriores. Logo no início da sua administração, Dalhousie escreveu: "Não posso imaginar que seja possível para quem quer que seja contestar a política de tirar partido de toda oportunidade justa que se apresenta para consolidar os territórios que já nos pertencem, tomando posse daqueles Estados entre eles que possam vir a caducar". Ao fazê-lo, continuou Dalhousie, ele esperava obter segurança, recursos financeiros e a promoção dos "melhores interesses" daqueles governados dessa forma. Por "caducar", Dalhousie queria dizer a morte de um governante sem herdeiro natural em qualquer Estado criado por ou dependente dos britânicos. Assim, ele escolheu não reconhecer o costume amplamente difundido da adoção para garantir um herdeiro. Por meio desse expediente, Dalhousie assegurou a posse de sete Estados em sete anos na Índia Central, Bengala, Rajastão e nas montanhas do Punjab. Entre eles estavam Satara e Nagpur, Estados maratas significativos, e Jhansi, cuja governante logo se lançaria em batalha.

Dalhousie também usou a justificativa da "caducidade" para eliminar os subsídios aos pensionistas, entre eles o de Nana Sahib, o filho adotado do *peshwa* marata de Poona. A última anexação de Dalhousie foi a de Awadh (conhecido entre os britânicos como Oudh) em 1856, o mais rico de todos os Estados, não pela doutrina da "caducidade", mas baseado na alegação de má administração contínua. Ele até tentou (mas foi impedido por objeções da metrópole) pôr fim ao governo titular do Grão-Mogol em Déli, de quem a Companhia continuava a operar, juridicamente, como servidora. Não importa quais fachadas "feudais" fossem criadas após 1857, os britânicos insistiriam no princípio de uma soberania unificada, incluindo um monopólio da força militar, mantido firmemente em mãos britânicas.

A segunda vertente da visão de Dalhousie era sua adoção das novas tecnologias que estavam transformando o Ocidente. Elas se revelariam essenciais para a integração cultural, política e econômica que surgiria tanto dentro da Índia quanto entre a colônia e a metrópole. Juntos, a ferrovia, o telégrafo, o serviço postal e um transporte a vapor aprimorado transformaram o sistema imperial do final do século XIX. O potencial da ferrovia para a Índia estava claro para Dalhousie, que tinha trabalhado com Gladstone no Conselho de Comércio em Londres durante a febre das ferrovias na década de 1840. Ele estava convencido de que a ferrovia podia ser a chave para a extensão do poder e da civilização britânicas. Sobretudo, ela ampliaria o mercado para os produtos manufaturados britânicos e garantiria acesso a matérias-primas como o algodão, de que a indústria britânica tinha necessidade. A ferrovia também atenderia a interesses militares. Como escreveu Dalhousie à Junta de Diretores em 1853, ela permitiria a concentração da força militar conforme necessária "em tantos dias quanto agora são necessários meses para efetuar". Dalhousie supervisionou o início da construção de ferrovias, começando por duas linhas a partir de Howrah (Calcutá) e Bombaim. Para atingir seu primeiro posto, em 1859, Beames tomou o trem de Howrah até o final da linha, somente pouco mais de 160 km naquela época; na maior parte do restante do caminho, ele foi empoleirado em cima da sua bagagem numa carroça puxada por cavalos, que levou uns 24 dias no total para chegar ao Punjab. Já no final do século, essa viagem era feita, em menos de três dias, por trem.

A construção da ferrovia oferece uma visão do funcionamento do domínio britânico na Índia em meados do século. O projeto foi financiado por capital britânico, levantado por diversas companhias que operavam em diferentes localidades. A Companhia, e depois de 1858 a Coroa, garantia aos investidores, praticamente todos britânicos, um retorno de 5% (ou, em alguns casos, 4,5%), absolutamente isento de risco. Foi a primeira transferência de capital britânico para a Índia, pois a Companhia – e os investidores privados anteriores – haviam financiado suas atividades por meio de fundos levantados na própria Índia. Os lucros da ferrovia, que poderiam ter financiado o desenvolvimento da Índia, foram, em vez disso, para os bolsos dos investidores na Grã-Bretanha. Além disso, a construção das ferrovias proporcionou um mercado para os produtos britânicos. Trilhos, locomotivas, vagões e outros produtos manufaturados e, às vezes, até carvão inglês e abetos bálticos creosotados na Inglaterra foram exportados para a Índia. Isso significava que um projeto importante de obras públicas que poderia ter servido de "setor pioneiro" a fim de gerar "efeitos multiplicadores" para a industrialização da Índia não teve esse efeito. O traçado das vias apoiava o foco extrativista e mercadológico dos interesses econômicos britânicos, ligando o interior às cidades portuárias coloniais e essas cidades entre si. A forma "clássica" da economia colonial, na qual culturas comerciais como algodão, juta e chá eram exportadas em troca de tecidos e outros produtos manufaturados, só era possível graças à ferrovia.

A ferrovia foi, no seu conjunto, construída a um custo razoável. Um limite à sua eficácia veio das discrepâncias resultantes de trilhos de largura diferente, ora com bitola estreita, construída como recurso de economia para servir ao uso mais rápido, ora com bitola larga. Mas o custo do transporte de produtos caiu drasticamente; o valor da ferrovia no fornecimento de alívio à fome foi essencial; e inúmeros passageiros indianos tomaram o trem com entusiasmo para viajar, por exemplo para visitar membros da família e locais de peregrinação, resultados que mal podiam ser imaginados quando foi assentado o primeiro trilho.

Embora limitados no seu impacto a áreas específicas, Dalhousie incentivou energicamente a extensão dos sistemas de irrigação por canais. Seus anos no cargo viram a finalização de aproximadamente 800 km do canal do Ganges, uma fonte de água de irrigação para um vasto interior, com todas as rupturas, positivas e negativas, que esse recurso trouxe. A longo prazo, a consequência negativa mais óbvia foi a salinização de vastas áreas, haja vista que o excesso de água puxava sal para a superfície da terra irrigada. O telégrafo que ligava os principais centros da Índia foi completado durante o mandato de Dalhousie. Seus cerca de 7,2 mil km de linha possibilitavam a transmissão veloz de informações sobre política, segurança, comércio e indústria, bem como mensagens pessoais de um número cada vez maior de indivíduos. O cabo que ligava a Grã-Bretanha à Índia (cujo desenvolvimento foi impulsionado pela revolta de 1857) foi instalado em 1865, um ano antes da ligação entre a Grã-Bretanha e os Estados Unidos. De fato, a primeira de todas as tentativas de cabo submarino foi provavelmente a que atravessava o rio Hooghly em Calcutá em 1839.

Ademais, em 1854 um serviço postal governamental foi estabelecido, trazendo para a Índia o mesmo "*penny post*" introduzido na Grã-Bretanha uns 15 anos antes. Agora o correio podia ser enviado com pagamento pelo remetente, em qualquer distância dentro do país, pelo mesmo custo baixo. Essa facilidade não apenas ajudava indivíduos, incluindo pessoas em aldeias remotas (que dependiam frequentemente dos escritores e leitores de cartas alfabetizados, aglomerados do lado de fora dos prédios de escritórios), mas era indispensável também para as comunicações e levantamento de fundos das sociedades voluntárias, organizações e editoras que surgiam nesse período. Uma indicação da variedade dos serviços de entrega postal utilizados na Índia até o século XX pode ser vista na série de selos mostrada na **imagem 19**, emitida por ocasião da coroação do rei-imperador Jorge VI. Os anos intermediários do século também viram melhoras significativas

IMAGEM 19. Uma série de selos postais do Governo da Índia, de 1937, com cenas de entrega da correspondência. Os quatro selos de valor mais baixo, denominados "*dak*", mostram transportadores humanos e animais, enquanto os de valor mais alto ilustram o transporte "postal" mecanizado.

na construção dos navios a vapor com casco de ferro, mais veloz e seguro, e motor de alta pressão. Embora não haja um divisor claro na introdução dessas inovações, um ano marcante foi 1848, quando a Peninsular e a Oriental compraram os primeiros navios a vapor de ferro para as suas rotas do oceano Índico. Nos anos 1830, uma troca de cartas entre a Grã-Bretanha e a Índia podia levar dois anos; por volta de 1870, com a abertura do canal de Suez, uma carta podia chegar a Bombaim em apenas um mês.

Assim, Dalhousie implementou os fundamentos jurídicos de um Estado unificado, com fronteiras definidas e súditos individuais que o Estado controlaria. Além disso, ele fez avançar substancialmente a infraestrutura tecnológica que transformaria de inúmeras maneiras a experiência cotidiana do Estado e dos súditos. A revolta de 1857 parecia questionar a própria presença dos britânicos. O que ela não fez foi reverter essas mudanças.

Ano de 1857, governo da Coroa e as consequências da revolta

Ao longo de 1857 e até 1858, o Norte da Índia esteve envolvido numa rebelião que abalou os alicerces do domínio britânico. Depois que a agitação passou, um oficial indiano que servia ao governo britânico, Sayyid Ahmad Khan (1817-98), investigou suas causas:

> Acredito que houve apenas uma causa principal da rebelião e que as outras são meramente incidentais e derivam dela. Essa opinião não é fantasiosa nem conjectural. Ela é confirmada pelas visões sustentadas por homens sábios de eras passadas: e todos os que escreveram sobre os princípios do governo concordam com ela [...]. Foi universalmente aceito que a admissão do povo a uma parcela do governo sob o qual ele vive é necessária para a eficiência, prosperidade e permanência deste último. [Ademais,] [o]s nativos da Índia, talvez sem uma única exceção, culpam o governo por tê-los despojado da sua posição e dignidade e por mantê-los *inferiorizados* [...]. Ora! Não é que o orgulho e a arrogância dos [funcionários britânicos do SPI] levaram-nos a considerar os nativos da Índia como desmerecedores do nome de seres humanos [...]. Ora! O governo não estava ciente que nativos do mais alto grau tremiam diante dos seus oficiais e tinham um medo diário de sofrer os maiores insultos e indignidades nas suas mãos?

Criado numa família próxima da corte mogol, Sayyid Ahmad já havia passado, em 1857, 20 anos a serviço da Companhia. Ele fora flagrantemente fiel durante o levante, evacuara os residentes europeus da cidade de Bijnor, onde estava postado, e até assumira o distrito em nome dos britânicos por algum tempo. Seu ensaio, escrito em urdu e depois traduzido para o inglês, suscitou grande interesse por parte dos britânicos. Ele insistiu, com razão e contrariamente ao *wishful thinking* britânico coetâneo e posterior, que a revolta não era simplesmente um motim por parte de soldados descontentes. Na verdade, argumentou ele, era uma reação a múltiplas queixas. Entre elas estavam as políticas culturais britânicas, a severidade da avaliação fiscal e a degradação das elites fundiárias e principescas, especialmente o nababo de Oudh, recentemente exilado. Sobretudo, Sayyid Ahmad culpava as demonstrações de insolência e desprezo pelos indianos por parte dos britânicos e insistia na importância de um processo consultivo que os incluiria. Embora essa questão fundamental das relações entre britânicos e indianos tenha sido responsável pela revolta, foi, ironicamente, na intensificação da distância racial que o levante encontrou seu legado mais duradouro.

A revolta começou com um motim militar, gerado por queixas que proliferavam entre os soldados do Exército de Bengala. Houvera descontentamento nas nomeações para a Birmânia, o que resultou na Lei de Alistamento para Serviços Gerais de 1856, que exigia que os sipais servissem onde quer que fossem postados. Havia insatisfação com o soldo e as oportunidades limitadas de promoção. A anexação de Oudh incomodou os sipais de casta alta daquela província, que formavam um terço do Exército de Bengala. E a causa próxima foi o novo rifle Lee Enfield, cujo uso exigia que os soldados arrancassem com os dentes a extremidade dos cartuchos, que todos diziam serem lubrificados com banha de porco ou de vaca, impura tanto para hindus como para muçulmanos. Quando os sipais recusaram-se a carregar os rifles, eles foram humilhados publicamente e até expulsos do contingente. Em 10 de maio de 1857, no calor do verão indiano, os sipais postados em Meerut, no Norte da Índia, que haviam visto 85 dos seus colegas serem levados acorrentados no dia anterior, levantaram-se no meio da noite, massacraram os residentes ingleses da cidade e marcharam sobre Déli. Ali eles procuraram içar novamente o estandarte dos mogóis sob o imperador ancião Bahadur Shah, cujo nome ("o valente") ocultava sua verdadeira realização – como poeta. À medida que sipais acorriam de toda parte para juntar-se à causa rebelde, os britânicos perderam o controle sobre uma ampla faixa da Índia setentrional, de Bihar ao Punjab, além de bolsões na Índia Central. Em algumas áreas, levaram um ano de batalha para reconquistar esses territórios.

Dentro de semanas, tirando proveito do espaço aberto pela expulsão dos britânicos, grupos rurais descontentes, proprietários rurais e camponeses, príncipes e mercadores, cada qual por seus motivos, pegaram em armas. Nunca houve uma estratégia coerente para expulsar os britânicos da Índia.

O imperador mogol, a rainha-regente de Oudh, o chefe marata Nana Sahib e outros reivindicaram a liderança do levante. Decerto, uma retórica religiosa foi acrescida com frequência para justificar a oposição ao que foi visto como uma ordem moral corrompida, mas não havia ideologia unificadora de nenhum tipo. Alguns rebeldes, na verdade, não procuravam nada além de vantagem imediata para si mesmos, e por isso instalaram-se, como Devi Singh, o "Rei das Quatorze Vilas" em Mathura, para saquear os ricos e resolver querelas com seus vizinhos. "Lealdade" e "rebelião" sempre foram conceitos fluidos. A participação de um magnata no levante incentivava frequentemente seus rivais a aderir aos britânicos na esperança de obter alguma vantagem caso a maré da guerra virasse.

É importante diferenciar os eventos na província recentemente anexada de Oudh de outros nos distritos mais antigos e consolidados. A revolta em Oudh, como Rudrangshu Mukherjee argumentou com persuasão, assumiu a forma de um movimento "popular", no qual todas as classes lutavam em nome dos seus irmãos sipais e do rei deposto Wajid Ali Shah. Os instigadores mais eminentes da revolta eram os proprietários rurais *taluqdari*, lesados pela perda de vilas durante o assentamento de terras de 1856. Instalados com segurança nos seus fortes de barro, eles congregaram seus seguidores, parentes e arrendatários. Embora muitos camponeses tivessem ganho o título de suas terras em 1856, para desespero dos britânicos eles juntaram-se aos seus antigos senhorios (confrontá-los abertamente teria sido temerário) e juntos marcharam sobre Lucknow para aderir ao cerco da diminuta guarnição britânica do local.

A revolta nas Províncias do Noroeste adjacentes foi de natureza diferente. Ali, a reação ao levante foi moldada pela experiência de 50 anos de domínio britânico. Como demonstrou o historiador Eric Stokes numa série de cuidadosos estudos locais, os magnatas rurais que tinham tirado proveito das oportunidades comerciais trazidas pelos britânicos tendiam a ser leais e até a sufocar as centelhas de agitação entre seus arrendatários, enquanto aqueles que haviam perdido riqueza e importância se aproveitaram com frequência da onda de anarquia para juntar-se à revolta. Nos lugares onde comunidades agrícolas estreitamente ligadas, especialmente irmandades *jat* e *rajput*, tinham posse da terra, elas sublevavam-se amiúde sem liderança de magnatas para protestar contra as pesadas diferenças de avaliação fiscal que lhes eram impostas. Assim, a revolta nas Províncias do Noroeste pode ser descrita de modo útil como uma revolta "pós-pacificação", na qual irromperam reivindicações que fermentavam há muito tempo mas eram difusas, em contraste com a "resistência primária" da revolta de Oudh, onde uma família real recentemente deposta assumiu a liderança. Dessa forma, é possível ligar o ano de 1857 a levantes que ocorreram em outros lugares, nos estágios iniciais do colonialismo, e distingui-los dos protestos nacionalistas modernos que se seguiram.

Muitos permaneceram leais o tempo todo e, ao fazê-lo, asseguraram a derrota final da revolta. Entre esses, estava uma parcela importante de soldados do recém-conquistado Punjab, que não sentiam afeição pelos sipais de Bengala que os haviam derrotado. Além disso, nem o Exército de Bombaim nem o Exército de Madras rebelaram-se, o que garantiu que a Índia meridional permanecesse calma. Entre os "leais" mais visíveis estavam as pessoas de educação ocidental, como a *intelligentsia* bengali, além dos *zamindars* de Bengala, ligados ao governo britânico pelo *Permanent Settlement*, que garantia sua prosperidade. Os príncipes reinantes da Índia também, ao contrário daqueles entre eles que haviam perdido seus tronos, quase invariavelmente calcularam que seus interesses seriam mais bem atendidos apoiando seus governantes britânicos. Até mesmo entre os proprietários rurais rebeldes de Oudh, muitos garantiram suas apostas enviando emissários ao campo britânico e, por isso, no final sobreviveram com suas terras intactas.

A revolta nas três cidades setentrionais de Déli, Lucknow e Cawnpore (Kanpur), bem como o levante liderado pelos maratas na Índia Central, chamaram enorme atenção da parte dos britânicos. Tropas foram agrupadas em Bengala para subir o Ganges, com Benares e Allahabad retomadas em pouco menos de um mês depois do surto inicial. Durante a marcha, soldados britânicos, e até civis, deflagraram um terror indiscriminado, devastando o campo e matando a esmo. Essa selvageria racial continuou ao longo do conflito, apesar do esforço do governador-geral lorde Canning – fato que lhe valeu o apelido de "Canning, o Clemente" – para conter tal comportamento na Proclamação de Clemência de julho de 1857. No exemplo mais extremo de violência indiana, a guarnição em Cawnpore rendeu-se a Nana Sahib, que, apesar da sua promessa de passagem livre, despejou fogo sobre eles enquanto tentavam embarcar; mulheres e crianças britânicas também foram massacradas, cerca de 400 no total. Déli foi retomada em setembro graças a reforços vindos do Punjab. Bahadur Shah foi exilado na Birmânia, e os filhos reais, assassinados. Em Lucknow, sir Henry Lawrence, o novo comissário-chefe, protegeu europeus e indianos na Residência bem fortificada antes de ele mesmo sucumbir em julho. A guarnição e seus dependentes só foram libertados em novembro e a província veio a ser plenamente recuperada já muito adiante, em 1858. Os líderes maratas, a rani de Jhansi, que tombaria em batalha, Nana Sahib e Tantia Topi, prolongaram os combates na Índia Central, embora, com a queda de Gwalior em junho de 1858, a luta tivesse efetivamente acabado.

A 2 de agosto de 1858, o Parlamento britânico promulgou a Lei do Governo da Índia, transferindo toda a autoridade da Companhia das Índias Orientais para a Coroa britânica. A Companhia parecia agora ser uma simples casca, pois seu monopólio comercial havia sido suprimido há tempos e até o poder de nomeação (do qual John Beames foi um dos últimos exemplos) havia sido revogado em prol de um concurso de entrada em 1853. O controle compartilhado entre a Companhia e o Parlamento na metrópole e a subserviência aos mogóis na Índia pareciam ser anomalias ultrapassadas, profundamente implicadas no alto custo da revolta em termos de vidas e receita britânica.

O padrão de revisões estatutárias vintenais agora fora substituído por um escrutínio regular dos assuntos indianos pelo Parlamento. Um membro do gabinete, o secretário de Estado para a Índia, aconselhado pelo Conselho deste país, recebeu autoridade para governá-la. Na Índia, a autoridade suprema cabia ao vice-rei, título assumido pelo governador-geral Canning quando a rainha Vitória proclamou essas mudanças para os "príncipes, chefes e o povo da Índia" em novembro de 1858. O vice-rei seria aconselhado por um conselho executivo (a princípio composto exclusivamente de membros britânicos em 1853), agora expandido para fins legislativos com até 12 novos membros, dos quais metade deveriam ser "não funcionários", ou seja, não empregados pelo governo colonial. Esse pequeno passo iniciou o avanço da aritmética política comum durante todo o Império, pois com o tempo o número e nível dos conselhos, o número de membros de cada órgão, a proporção de funcionários e não funcionários, nomeados e eleitos, a oportunidade de aconselhar sobre temas apresentados ou iniciar uma discussão, ou até de ter poder legislativo em alguma esfera, todos esses fatores avançaram aos solavancos. Essa reforma constitucional foi uma resposta às reivindicações de consulta de indianos como Sayyid Ahmad, que nesse caso levou a voz de aristocratas indianos cuidadosamente selecionados aos ouvidos do vice-rei. A mudança para o governo da Coroa também introduziu uma elaboração das estruturas técnicas e burocráticas, o que ocorreu igualmente na Grã-Bretanha nesse período, da política ao saneamento, do manejo florestal às finanças. Estas foram objeto de atenção imediata, dados os custos financeiros da revolta, a totalidade dos quais foi imputada à Índia.

Além disso, a proclamação da rainha Vitória respondia às causas presumidas da revolta. Revertendo a política de Dalhousie, a proclamação garantiu aos príncipes os seus títulos. Não eram mais impostos limites às adoções: os "direitos, dignidade e honra" dos príncipes, assim como o controle sobre seu território, seriam respeitados. Isso significava que cerca de um terço da população indiana permaneceria, até o fim do domínio britânico, sob o "governo indireto" de uns 500 príncipes. O governo procuraria, outrossim, fomentar "a indústria pacífica da Índia para promover obras de utilidade pública e melhoramento" na expectativa do "progresso social que só pode ser alcançado pela paz eterna e um bom governo". E a proclamação repudiava explicitamente qualquer "desejo de impor nossas convicções a qualquer um dos nossos súditos" e conclamava "todos aqueles que detenham autoridade abaixo da nossa" a abster-se de interferir em crenças ou cultos religiosos da Índia. O "devido respeito" seria dado aos "antigos direitos, usos e costumes da Índia".

A teoria de governo enunciada nessa proclamação apresentava uma contradição implícita. Por um lado, havia a linguagem de uma ordem feudal que acentuava o papel dos líderes hereditários. Ao agir assim, os britânicos procuraram, no mais das vezes com sucesso, fazer dos príncipes e grandes proprietários rurais um baluarte conservador do domínio britânico. Por outro lado, a proclamação também exprimia uma concepção da política associada ao parlamentarismo britânico e à teoria política liberal de homens como Macaulay. Sua inauguração minaria inevitavelmente os líderes hereditários. Em 1859, lorde Canning empreendeu uma série de excursões, organizando cortes, chamadas de "*durbars*", numa emulação superficial da prática mogol, para reconhecer não somente os príncipes leais, mas também proprietários rurais, entre eles os grandes proprietários de Oudh, agora dotados de honrarias e títulos como baluartes aristocráticos do domínio britânico. Nas palavras de Bernard Cohn, já era incipiente "uma ordem social [...] estabelecida na qual a Coroa britânica era vista como o centro da autoridade, capaz de ordenar numa única hierarquia todos os seus súditos". Ao incorporar os príncipes, Canning não reverteu a política de Dalhousie, mas levou a cabo a busca do seu predecessor por uma soberania unificada sobre a Índia.

Um corolário dessa nova ordem era uma pressuposição de importância capital sobre a própria natureza da Índia: a de que era um país composto de um agregado de povos diversos na sua cultura, sociedade e religião, e que o governante estrangeiro era o único que podia conter pacificamente essa diversidade. Essa pressuposição ficou mais evidente na política militar que surgiu após a revolta. No seu cerne estava a teoria pseudocientífica das "raças marciais", segundo a qual categorias específicas de pessoas eram selecionadas para o serviço militar de acordo com um suposto critério de características físicas e morais inatas que faziam delas os melhores combatentes. Esses grupos compreendiam sobretudo os leais punjabis – siques, *jats*, *rajputs* e, no momento apropriado, muçulmanos punjabis –, além dos *pathans* e *gurkhas* nepaleses. Em 1875, metade do Exército nativo era punjabi, o que teve profundas implicações para a história dessa região. Além disso, agora os regimentos eram etnicamente mistos na esperança de que a diferença cultural impediria o conluio. Somente oficiais britânicos tinham controle sobre a artilharia. A proporção de pessoal britânico foi substancialmente aumentada. À época da revolta, os soldados britânicos mal constituíam um sexto do Exército de Bengala; agora a proporção de britânicos para indianos devia atingir a meta de um para dois ou três.

O levante intensificou o racismo britânico. Sipais suspeitos foram explodidos em canhões. Déli foi saqueada e monumentos destruídos sem justificativa ou adaptados para uso militar. Além do julgamento por traição e do exílio do imperador, o regime anterior e seus governantes foram efetivamente "dessacralizados". Os muçulmanos foram inicialmente alvos preferenciais da desconfiança dos britânicos e vistos como "fanáticos" que tentariam restaurar o domínio muçulmano. No entanto, dentro de duas décadas, os aristocratas muçulmanos passaram a ser vistos, como os príncipes, como pilares de lealdade, um papel que não é incomum em contextos autoritários nos quais as lealdades das "minorias" são cultivadas. Nessa transição, Sayyid Ahmad Khan desempenhou um papel central. Em Aligarh, em 1875, ele estabeleceu a Universidade Anglo-Muhammadan, uma instituição de estilo inglês que cultivava dotes cavalheirescos e uma política conservadora, destinados a produzir o tipo de pessoas apropriadas para o regime consultivo leal que ele havia propugnado em 1858.

Os britânicos nunca enxergaram os líderes rebeldes como oponentes honrados, mas taxavam todos eles de "desleais" e tratavam-nos de forma correspondente. O assassinato de mulheres britânicas por Nana Sahib, em especial, suscitou um ódio ferrenho. Esse ato deixou um legado permanente nos quadros vitorianos e nos romances de massas repletos de relatos sensacionalistas do estupro e mutilação que ameaçavam a "pureza" da feminilidade britânica. John Beames, que viajou ao Punjab dois anos depois da revolta, escreveu sobre sua passagem por Cawnpore:

REVOLTA, O ESTADO MODERNO E OS SÚDITOS COLONIZADOS, 1848-1885 | 133

A luz evanescente do dia durou o suficiente para permitir que eu lançasse um olhar apressado sobre aquele lugar medonho; era então um descampado desolado e arenoso. O terrível poço [onde os corpos de mulheres e crianças foram jogados] estava marcado por algumas tábuas, as paredes das casas sem teto estavam crivadas de tiros e cambaleantes; ruínas, moscas, odores pestilentos e miséria e desamparo generalizados era tudo que se via [...] [um] lugar horrível.

O poço logo foi ornado com um memorial de mármore, mostrado na **imagem 20**, concebido pelo escultor italiano Marochetti. Essa fotografia, parte de um conjunto de vistas estereoscópicas, destinava-se a lembrar aos britânicos na metrópole os sacrifícios que eles haviam feito na Índia. Cawnpore era um dos centros mais importantes do que se configurou no final do século XIX

IMAGEM 20. Poço memorial, Cawnpore (atual Kanpur), fotografia de 1903.

como uma espécie de "excursão do motim" para os viajantes britânicos, que viajavam da residência em Lucknow (o único lugar no Império onde o Union Jack nunca era arriado depois da revolta) para Cawnpore e para a serra de Déli. O "motim" ofereceu aos britânicos uma sensação purificadora de heroísmo e autoafirmação, uma confirmação de superioridade moral e do direito de governar. O túmulo de Henry Lawrence em Lucknow, conforme sua vontade, identifica-o apenas como alguém "que tentou cumprir seu dever".

A ESTRUTURAÇÃO DO DOMÍNIO BRITÂNICO: SEGURANÇA, SANEAMENTO, ORDENAÇÃO DA SOCIEDADE

O medo e o racismo evidentes no momento da revolta assumiram uma forma visível nas décadas seguintes, dado que os britânicos criaram para si espaços demarcados separadamente. Nas cidades, essas áreas eram denominadas "linhas civis", com "acantonamentos" correspondentes para os militares. Nas regiões montanhosas eles estabeleceram "estações de montanha" que serviam como refúgios estivais não somente para indivíduos, mas para os governos coloniais. A construção dessas áreas foi concomitante ao aumento do número de famílias instaladas, cuja presença era facilitada, naquela época, pela melhoria das comunicações e de pessoal militar britânico. Esses espaços transmitiam a diferença racial assim como a desordem ameaçadora e o "ar pútrido" que se julgava caracterizar as velhas cidades. Ademais, eles representavam, como parte da experiência vivida, uma associação da cultura britânica ao "moderno" em contraste com as seções mais antigas da cidade, vistas como "medievais" ou "tradicionais" – sempre o contraponto necessário da modernidade. A "cidade colonial" baseava-se nessa dualidade.

Na mesma época, essa preocupação com a desordem dos velhos centros urbanos assolava a Europa, onde ela era estimulada pelo crescimento urbano acelerado, falência do saneamento e epidemias alarmantes. As doenças eram atribuídas à teoria "miásmica" das impurezas atmosféricas produzidas por matéria em decomposição e umidade em ocupações superlotadas. A teoria era equivocada; os remédios – drenagem, remoção de dejetos, abastecimento de água seguro e, idealmente, menos lotação – eram apropriados. O Relatório Chadwick de 1842 havia falado das classes baixas – numa linguagem que teria igualmente servido para as antigas cidades da Índia – como uma população "de vida curta, imprevidente, temerária e incontida, com uma avidez habitual por gratificação sensual". Contudo, na Índia esses juízos eram mapeados segundo a "raça", e qualquer ação oficial tomada privilegiava os interesses europeus. As primeiras preocupações sanitárias focavam os militares, cuja saúde precária estava evidente no fato de que, em 1857, a taxa de mortalidade entre os soldados britânicos, como na Crimeia alguns anos antes, fora mais alta em decorrência de doenças que das batalhas.

Um exemplo ilustrativo útil da maneira como a saúde e a segurança orientaram o traçado urbano pode ser encontrado na cidade de Allahabad, capital das Províncias do Noroeste (conhecidas como Províncias Unidas, PU, depois de sua unificação com o Oudh em 1902). Allahabad sempre fora um dos grandes centros de peregrinação do subcontinente, celebrado pela sua localização na confluência dos rios Ganges e Jamuna, além do mítico Saraswati. A população da cidade variava ao longo do ano, inchando no mês de inverno de *magh*, quando os peregrinos convergiam, e ainda mais a cada 12 anos, quando homens santos e multidões de crentes afluíam para a cidade, vindos de todo o país. Os britânicos temiam a itinerância sob todas as formas, de modo que Allahabad parecia um local particularmente perigoso para a saúde e segurança. Os mogóis, reconhecendo a localização estratégica da cidade, mantiveram presença ali, e o forte de Akbar continuava sobrepujando o rio. A cidade antiga tinha duas ou três ruas principais, mas a partir delas um labirinto – na visão dos britânicos – de ruas estreitas levava para bairros distintos, alguns ainda com portões trancados à noite. As casas, misturadas com lojas e armazéns, eram viradas para dentro e densamente construídas. Havia diversos mercados de grãos e forragem. Com o estabelecimento de comissões sanitárias e conselhos municipais, foram feitos esforços para melhorar o saneamento na cidade antiga, mas os recursos eram dirigidos desproporcionalmente para as áreas europeias.

A linha ferroviária, em Allahabad como alhures, era vista como a principal defesa estratégica para a população europeia, e por isso, ao cortar a cidade, formava uma barreira entre as linhas civis ao Norte (implantadas em 1858 imediatamente após a revolta) e a cidade antiga. Na zona das linhas civis, os vilarejos existentes foram removidos e substituídos por ruas pavimentadas e sarjetas cobertas, dispostas num padrão em grelha e bordejadas de alamedas de árvores recém-plantadas. A densidade populacional era muito baixa. Os habitantes europeus viviam em "bangalôs", um estilo de habitação colonial peculiar destinado a fornecer ventilação e proteção contra o calor, em lotes que podiam chegar a ter 10 acres (**imagem 21**). As linhas civis continham os edifícios em torno dos quais revolvia a sociedade colonial europeia: prédios do governo, o clube, o campo de polo, a igreja e as lojas. A vida social – visitas, bailes, certos eventos esportivos, coquetéis –, calcada no comportamento das classes altas, era exclusivamente europeia.

IMAGEM 21. Bangalô, linhas civis, Allahabad, fotografia de 1866. Note-se a varanda ao redor, na qual recebiam-se visitantes e negócios eram realizados com indianos, e a localização do bangalô no centro de um grande complexo isolado com caminho de entrada em curva.

O acantonamento militar, também disposto segundo um padrão regular, ficava diretamente ao Norte da cidade antiga e, para tranquilizar ainda mais a população civil europeia, era imediatamente adjacente à sua área residencial. Dois assentamentos isolavam a divisa entre os europeus e os "nativos". Um era um assentamento de eurasianos ou "anglo-indianos", perto da estação de trem. Os anglo-indianos, negação viva da diferença racial, eram comumente vistos como um constrangimento para os britânicos, mas foi encontrado um nicho para eles como empregados do caminho de ferro na esperança de que se pudesse confiar na sua lealdade. A segunda colônia era de bengalis, cujo número crescia nas cidades grandes e pequenas "do interior" à medida que sua alfabetização lhes dava uma vantagem nos empregos públicos. Obviamente, era impossível erguer um cordão em torno da sociedade europeia; assim, criados, comerciantes e outros entravam e viviam nas áreas destinadas aos europeus, e muitos locais – de prédios do governo a instituições educacionais e asilos, locais de comércio e o templo maçônico corriqueiro – eram espaços de interação definida e limitada entre as raças.

Beames foi postado em 1869 numa pequena cidade litorânea em Orissa. Sua descrição da "nossa pequena sociedade" sugere a composição da população europeia depois da revolta. Ele era o magistrado e arrecadador (o funcionário superior do distrito). Além dele, a população inglesa incluía "um magistrado adjunto, um médico, um superintendente de polícia, um engenheiro, um mestre portuário e um inspetor dos telégrafos [...] além de dois assistentes de polícia e um suplente de magistrado". Outros europeus eram missionários, nesse caso não ingleses, mas batistas livres estadunidenses e um jesuíta belga. Este último vivia, na visão de Beames, como um faquir nativo, e angariava dinheiro para construir – para a admiração dos funcionários do Departamento de Obras Públicas – uma igreja, escola e dormitórios, mais um berçário. O fato de que Beames menciona funcionários empregados em medicina, polícia, engenharia, telégrafos e obras públicas indica a amplitude das burocracias técnicas que surgiram no final do século XIX. Embora ele trace perfis vívidos dos europeus pitorescos que encontrou em sua carreira, os indianos só aparecem raramente.

Além das suas áreas residenciais urbanas separadas, os britânicos procuraram aumentar a distância daquilo que viam como uma terra assolada por doenças, escapando para o Himalaia ao Norte e as montanhas Nilgiri ao Sul, um padrão iniciado antes mesmo da revolta no caso dos soldados convalescentes. Em 1865, o vice-rei John Lawrence fez de Simla, situada a 80 km no interior das montanhas e a 1,4 mil km de Calcutá, a capital de verão oficial da Índia britânica. Missionários e príncipes, por sua vez, criaram suas próprias "estações de montanha" em lugares como Mussoorie e Kodaikanal, Murree e monte Abu. Mulheres e crianças iam com frequência às montanhas por vários meses, enquanto os homens eram obrigados a ficar para trás, visitando-as quando podiam. O medo de doenças específicas, no fim, era menos importante que a gama de apreensões quanto aos perigos da vida na Índia, entre eles o temor da degeneração provocada por uma permanência longa demais num país debilitador. As montanhas eram destinadas a reproduzir a Inglaterra. Lorde Lytton, que chegou para ser vice-rei numa Ootacamund chuvosa nos anos 1870, enalteceu "a bela chuva *inglesa*, a deliciosa lama *inglesa*". Nas montanhas, no lugar da estação civil da planície, havia casas de campo inglesas, jardins de flores inglesas, frutas e legumes ingleses, um coreto e uma galeria, cujas construções eram frequentemente reforçadas em parte com madeira para reproduzir uma cidade rural inglesa. Havia muitas escolas nas montanhas, mas as crianças europeias, quando os fundos o permitiam, eram enviadas à metrópole para estudar. Também os colonizadores britânicos voltavam "para casa" ao aposentar-se.

À medida que os britânicos se distanciaram da sociedade indiana, eles procuraram, com insistência ainda maior depois do levante de 1857, ordená-la e controlá-la. Entre as instituições forjadas nessas décadas pós-revolta estava o Levantamento da Índia, fundado em 1878, e o primeiro Censo da Índia, realizado em 1872 e repetido em todo o país a cada dez anos a partir de 1881. Depois da revolta, novas regulamentações exigiram que jornais e revistas fossem registradas (ver o número no canto superior esquerdo da **imagem 23**) e cópias dos livros e panfletos tinham de ser transmitidas ao governo. Os códigos civis sistematizados hindu e muçulmano, que enrijeciam e simplificavam a prática, foram finalmente transformados em lei nos anos 1860. As pessoas errantes sempre tinham sido suspeitas; agora pastores e outros itinerantes eram associados à "criminalidade" e definidos como "tribos criminosas". A ideologia britânica do final do século XIX elaborou uma gama de diferenças "raciais" pseudocientíficas, não somente as das tribos criminais, mas também a noção de raças "femininas" (sobretudo os bengalis, frágeis e covardes, mas espertos) e as raças "marciais" já discutidas em capítulos anteriores. Em suma, a Índia era um "museu vivo" onde antigos costumes, hábitos e práticas subsistiam até o presente.

A identidade mais importante para os antropólogos vitorianos da Índia era a "casta", tomada como uma "coisa" concreta e mensurável que podia ser encaixada numa hierarquia passível de ser verificada e quantificada em relatórios e levantamentos. A sistematização crescente das castas estava intimamente associada ao uso da fotografia, cujas imagens "exatas" complementavam a busca por precisão científica. "Espécimes característicos" podiam exemplificar medidas precisas de fisionomia, trajes e modos. A primeira compilação importante dessas fotografias foi *The Peoples of India*, publicada pelo Governo da Índia em 1868 em oito volumes. A imagem dos *banjaras*, por exemplo, pastores e comerciantes nômades, mostrada na **imagem 22**, era acompanhada de uma descrição de sua "reputação de perfeita honestidade", mas depois eles foram relegados à condição de "tribo criminal", um lembrete da fantasia que se travestia de exatidão. O "sistema" de castas é, assim, um dos inúmeros parâmetros da vida na Índia que é fruto de uma mudança moderna, tais como outros aspectos da vida social – entre eles a posição de poder dos príncipes, magnatas e aristocracia – promovidos então pela ação administrativa e hoje identificados muitas vezes como "tradicionais".

Essa medição e categorização dos povos, lugares e culturas no intuito de tornar os habitantes do país "legíveis" para os seus governantes eram um fenômeno mundial, produto do modernismo do final do século XIX, e não

IMAGEM 22. "Brinjara e sua esposa", de J. Forbes Watson e J. W. Kaye, *The Peoples of India*, 1868.

meramente uma função do colonialismo. Não obstante, num contexto colonial como o da Índia, as restrições a um ordenamento administrativo da sociedade, sobretudo por parte de um "público" independente e de instituições representativas de governo, eram excepcionalmente fracas. O anseio de segurança depois de 1857 só reforçou esse imperativo autoritário.

"Líderes naturais" e as linguagens da modernidade

Keshab Chandra Sen (1839-84) pertencia à terceira geração de uma família bengali de elite associada ao meio comercial e cultural interligado ao governo colonial. Seu avô havia sido amigo de Ram Mohan Roy. Sen estudara na Universidade Hindu e dedicou sua curta vida a um proselitismo exuberante (e no fim divisivo) a favor da Brahmo Samaj. Orador talentoso, fluente em inglês, ele viajou por toda a Índia, fomentando ramos da Samaj em regiões tão distantes quanto Bombaim, sobretudo em lugares onde bengalis haviam se instalado no serviço público e no comércio. Em 1877, pouco depois de a rainha Vitória assumir o título de imperatriz da Índia, ele proferiu um discurso em Calcutá:

> A lealdade esquiva-se de uma abstração impessoal [...]. Estamos certos, portanto, se nossa lealdade significa não apenas respeito pela lei e pelo Parlamento, mas devoção pessoal a Vitória, rainha da Inglaterra e imperatriz da Índia [aplausos] [...]. Vocês não reconhecem o dedo de uma providência especial no progresso das nações? Certamente, o balanço do governo britânico na Índia não é um capítulo da história profana, mas da história eclesiástica [ovações] [...]. Toda a Europa parece estar voltando sua atenção nestes dias para as antiguidades indianas, a fim de colher os tesouros inestimáveis que estão ocultos na literatura do vedismo e do budismo. Por isso, enquanto aprendemos ciência moderna com a Inglaterra, a Inglaterra aprende sabedoria antiga com a Índia.

Talvez não surpreenda que Keshab Chandra fosse uma das muitas figuras de formação semelhante que falavam, como ele fez aqui, no que era, em sua maior parte, a linguagem da política liberal britânica. Mas as palavras-chave no curto parágrafo citado – "lealdade", "lei e Parlamento", "devoção pessoal", "o progresso das nações", "ciência moderna" e "antiga sabedoria da Índia" – seriam, no quarto de século do período de 1860 a 1885, usadas também por outros indivíduos menos ocidentalizados. Esses conceitos estruturavam o discurso numa variedade de contextos, incluindo os municípios, que haviam adquirido importância recentemente, e numa variedade de gêneros, não somente em inglês mas nos vernáculos, nos quais os jornais e revistas, o discurso público, os debates, as petições, os panfletos (como o de Sayyid Ahmad Khan sobre a revolta) e os romances estavam moldando muitas línguas indianas nas suas formas modernas.

O evento que estimulou a palestra de Sen, o anúncio de um novo título para a rainha Vitória, ocorreu 20 anos depois da grande revolta. Fazer de Vitória a "imperatriz" tinha por objetivo criar um novo vínculo entre a Grã-Bretanha e sua principal possessão imperial, vínculo que o primeiro-ministro conservador Disraeli imaginou que não apenas seria politicamente útil na metrópole, mas também bem recebido pelo que se presumia ser o temperamento indiano. O título foi anunciado numa "assembleia imperial" orquestrada pelo vice-rei lorde Lytton (1876-80). Ela aconteceu na antiga capital mogol de Déli para ressaltar o motivo imperial e foi destinada sobretudo a reconhecer e solidificar os vínculos com os príncipes, magnatas rurais e notáveis urbanos. Eles eram considerados agora, segundo uma expressão que se tornou comum nessa época, os "líderes naturais" do seu povo, capazes de comandar a lealdade daqueles subjugados a eles, e eles mesmos leais aos britânicos. Para a assembleia, Lytton forjou uma visão medieval do vice-rei como monarca cercado dos seus leais vassalos, até presenteando os príncipes com flâmulas adornadas com brasões de estilo europeu confeccionados para cada agraciado. Assembleias posteriores (em 1903 e 1911) foram chamadas de *durbars*, imitando o costume mogol, e foram organizadas no que se pensava ser um modo mais "indiano" que enfatizava a diferença entre a Índia e a Europa, não a semelhança. Como proclamou Lytton em 1877, tais reuniões destinavam-se a tornar visível um império "multifário nas suas tradições, bem como nos seus habitantes, quase infinito na variedade de raças que o povoam e dos credos que moldaram seu caráter". Nesses eventos, a linguagem do "feudalismo" suplantou quase inteiramente a do "liberalismo".

Além dessas assembleias, os britânicos procuraram vincular a si os "líderes naturais" da Índia por meio da concessão de honrarias, títulos e diversos privilégios, bem como pela inclusão dos governos municipais, que se tornaram cada vez mais importantes nesse período. Além dos príncipes, esses "líderes" favorecidos agora incluíam notáveis urbanos. Os conselhos municipais eram dominados por administradores do governo e o arrecadador distrital era o presidente, mas eles também começaram a incluir membros "não oficiais" nomeados. Havia dois incentivos para incrementar o papel dos conselhos municipais. Um era o aumento da pressão financeira gerada pela revolta, junto com a inflação resultante da flutuação do valor da prata (o lastro para a rúpia) e do incremento das despesas militares e gerais. Havia, por exemplo, pressão tanto dos militares quanto dos interesses manufatureiros na Inglaterra para gastar mais dinheiro com irrigação, estradas e ferrovias. Também existia demanda por necessidades estritamente municipais, entre elas saneamento ("*conservancy*"), novos encargos policiais (implementados por uma lei de 1861 que criou uma força policial pública) e toda uma gama de melhoras comuns às cidades vitorianas e julgadas apropriadas igualmente para o império – escolas, parques, mercados, fontes, torres de relógios e afins. Esses custos deviam agora ser assumidos localmente por meio de direitos sobre mercadorias, impostos sobre a renda e a propriedade e taxas de licença, e a polícia era "o primeiro encargo de todos esses fundos".

Em segundo lugar, os imperialistas liberais queriam fazer dos municípios escolas de educação política. Havia muitas ironias nessa atitude. Primeiro, é claro, a visão "liberal" enfatizava invariavelmente o "atraso" dos indianos, os quais, nesse entendimento evolucionário da história humana, precisavam de educação para superar, acima de tudo, sua falta da unidade, unidade essa de que a Inglaterra esperava desfrutar. Segundo, ela justapunha as duas linguagens inerentemente contraditórias da política implícitas na Proclamação de 1858. Os conselheiros municipais deveriam ser a voz da "opinião pública". Esse conceito havia surgido na Europa e significava a opinião conjunta das pessoas livres de obrigações para com as elites hereditárias ou comunidades, em princípio uma voz independente do Estado. Essa voz, numa segunda expressão de peso, exprimiria "o bem público". Mas os conselheiros eram, evidentemente, escolhidos exatamente porque eram leais ao Estado, não independentes. Ademais, eles ganharam reconhecimento como representantes presumidos de comunidades específicas. Para esses conselheiros, entrar para o conselho municipal era fazer uma declaração pública de deferência ao governo. Significava, em grande medida, apoiar os objetivos dos funcionários públicos britânicos e costumava implicar o fomento de necessidades cívicas por meio da filantropia pessoal. Também costumava fornecer oportunidades que beneficiariam grupos específicos. Os conselhos municipais eram o germe que mais tarde daria origem às assembleias legislativas e outros órgãos representativos que incorporavam as mesmas contradições.

Esperava-se que os indianos desenvolvessem lealdades universais e eram criticados por seu paroquialismo, mas nas instituições coloniais eles recebiam incentivos para identificar-se com determinadas religiões e castas. Quando as eleições para os municípios foram introduzidas sob lorde Ripon (vice-rei 1880-4), os assentos nomeados, como mostrou Narayani Gupta, costumavam ser usados para "equilibrar" a representação das comunidades, principalmente as de hindus e muçulmanos. Apesar dos elementos extremamente diversos que os compunham, esses dois grupos agora tinham sido agrupados e conceitualizados como "maioria" e "minoria". Artigos na longeva *Lytton Gazette* de Déli, uma revista quinzenal de notícias e ensaios em urdu batizada em homenagem ao vice-rei (ver **imagem 23**), refletiam amiúde a tensão inerente na ideologia colonial. Em um de seus números, a revista celebrou a assembleia de 1877, com sua ênfase nas lealdades "feudais", porém identificou seu propósito, usando a linguagem moderna da consciência cívica, como *rifaah-i'am*, "o bem público". Ela alegava também falar em nome da "opinião pública", *'awam ki khahish*.

Outra forma de contestar a ênfase britânica nas diferenças entre os indianos era insistir na participação de indianos de todo o país numa cultura hindu mais ampla. O estudo de Vasudha Dalmia sobre a figura literária de Harischandra, por exemplo, mostra que ele construiu um "público" hindu incipiente. Num editorial pioneiro em inglês, intitulado "Opinião pública na Índia" (1872), ele escreveu:

> A menos que haja um desejo generalizado de livrar-se dos entraves da superstição, a regeneração da Índia não pode ser almejada. Que a religião da Índia seja a religião que pode governar os seus milhões de súditos sem nenhum obstáculo ou impedimento! Que as sombras escuras do sectarismo sejam dissipadas pelos raios da civilização ocidental [...] e que a unidade seja a base daquela grandiosa superestrutura do avanço nacional de que toda nação civilizada dispõe!

Assim, Harischandra usou conceitos modernos de progresso e "avanço nacional" para infundi-los num termo antigo, "hinduísmo", com novos papéis e um novo significado.

As elites de educação inglesa

A reunião de 1877 foi o primeiro reconhecimento público, por parte do governo colonial, do papel dos jornalistas, e os convites para o evento proporcionaram uma oportunidade para que jornalistas de todo o país se encontrassem. Esses homens, incluindo muitos que publicavam jornais em línguas vernáculas, faziam parte do que estava surgindo como uma massa crítica de elites de educação inglesa em toda a Índia. Eles eram parcialmente fruto do Education Dispatch de sir Charles Wood de 1854, outra prova do impulso modernizador de Dalhousie, que também havia implementado as três primeiras universi-

IMAGEM 23. *The Lytton Gazette*, jornal em urdu.

dades indianas, uma em cada capital presidencial, inauguradas no fatídico ano de 1857. Essa lei estimulou a criação de faculdades particulares e também previa dotações do governo para encorajar a fundação de escolas.

Deve-se afirmar três coisas sobre essa primeira leva de pessoas de educação inglesa. Primeiro, elas eram representantes das antigas elites profissionais de cada região. Esse fato viria a ter consequências de longo prazo em todo o país quando as pessoas excluídas das elites, como os não brâmanes do Oeste e do Sul, perceberam as oportunidades desproporcionais conferidas à diminuta porcentagem de brâmanes que tinham recebido educação ocidental. Segundo, o inglês ligava homens em toda a Índia que não compartilhavam nenhuma outra língua falada. Isso era um elemento necessário à formação de laços e movimentos políticos, tal como o inglês, a língua cosmopolita, viria a ser em colônias do mundo todo. Além disso, uma grande proporção das pessoas de educação inglesa teria conhecimento de regiões além da sua durante suas carreiras no governo, no Direito ou no jornalismo, uma outra força para a unidade. Terceiro, as pessoas de educação inglesa, por compreender melhor o novo idioma da política liberal, logo exerceriam concorrência contra os notáveis "tradicionais". Quando a política eleitoral foi introduzida, eram eles que mais se candidatavam nas eleições.

Não surpreende que eles usassem amiúde os valores do discurso liberal para contestar uma série de políticas britânicas. Em Lytton, por exemplo, eles viam muito a criticar, incluindo a própria realização de uma assembleia numa época de fome generalizada e pouca ação administrativa para saná-la. Ademais, Lytton havia promulgado uma legislação que limitava de forma severa a imprensa vernacular exatamente no ano seguinte à reunião dos jornalistas. Um ano depois, ele aboliu a tarifa fiscal para garantir a entrada desimpedida no mercado indiano dos tecidos de algodão de Lancashire. Sua política atuante no Afeganistão era impopular tanto na Índia quanto na metrópole e por isso contribuiu para a queda de Disraeli nas eleições britânicas de 1880. O resultado foi a indicação do marquês de Ripon para o cargo de vice-rei pelo liberal Gladstone.

A classe de educação ocidental saudou Ripon, que, em consonância com sentimentos liberais, repeliu a Lei da Imprensa Vernacular de 1878 e, na sua resolução de 1882, estabeleceu um quadro para o autogoverno local com conselhos parcialmente eleitos. No entanto, o mandato de Ripon foi maculado pelo controverso Ilbert Bill, proposto pelo membro jurídico do seu gabinete para sanar a anomalia de que, enquanto os membros indianos do funcionalismo público podiam, na condição de juízes, julgar casos que envolvessem europeus nas capitais presidenciais, eles não podiam fazê-lo no interior. O clamor resultante contra a medida entre os europeus na Índia mostrou a profundidade do sentimento racial britânico e ofereceu lições involuntárias sobre o poder da opinião "pública". A questão foi resolvida permitindo-se aos europeus levados a juízo que solicitassem um júri com metade de europeus; essa nova política prevaleceria dali em diante também nas capitais presidenciais. Beames exprimiu as questões mais profundas em jogo quando escreveu, descrevendo sua própria oposição ao Ilbert Bill: "Ele é intensamente desrespeitoso e humilhante para todos os europeus [...] ele tenderá seriamente a diminuir o prestígio do governo britânico na Índia [...] ele oculta os elementos de uma revolução que pode, em pouco tempo, revelar-se a ruína do país". O limite para a promoção dos indianos no governo do seu próprio país havia sido explicitado mais uma vez. Apesar das promessas confirmadas na proclamação da rainha de uma contratação não discriminatória no serviço público, a admissão ao SPI tornou-se mais difícil, e não mais fácil, nesses anos. Os concursos eram realizados somente em Londres, não na Índia, e a idade máxima para fazer a prova foi reduzida em 1878 para 19 anos. Com tais restrições, não mais que uma pequena quantidade de indianos tinha condições de competir.

Os vernáculos

A segunda metade do século XIX foi um período significativo para definir e moldar línguas indianas modernas como o bengali, urdu, marati e tâmil. Missionários, orientalistas, funcionários do governo e, sobretudo, os falantes dessas línguas transformaram-nas por meio de novos usos. Influentes publicações vernaculares eram muitas vezes fruto de uma nova classe média na qual o "feudal" e o "liberal" coexistiam, cada qual alterado pelo outro. Muitas das citações neste capítulo são exemplos dos novos gêneros que moldaram os vernáculos: o tratado (Sayyid Ahmad Khan), o discurso público (Keshab Chandra Sen), os jornais (*Lytton Gazette*, Harischandra) e, adiante, o romance (Nazir Ahmad). O romance vernáculo, em especial, tornou-se um veículo para explorar questões como novas tensões de classe, as escolhas das classes cultas e a socialização das meninas nas famílias. Os romances populares de Nazir Ahmad em urdu, a língua oficial no vale do Ganges e no Punjab, rejeitam a velha ordem principesca a favor da nova cultura da Índia britânica:

> Daulatabad ("Cidade Prosperidade") era um Estado principesco de menor tamanho no Norte da Índia. Embora pudesse proporcionar uma renda de aproximadamente 500 ou 600 rúpias por ano, um jovem inexperiente ocupava o trono. Conselheiros sicofantas e favoritas dissolutas aproveitaram a oportunidade [...]. Com uma camaradagem como a dos maçons, todos eles conheciam Daulatabad.

Por isso Kalim ("o Falante") também ouvia falar o tempo todo sobre esse lugar, e ansiava por Daulatabad como um místico devoto anseia pelo paraíso. Então, com passos apressados, ele saiu em direção a Daulatabad [...]. No caminho, ele começou a compor um poema em louvor ao príncipe, esperando com isso ganhar seu favor [...]. Porém, alguns dias antes a situação havia conhecido uma reviravolta. Notícias da má administração do Estado haviam chegado aos ouvidos do residente [britânico] e ele havia [...] privado o príncipe de todo o seu poder e confiado os negócios do Estado a um "comitê" composto de alguns veteranos leais, com Intizamu'd-Daula ("o Ordenador do Reino"), Mudabbiru'l-Mulk ("O Regulador do País"), Nawwab Bedar Dil ("Coração Vigilante") K. B., o chefe da "Afiyatnagar" ("Cidade do Bem-Estar"), como presidente.

Esse romance de juventude, *O arrependimento de Nasuh*, escrito no ano de 1874, é um dos livros mais populares já escritos em urdu. Nazir Ahmad (1830-1912) nasceu numa família abastada de Déli e foi educado na tradição árabe e persa, mas também no ensino moderno na Universidade de Déli antes da revolta. Ele trabalhou para o Departamento da Instrução Pública, traduziu o Código Penal indiano de 1861 para o urdu e chegou a ser arrecadador-adjunto nas Províncias do Noroeste. Ele parece ter tomado como modelo para esse livro *The Family Instructor, Part I* [O instrutor da família, Parte I], de Daniel Defoe. O livro começa com Nasuh, atingido por uma epidemia, sonhando que está sendo convocado para o Juízo Final, um tribunal que se parece – o que não surpreende, considerando sua formação – com o *cutchery* britânico,[2] mas contrariamente a este, como nota o autor, destaca-se pela ausência de intervenções e sustentações pessoais. Quando Nasuh é poupado pela doença, ele se lança numa reforma da sua vida e da vida de sua família. O romance transmite que a verdadeira religião – isto é, a religião moderna e reformada – só é possível no contexto da Índia britânica. Os filhos de Nasuh, Alim e Salim, encontram emprego a serviço do governo britânico e no novo campo "científico" da medicina indígena; no entanto, Kalim, o terceiro filho, é uma metáfora da velha vida da cultura aristocrática da corte, o mundo da poesia e das pombas. Na citação mencionada anteriormente neste livro, Kalim deixa a Índia britânica e encontra um fim precoce num Estado principesco. Somente o residente britânico e o sábio "líder natural", um aristocrata reconhecido pelo título britânico de "Khan Bahadur", oferecem alguma esperança de governo honesto e valores corretos. Um segundo romance de sucesso de Nazir Ahmad, que aborda a questão da mulher reformada, será discutido a seguir no Capítulo 5.

---

2 Na Índia britânica, um tipo de Tribunal de Justiça situado num edifício que reunia outros órgãos governamentais. (N.T.)

Quando Wajid 'Ali Shah, o último nababo de Oudh, partiu para o exílio, diz-se que ele cantou um poema no qual ele assumia a figura de uma noiva que deixava a casa natal em direção à casa do marido – "Ó, pai, meu lar está se tornando estranho para mim". O poema adaptava um gênero da poesia folclórica índica, o lamento da noiva, às estruturas sofisticadas do verso urdu. Para os conhecedores do urdu, não era apenas uma canção empírica de exílio, mas também a canção da alma que procura sem cessar o Absoluto. Nazir Ahmad fez que Nasuh incendiasse a biblioteca de poesia de Kalim, pois tais versos eram tão "decadentes" para ele como eram para os críticos britânicos do nababo. Os novos textos vernaculares, portanto, não eram receptáculos intocados de "tradições", mas eram críticos ao criar e comunicar o novo. Em romances como os de Nazir Ahmad e nos escritos bengali de Bankim Chandra e Rabindranath Tagore, discutidos no capítulo seguinte, os valores de uma nova classe média estavam sendo reformulados, internalizados e tornados locais, não "estrangeiros". Além disso, os textos vernaculares foram essenciais para a criação de novos públicos, ao mesmo tempo modernos e, como parte dessa modernidade, ligados pela língua a identidades que eram tanto regionais quanto religiosas. Como exemplifica a nova literatura vernácula, os modelos ocidentais foram transformados à medida que foram incorporados ao contexto indiano.

capítulo 5

SOCIEDADE CIVIL, RESTRIÇÕES COLONIAIS, 1885-1919

As décadas que cobrem a virada para o século XX marcaram o apogeu do sistema imperial britânico, cujo quadro institucional foi implementado após 1857. Ao mesmo tempo, essas décadas foram marcadas por uma rica profusão e elaboração de organizações voluntárias; um surto da publicação de jornais, panfletos e cartazes; e a escrita de ficção e poesia, bem como não ficção, política, filosófica e histórica. Com essa atividade, surgiu um novo nível de vida pública, que ia das reuniões e passeatas ao teatro de rua politizado, motins e terrorismo. As línguas vernáculas, patrocinadas pelo governo, assumiram uma nova forma à medida que foram usadas para novos fins, e a distinção entre elas tornou-se mais acentuada devido ao desenvolvimento de normas padronizadas. As novas solidariedades sociais formadas por essas atividades, a experiência institucional que proporcionavam e as redefinições dos valores culturais que representavam foram elementos formadores do restante da era colonial e mais além.

Porém, foi somente nos anos 1920 que os britânicos começaram a reconhecer a futilidade da sua arraigada pressuposição de que o autogoverno para a Índia seria postergado a um futuro indefinido. Os vice-reis que presidiram às últimas décadas do século – Dufferin (1884-8), Landowne (1888-94) e Elgin (1894-9) – eram todos, segundo a expressão de Percival Spear, "artesãos imperiais". Inabalados diante das fissuras reveladas pela controvérsia do Ilbert Bill e imaginando um futuro igual ao passado, eles procuraram garantir os interesses econômicos do império, estabelecer fronteiras seguras e proporcionar um governo de responsabilidades limitadas. Curzon, vice-rei de 1899 a 1905, por causa do seu brilhantismo obstinado em perseguir exatamente esses mesmos fins, provocou um furor público que despertou o até então dormente Congresso Nacional Indiano, que lideraria a Índia rumo à independência. A década seguinte foi de ação pública e reação do governo, incluindo, sob o vice-rei Minto (1906-10), uma expansão modesta da participação indiana nos conselhos governamentais. Contudo, ao longo da Primeira Guerra Mundial, o papel dos indianos no governo limitava-se ao fornecimento de mão de obra quase exclusivamente para os níveis inferiores da burocracia, ao serviço no Exército e à consulta por parte das elites leais. Essa continuidade com o período colonial anterior repousava com instabilidade numa sociedade que passava por mudanças em todas as dimensões da vida social, política e cultural, enquanto se convencia cada vez mais que o domínio imperial não promovia os interesses da Índia.

UM SISTEMA IMPERIAL GLOBAL

Dadabhai Naoroji (1825-1917), que seria lembrado mais tarde como o "grande ancião do nacionalismo indiano", formado pela Universidade Elphinstone de Bombaim, foi um matemático que lutou por meio século pelos direitos dos indianos como súditos britânicos. Ele foi o primeiro indiano eleito para a Câmara dos Comuns da Grã-Bretanha, onde ele expôs, de 1892 a 1895, os interesses da Índia com sua típica clareza de visão e prosa elegante. Ele exprimia com eloquência os valores de várias gerações da elite indiana, que passou a compartilhar com seus governantes coloniais uma linguagem comum acerca da questão do governo do seu país, como mostra o seguinte trecho:

> Neste memorando desejo apresentar à gentil e generosa consideração de Sua Excelência o Secretário de Estado para a Índia que, pela mesma causa do deplorável desvio [da riqueza econômica da Índia para a Inglaterra], além da exaustão material da Índia, a perda moral para ela não é menos triste e lamentável [...]. A única coisa que [os europeus] realmente fazem é devorar a substância material e moral da Índia enquanto lá vivem, e quando partem levam embora tudo que adquiriram [...]. Os milhares [de indianos] que são formados pelas universidades todo ano encontram-se numa posição extremamente anômala. Não há lugar para eles na sua pátria [...]. Qual é a consequência inevitável? [...] despotismo e destruição [...] ou destruição de pessoal e de recursos.

Naoroji julgava que a alegação britânica de "govern[ar] a Índia para o bem da Índia" era nada além da "mais pura fantasia". No "desvio" ele identificou um componente crítico de um sistema econômico que fundamentalmente garantia a posição econômica da Grã-Bretanha no mundo como um todo. Todo ano, fundos eram transferidos para a Inglaterra para liquidar as velhas ações da Companhia; para saldar dívidas de investimentos de capital seguros e rentáveis (especialmente em ferrovias); e para fornecer fundos para a operação do Escritório da Índia, para a compra de armazéns na Índia e para pensões. Esse fardo, dizia Naoroji, contribuía para a taxação frequentemente opressora cobrada do campesinato, e teria sido drasticamente incrementado quando, no final do século, o valor da prata (o lastro no qual era baseada a rúpia) declinou com relação à libra esterlina, na qual os pagamentos tinham de ser feitos. Os defensores alegavam que essas transferências eram um valor justo pelos serviços prestados; outros, incluindo um punhado de críticos britânicos, viam-nas como roubo de recursos que teriam sido usados para investimento interno na Índia. A balança comercial favorável com a Índia, para o qual o fluxo de receitas contribuía, permitia à Inglaterra cobrir seu *deficit* comercial com outras nações. A questão era um aguilhão permanente para as aspirações políticas indianas.

Em 1913, a Índia havia se tornado o principal mercado de exportação para os produtos britânicos, incluindo têxteis, de ferro e aço, maquinário e outros que refletiam a força industrial da Grã-Bretanha. A Índia, em troca, fornecia à Grã-Bretanha matérias-primas altamente necessárias, incluindo algodão, índigo, juta, arroz, oleaginosas e chá. No final do século XIX, a agricultura comercial da Índia havia vinculado o país a mercados e forças além de suas fronteiras de maneiras que afetavam a economia como um todo e as vidas de milhões de pessoas que dependiam dela. Longe de afastar-se de uma base agrícola para uma base industrial nessas décadas, com toda probabilidade a proporção daqueles que dependiam da agricultura aumentou ligeiramente para mais de 70%. Não há ilustração mais clara das vicissitudes da dependência das culturas de exportação que o caso do algodão, cujas exportações para a Grã-Bretanha aumentaram quase três vezes de valor entre meados da década de 1850 e meados da de 1870 (por causa da Guerra Civil dos Estados Unidos) e depois caíram para cerca de um nono desse nível por volta de 1900. O índigo praticamente desapareceu como produto de exportação à época da Primeira Guerra Mundial devido à substituição por tinturas sintéticas, enquanto a juta e o chá se destacaram como importantes culturas comerciais nesse mesmo período. Este último foi dominado pelos interesses empresariais britânicos, que se beneficiavam com arranjos favoráveis de terra e capital. A agricultura comercial, embora proporcionasse renda aos agricultores camponeses, em muitas áreas excluiu os grãos robustos de baixa qualidade que haviam constituído a base da alimentação, e ao fazê-lo tornou os camponeses dependentes de alimentos plantados em outros lugares. Uma história de sucesso foi o desenvolvimento em larga escala de "colônias de canais" no Punjab, onde a água garantida em solos recém-cultivados tornou possível uma vasta expansão da produção de trigo, cana-de-açúcar e milho. A agricultura comercial representava uma proporção crescente da produção para o consumo interno e para o mercado de exportação.

A agricultura comercial tornou-se possível graças à infraestrutura de transporte fornecida sobretudo pelas ferrovias. No final do século, a Índia possuía o quinto mais longo sistema ferroviário do mundo. A predominância dos interesses exportadores britânicos estava evidente no traçado que privilegiava as rotas para os portos e numa estrutura tarifária que desfavorecia o transporte para o interior. O Terminal Victoria neogótico de Bombaim, terminado em 1887, um tema popular da pintura e fotografia (**imagem 24**), era semelhante, do ponto de vista arquitetônico, aos terminais ferroviários de Londres e Melbourne, e tornava visível a posição central da Índia no âmbito do sistema imperial. Todavia, as ferrovias também tornaram possível o início da indústria de propriedade indiana. Ela estava associada em especial a duas famílias, os Tatas e os Birlas, ambas baseadas em regiões da Índia onde os interesses comerciais britânicos eram menos desenvolvidos que no Leste. Em 1877, o pársi Jamsetji Tata fundou a Empress Mills em Nagpur, seguida por outras fábricas em Bombaim e Ahmadabad, e em 1907 ele acrescentou a Tata Iron and Steel em Bihar. Os Birlas, do clã *marwari* originário do Rajastão (mas ativo no final do século em comércio no Norte), também lançou-se em têxteis e aço durante a Primeira Guerra Mundial. Ambas as famílias obtiveram sucesso desenvolvendo produtos que não competiam com as manufaturas britânicas, por exemplo o algodão com baixo número de fios e fios para o mercado chinês.

O valor da Índia para a Grã-Bretanha ia além dessas vantagens econômicas diretas. A Índia servia, na virada do século, como centro de muitos aspectos do sistema imperial global da Grã-Bretanha. Um dos mais importantes era servir como uma fonte de mão de obra servil para as colônias tropicais britânicas. O trabalho servil (*indenture*) havia começado como uma forma de substituir o trabalho negro nas plantações de cana-de-açúcar depois da abolição da escravatura no final dos anos 1830, mas aumentou com a crescente demanda britânica por açúcar. Confrontados com a fragmentação das terras e a incerteza agrícola a partir da década de 1870, os aldeões indianos mostraram-se cada vez mais dispostos a aceitar um período de trabalho além-mar. Trabalhadores servis

SOCIEDADE CIVIL, RESTRIÇÕES COLONIAIS, 1885-1919 | 153

IMAGEM 24. Terminal da Grande Estrada de Ferro Indiana (Terminal Victoria), Bombaim. A edificação mistura o estilo gótico veneziano exuberante com ornamentação e detalhamento indianos a cargo dos alunos indianos de Lockwood Kipling, o pai do poeta.

indianos foram para Jamaica e Trinidad, Guiana Inglesa, Ilhas Maurício e Fiji, Natal e Malásia. Outros foram para a Birmânia, o Ceilão e ao longo da costa oriental da África, no Quênia, Zanzibar e Uganda. A **imagem 25** mostra trabalhadores indianos nos anos 1890 construindo a ferrovia que tornou possível o desenvolvimento das novas possessões britânicas na África Oriental. Porém, entre 1911 e 1920, o trabalho servil foi interrompido em todas essas regiões por causa das vozes que se elevaram em protesto contra seu prosseguimento. Entre elas estava a do vice-rei lorde Hardinge (1911-16), bem como de nacionalistas, incluindo Madan Mohan Malaviya (1861-1946), o fundador da Uni-

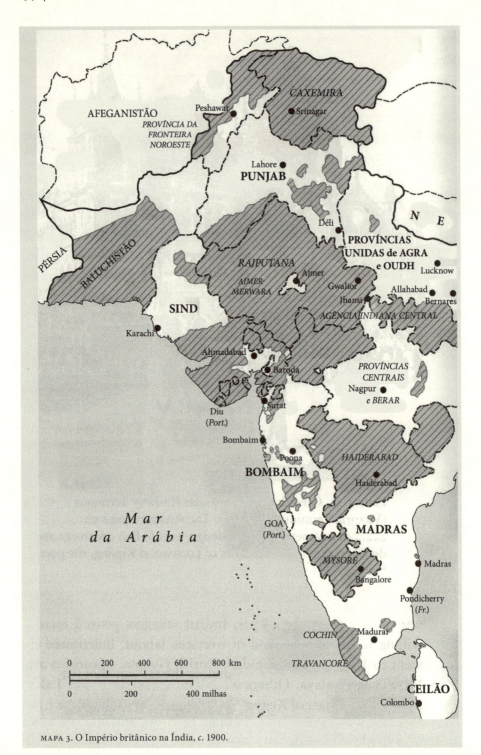

MAPA 3. O Império britânico na Índia, c. 1900.

SOCIEDADE CIVIL, RESTRIÇÕES COLONIAIS, 1885-1919 | 155

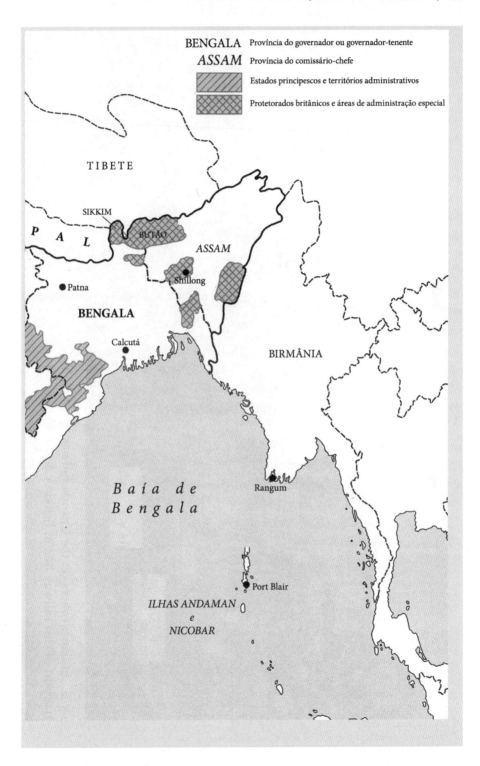

IMAGEM 25. Trabalhadores indianos na ferrovia de Uganda, *c.* 1898. Siques e outros punjabis foram recrutados para a construção dessa ferrovia na nova colônia britânica da África Oriental.

versidade Hindu de Banaras (1916). Os nacionalistas viram nessa migração ultramarina uma imagem extremada da exploração que envergonhava a Índia e, ao mesmo tempo, à medida que indianos fixavam residência ao redor do globo, uma visão da "Grande Índia", uma nação além das suas fronteiras, que lembrava imagens de glória passada. O envolvimento com o sofrimento dos indianos da diáspora, como veremos com Gandhi, foi um estímulo crucial para o nacionalismo indiano.

O Exército indiano, de igual modo, foi mobilizado às custas do contribuinte indiano, para proteger rotas comerciais e garantir os interesses imperiais da China (especialmente durante a Rebelião dos Boxers em 1900) à África Oriental e ao Oriente Médio. Os oficiais britânicos, junto com a polícia e a equipe de secretariado indiana, especialmente o pessoal técnico em áreas como manejo florestal e obras públicas, cujas competências haviam sido aprimoradas na Índia, encontravam emprego em outras regiões do Império. Grupos comerciais nativos da Índia também expandiram suas operações para as colônias britânicas ao redor do oceano Índico. Entre eles estava a comunidade ismaelita muçulmana que seguia o Aga Khan, com redes comerciais sobretudo na África Oriental, e os *chettiars nattukottai* baseados em Madras, cujo controle do crédito era indispensável para o desenvolvimento da agricultura comercial na Birmânia britânica e no Ceilão. Havia, enfim, benefícios para a Grã-Bretanha decorrentes da sua posse da Índia que escapam à medição, como seu papel no fomento do orgulho nacional e, ao gerar esse sentimento compartilhado, em mascarar as hierarquias de gênero e classe na própria Grã-Bretanha. Em 1900 Curzon disse: "Poderíamos perder todos os nossos domínios [de colonização branca] e mesmo assim sobreviver, mas se perdêssemos a Índia, nosso sol se poria definitivamente".

Novas classes, novos colaboradores

Na obra-prima literária de Kipling, *Kim* (1901), a Índia é povoada por um punhado de grupos distintos e amiúde pitorescos, cada qual com suas características supostamente imutáveis. O personagem central, Kim, é um menino órfão descrito como um camaleão, capaz de adotar qualquer identidade, mas que precisa, à medida que o romance avança, vir a ser o bretão que ele realmente é. Além disso, à medida que Kim cruza a Grand Trunk Road, ele encena a fantasia colonial britânica do observador onisciente, o único capaz de conhecer todos os que habitam o país:

Eles encontraram uma tropa de *sansis* de cabelos longos e cheiro forte com cestas de lagartos e outras comidas impuras nas costas [...] avançando num trote rápido e furtivo, e todas as outras castas davam amplo espaço para eles, pois a impureza dos *sansis* é profunda. Atrás deles, andando a passos largos e rígidos sob as sombras intensas, ainda carregando a memória dos seus grilhões, caminhava um egresso recém-libertado da cadeia; seu estômago cheio e pele brilhante provavam que o governo alimentava seus prisioneiros melhor do que a maioria dos homens honestos conseguia alimentar a si mesmos. Kim conhecia bem aquele andar e caçoou desavergonhadamente dele enquanto passavam. Então um acali, um devoto sique de olhos arregalados e cabelo desgrenhado, nas vestes de xadrez azul da sua fé, com anéis de aço polido brilhando no cone do seu alto turbante azul, passou a passos duros, retornando de uma visita a um dos Estados siques independentes, onde ele havia cantado as antigas glórias do Khalsa para principelhos educados em faculdades com botins e calções de bombazina branca. Kim tomou cuidado para não irritar esse homem, pois a paciência dos acalis é curta e seu braço, rápido.

Na Índia de Kim, e naquela onde predominava a opinião britânica, o país é povoado pela gente humilde da estrada e por aqueles que trabalham com os britânicos para sustentar seu domínio. Estes últimos são representados no romance por dois dos protetores de Kim. Um é muçulmano, o rude comerciante de cavalos da fronteira Mahbub Ali; o outro é hindu, o culto bengali Hurree Babu. Esses romances em inglês, facilmente disponíveis em edições baratas (**imagem 26**), instituíram, para os britânicos e para a elite indiana, uma visão duradoura da sociedade indiana.

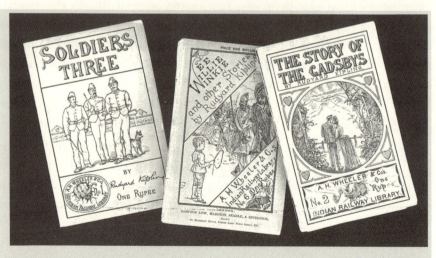

IMAGEM 26. Histórias de Rudyard Kipling publicadas em edições baratas integrantes da coleção Indian Railway Library.

As oportunidades para os indianos de participar da estrutura de governo do império foram fortemente moldadas pelas teorias que haviam surgido depois da revolta de 1857 – teorias de uma ordem social imutável composta por um mosaico de comunidades separadas, cujos "líderes naturais" falavam por elas. Embora nas décadas finais do século alguns britânicos e indianos adotassem a teoria liberal das sociedades compostas de indivíduos, livres para fazer escolhas e, no fim das contas, livres para votar, prevalecia a visão "*durbar*" da governança indiana, na qual a "consulta" era a estratégia principal. Os príncipes e as classes fundiárias continuavam a ser o baluarte conservador do poder, enquanto novas faculdades foram criadas para socializar os herdeiros num quadro de valores coloniais pseudoaristocráticos, do polo e da caça ao tigre a entretenimentos luxuosos.

A sociedade agrícola continuava a ser marcada pela fragmentação dos lotes, hierarquias de arrendatários e classes de usurários, fomentados pela demanda alta e amiúde inflexível de receita em espécie, cujos adiantamentos garantiam altas taxas de retorno. As práticas agrícolas que, de um ponto de vista remoto, pareciam ser um desperdício econômico, eram, na época, racionais para os proprietários de terras, pois uma renda tributária segura era mais valiosa que os retornos incertos de investir em novas sementes ou maquinário. Ademais, as leis de arrendamento promulgadas nesse período congelaram o padrão de pequenos lotes e contribuíram em geral para reforçar as classes de agricultores ricos, como os *jotedars* de Bengala, que passaram a ver seus interesses ligados à estabilidade do regime fundiário. Mas o mais importante foi que a Lei de Alienação Fundiária do Punjab de 1901 proibiu a venda de propriedade agrícola para as classes "não agrícolas". O objetivo da lei era proteger os arrendatários crivados de dívidas, mas na verdade ela reforçou, ao mesmo tempo, os interesses dos proprietários e dos muçulmanos contra as classes urbanas hindus de comerciantes e usurários que estavam investindo cada vez mais em terras. A lei é um lembrete de que o compromisso teórico do regime com a economia racional e do *laissez-faire* podia ser facilmente contornado por considerações políticas.

A liderança muçulmana foi cultivada como um baluarte potencial de estabilidade. Os temores dos britânicos diante de uma ameaça imaginária por parte de uma conspiração muçulmana mundial no final do século XIX podiam presumivelmente ser combatidos encorajando os monoteístas inflexíveis e antigos governantes da Índia. Os siques também, no caso deles sobretudo no Exército, foram encorajados a distinguir-se da sociedade em geral e ter seus interesses mais bem atendidos por uma lealdade declarada. Tais lealdades não podiam ser tomadas como óbvias. Os muçulmanos das Províncias Unidas, por exemplo, ficaram estarrecidos com a decisão tomada em 1900 de igualar o híndi ao urdu como língua dos tribunais inferiores e da administração, uma decisão vista explicitamente por sir Anthony MacDonnell, o governador-tenente, como uma forma de equilibrar hindus e muçulmanos. O urdu, com uma mescla maior de palavras emprestadas do persa e escrito em alfabeto indo-persa, e o híndi, com mais palavras emprestadas do sânscrito e escrito no alfabeto devanágari baseado no sânscrito, eram linguisticamente a mesma língua. Embora o urdu tivesse sido a língua franca no norte da Índia desde o século XVIII e fosse universalmente conhecido pelas pessoas educadas nas cidades, Bharatendu Harischandra de Banaras e outros adotaram a causa do híndi como parte das suas atividades culturais e nacionalistas. Contudo, em geral os porta-vozes muçulmanos desses anos, como as minorias em muitas regiões colonizadas, acreditavam que seus interesses eram mais bem atendidos pela identificação com o regime existente.

A classe de pessoas de educação ocidental representava uma voz cada vez mais audível na vida pública. Os detentores de instrução formal eram pouco numerosos, apenas 3% da população total em 1921 (numa proporção de aproximadamente cinco homens para cada mulher), e os recursos continuavam a ser direcionados para o nível universitário. As pessoas de educação inglesa compunham menos de 1% da população. Para aqueles com ensino universitário, como recordam as palavras de Naoroji citadas anteriormente, o emprego público era um dos principais objetivos. Dadas as fortes restrições estruturais que operavam contra a participação dos indianos no moderno setor empresarial, o serviço público, junto com as profissões modernas de Direito, Medicina, Pedagogia e Jornalismo, eram os caminhos preferidos para o emprego. Mesmo assim, apesar de dominarem o inglês, em meados da década de 1880 não mais que uma dúzia de indianos havia conseguido passar nos concursos para entrar no Serviço Público Indiano.

À medida que cresciam em número, os indianos instruídos foram inseridos cada vez mais na estrutura de governo. A Lei dos Conselhos Municipais de 1882 havia conferido responsabilidade por áreas como educação, saneamento e saúde pública a órgãos locais, junto ao direito de arrecadar – e serem culpados por – impostos locais. A Lei dos Conselhos Indianos de 1892 introduziu o princípio da eleição limitada para os conselhos legislativos e abriu os conselhos provinciais à discussão do orçamento anual. Um dos principais nacionalistas pioneiros, Gopal Krishna Gokhale (1866-1915), um professor bondoso e eloquente de literatura inglesa, matemática e economia política, serviu, por exemplo, no Conselho Municipal de Poona, no Conselho Legislativo de Bombaim e enfim no Conselho Legislativo Imperial (1902-15). Nessas instâncias, ele falou de maneira crítica e criativa em prol do bom governo – incluindo a necessidade de educação universal, maior representação dos indianos no governo e mais oportunidades de emprego.

A limitação do papel público aberto aos indianos instruídos no final do século foi tema não somente de discussão política, mas de comentário literário. São notáveis os dísticos sardônicos em urdu do juiz substituto Akbar Ilahahbadi (1846-1921) e os escritos irônicos em bengali do magistrado adjunto Bankim Chandra Chattopadhyay (1838-94). Sua própria experiência de oportunidade profissional restrita, evidente nos seus cargos relativamente baixos no serviço público, alimentava uma zombaria da lealdade sicofanta. Akbar, por exemplo, lembrava os muçulmanos lealistas de Aligarh das poucas migalhas oferecidas a eles por seus governantes:

> Se 50 de cem obtiverem bons cargos, e daí?
> Nação nenhuma jamais se baseou em 50 por cento.

Em 1885, cerca de 70 indianos de educação inglesa reuniram-se em Bombaim para formar o Congresso Nacional Indiano. Foco do movimento nacionalista de maior longevidade no mundo colonial moderno, o Congresso foi o modelo para movimentos nacionalistas em outros lugares, sobretudo na África do Sul, e uma força de estabilidade nos primeiros anos da independência da Índia. O catalisador para a fundação do Congresso foi um funcionário britânico aposentado do SPI, Allen Octavian Hume (1829-1912), que havia se pronunciado a favor dos interesses nacionalistas durante o furor acerca do Ilbert Bill. Porém, a chave para a coesão inicial do Congresso eram os interesses compartilhados e as experiências comuns de uma geração de indianos de todo o país, muitos dos quais haviam compartilhado experiências de formação em Londres enquanto estudavam para a ordem dos advogados ou o serviço público. Eles eram participantes da rede de comunicações que se expandia rapidamente na Índia naquela época: as ferrovias, já mencionadas; o sistema postal, que conheceu um aumento no seu uso de três a quatro vezes até o final do século; e os jornais, cujo número de edições em inglês quase dobrou e atingiu cerca de 300 entre 1885 e 1905, enquanto a quantidade de jornais vernáculos aumentou ainda mais.

Muitos membros do Congresso haviam participado antes de mais organizações locais que visavam a representar os interesses dos indianos em governar. Entre elas estavam a pioneira Triplicane Literary Society (1868) e a posterior Mahajana Sabha (1894) de Madras. Surendranath Banerjea (1848-1926), um estudante brilhante que lutou para entrar no SPI e depois foi demitido por razões fúteis, fundou a Associação Indiana em Calcutá em 1876. Outros grupos comparáveis incluíam a Associação Popular de Allahabad (1885), a Associação Indiana de Lahore (1877), a Sarvajanik Sabha de Poona (1867) e a Sociedade Educacional do Decão (1884), a Associação Maometana Nacional (em Calcutá) e a Associação Presidencial de Bombaim (1885).

Os organizadores do Congresso fizeram esforços explícitos para atrair muçulmanos para as suas reuniões. Hume, por exemplo, convidou Badr al-din Tyabji (1844-1906), um advogado de Bombaim e líder dos *bohras* xiitas, para presidir o Congresso de Madras em 1887. No entanto, a maioria dos líderes muçulmanos, como Sayyid Ahmad Khan, Sayyid Amir'Ali (1849-1928), o brilhante advogado e pensador religioso de Calcutá, e outros, afirmavam que o Congresso não podia ser o porta-voz dos interesses das duas "comunidades" distintas que compunham a Índia. Sayyid Ahmad repetia sem cessar que "a Índia é como uma noiva que tem dois olhos belos e lustrosos – hindus e muçulmanos". O governo representativo segundo o padrão inglês, ele insistia, era inapropriado para um país como esse. Até Tyabji, apesar do seu compromisso com uma plataforma comum com não muçulmanos no Congresso, compartilhava a opinião prevalecente de que a identidade residia na comunidade religiosa.

A visão do Congresso, ao contrário, insistia que os interesses individuais, de casta e comunidade fossem subordinados ao "bem público" e à nação indiana. Nos seus primeiros anos, o Congresso, como Sayyid Ahmad Khan, não questionou a continuação do domínio britânico. Seus membros representavam amplamente as profissões do Direito, jornalismo e ensino; um pequeno número deles eram empresários; alguns eram proprietários rurais e mercadores. Eles queriam mais participação para os indianos nos conselhos legislativos e uma abertura genuína do SPI aos indianos, aumentando o limite de idade para os concursos e realizando-os simultaneamente na Índia. Eles propugnavam menos gastos com o Exército, uma despesa que podia alcançar metade de toda a receita da Índia nesses anos e uma preocupação oportuna nos anos 1880, quando as tropas foram mobilizadas na

Birmânia. De início, o Congresso operava por meio de petições e discursos como uma "oposição leal". Nos seus primeiros 20 anos, o Congresso deu poucas mostras do que seria sua importância futura. Na condição de organização que evitava todos os assuntos de controvérsia religiosa e reforma social, ele retirava-se deliberadamente das atividades intensas e difundidas de reforma social e cultural da época.

Associações voluntárias, movimentos religiosos e instituições tradicionalistas

Uma florescência extraordinária de novas associações, juntamente com atividades como um novo teatro popular e a revivescência da tradição marcial, mudaram a vida pública e cotidiana de muitos segmentos da população nesses anos. Essas novas atividades devem ser vistas num contexto de mudança social abrangente. Novos mercados, novas comunicações e novas redes ligavam os indivíduos a arenas mais amplas e traziam os estranhos de outrora para dentro de novos contextos que estimulavam novos estilos de interação social. Embora a parcela urbana da população indiana tenha continuado bastante constante nesse período, com não mais que 10% das pessoas vivendo em localidades com mais de 5 mil habitantes, as cidades, sem falar nas três capitais presidenciais, cresceram substancialmente, e uma pequena cidade podia praticamente desaparecer ou dobrar de tamanho se estivesse, por exemplo, na rota de uma nova estrada de ferro. Tais mudanças, bem como a difusão da agricultura comercial, trouxeram prosperidade para algumas pessoas também nas áreas rurais. Para todos, as novas organizações sociorreligiosas proporcionavam caminhos para a comunidade, o prestígio social e novas concepções de autoestima.

O censo decenal, iniciado em 1881, forneceu um estímulo importante para o reconhecimento da posição dos grupos. Muitas castas estabelecidas ou emergentes, por aspirarem a uma posição mais alta nas listagens do censo, formaram associações, geralmente chamadas *sabhas*. Os membros concordavam com uma gama de comportamento socialmente preferível, geralmente centrado em questões como o controle das mulheres (através de maior reclusão ou vestimentas mais recatadas); em alguns casos eles adotavam o vegetarianismo ou a abstinência de álcool; às vezes procuravam serviços sacerdotais bramânicos. Um exemplo pequeno mas impressionante desse processo ilustra não somente a extensão da mudança social, mas também como grupos relativamente humildes e obscuros podiam tirar proveito da enumeração do censo. Nesse caso, um grupo do Punjab chamado *mahton* procurou ser registrado no censo de 1911 como *rajputs* de alta categoria com base na sua história e comportamento. O funcionário distrital do censo, com base num levantamento anterior do governo, identificou-os como antigos caçadores e catadores que se tornaram agricultores, mas notou que a Pratnik Sabha *rajput* do Punjab e da Caxemira reconhecia-os como *rajputs*. Se esse reconhecimento fosse aceito no censo, o grupo teria acesso ao serviço militar e a uma bolsa *zamindari* do governo do Punjab. Essas negociações sobre a condição dos grupos espalharam-se pela Índia nessas décadas. As "castas" estabeleceram relações cada vez mais numerosas em áreas maiores e tornaram-se mais formalizadas no que tangia aos seus membros e identidade. À medida que elas publicavam jornais, submetiam petições e optavam por uma organização formal, elas faziam parte do movimento generalizado, característico desse período, em direção a formas organizacionais modernas. O "sistema de castas", longe de ser imutável, assumiu nesse período novas formas.

Complementando essa mudança cultural nas "comunidades de base", havia o patrocínio da vida religiosa e cultural proporcionado pelos príncipes, proprietários rurais e classes empresariais e comerciais. O papel desempenhado por essas classes é crucial para o entendimento da vida cultural e social na sociedade colonial indiana. Famílias e indivíduos prósperos ganharam legitimidade aos olhos dos governantes e pessoas comuns através do seu fomento às apresentações, rituais e organizações culturais ou religiosas. Para os príncipes e proprietários rurais, o patrocínio e as práticas rituais atinentes ofereciam uma oportunidade de construir uma base de apoio numa época em que eles estavam amplamente excluídos da política formal. Os rajás de Banaras, por exemplo, como os marajás de Mysore, através do seu fomento à esplêndida encenação anual do épico *Ramayana*, tornaram os símbolos deste último fundamentais para a identidade comunitária das elites de comerciantes e banqueiros que contribuíam para apoiá-lo, assim como dos especialistas, artistas e espectadores que participavam. Príncipes e proprietários rurais também eram essenciais para o incentivo da música erudita e da medicina autóctone, sobretudo fundando escolas modernas que apoiavam, por exemplo, tanto *ayurveda*, um sistema médico baseado na tradição sanscrítica, quanto *yunani tibb*, a tradição médica greco-arábica que havia praticamente desaparecido fora da Índia no século XX.

As organizações formadas durante esses anos compreendiam uma variedade de atividades. De fato, é difícil categorizá-las de qualquer forma simples

IMAGEM 27. Vendedores de livros, Amritsar, 1908.

como "religiosas", "sociais" ou "políticas" segundo seus objetivos. Como o exemplo das *sabhas* de casta deixa claro, uma determinada organização pode procurar modificar ao mesmo tempo práticas de culto e ritual; fomentar estilos alterados de vestuário, dieta e sociabilidade entre seus membros; e solicitar a órgãos governamentais certos tipos de ação. Seja qual for o foco, as associações julgaram indispensáveis as oportunidades oferecidas pelas prensas litográficas baratas. Uma fotografia de Amritsar, por exemplo, mostra vendedores de livros siques distribuindo panfletos e reproduções de temas sacros para o número sempre crescente de peregrinos em visita à cidade sagrada (**imagem 27**).

Muitas sociedades reformistas, como a Brahmo Samaj fundada em Bengala meio século antes, adotaram uma ética de "aperfeiçoamento" individual e coletivo. Em 1887, Mahadev Govind Ranade (1842-1901), fundador da Poona Sarvajanik Sabha, que chegou a ser juiz na Corte Superior de Bombaim, fundou a Conferência Social Nacional, destinada a reunir sociedades reformistas de todo o país. No Sul, Virasalingam (1848-1919) fundou a Associação de Reforma Social Rajahmundri em 1887, enquanto a Associação Hindu de Reforma Social foi criada em Madras em 1892. Em 1905, o colega mais jovem e discípulo de Ranade, G. K. Gokhale, fundou a Sociedade dos Servidores da Índia, calcada ao mesmo tempo na organização dos jesuítas e dos ascetas hindus, para criar um núcleo de ativistas dedicados que fomentassem a educação e ascensão das meninas e das classes carentes.

Nas últimas décadas do século, não brâmanes em Maharashtra e Madras começaram a defender a causa da sua participação na vida pública contra a dominação bramânica. Um membro da casta *mali* (tradicionalmente formada de jardineiros) educado na cidade, Jyotiba Phule (1827-90), fundou a Satyashodhak Samaj (1873) para desafiar a dominação religiosa e mundana dos brâmanes; ele obteve apoio principalmente das prósperas castas maratas, amparadas pelo marajá de Kolhapur. Em Madras, os não brâmanes almejavam mais oportunidades de educação e emprego, dado o fato de que, embora os brâmanes fossem apenas cerca de 3% da população da presidência, eles contavam com 70% dos seus diplomados universitários. Como em Maharashtra, a voz predominante nos protestos era a dos prósperos grupos de casta intermediária, incluindo *vellalas*, *reddis*, *kammas* e *nairs*. Seguindo o exemplo dos estudiosos britânicos das línguas dravídicas de meados do século, esses não brâmanes, na emergente narrativa linear da história da Índia, identificavam-se como os habitantes "dravídicos" originais do Sul, contrariamente aos brâmanes "arianos" que haviam supostamente entrado pelo Norte e se instalado como uma elite superior reinante. Apesar de enfocar diferentes textos e símbolos, esses movimentos eram semelhantes a outros de mobilidade de castas nas suas novas formas de organização, suas reivindicações de prestígio social e sua reforma comportamental.

Um dos movimentos mais bem-sucedidos de reforma sociorreligiosa foi a Arya Samaj, fundada em 1875 por Swami Dayanand Saraswati (1824-83). Seus ensinamentos mostraram-se mais persuasivos não no seu Guzerate natal, mas no Norte, nas Províncias Unidas e no Punjab. A Samaj compartilhava a agenda mais ampla de reformas relativas às mulheres – oposição aos casamentos infantis, apoio ao recasamento das viúvas e compromisso com a educação das meninas; ela permitia as viagens ao exterior; e favorecia a minimização da condição determinante baseada no nascimento. Ao identificar os vedas como os textos religiosos centrais, produto de uma era de ouro que fixou padrões duradouros de comportamento e culto, a Arya Samaj opunha-se à idolatria e ao politeísmo. De fé hindu desafiadora, os Aryas participavam de debates públicos com membros de outras fés e, suscitando temores implausíveis de que os hindus desapareceriam diante da conversão muçulmana e cristã, eles criaram novos rituais para converter ou purificar (através de uma cerimônia chamada *shuddhi*) não hindus e membros das castas mais baixas. O apoio fundamental provinha de castas comerciais e profissionais em ascensão (como os *khatri*, *arora* e *aggarwal*), que viam na reformista Arya Samaj uma base comunitária, bem como uma maneira de ser ao mesmo tempo hindu e "moderno" numa era de rápidas transformações.

A oposição radical a castas, ídolos e templos limitava a influência da Arya Samaj. Em Bengala, muitas pessoas, até mesmo entre a classe ocidentalizada, inspiraram-se nos ensinamentos sagrados e carismáticos de Shri Ramakrishna (1836-86), que não desafiava tanto as crenças convencionais. Ramakrishna exemplificava a devoção apaixonada a Deus em múltiplas manifestações – a Mãe Divina, Sita, Rama, Krishna, Maomé e até Jesus – e instigava seus discípulos a encontrarem, por sua vez, o divino dentro de si mesmos. O discípulo de Ramakrishna, Narendranath Datta (1863-1902), ele próprio membro da casta *kayasth* que havia adotado com entusiasmo a educação ocidental, desistiu de seu plano de estudar Direito, seguiu Ramakrishna e tornou-se famoso como Swami Vivekananda. Ele defendeu as castas e o culto aos ídolos e contribuiu para um orgulho renovado da religião hindu comparecendo ao Parlamento Mundial das Religiões em Chicago em 1893. Nas suas pregações subsequentes na América e na Europa, ele apresentou o hinduísmo védico como uma fé universal, a síntese de todas as religiões. Embora ele mesmo fosse produto de um meio colonial ocidentalizado, ganhou fama como porta-voz do "Oriente espiritual". Inspirado pela dedicação aos pobres dos missionários cristãos, Vivekananda empenhou-se para suscitar nos indianos ocidentalizados um sentido de serviço à sociedade por meio das atividades sociais e religiosas da Missão Ramakrishna (1897), um exemplo que mais tarde inspiraria Gandhi.

A Missão Ramakrishna, como as sociedades reformistas, representava uma forma institucional inédita de inspiração ocidental, mas instituições mais antigas também passaram por mudanças nesse período. Brâmanes cultos, apoiados por autoridades políticas locais, haviam usado durante muito tempo as *dharma sabhas* para estabelecer normas de comportamento moral. Agora, porém, embora as *sabhas* ainda alegassem defender a *sanatana* (constância) da tradição sanscrítica, elas incluíam a nova *intelligentsia*, organizavam-se segundo modelos britânicos e, o que era mais evidente, assimilavam a mudança por meio de interpretações renovadas de questões ligadas à identidade cultural e social. Portanto, seria incorreto concluir que somente os grupos visivelmente novos, como os Brahmos e Aryas, representassem a transformação moderna do hinduísmo. Da mesma forma, junto com modernizadores mais conhecidos como Sayyid Ahmad Khan e Amir'Ali, uma série de outros movimentos muçulmanos, especialmente aqueles associados à cidade de Deoband, o Ahl-I Sunnat wa'l-Jama'at de Maulana Ahmad Riza Khan Barelvi (1856-1918) e o Ahl-i Hadith, empreenderam reformas. Todos os pensadores religiosos, até aqueles que atuavam em vernáculo e usavam instituições históricas, responderam por necessidade ao desafio do cristianismo e da cultura britânica, assim como ao contexto social e político alterado da época. Fossem eles hindus ou muçulmanos, aqueles que alegavam falar em nome da "tradição" faziam-no no contexto da interação com o que era "moderno". Em vez de "tradicionais", é melhor chamar esses pensadores de "tradicionalistas" para denotar sua maior continuidade com a tradição recebida (em termos de textos, ritos, vida social e instituições) e, ao mesmo tempo, sua participação consciente no novo mundo ao seu redor.

Bharatendu Harischandra foi um exemplo influente de tradicionalista hindu na Índia setentrional. Ele encarnava a recusa daqueles envolvidos com o ensino e as instituições ocidentais de deixar a autoridade sobre questões religiosas aos brâmanes de educação tradicional; e usou energicamente os novos meios de comunicação, especialmente as publicações – relatórios, editoriais e cartas aos editores nos seus diários, obras literárias e traduções – para formar a opinião pública. Ao fazê-lo, ele desempenhou um papel importante no desenvolvimento de formas modernas da língua híndi. Utilizou a devoção vishnuísta para definir uma religião hindu coerente. Sua base institucional inicial foi a Kashi Dharma Sabha, fundada na década de 1860 pelo marajá de Benares em reação aos movimentos reformistas hindus mais radicais. Harischandra enfrentou as críticas feitas na sua época ao hinduísmo por cristãos e orientalistas interpretando *bhakti* como devoção a um deus pessoal único, que ele relacionou a uma tradição ininterrupta, e insistiu no valor permanente do culto às imagens.

Entre os muçulmanos, o movimento de *'ulama* de formação tradicional de Deoband, que surgiu na academia criada nessa cidade do Norte da Índia em 1868, representou uma estratégia semelhante de reforma. O seminário *deobandi* (ou *madrasa*) ensinava os textos islâmicos clássicos. Mas a escola usava o padrão formal de sala de aula aprendido nas escolas britânicas, fomentava o urdu como língua de prosa e formava redes de seguidores por meio de assinaturas, publicações e uma assembleia anual. Ao contrário de racionalistas como Sayyid Ahmad Khan, os *deobandis* prezavam a tradição sufi de relações pessoais com homens santos, exercícios devocionais e crença no carisma. Como afirmou Vasudha Dalmia em relação ao hinduísmo, as organizações e os ensinamentos tradicionalistas mostrar-se-iam os mais duradouros. Por mais que reagissem às condições alteradas de sua época, esses reformadores tiveram sucesso recorrendo a símbolos e a uma linguagem familiares devido às suas tradições históricas.

Os movimentos hindus e muçulmanos também compartilhavam um enfoque no teísmo devocional e na identificação de modelos pessoais para emulação e devoção. Tanto Harischandra quanto Bankimchandra em Bengala celebravam Krishna, especialmente o Krishna dos épicos, como um homem ideal comprometido com a ação. É impressionante como esses argumentos são semelhantes aos de Muhammad Iqbal (1876-1938), poeta e filósofo muçulmano do Punjab, que também celebrou modelos históricos de ação em contraste com um espiritualismo introspectivo que romantizava "o Oriente", ao mesmo tempo que desprezava suas realizações mundanas. De fato, o enfoque mais amplo dos muçulmanos do século XIX na *hadith*, conjugado a escritos biográficos como os de Shibli Nuʻmani (1857-1914), também exaltava Maomé como objeto de devoção e homem ideal. Embora limitados a um grupo pequeno e socialmente ascendente de seguidores entre os muçulmanos, sobretudo no Punjab e nas Províncias Unidas, os ensinamentos de Mirza Ghulam Ahmad (*c.* 1839-1908), que o identificavam simultaneamente como Maomé, Krishna e Jesus, exemplificam, numa forma extrema, a virada do final do século XIX para uma devoção dirigida a um modelo ideal. Litografias recentemente disponíveis, sobretudo aquelas inauguradas pelo pintor Ravi Varma, influenciadas pela pintura figurativa e pela fotografia ocidental, frequentemente tornavam os deuses mais humanos. Como tais, os deuses não eram apenas objeto de devoção, mas, como modelos ideais dignos de emulação, incentivavam estratégias de autoaperfeiçoamento (ver **imagem 28**). As litografias foram amplamente reproduzidas e usadas muitas vezes (ver **imagem 31**, p. 183) em propagandas e calendários.

IMAGEM 28. *Nascimento de Shakuntala*, pintura de Ravi Varma, incorporada num cartaz de propaganda de comida para bebês.

Mulheres e gênero

Muitos movimentos do final do século XIX conferiram uma posição central aos ensinamentos relacionados às mulheres, vistas como um símbolo particularmente poderoso da ordem moral adequada. As questões em jogo incluíam a alfabetização feminina, a idade núbil (que afetava particularmente as meninas, já que elas eram casadas mais jovens), a oportunidade para as viúvas de casar-se novamente e, no caso dos muçulmanos, a prática da poligamia. Além disso, os reformadores costumavam defender um cumprimento mais simples e menos extravagante dos casamentos e outras cerimônias do ciclo da vida. Essas preocupações atravessavam grupos religiosos e instigavam não somente hindus, mas também muçulmanos, siques, pársis e cristãos indianos. Isso não era surpreendente, dado que os britânicos haviam, há muito tempo, feito da posição e do tratamento das mulheres um elemento central das suas críticas à sociedade indiana. Uma outra semelhança entre as vertentes religiosas era o novo papel da população "laica", de educação ocidental, na reivindicação de autoridade para tratar dessas questões, que anteriormente eram da alçada exclusiva daqueles versados nos textos sagrados ou legitimados pela condição de nascimento.

Entre os muçulmanos, o caso dos *deobandis* indica como uma nova preocupação acerca do comportamento feminino se estendia para além das pessoas de educação ocidental e familiarizadas com o inglês. O influente volume *Bihishti Zewar*, escrito em urdu por Maulana Ashraf 'Ali Thanawi, um reformador *deobandi* da virada do século, ilustra como um pensador podia trabalhar dentro de uma tradição muçulmana específica e ao mesmo tempo ser influenciado pelo contexto colonial. Concebido como um guia para jovens meninas, a obra fornece uma cartilha de alfabetização, uma quantidade suficiente de detalhes sobre as normas religiosas e sociais para fazer da leitora feminina – como diz a obra – o equivalente "de um '*alim*' (erudito religioso) mediano", modelos de comportamento virtuoso tirados da vida das mulheres da era clássica e do próprio Profeta, e ensinamentos sobre uma rigorosa disciplina espiritual e moral. A obra também inclui sugestões de como as viúvas podem gerar renda suficiente para manter sua independência, conselhos de como lidar com novos desafios como o correio e as viagens de trem, e instruções detalhadas sobre contabilidade e economia doméstica. O livro denuncia a medicina tradicional das mulheres, as celebrações costumeiras e as formas tradicionais de sociabilidade feminina. As mulheres deviam ser alfabetizadas e instruídas, mas dentro de limites precisos; e deviam ficar principalmente em casa e sob o controle do marido.

Um novo ideal de domesticidade feminina, comum às diversas vertentes religiosas, também formou-se nas décadas da virada do século. Segundo

IMAGEM 29. *O primeiro golpe*, pintura *kalighat*, Calcutá, *c.* 1880, de Nirbaran Chandra Ghosh.

esse ideal, as mulheres deviam ser instruídas e "respeitáveis" de acordo com os modelos de comportamento definidos pelo governo e pelo exemplo dos missionários; porém, em agudo contraste com esses modelos, elas também deviam ser as conservadoras das suas tradições religiosas sagradas. Ademais, elas eram vistas como baluartes que protegiam o que era visto como o espaço "não colonizado" do lar contra um mundo exterior dominado pelos valores coloniais. Em Bengala, essa mulher era a *grihalakshmi*, ou deusa do lar. Essas questões explicam por que um escandaloso caso de assassinato em Bengala no ano de 1873 atraiu tamanha atenção. O fato gerou não apenas extensos relatos jornalísticos, mas também 19 peças de teatro, assim como inúmeras representações pictóricas, incluindo o desenho *kalighat* reproduzido na **imagem 29**. As pinturas *kalighat*, referentes ao nome de um importante local de peregrinação em Calcutá, transformaram os desenhos e as aquarelas inglesas (que tomaram como modelos) para produzir figuras vibrantes e elegantes dos deuses para o mercado da peregrinação. Em meados do século XIX, essas pinturas haviam começado a satirizar a nova classe média, muitas vezes em termos das suas relações de gênero. No comentado caso de 1873, o sacerdote-chefe do templo de um vilarejo fora de Calcutá seduzira uma moça chamada Elokeshi com o pretexto de dar-lhe remédios para fertilidade. O marido dela, Nabin, empregado em Calcutá, soube do caso e decapitou sua mulher num acesso de fúria. A vida e morte de Elokeshi resumiam o problema das mulheres em público – nesse caso, no templo (um lugar cada vez mais suspeito para mulheres respeitáveis), mas ainda mais para as que se envolviam em novas formas de comportamento público, como a educação fora de casa. Esta ameaçava violar o espaço sagrado do lar e do comportamento adequado de autossacrifício das mulheres. Nabin, denotado por seu guarda-chuva e bolsa, era o súdito colonial, baseado na cidade colonial, ausente do seu papel protetor no lar (embora ele fosse a típica figura masculina simpática). A figura violada de Elokeshi, no dizer de Swati Chattopadhyay, representava nada menos que "o tecido social violado da sociedade bengali e, por extensão, a nação". De igual modo, algumas décadas mais tarde, o célebre romance de Tagore *Ghare Baire* (*A casa e o mundo*) mostra o destino trágico da mulher que desafia o papel doméstico santificado. Longe de uma mera imitação de modelos europeus, a nova domesticidade oferecia às mulheres novas competências e novos conhecimentos, embora trouxesse novas limitações.

As "novas" mulheres logo começaram a desempenhar o papel de escritoras e proponentes de reformas. Uma governante principesca sem papas na língua, a begum de Bhopal, coberta dos pés à cabeça pela vestimenta conhecida como *burqa'*, viajou extensamente para incentivar a educação das meninas. Pandita Ramabai (1858-1922), educada rigorosamente nos clássicos sânscritos, viajou por toda a Índia para defender a educação das mulheres e a reforma social e escreveu panfletos para sustentar suas opiniões. Viúva aos 25 anos de idade, ela viajou à Inglaterra para aprender inglês e estudar Medicina e converteu-se ao cristianismo, que ela interpretou nos seus próprios termos. Em 1888, ela fundou uma escola doméstica para viúvas em Bombaim, seguida por outra em Poona. Uma mulher brâmane *deccani*, Gangabai, fundou uma das instituições femininas mais bem-sucedidas, a Mahakali Pathshala ("Grande Escola de Kali") em Calcutá em 1893, destinada a inculcar princípios religiosos e morais hindus; a escola recebia o patrocínio de um rico proprietário rural, o marajá de Darbhanga. Uma muçulmana bengali, Begum Rokeya Sakhawat Hossain (1880-1932), criou escolas para meninas, denunciou a reclusão extrema e escreveu profusamente, incluindo uma sátira brilhante, *Sultana's Dream* [O Sonho de Sultana] (1905), na qual os papéis dos homens e das mulheres eram invertidos. Nesse mundo imaginário, "O intelecto das mulheres, desimpedido, concebia invenções como o aquecimento solar e as máquinas de ar; com a população plenamente satisfeita, não havia possibilidade de guerra; e os homens eram mantidos na *zenana*".

As novas normas de comportamento feminino ajudaram a traçar novas linhas de identidade social. Uma delas era entre os mais e os menos privilegiados. As primeiras linhas do popular romance urdu *Mir'atu'l-'Arus* [O Espelho da Noiva], de 1869, de Deputy Nazir Ahmad (1833-1912), davam o tom numa história em que uma mulher idosa chama impacientemente a filha recalcitrante, Akbari, para sair da rua e entrar em casa. A proximidade da menina com os criados e malnascidos é vista como uma sinédoque para sua resistência geral ao comportamento modelar. Akbari, como toda filha de família influenciada pelos Brahmos ou pelos Arya Samaj, devia comportar-se de modo diferente das classes mais baixas. Porém, se a reforma social e religiosa separava as classes, ela o fazia com insistência ainda maior com relação aos grupos religiosos. Akbari também devia ser uma muçulmana – assim como as destinatárias de outros ensinamentos deviam ser hindus. Há uma triste ironia no fato de que movimentos de raízes tão semelhantes tenham acentuado a separação das comunidades.

Portanto, os diversos movimentos de reforma eram parecidos nas suas grandes linhas, pois ofereciam uma oportunidade de escolha individual. Eles costumavam enfatizar um texto sagrado específico e sustentavam a continuidade histórica de suas interpretações. Muitas vezes, eles apresentavam um deus ou figura ideal de devoção e emulação. Eles procuravam adstringir as mulheres ao que era visto como normativo e codificado, em vez das práticas e crenças costumeiras. Os movimentos de reforma libertaram seus seguidores dos costumes locais e, com frequência, rurais que ligavam os grupos afins e vinculavam as pessoas a datas e épocas específicas. Ao fazê-lo, eles adequavam-se idealmente às necessidades das novas classes ascendentes que participavam das profissões, do comércio, do serviço público e dos negócios. Nesse processo, contudo, fronteiras foram traçadas entre as religiões e entre as classes; e essas fronteiras, incorporadas na vida e socialidade cotidianas, geravam tensão com os ideais individualistas do Estado-nação. Essa tensão fica clara na identificação da imagem da mulher ideal com a imagem da comunidade. A mulher devia representar ao mesmo tempo a língua (a deusa Tamiltai em Tamilnadu; a "Rainha Nagri" híndi em contraste com a meretriz Begum Urdu), a região (Bengala como Mãe) e a própria Índia como a Deusa-Mãe (Bharat Mata). Imaginar a comunidade sempre implicava imaginar a exclusão do outro.

OS ANOS 90: COMUNITARISMO E CALAMIDADES

As fronteiras entre as religiões, especialmente entre hindus e muçulmanos, tornaram-se dramaticamente visíveis na última década do século XIX. Até os ensinamentos do dócil Vivekananda misturavam patriotismo com um culto da virtude viril e evocações da glória hindu. Os romances bengali de Bankim criavam uma "história" mítica na qual valentes hindus triunfavam sobre tiranos muçulmanos opressores. Os escritores muçulmanos também recorreram à história, tanto como apologética – para rebater as críticas orientalistas à *"jihad"* e "perfídia" muçulmanas – quanto como uma maneira de fomentar o orgulho e a autoestima da comunidade. O poema épico de Altaf Husain Hali, o "Musaddas" (1879), lamentava o declínio político da época em contraste com as glórias muçulmanas do passado; os romances românticos de 'Abdul'l-Halim Sharar (1860-1926), assim como a poesia de Iqbal, celebravam o domínio muçulmano na Sicília e na Espanha, quando os muçulmanos, e não os cristãos, reinavam na Europa meridional. Essa celebração do passado era particularmente marcada em Maharashtra, onde as antigas crônicas maratas ofereciam façanhas heroicas dos dias de Shivaji.

Uma figura fundamental para essa empreitada foi o grande nacionalista Bal Gangadhar Tilak (1844-1920). Ele era um brâmane *chitpavan* como Gokhale, com quem ele colaborou inicialmente. Tilak adotou uma posição cada vez mais radical que celebrava a nação hindu e opunha-se ao domínio colonial. Seu famoso mote era *"swaraj* [autogoverno] é meu direito de nascença e eu o conquistarei". Através de procissões, celebrações e do seu jornal marati *Kesari*, Tilak exerceu uma crítica poderosa das ações do governo. Uma das primeiras foi sua contestação do projeto da Lei da Idade de Consentimento, proposto em 1891 para aumentar a idade limite de estupro legal no casamento de 10 para 12 anos. Ele afirmou que a idade de consentimento, que havia sido um problema para os reformadores sociais durante muito tempo, não era uma questão para os ingleses, mas para os próprios hindus resolverem.

Em 1893, Tilak renovou a celebração do nascimento do popular deus com cabeça de elefante, Ganesh (ou Ganapati), filho de Shiva. Ao fazê-lo, ele transformou o que era um agregado de cerimônias familiares anuais num evento público grandioso. A celebração incluía vários dias de procissões, música e comida, organizados por meio de subscrições por vizinhança, casta ou ofício. Grupos de meninos, muitas vezes estudantes, desfilavam e tocavam música, não somente para louvar Ganesh, mas também para celebrar a glória hindu e nacional e tratar de questões políticas específicas. Nos primeiros anos, por exemplo, os organizadores do festival instavam a temperança e o consumo de bens *swadeshi* ("próprio país", ou feitos no local). Ao mesmo tempo, eles incitavam os hindus a proteger as vacas e boicotar as celebrações do Muharram organizadas por muçulmanos xiitas para celebrar o martírio do imã Husain e seus seguidores ocorrido no século VII, celebrações das quais anteriormente os hindus participavam com frequência.

Tilak procurou usar eventos como o festival Ganapati para forjar um espírito nacional além dos círculos das elites instruídas e demonstrar aos britânicos a unidade da sociedade hindu (e, portanto, o erro da alegada parcialidade do governo a favor dos muçulmanos). Uma fotografia do festival numa das cidades regionais (**imagem 30**) mostra a multidão reunida, a polícia armada pronta para a violência sempre potencial gerada pelos eventos e o papel central dos brâmanes de Maharashtra, vestidos com seu típico gorro achatado e montados em elefantes. Em 1895, Tilak inaugurou um segundo festival anual, dessa vez em honra de Shivaji, o governante marata que, como vimos no capítulo 1, desafiou o poder mogol e, num incidente famoso, matou perfidamente um nobre muçulmano com uma arma escondida. Toda essa reconstrução histórica era concebida como uma forma de opor-se ao domínio colonial, mas, no contexto das instituições coloniais e da sua sociologia da diferença, ela também exacerbava a ojeriza entre hindus e muçulmanos.

A questão da proteção das vacas transferiu a diferença notável entre hindus e muçulmanos para o âmbito da agitação popular. A preocupação

IMAGEM 30. Procissão no festival Ganapati, Dhar, Índia Ocidental, 1913.

com o bem-estar das vacas, inicialmente manifestada pela seita sique *kuka* (*namdhari*) no Punjab já no início da década de 1860, estendeu-se à Arya Samaj sob Dayananda, que incitou os hindus a protestarem contra o "massacre das vacas" por meio de petições ao governo sobre o assunto. Em 1893, a Arya Samaj dividiu-se quanto às questões correlatas do vegetarianismo e da proteção desses animais. Sociedades de proteção das vacas, *gaurakhshini sabhas*, foram criadas nos anos 1880. Tal animal era um símbolo poderoso que incorporava imagens de maternidade e fertilidade e ganhara destaque recentemente devido à devoção renovada ao deus pastor Krishna. Sua proteção foi adotada pelas pessoas em ascensão social, que procuravam identificar-se com as práticas das castas mais altas, que incluíam o repúdio ao consumo de carne. Ela também serviu de oportunidade para os reformadores de afirmar sua credibilidade contra os críticos "ortodoxos". O apoio, especialmente por parte das pessoas de educação ocidental, era obtido amiúde com o argumento de que o abate de gado contribuía para a fraqueza física e moral da nação ao eliminar uma fonte contínua de produtos leiteiros. Assim, ele refletia a ansiedade generalizada da época a respeito da degeneração nacional percebida (tal como a questão contemporânea da "neurastenia" e doenças afins na Europa), que encontrava expressão em cultos dedicados à musculação. Os indianos estavam determinados a mostrar aos britânicos que eles podiam ser fortes mesmo sem comer carne bovina. A intensidade da discussão em 1892-3 também se devia muito ao projeto de Lei da Idade de Consentimento e à determinação resultante de proteger os costumes autóctones contra a interferência britânica. Assim, o movimento congregava muitas vertentes e não era, de início, movido primordialmente pelo antagonismo contra os muçulmanos, que alimentou seus estágios posteriores.

As sociedades de proteção das vacas preparavam petições, realizavam procissões e até encenavam peças de teatro sobre o assunto. Os protetores desses animais moveram processos contra açougueiros, que eram geralmente muçulmanos, e tentaram interceptar gado a caminho de feiras especializadas e açougues ou destinado ao sacrifício na comemoração muçulmana anual 'Idu'l-Azha (em homenagem ao sacrifício de um animal por Abraão no lugar de seu filho). Eles também apoiavam a reprodução bovina e cuidavam dos animais doentes e idosos. Seu apelo alcançou grande parte da população, pois eles conseguiram apoio dos lares para doações de grãos e até criaram um governo paralelo com tribunais para punir infrações entre hindus. Motins comunitários foram desencadeados em 1893 pela crença de que os funcionários locais não estavam aderindo a uma decisão judicial – na verdade, não mantida pelas cortes – que identificava o gado como objeto protegido pela religião. Essa controvérsia jurídica, com os debates respectivos nos jornais e panfletos, ilustra até que ponto o idioma colonial dos direitos legais e autorizações legislativas haviam se incorporado à linguagem e ao pensamento cotidiano. O complexo das atividades relacionadas às vacas tornara-se parte de uma experiência compartilhada que definia o que foi tomado como a comunidade moral da nação. Na verdade, a carne bovina não era particularmente valorizada como alimento pelos muçulmanos, sendo seu uso associado principalmente aos pobres. O gado bovino também não era necessário para sacrifício, pois os bodes serviam para essa finalidade. Não obstante, os muçulmanos sentiram-se cada vez mais compelidos a insistir nos direitos conferidos a eles pelo direito formal nessa questão, com medo de que a maioria hindu também limitasse outras práticas suas. O debate, embora focado na vaca, envolvia preocupações muito mais amplas.

Os motins hindu-muçulmanos de 1893 deixaram mais de cem mortos na Índia Ocidental, nas Províncias do Noroeste e Oudh, Bihar e até em Rangum, na Birmânia. A difusão dos motins em lugares tão remotos revela o poder do telégrafo e dos jornais na disseminação de notícias que, por sua vez, desencadeavam novos distúrbios. Os motins dissiparam-se à medida que ficou evidente que não haveria mudanças substanciais nas normas sobre abate de animais. Eles deixaram, todavia, um longo legado de memórias. O fato de que muitos membros do Congresso apoiavam a proteção das vacas contribuiu ainda mais para a visão da maioria dos líderes muçulmanos de que seus interesses eram mais bem atendidos por organizações focadas exclusivamente em interesses muçulmanos. Para alguns nacionalistas hindus, o comportamento dos ativistas em favor das vacas evocava um sentimento de orgulho, pois desafiava a imagem persistente de passividade e inação dos hindus.

Duas calamidades naturais nos anos 1890 geraram mais ação direta. Uma foi a falta de monção em 1896 e novamente em 1899, seguida pela fome, principalmente no Decão, onde a agricultura comercial contribuía para a instabilidade agrária, e a adesão aos princípios do livre-comércio comprometia a prestação do auxílio necessário. Em alguns casos, os camponeses desesperados recusavam-se a pagar os impostos fundiários, muitas vezes justificando explicitamente suas ações com terminologia jurídica. A segunda calamidade foi a peste bubônica, que entrou na Índia pelo porto de Bombaim no final da década. As medidas invasivas tomadas pelos britânicos contra a peste – que, ironicamente, podem ter ajudado a espalhar a epidemia ao dispersar as pessoas – encontraram resistência generalizada. Em 1897, Damodar Chapekar e seu irmão Balkrishna, que haviam organizado um clube paramilitar para desfilar nas procissões Ganapati e realizar ações diretas contra os reformadores sociais, assassinaram Walter Rand, o comissário para a peste, junto com um segundo funcionário britânico, quando eles saíam da comemoração promovida pelo governador para o jubileu da rainha Vitória. Tilak, cujas publicações por essa ocasião foram consideradas provocativas e quase certamente ocultavam a identidade dos criminosos, foi acusado de sedição e passou oito meses na cadeia.

A década de 1890 foi marcada por sofrimento extremo mal aplacado pela ação administrativa. A fome e a peste foram acompanhadas por algo que os nacionalistas viam como aventuras militares dispendiosas, incluindo-se a extensão do controle britânico aos confins orientais de Assam e Manipur no interesse dos plantadores de chá britânicos, e em Kalat e Chitral, o que gerou descontentamento nas tribos e uma escalada militar contínua na fronteira noroeste. Em 1894, numa nova tentativa de incrementar as receitas, o governo impôs uma tarifa sobre produtos de algodão importados, mas foi logo obrigado a compensar essa medida de proteção com um imposto especial compensatório dos mesmos 5% sobre os produtos locais. Esse imposto especial foi um símbolo dramático da preocupação do governo imperial com os interesses dos manufatores britânicos em detrimento da indústria indiana. Apesar das disposições do novo Código da Fome e da capacidade de transportar grãos pela estrada de ferro, muitos camponeses, cada vez mais dependentes de dinheiro vivo e de alimentos importados, enfrentaram condições desesperadoras. O efeito da depressão, da fome e da peste era evidente no declínio absoluto da população nos anos 1890, em contraste com o crescimento contínuo presente no começo do século.

Lorde Curzon e a partição de Bengala

George Nathaniel Curzon chegou na Índia em 1899, convencido de que uma administração eficiente por governantes autocráticos benévolos era o melhor para o país. Ele trabalhava incessantemente e era eloquente, eficiente, dominador e arrogante. Ele estabilizou o problemático Noroeste usando impostos tribais e criando uma província separada de maioria muçulmana da Província da Fronteira Noroeste (dando às Províncias do Noroeste e ao Oudh o novo nome de *Províncias Unidas* para evitar confusão). Ele lançou uma missão ao Tibete (que culminou com o reconhecimento deste como região autônoma da China). Na Índia, ele lutou para simplificar uma burocracia inchada. Criou uma força policial separada, tentou racionalizar as avaliações fundiárias, inaugurou um departamento de comércio e indústria, apoiou a pesquisa agrícola e estabeleceu o Levantamento Arqueológico da Índia para estudar e proteger os monumentos históricos. Ele prezava particularmente o Taj Mahal, que ele embelezou com um ligeiro adendo ornamentado sobre o túmulo central. O estilo de Curzon ficou claro ao nomear uma comissão para estudar os problemas do ensino universitário: sequer um único indiano foi incluído. Em 1904, a Lei das Universidades, que parecia aumentar o controle governamental sobre o ensino superior, foi reprovada e criticada por Gokhale e outros membros da elite instruída. O clamor público deveria ter sido um sinal claro de que a mera eficiência administrativa, como Curzon imaginara, não contentaria as massas nem conteria os ativistas políticos. Tudo isso se tornaria ainda mais claro na partição de Bengala, anunciada em 1905.

Bengala havia sido considerada durante muito tempo uma província grande demais para ser governada de modo eficaz. Por isso, Curzon uniu as regiões orientais de Bengala com Assam, formando uma nova província de aproximadamente 31 milhões de habitantes e deixando quase 50 milhões para uma segunda província a Oeste, que incluía metade de Bengala mais Bihar e Orissa. Mesmo com essa reorganização, cada província ainda era maior que muitas nações importantes. Contudo, dividir a província dessa forma fez dos muçulmanos a maioria em Bengala Oriental, enquanto os não bengalis (*biharis* e oriás) formavam a maioria a Oeste. Para a classe média bengali de educação inglesa, isso foi uma vivissecção da sua pátria amada e uma tentativa flagrante de reduzir seu poder. Para opor-se à partição, eles organizaram uma campanha de *swadeshi*, incentivando o uso de produtos locais e o boicote às importações britânicas. O movimento foi liderado por Surendranath Banerjea e outros moderados, mas pequenos grupos envolvidos em atividades terroristas também começaram a mobilizar-se sob sua bandeira. A participação no movimento deixou claro, como afirmou o historiador Sumit Sarkar, que a liderança política em Bengala era exercida pelos homens hindus *bhadralok* e pelas classes de rentistas. Assim, o próprio movimento reforçava, haja vista que a classe camponesa era majoritariamente muçulmana, a evolução das identidades religiosas divisivas de "hindu" e "muçulmano".

Muita retórica nacionalista nas décadas anteriores havia feito de "Bengala" um foco de lealdade, como no festejado romance *Anandamath*, no qual Bankim imaginava o país como a Mãe Divina, cuja liberdade da opressão muçulmana seria obtida através da militância dos seus filhos. A canção "Bande Mataram", composta pela celebrada figura literária Rabindranath Tagore (1861-1941), tornou-se o hino informal do movimento nacionalista depois de 1905:

> Mãe, inclino-me diante de ti!
> Rica com teus arroios correntes,
> Brilhante com teus pomares resplandecentes,
> Fresca com teus ventos de delícia,
> Campos escuros acenando, Mãe de poder,

> Mãe livre...
> Quem disse que és fraca em tuas terras,
> Quando as espadas cintilam em duas vezes 70 milhões de mãos...
> Eu te invoco, Mãe e Senhora!...
> És sabedoria, és lei,
> Tu que és nosso coração, nossa alma, nosso alento,
> Tu que és o amor divino, o espanto
> Nos nossos corações que vence a morte...
> Toda imagem tornada divina
> Nos nossos templos é tua apenas.
> Tu és Durga, Senhora e Rainha,
> Com suas mãos que golpeiam e suas espadas luzidias,
> Tu és Lakshmi no trono de lótus...
> Doce mãe, inclino-me diante de ti
> Mãe grande e livre!

As pessoas associadas às sociedades secretas terroristas imaginavam Bengala menos como uma mãe beneficente e mais como a deusa do poder e da destruição, a consorte de Shiva, Kali, a quem eles dedicavam suas armas. O anúncio litografado dos Cigarros Kali (**imagem 31**) relaciona um artigo de consumo da nova classe média a *swadeshi* e a uma imagem do poder que a luta nacional podia deflagrar. Nessa visão, os cigarros não são apenas um "bom trago", mas políticos e hindus.

Nacionalistas de todo o país adotaram a causa de Bengala, estarrecidos com a arrogância dos britânicos, seu desprezo pela opinião pública e o que parecia ser uma tática flagrante de dividir e reinar. Calcutá inflamou-se com comícios, fogueiras de produtos estrangeiros, petições, jornais e cartazes. A agitação estendeu-se particularmente ao Punjab e a Bombaim e Poona. Os festivais Ganapati na Índia Ocidental foram retomados em 1905 e, por serem cada vez mais antibritânicos, foram praticamente suprimidos por volta de 1910. Curzon havia considerado que o Congresso era uma força desgastada; pelo contrário, naquilo que acabou sendo sua última ação significativa, ele deu ao Congresso uma causa que lhe proporcionou nova força e novas táticas de mobilização do apoio público.

Em 1905, Curzon renunciou, não por causa do imbróglio de Bengala, mas sim por ter perdido uma luta pelo poder com seu comandante-chefe escolhido a dedo, lorde Kitchener. No mesmo ano, com o triunfo dos liberais nas eleições na Grã-Bretanha, John Morley foi nomeado secretário de Estado para a Índia. Admirador de Gokhale e um dos arquitetos do governo local na Irlanda, Morley estava determinado a recuperar a lealdade dos modera-

SOCIEDADE CIVIL, RESTRIÇÕES COLONIAIS, 1885-1919 | 183

IMAGEM 31. "Kali pisoteia seu consorte Shiva", 1908. Calendário cromolitografado para os Cigarros Kali de Bowbazar Street, Calcutá.

dos políticos indianos graças a uma ampla medida de reforma. O sucessor de Curzon, lorde Minto, um *whig* mantido pelo novo gabinete, preferia, ao contrário do seu antecessor, conselhos consultivos em todos os níveis, incluindo os príncipes, como componente principal da reforma, uma indicação reveladora do seu compromisso com a continuação do estilo "*durbar*" de governança. Entrementes, sobre um pano de fundo de agitação crescente, Minto recorreu a uma pesada repressão. Foram efetuadas prisões por motivo de sedição; ordens de exceção suspenderam reuniões públicas; a imprensa foi controlada; manifestantes foram atacados. O triunfo do Japão sobre a Rússia em 1905 excitou a imaginação dos manifestantes por ser a primeira vitória militar asiática sobre uma potência europeia. Mas a dura realidade da Índia era evidente nas restrições crescentes às liberdades civis.

Gopal Krishna Gokhale, um "moderado" que havia sido eleito presidente do Congresso em 1906, continuava a cobrar, com o apoio da maioria do Congresso, as reformas constitucionais prometidas por Morley. Mas uma voz forte dentro do Congresso, a dos "Extremistas" liderados por Tilak, exigia agora uma ação mais radical. Essa tensão entre moderados e extremistas provocou uma cisão no Congresso em 1907. Nesse mesmo ano, Tilak, acusado de sedição, foi condenado a seis anos de prisão e levado para Mandalay. Ao longo da década subsequente, o Congresso foi dominado pelos moderados. Entre os colegas mais próximos de Tilak estava Aurobindo Ghosh (1872-1950), um bengali formado na Inglaterra. Admirador de Ramakrishna e Vivekananda e inspirado pelos romances de Bankim, Ghosh reivindicou suas raízes bengalesas perdidas e juntou-se à luta contra a partição. Porém, depois de um período na cadeia por suspeita de terrorismo, em 1910 ele retirou-se para o território francês de Pondicherry para uma vida de devoção espiritual. Ali, seu fervor e sua visão de um nacionalismo religioso atraíram muitos seguidores.

Enquanto isso, a partição de Bengala e as reformas propostas provocaram uma reação muçulmana. No início, os líderes muçulmanos não tinham apoiado a partição. Contudo, diante da retórica de "Bande Mataram", com sua implicação de que Bengala era terra hindu, da pressão sobre os muçulmanos pobres para usar roupas *swadeshi* que eles mal podiam pagar e do comportamento amotinado das turbas hindus, sua posição começou a mudar. Porta-vozes muçulmanos voltaram-se para a nova província como um meio de garantir um lugar para eles na Índia Oriental. Ao mesmo tempo, os funcionários britânicos exploraram as possibilidades de um interesse muçulmano separado como contrapeso à dominação hindu do velho Bengala. A pequena elite muçulmana do Bengala Oriental, liderada por Nawab 'Ali Chowdhry de Daca (1863-1929), viu na nova província a esperança de mais instrução, mais oportunidades de emprego e, livre da dominação de Calcutá, mais expressão política e econômica em geral. A comunidade muçulmana bengalesa aproximou-se cada vez mais da perspectiva dos muçulmanos das províncias mais altas, que passaram a ver-se como desfavorecidos na instrução, no emprego e na expressão política.

Com a intervenção do diretor inglês da Universidade Aligarh, um grupo de cerca de 35 muçulmanos chefiado pelo líder ismaelita baseado em Bombaim, o Aga Khan (1877-1957), obteve uma audiência com Minto no outono de 1906. Eles instaram ao vice-rei que implementasse as reformas constitucionais propostas para conferir aos muçulmanos uma representação que refletisse não somente sua força numérica, mas também sua importância política. Eles argumentaram que os muçulmanos eram "uma comunidade distinta com interesses próprios" [...] que não eram "compartilhados com outras comunidades" e que [...] não eram "representados adequadamente". Tais argumentos, inicialmente formulados por Sayyid Ahmad Khan, encontraram em Minto um ouvinte receptivo. "Estou firmemente convencido", respondeu o vice-rei, "como acredito que vocês estão, que qualquer representação na Índia estaria fadada a um fracasso nefasto se almejasse conferir o direito pessoal de ser votado sem levar em consideração as crenças e tradições das comunidades que compõem a população deste continente". Aqui, os interesses imperiais e dos muçulmanos de classe alta convergiram na pressuposição de que a Índia consistia em comunidades separadas, cada qual merecendo ser representada como uma comunidade.

A Lei dos Conselhos Indianos de 1909, conhecida como *Reformas Morley-Minto*, não deu poder ao Legislativo para controlar o Executivo, ainda firmemente detido pelos britânicos, nem reverteu o modelo consultivo "*durbar*" de governo. No entanto, ela criou maiorias indianas não oficiais nos Legislativos provinciais (mas não no central) e o princípio da eleição foi estabelecido em todos os níveis. Essas eleições eram essencialmente indiretas. Diversas agremiações públicas (conselhos municipais e distritais, câmaras de comércio, universidades, proprietários rurais e eleitorados especiais como plantadores de chá e de juta) escolhiam os membros das assembleias provinciais, enquanto os Legislativos provinciais elegiam os membros do conselho legislativo central. Os membros desses órgãos legislativos agora tinham poder para fazer perguntas adicionais e apresentar resoluções. Havia, assim, uma ampliação modesta dos conselhos e uma expansão dos seus poderes. Uma inovação portentosa foi a criação, pela primeira vez nos órgãos legislativos provinciais e central, de eleitorados separados nos quais somente muçulmanos podiam votar, e de assentos reservados para muçulmanos nos conselhos. Essa disposição implicava que somente um muçulmano podia representar outros muçulmanos ou proteger seus interesses – uma pressuposição que determinaria a vida política da Índia por décadas a fio. Em dezembro de 1906 foi formada em Daca a Liga Muçulmana de Toda a Índia. Nessa época, a organização incluía apenas um punhado de elites fundiárias e aristocráticas, mas tomou como objetivo a promoção dos interesses de todos os muçulmanos.

Em 1911, o novo vice-rei, lorde Hardinge, orquestrou o extraordinário espetáculo do *durbar* imperial em Déli. Nessa ocasião, o rei-imperador recentemente coroado, Jorge V, e sua rainha apresentaram-se aos súditos indianos, a única visita jamais feita por um monarca da Grã-Bretanha reinante à Índia durante todo o domínio britânico. O cerimonial extravagante, com vastos conjuntos de tendas e um anfiteatro criados para o evento, não podia ter apresentado um contraponto mais escandaloso diante dos clamores indianos por mais autogoverno. A imagem era a do vice-rei como imperador mogol; e a orquestração da precedência, a troca de presentes, o papel central atribuído aos príncipes e a presença real no Forte Vermelho mogol (ver **imagem 1**) haviam sido concebidos para transmitir o que os britânicos pensavam ser um estilo de governo apropriado para a Índia. O rei-imperador anunciou três "benesses". A primeira era a decisão, guardada "a sete chaves", de transferir a capital de Calcutá para Déli. O local era considerado de localização mais central, bem como mais acessível para a capital de verão em Simla, mas os britânicos também viam na mudança uma forma de associar-se, juntamente com seus súditos muçulmanos presumivelmente leais, a uma glória mogol recordada. Era igualmente, é claro, um distanciamento do centro de ativismo político em Calcutá. O planejamento da nova capital, conhecida como Nova Déli, situada ao Sul da antiga cidade mogol, foi confiado aos arquitetos sir Edwin Lutyens e sir Herbert Baker. A visão imperial de uma capital *beauxarts* centrada no vasto palácio do vice-rei só viria a ser realizada pouco mais de uma década antes de ser transferida para uma democracia independente.

A segunda "benesse" foi a revogação da partição de Bengala, ou mais precisamente a redefinição da província. Assam, Bihar e Orissa receberam estatuto separado de províncias independentes; as duas metades de Bengala, Leste e Oeste, foram reunificadas. Finalmente, como terceira benesse, Bengala foi promovida à condição de província do governador, comparável a Madras e Bombaim, uma ação apropriada ao seu tamanho e importância. O Congresso, enfraquecido pelo cisma de 1907 e satisfeito com as novas reformas, desistiu dos protestos. Os líderes muçulmanos, traídos pela revogação da partição, ficaram cada vez mais incertos quanto à sua situação. A ilusão de estabilidade produzida pelo espetáculo do *durbar* logo daria lugar a novos problemas, novos líderes e novas alianças.

Primeira Guerra Mundial, novos objetivos, novas alianças

Na década que se seguiu ao *durbar* imperial, a vida política indiana foi moldada sobretudo por eventos do cenário internacional. A opinião muçulmana, estarrecida em 1912 pela anulação da partição de Bengala, foi alienada ainda mais pela indisposição da Grã-Bretanha de defender o Império Otomano contra a Rússia e contra os levantes na Grécia e nos Bálcãs. Desde o final do século XIX, os muçulmanos debatiam a posição do sultão otomano como *khalifa* de todos os muçulmanos. O apoio ao califa, assim como o conceito de um "mundo islâmico" em geral, tinha menos a ver com as instituições existentes do que com a busca de um ideal mais alto que o racismo e imperialismo ocidentais. Porta-vozes lealistas, ora Sayyid Ahmad Khan ora líderes religiosos como Mirza Ghulam Ahmad e Maulana Ahmad Riza Khan, negaram que o sultão tivesse qualquer autoridade espiritual de alcance mundial. Por outro lado, a causa dos otomanos e do califa foi inicialmente defendida por um grupo de muçulmanos mais jovens e de educação ocidental, entre eles Muhammad 'Ali (1878-1931), que escrevia no *Comrade*, Zafar 'Ali Khan no seu *Zamindar* no Punjab e Abu'l Kalam Azad (1887-1958), que havia sido anteriormente membro de um grupo terrorista de Calcutá, no seu *Al-Hilal*. Eles logo receberam a adesão de, entre outros, um grupo de *'ulama* influentes de Lucknow. Uma missão médica foi enviada para auxiliar tropas turcas na Guerra dos Bálcãs de 1912 e uma organização foi formada para apoiar a proteção dos lugares de peregrinação no Hejaz.

O apelo por um "pan-Islã" era acompanhado por um movimento de afastamento do lealismo da geração mais velha em direção ao compromisso de procurar uma aliança com o Congresso. Em 1912, o grupo de Muhammad 'Ali dominou a sessão da Liga Muçulmana em Lucknow e aprovou uma resolução que pedia o autogoverno. A profanação de uma mesquita pelos britânicos em Kanpur no ano seguinte levou a um motim no qual 23 pessoas foram mortas e dúzias foram presas. Esse incidente foi ao mesmo tempo um lembrete de como eram tênues as relações profundamente desgastadas dos muçulmanos com o governo e uma demonstração da medida na qual uma rixa local podia mobilizar o interesse muçulmano nacional, unindo pela primeira vez lealistas conservadores com o grupo radical mais jovem.

Em agosto de 1914, a Grã-Bretanha declarou guerra à Alemanha em seu nome e do seu império todo, incluindo a Índia. Todas as partes, com uma vivacidade talvez surpreendente, proclamaram seu compromisso com a causa britânica. Até mesmo quando as hostilidades estenderam-se à Turquia otomana em novembro, a Liga Muçulmana deu seu apoio. Os anos de guerra viram, no entanto, um aumento das expectativas de que a Índia ganharia agora a autodeterminação pela qual os Aliados diziam estar lutando. Nesse intuito, novas alianças foram formadas entre moderados e radicais, o Congresso e a Liga.

A Índia fez sacrifícios extraordinários para o esforço de guerra. Bem mais de 1 milhão de indianos foram recrutados para o Exército e serviram na França e especialmente no Oriente Médio, com um alto custo de vidas em todos os frontes. A contribuição das finanças indianas também foi substancial, e a demanda cresceu aproximadamente 10 a 15% por ano de 1916 a 1918. Os mercados externos deixaram de ser atendidos. Em 1918, não houve monção, o que provocou escassez de alimentos. O preço dos alimentos quase dobrou; o dos produtos importados quase triplicou. Os anos de guerra foram uma benesse para algumas das principais indústrias locais indianas, especialmente as de tecidos de algodão e de ferro e aço; porém, para a população como um todo, foi um período de sofrimento terrível, intensificado pela propagação em 1918 da pandemia mundial de gripe.

Apesar da retirada praticamente completa das tropas britânicas da Índia, não houve atividades terroristas tão dramáticas quanto aquelas anteriores à guerra, como o ataque por bomba de 1912 contra o vice-rei lorde Hardinge, quando ele inaugurava a nova capital imperial em Déli. No exterior, os eventos mais notáveis ocorreram na costa ocidental dos Estados Unidos. Ali, com uma base de cerca de 15 mil imigrantes, a maioria punjabi, ativistas siques do movimento Ghadr ("Revolução") tentaram provocar um levante na Índia. No início da guerra, muitos membros do Ghadr voltaram à Índia na esperança de juntar-se a conspiradores em Bengala, mas a maioria foi presa e o plano fracassou. Os britânicos também temiam uma conspiração pan-islâmica nesses anos. Um dos principais *deobandis*, Maulana Mahmud al-Hasan (1851-1920), tentou estabelecer ligações com os turcos no Hejaz, mas foi entregue aos britânicos e preso em Malta de 1917 a 1920. Outro *deobandi*, Maulana 'Ubaidu'llah Sindhi (1872-1944), igualmente capturado, tinha ido ao Afeganistão para trabalhar com os alemães e turcos na esperança de fomentar distúrbios na fronteira. Muhammad 'Ali e seu irmão Shaukat 'Ali foram presos do momento em que a

Turquia entrava na guerra, permanecendo detidos até seu término. Os britânicos reagiram a essas ameaças presumidas com medidas repressoras extremas, principalmente a Lei de Defesa da Índia, de março de 1915, que abolia toda uma série de direitos civis.

Em 1915, Tilak, que acabara de voltar de Mandalay, reintegrou o Congresso Nacional Indiano, em parte devido ao que parecia ser um novo espírito de moderação por sua conta e em parte por causa da morte, naquele ano, de Gokhale e seu colega moderado Pherozeshah Mehta (1845-1915). A política indiana foi revitalizada igualmente pelas atividades de ligas de autogoverno recém-formadas, cujo nome, objetivos e estilo inspiravam-se na agitação nacionalista irlandesa. A iniciativa veio de uma inglesa, Annie Besant (1847-1933), que foi para a Índia após sua conversão à teosofia e logo se tornou chefe da Sociedade Teosófica, baseada em Adyar, Madras. A teosofia, um movimento religioso fundado pela russa Madame Blavatsky, pregava uma mistura de reforma social, exercício de práticas ocultas e celebração da antiga sabedoria hindu que antecedia a civilização ocidental. O movimento teve um apelo considerável entre os indianos de educação ocidental (incluindo Gokhale durante um certo tempo), bem como entre um florilégio de europeus, tanto na Índia quanto na Europa. Usando seus seguidores teosóficos como um grupo central de discípulos, Besant trabalhou junto aos jornais de Madras e Bombaim para estimular o interesse pela política militante da Home Rule League. Tilak fundou uma segunda liga, baseada principalmente na Índia Ocidental. Ambas instituíram grupos de discussão e salas de leitura, distribuíam não apenas periódicos, mas também cartazes e cartões postais, organizavam turnês de palestras e usavam teatro e canções para difundir sua mensagem. O resultado foi uma expansão da base geográfica e, em certa medida, da diversidade social daqueles comprometidos com o autogoverno. Besant foi presa em 1917 e, finda a guerra, havia desenvolvido uma política mais passiva.

Em 1915 e 1916, o Congresso e a Liga Muçulmana realizaram sessões conjuntas, primeiro em Bombaim e depois em Lucknow. Neste ambos resolveram, no que se tornou posteriormente conhecido como o "Pacto de Lucknow", exigir maiorias eleitas em todos os conselhos, ampliação do direito de voto e eleitorados separados para muçulmanos, além do que foi chamado de "votos ponderados" nas províncias minoritárias. Esta última disposição agiu em favor dos muçulmanos em lugares como as Províncias Unidas, onde eles eram 14% da população mas acabaram conquistando 50% dos assentos, ao passo que desfavoreceu, por exemplo, os muçulmanos de

Bengala e do Punjab, cujas pequenas maiorias em cada província foram reduzidas a exatamente 50% dos assentos no Punjab e somente 40% em Bengala. Muhammad 'Ali Jinnah (1876-1948), que viria a ser o principal líder político muçulmano à época da independência, participou dessas negociações. Jinnah, que era advogado em Bombaim e fora fortemente influenciado por Naoroji e Gokhale em Londres e eleito para o Conselho Legislativo em 1910, também aderiu à Liga Muçulmana depois que esta adotou uma liderança mais ativa antes da guerra.

Em 1917, confrontado a essa aliança entre os dois maiores partidos políticos da Índia, o liberal Edwin Montagu, secretário de Estado para a Índia, anunciou a intenção do governo britânico de avançar em direção às instituições de "autogoverno" até alcançar um "governo responsável" na Índia. Todavia, nos últimos anos da guerra, dois prenúncios de mudança alteraram o modo como a nova ordem tomaria forma. Em 1915, Mohandas Karamchand Gandhi (1868-1948) retornou à sua Índia natal vindo da África do Sul, onde, por 20 anos, ele havia defendido os interesses da população indiana. Em 1917-18, ele começou a usar as técnicas de resistência passiva que ele havia concebido na África do Sul para enfrentar plantadores de índigo em Champaran (Bihar), proprietários de fábricas em Ahmadabad e funcionários do governo em prol do não pagamento de impostos em Kheda (também no Guzerate). Enquanto isso, após o armistício de 1918, um amplo setor da opinião muçulmana assistiu com raiva e apreensão quando os vencedores desmembraram as terras otomanas e entregaram áreas essenciais, incluindo os lugares sagrados dos árabes, para governantes títeres dos europeus. Em 1919, foi criado o Comitê Khilafat de Toda a Índia. Na severa repressão que se seguiu à guerra, Gandhi, outros líderes do Congresso e os khilafatistas congregar-se-iam em torno de uma visão moral compartilhada que enxergava a perfídia britânica nas políticas que negavam aos indianos seu direito de governar, exploravam os pobres e criavam um novo domínio do imperialismo europeu nas terras muçulmanas do Oriente Médio.

Em um de seus poemas mais célebres, o filósofo e literato punjabi Muhammad Iqbal exprimiu uma visão do sofrimento da Índia que o relacionava à opressão e exploração no mundo todo, não somente entre os colonizados, mas também na Europa. Iqbal pôs na boca do mítico profeta islâmico Khizr uma denúncia das categorias que inebriavam tanto governantes quanto governados – incluindo comunidade (*qaum*), raça (*nasl*) e cor (*rang*) – como "deuses imaginários" que distraíam os humanos das suas reais necessidades e fomentavam os interesses fundamentalmente corruptos do imperialismo capitalista:

Vá! Leve minha mensagem ao trabalhador
Ela não é apenas a mensagem de Khizr, mas a mensagem da Criação.
O astuto capitalista sugou-te até o fim!
Durante eras tiveste sonhos – sem recompensa...
Os Assassinos drogaram-te com haxixe
E tu, néscio inocente, julgou ser deleite.
Raça, Povo, Igreja, Parentesco, Civilização, Cor –
O "Imperialismo" usou-os como sedativo!
Os ignorantes pereceram em nome de deuses imaginários;
Gastaram estupefatos sua própria animação.
Levanta-te! Na assembleia do mundo surge uma nova via.
A Leste e a Oeste, tua era começou.

Para escapar da rede pérfida do imperialismo, Iqbal recorreu, como Tagore, aos símbolos da "Ásia" e do "Oriente", ou, com mais frequência no seu caso, ao "Islã", para cantar uma visão de uma sociedade justa e humanitária, sem divisões. Porém, na Índia como em outros lugares, foram os "deuses imaginários" que prevaleceram.

capítulo 6

A CRISE DA ORDEM COLONIAL, 1919-1939

O ano de 1919 foi um divisor de águas na história moderna da Índia. Nada foi o mesmo depois dele. No final do ano, as reformas Montagu-Chelmsford, previstas desde o ano anterior, foram implementadas. Embora tais mudanças tenham recusado o *swaraj*, o "autogoverno" reivindicado cada vez mais pelos nacionalistas, elas anteciparam um período no qual os indianos determinariam seu próprio destino. Esse ano, contudo, também trouxe a repressão dos projetos de lei Rowlatt e a catástrofe do massacre de Amritsar. Para muitos indianos, se não a maioria, as reformas haviam se tornado um cálice envenenado. Eles escolheram, em vez disso, um novo curso de ação política, o da "não cooperação não violenta", e um novo líder, Mohandas K. Gandhi, que acabara de retornar de 20 anos na África do Sul. Gandhi permaneceria como símbolo duradouro de liderança moral para toda a comunidade mundial.

Reforma e repressão

Em agosto de 1917, Edwin Montagu anunciou que o objetivo do domínio britânico na Índia seria o "desenvolvimento gradual de instituições autogovernadas com vistas à realização progressiva do governo responsável na Índia como parte integrante do Império Britânico". Essa declaração repudiou de forma decisiva o antigo modelo "*durbar*" da política indiana. Ao contrário, a Índia seguiria o caminho já traçado pelos domínios de colonização branca no Canadá, na Austrália e na Nova Zelândia. Isso também significava inevitavelmente que, em vez de desdenhar os instruídos como uma minoria não representativa, os britânicos depositariam neles a confiança devida aos futuros líderes da Índia. Esses homens eram, como asseverou Montagu num comentário revelador sobre a declaração, "nossos filhos intelectuais", que tinham "se embebido das ideias que nós pusemos diante deles". No entanto, a Grã-Bretanha manteve o direito de ditar o ritmo da reforma, que deveria ser lenta e medida, uma benesse, na visão dos britânicos, a ser conferida aos indianos à medida que eles se mostrassem prontos para recebê-la.

Para o primeiro passo desse avanço em direção ao autogoverno, os britânicos conceberam um mecanismo constitucional engenhoso chamado *diarquia*, que dividia as funções do governo em dois. Embora o governo central, situado na espaçosa cidade-jardim de Nova Déli, agora em construção, permanecesse totalmente sob controle britânico, nas províncias algumas áreas, entre elas a agricultura e a educação, juntamente com a responsabilidade pela arrecadação dos impostos necessários, foram transferidas para ministros indianos responsáveis perante os Legislativos locais. O eleitorado desses novos órgãos legislativos provinciais foi expandido de modo que compreendia agora cerca de um décimo da população masculina adulta. Os governadores britânicos mantiveram temas cruciais considerados "reservados", como a lei e ordem, sob seu controle.

As reformas poderiam ter sido aceitas, até pelo Congresso, se sua implementação não tivesse sido acompanhada por um recurso à coerção, suscitado pelo pânico, por parte dos britânicos na Índia. O espectro do renascimento do terrorismo revolucionário, juntamente com as incertezas do deslocamento econômico do pós-guerra, compeliram o governo no início de 1919 a prorrogar muitos dos poderes de detenção e julgamento sem júri que haviam vigorado no estado de sítio durante a guerra. Conhecidas por Leis Rowlatt, do nome do seu autor, essas medidas suscitaram uma hostilidade intensa entre os indianos, para quem elas pareciam ser uma amarga recompensa pelos seus sacrifícios na guerra. Em reação a elas, os indianos adotaram novas medidas de protesto, especialmente o *hartal*, ou paralisação do trabalho, em todo o país, ligado a manifestações nas principais cidades. Esses protestos, que às vezes desaguavam em violência, eram tão eficientes que o governo introduziu, em algumas regiões, a lei marcial. Na cidade de Amritsar, no Punjab, o general que comandava a guarnição local, Reginald Dyer, tomou a iniciativa, em 13 de abril de 1919, de dispersar pela força uma multidão ilegal, mas pacífica, reunida no recinto da Jallianwalla Bagh. Ele posicionou seus soldados *gurkhas* na entrada e mandou abrir fogo até que cerca de 370 manifestantes encurralados tombassem mortos e mais de 1 mil fossem feridos.

Esse massacre terrível, o pior da história do domínio britânico na Índia, foi um incidente isolado, porém tornou-se o símbolo da injustiça colonial, lembrado em discursos, canções e peças de teatro. A **imagem 32** mostra a página de rosto de uma peça em híndi escrita pouco depois do fato. Ela mostra a "Lei Marcial" como um policial acima da figura feminina do "Punjab" que reza por socorro, com o código jurídico da promessa colonial descartado, enquanto "Satyagraha", nos traços de Gandhi, assiste desesperado. Para muitos britânicos, o massacre confirmou presunções amplamente difundidas sobre como os indianos deviam ser governados. Dyer, por sua vez, não se arrependeu. Os tiros eram justificados, disse ele mais tarde, pelo seu "efeito moral" no Punjab. Os indianos, como crianças, precisavam ser punidos severamente quando se comportavam mal. Eles não eram capazes de governar a si mesmos. A oposição à ordem estabelecida só podia levar à anarquia. Embora o Governo da Índia tenha forçado Dyer a renunciar ao cargo e Montagu tenha se oposto veementemente a esse recurso à violência, a recepção de Dyer quando retornou à Inglaterra, onde foi recebido como um herói conquistador e recebeu um prêmio de 30 mil libras, solapou os efeitos da reprimenda. Ao longo dos anos que levaram à independência, a oposição inglesa à reforma constitucional permaneceu sempre uma força poderosa que o governo não podia ignorar. No seu centro estava a figura popular ao líder conservador Winston Churchill, que renunciou ao governo para não ter de apoiar a medida de reforma que se seguiu em 1935.

O advento de Gandhi

O massacre, junto ao fracasso do governo em repudiá-lo totalmente – Gandhi descreveu o relatório investigativo como "camuflagem mal disfarçada" – acarretou uma perda de confiança brutal nas boas intenções dos britânicos. Como escreveu ele em 1920: "Já não posso mais ter afeição por um governo gerido de forma tão maldosa como é o de hoje". Gandhi, que até 1919 era uma figura de menor importância no cenário indiano, assumiu para si a tarefa de conceber uma saída para esse impasse. Ao fazê-lo, ele se mostrou não apenas o principal arquiteto da independência da Índia, mas um dos pensadores mais originais e influentes do século XX. Nascido em 1869 numa família de comerciantes na cidade principesca de Saurashtra, no remoto litoral oeste do Guzerate, ele cresceu desajeitado, tímido e, mesmo assim, ambicioso. Deixando para trás uma jovem esposa e desafiando ameaças de expulsão de sua casta, o jovem de 18 anos de idade zarpou para a Inglaterra a fim de estudar para tornar-se advogado. Ao voltar, viu-se impedido de

IMAGEM 32. Página de rosto de *Rashtriya Sangit Julmi Daayar – Jallianwalla Bagh*, em híndi, de Manohar Lal Shukla, Kanpur, 1922.

competir como advogado no mundo jurídico superlotado de Bombaim e partiu mais uma vez, agora para a África do Sul, em 1893. Ali, por ser o único advogado indiano, ele enriqueceu defendendo a comunidade empresarial indiana local; porém, movido pela sua experiência de preconceito racial nessa colônia dominada por colonos brancos, ele passou a organizar a opinião indiana contra os governantes coloniais e, depois de 1910, os africâneres da África do Sul. A experiência de Gandhi na África do Sul mostrou-se crucial para sua liderança subsequente na luta por liberdade na Índia. Acima de tudo, na África do Sul, uma sociedade colonial onde uma pequena comunidade indiana era contraposta aos brancos e negros, a identidade de "indiano" assumia inevitavelmente a primazia sobre as de região, religião e casta que importavam tanto no seu país natal. Muitas vezes, da época de Gandhi até o presente, seja para figuras políticas, seja para escritores como V. S. Naipaul e Salman Rushdie, a experiência de viver no exterior propiciou um entendimento da complexidade e coerência de sua pátria.

A perspectiva social e política diferenciada de Gandhi era fruto também da sua educação no Guzerate, num ambiente tão diferente daquele que formava a elite cosmopolita das grandes capitais presidenciais. Nas pequenas cidades isoladas dos Estados principescos, a educação inglesa era uma raridade, e a família de Gandhi tinha relações estreitas com o jainismo, uma religião com muitos seguidores no Guzerate. Junto com sua filiação de casta *bania*, ou comerciante, essas relações incentivavam a prática de uma forma não violenta de hinduísmo, pois tanto o jainismo quanto a vida comercial renunciavam à violência e à aniquilação da vida. Quando jovem, Gandhi batalhou para livrar-se desse legado e reconstruir-se de acordo com os ideais britânicos de masculinidade. Os britânicos governavam a Índia, na visão da opinião comum, porque eles eram robustos, viris, comedores de carne. Portanto, a maneira de expulsá-los era superá-los no seu próprio jogo. Ao perseguir esse objetivo, Gandhi realizou experimentos secretos de consumo de carne.

Embora nada disso fosse inteiramente satisfatório e Gandhi tenha jurado abster-se da carne para apaziguar a ansiedade de sua mãe, ele continuou a seguir essa estratégia no início da sua estadia na Inglaterra. Ele vestia-se no estilo do dândi vitoriano tardio, aprendeu a dançar e a tocar violino mas logo depois desistiu, e finalmente encontrou consolo, além de uma plataforma pública, no vegetarianismo. Sua associação com vegetarianos ingleses lhe apresentou uma vertente do pensamento ocidental que, embora geralmente sufocada pelo discurso dominante da masculinidade vitoriana, teve um apelo poderoso para ele. Sobretudo, após a leitura de Tolstói e Ruskin, ambos comprometidos com o pacifismo e uma vida ética, Gandhi começou a formular sua própria crítica do Ocidente materialista. Ao mesmo tempo, ele encontrou uma maneira de reconciliar-se com seu próprio legado. Ao repudiar a associação de qualidades "femininas" à fraqueza, ele começou a construir uma "nova coragem" na qual a não violência e a resistência passiva eram transformadas em força. Ele seria forte, proclamou, como uma mulher é forte.

Nos seus mais de 20 anos na África do Sul, de 1893 a 1914, Gandhi formou sua nova visão da sociedade. No seu cerne estava uma crítica feroz do que ele via como a obsessão ocidental por bens materiais e a cultura da competição necessária para obtê-los. Não apenas a compra de produtos ingleses mas o próprio desenvolvimento industrial devia ser evitado. O maquinário, ele escreveu, "é o símbolo principal da civilização moderna; ele representa um grande pecado". No seu lugar, ele propôs o ideal de uma vida simples baseada numa sociedade como a da vila indiana tradicional que ele imaginava, na qual cada membro cuidava dos outros com altruísmo. A verdadeira independência, como ele a concebeu em *Hind Swaraj* (1909), não era meramente uma questão dos indianos substituírem os britânicos no governo. Ela envolvia uma transformação integral da sociedade de baixo para cima, quando todos os indivíduos passassem a perceber seu verdadeiro valor espiritual. A forma ideal do Estado, para Gandhi, seria um agrupamento frouxo de repúblicas aldeãs quase autossuficientes. Recorrendo ao passado distante, Gandhi descreveu sua sociedade ideal evocando o reino mítico do deus Ram:

> Na minha opinião, *swaraj* e Ramarajya são a mesma coisa [...]. Chamamos um Estado de Ramarajya quando tanto o governante quanto seus súditos são francos, quando eles são puros de coração, quando são inclinados ao autossacrifício, quando exercem a moderação e o autocontrole ao mesmo tempo que gozam dos prazeres mundanos, e quando a relação entre eles é tão boa como aquela entre pai e filho.

Como Gandhi buscava uma transformação moral, e não simplesmente política, da sociedade humana, ele não podia aceitar a visão, comum em muitos movimentos nacionalistas, de que o fim – a liberdade – justificava quaisquer meios que fossem necessários para obtê-lo. Não apenas o líder deve renunciar a violência, mas seus seguidores também precisam ser disciplinados para aceitar sem retaliação todos os golpes que possam recair sobre eles. Da mesma forma, o amor transformador que Gandhi apresentava como a base de uma nova Índia devia abarcar não somente os indianos, do próspero *zamindar* ao desprezível intocável, mas igualmente os britânicos. Ninguém, seja muçulmano, hindu ou cristão, era inerentemente indigno.

Com o tempo, Gandhi abandonou a "resistência passiva" como descrição da sua estratégia em prol da mais ativa *satyagraha*, ou força da verdade. Para ele, a busca da *satyagraha* envolvia uma gama de comportamentos que juntos criariam uma Índia capaz de autogovernar-se, tanto do ponto de vista individual quanto nacional. Acima de tudo, ela envolvia a solução de disputas por meio da procura de verdades compartilhadas com um oponente que se deve sempre respeitar, e até amar. A busca da verdade por Gandhi envolvia, pela sua própria natureza, uma disciplina das paixões e o repúdio à violência. Uma dieta vegetariana, na visão dele, evitava a violência contra os animais, assim como o consumo de alimentos (como a carne) que inflamavam as paixões. Além disso, *o Mahatma* defendia *brahmacharya*, ou abstinência sexual, até dentro do casamento, e ele mesmo, depois de muitos anos de vida conjugal, renunciou às relações sexuais com sua mulher. A disciplina das paixões aquisitivas seria realizada pela simplicidade das vestes e pela promoção dos tecidos fiados à mão (*khadi*). Todo nacionalista deveria passar um certo número de horas por dia na roda de fiar.

Não se deve deixar que a figura atraente do *Mahatma* de tanga (ver **imagem 33**) obscureça aspectos da sua filosofia que expuseram Gandhi a acusações de presunção e condescendência. Ele estava preparado para amar seus oponentes, mas apenas nos seus termos, e sua atitude para com amplos segmentos da sociedade – entre eles os muçulmanos, mulheres e intocáveis – era definida por uma incapacidade ou relutância em aceitar a legitimidade de reivindicações que não concordavam com sua concepção de uma ordem moral apropriada. Acima de tudo, Gandhi nunca defendeu um repúdio integral do sistema de castas hindu, nem da estrutura familiar patriarcal. Assim como ele procurou aliviar a rigidez das castas e melhorar a condição dos intocáveis, por exemplo, ele sempre falava com a certeza paternalista do hindu de casta alta. Seus jejuns (a seu ver, uma forma de autopurificação ou autossofrimento para expiar seus erros, embora não fossem violentos), também podiam ser duramente coercitivos.

Gandhi nunca alegou falar em nome do hinduísmo e ele não almejava uma Índia declaradamente hindu. De fato, a não violência que ele pregava nunca foi um valor central da tradição hindu. Ao contrário dos nacionalistas hindus posteriores, Gandhi queria uma Índia baseada numa coalizão de comunidades religiosas, não de predominância hindu. No entanto, seus tre-

IMAGEM 33. Gandhi à sua escrivaninha.

jeitos, vestuário e vocabulário eram inteiramente imbuídos de hinduísmo. A religião, na sua opinião, formava a cola aglutinadora da nação. Até quando ele fazia uma abertura em direção a outras comunidades, o *Mahatma* incorporava de forma inevitável uma sensibilidade profundamente hindu. À medida que passaram os anos, ele transformou-a astutamente em vantagem política. Os custos, todavia, foram substanciais.

Apenas a personalidade de Gandhi não pode explicar sua ascensão à liderança do movimento nacional indiano. Numa sociedade amplamente pré-alfabetizada, grande parte do seu apelo residia no simbolismo visual que ele projetava, viajando pelo país como um camponês ordinário, em vagões de trem de terceira classe, usando a tanga dos santos hindus (*sannyasin*). Em cada estação onde parava nas suas viagens ele aparecia para falar num comício de massa. Essas imagens foram depois amplificadas por relatos da imprensa, fotografias e o novo veículo do jornal cinematográfico. Ademais, Gandhi oferecia à elite política da Índia uma estratégia poderosa de ação política. Embora alguns moderados ainda se agarrassem ao protesto constitucionalista, o fracasso dessa estratégia, depois do massacre de Amritsar, era evidente. A política populista das "ruas" também havia perdido a sua utilidade. A partir da época da campanha de proteção das vacas em 1892, erupções de sentimento popular demonstravam uma animosidade duradoura e profunda com relação ao colonialismo britânico na Índia. Apesar de esses movimentos terem obtido alguns sucessos, dos quais o mais importante foi a revogação da partição de Bengala, nem a conspiração das sociedades secretas, nem as turbas revoltosas nas ruas ofereciam perspectivas de uma Índia independente. Além disso, por ser um moralista que procurava a harmonia entre as classes, Gandhi oferecia à elite instruída uma garantia essencial. Os líderes do Congresso não eram marxistas nem ousavam arriscar sua própria predominância instigando animosidades de classe. Em Gandhi eles tinham um líder que podia ao mesmo tempo ter um apelo para aqueles fora do grupo restrito dos instruídos e, ainda assim, conter qualquer ameaça potencial à predominância deles na sociedade.

O poder do nome de Gandhi: defensores e adversários

Apesar de ter encontrado em 1919 um público receptivo para sua nova prática política – as multidões compareciam aos milhares para gritar "*Mahatma Gandhi ki jai*" (Vida longa ao Mahatma) –, o apelo de Gandhi nunca foi uniforme em toda a Índia, e muitos, ao segui-lo, faziam dele o *Mahatma* que queriam. Portanto, para entender o nacionalismo gandhiano, é necessário, de início, considerar quem o apoiava e por quê, assim como quem não o apoiava. Diante de uma falta de entusiasmo em grande parte da Índia, Gandhi garantiu a aprovação da não cooperação pelo Congresso somente através de uma aliança com os seguidores muçulmanos do *khilafat* otomano. Sem os seus votos, a moção de não cooperação do Congresso de setembro de 1920 teria sido derrotada. Porém, os khilafatistas eram diferentes de outros seguidores de Gandhi porque eram organizados separadamente sob seus próprios líderes e tinham, por vezes, suas próprias prioridades. Seus seguidores mais dedicados eram aqueles mais próximos dele em origem e sentimento. Na província do Guzerate, sua região natal, ele instalou seu *ashram*, perto da capital Ahmadabad; e nos seus arrabaldes rurais, ele organizou seus experimentos bem-sucedidos de agitação camponesa disciplinada. O que era chamado às vezes de aliança *vani-vakil-pattidar*, que reunia comerciantes e profissionais aos prósperos camponeses proprietários da casta *pattidar*, formava o núcleo constante de apoio para o ativismo social e moral, e também político, de Gandhi. Até os mais ricos comerciantes e industriais guzerates, que se poderia pensar que se oporiam à sua utopia de tecer à mão, empenharam tempo e dinheiro nas atividades do *Mahatma*. Afinal, eles compartilhavam valores comuns de casta e região e, haja vista que Gandhi incentivava a produção *swadeshi*, enxergavam lucro para suas empresas manufatureiras.

Fora do Guzerate, o nacionalismo gandhiano floresceu mais fortemente no vale intermediário do Ganges, especialmente nas províncias de Bihar e nas Províncias Unidas. Nesse coração populoso do "Hindustão", Gandhi encontrou seguidores dedicados, homens como Govind Ballabh Pant e Motilal Nehru (1861-1931), bem como o filho de Nehru, Jawaharlal (1889-1964), que acabaria sendo escolhido para ser seu sucessor. Nessa região também, como no Guzerate, Gandhi atraiu para si a elite profissional, a comunidade comerciante e o campesinato mais numeroso. Mas o compromisso desses homens com o seu programa era muitas vezes de um tipo diferente daquele dos seus contrapartes no Guzerate. Homens como os Nehrus, comprometidos com uma Índia moderna que pudesse fazer frente ao Ocidente industrializado, viam pouca coisa de atraente no pastoralismo utópico de Gandhi ou no seu ascetismo moralizante. O jovem Jawaharlal Nehru até via na Rússia socialista um modelo de desenvolvimento econômico. Como ele disse num discurso ao Congresso em 1936:

> Não vejo outro caminho para eliminar a pobreza, o amplo desemprego, a degradação e a sujeição do povo indiano senão através do socialismo. Isso envolve mudanças amplas e revolucionárias na nossa estrutura política e social [...] o fim da propriedade privada, exceto num sentido restrito, e a substituição do atual sistema de lucro por um ideal mais alto de serviço cooperativo [...]. Se o futuro é cheio de esperança, é em grande parte graças à Rússia soviética e ao que ela fez.

Mesmo assim, Jawaharlal tinha de reconhecer que Gandhi era "um homem de personalidade imperiosa que inspirava devoção em milhões de indianos", que graças a ele o povo da Índia deixou de ter medo dos britânicos e "fortaleceu sua espinha e levantou sua cabeça". Em parte simplesmente porque Gandhi oferecia ao nacionalismo indiano uma perspectiva de sucesso em vez dos impasses de um constitucionalismo ineficaz e de um terrorismo autodestrutivo, mas também porque eles podiam orgulhar-se do modo como esse "*Mahatma*" incorporava o espírito "autêntico" de uma Índia renovada, os Nehrus, pai e filho, e muitos como eles, aderiram ao movimento de não cooperação. Muitas vezes, o preço era alto, pois Gandhi exigia a devolução dos títulos e honrarias governamentais, o abandono de práticas advocatícias frequentemente lucrativas e longos períodos na cadeia. Mas os sacrifícios eram feitos com prazer, pois, como escreveu Jawaharlal Nehru na sua autobiografia, "tínhamos um sentimento de satisfação por estarmos fazendo um trabalho político efetivo que estava mudando a realidade da Índia diante dos nossos olhos" e até, ele admitiu, "uma sensação agradável de superioridade moral sobre nossos oponentes".

Em Bihar e nas Províncias Unidas, o grito de *"Mahatma Gandhi ki jai"* irradiava na direção dos sopés do Himalaia e dos arrendatários oprimidos pelos grandes proprietários rurais da região. Porém, nessas regiões remotas, à medida que circulava entre camponeses empobrecidos, a mensagem gandhiana assumiu formas inesperadas. Gandhi e seus trabalhadores voluntários nas localidades haviam concebido o que eles viam como um papel apropriado para as massas de camponeses. Elas deviam comparecer aos milhares e receber *darshan*, em que o devoto entra na presença do divino e obtém sua bênção, nesse caso a do *"Mahatma"*. Contudo, elas não deviam agir por iniciativa própria, sem instruções, nem deviam em qualquer hipótese desafiar as gritantes distinções de classe que estruturavam suas vidas. Não era fácil conter dessa forma a ação ou a crença dos camponeses. Desde o início da atuação de Gandhi na liderança do movimento nacional, como Shahid Amin argumentou de forma convincente, o campesinato fez desse *"Mahatma* de grande alma" o possuidor de poderes ocultos, um homem mágico capaz de corrigir as injustiças e transformar as relações de poder exploradoras da sociedade rural. Suas benesses assumiam até mesmo a forma de regeneração de árvores e poços:

> Na *mohalla* de Humayunpur [...] duas árvores mortas que haviam caído no jardim de Babu Yugal Kishore, *vakil*, enraizaram-se novamente! Muitos acreditam que isso se deve à graça do Mahatmaji. Isso porque a pessoa que cortou as árvores disse que, se o poder espiritual do Mahatmaji fosse genuíno, as árvores se reergueriam sozinhas! Milhares de pessoas acorrem ao local todos os dias e *batashas* [um tipo de doce], dinheiro e adornos são oferecidos por homens e mulheres.

De fato, Gandhi, por ser capaz de remover aflições, foi inserido no panteão das divindades hindus; e *swaraj* assumiu a forma do advento do fim dos tempos, no qual os impostos e a opressão de todo tipo desapareceriam. Para apressar o advento dessa ordem milenar, os camponeses das Províncias Unidas não hesitaram, em nome de Gandhi, em saquear os bazares e atacar os proprietários rurais. Finalmente, em fevereiro de 1922, num incidente que levou Gandhi, tomado de horror, a cancelar todo o movimento de não cooperação, uma turba de camponeses em Chauri Chaura, no distrito de Gorakhpur, trancou 22 policiais indianos no posto da polícia local e ateou fogo ao prédio, matando todos os que estavam dentro dele.

Em algumas regiões e entre certos grupos, Gandhi encontrou muito pouco apoio, ou na melhor das hipóteses muito relutante, para a não cooperação. Nos Estados principescos, assim como nas montanhas parcamente habitadas da Índia Central, a mensagem gandhiana fracassou, pois os voluntários do Congresso, com frequência estudantes urbanos, não tinham vias de acesso. Os príncipes, mantidos no poder pelos britânicos desde 1858, estavam determinados a manter seus Estados protegidos do nacionalismo, enquanto as ferrovias e os jornais raramente penetravam os distritos de selva densa do interior. Os elementos considerados mais inferiores da ordem social, os artesãos e os sem-terra, preocupados com a luta desesperada pela subsistência, também estavam excluídos. Alguns deles, na verdade, especialmente entre os intocáveis, como veremos, desdenhavam a tentativa de Gandhi de agir em seu nome e preferiam organizar-se separadamente sob líderes que abordavam suas próprias preocupações.

Talvez não surpreenda que a oposição mais intensa a Gandhi e ao seu novo estilo de atividade política tenha vindo daqueles que viram sua própria preeminência ameaçada por esse guzerate emergente com suas ideias originais de não cooperação. Os adeptos mais relutantes de Gandhi eram aqueles que haviam liderado o Congresso antes de 1920, especialmente as elites instruídas de Calcutá, Bombaim e Madras. Os *bhadralok* de Bengala, por exemplo, comprometidos com os métodos constitucionais, gozavam de benefícios substanciais pela sua participação nos tribunais e conselhos legislativos e não apreciavam a ideia de abrir mão deles, nem se importavam em deflagrar movimentos de massa cujos resultados eles não podiam controlar. C. R. Das (1870-1925), à frente do Congresso de Bengala, juntou-se a Gandhi somente no último minuto, na sessão especial do Congresso em setembro de 1920, quando percebeu que não poderia derrotar o programa de não cooperação. Da mesma forma, os partidários de Tilak em Maharashtra arrastaram os pés até que a morte de Tilak em 1920 abriu caminho para ativistas políticos mais jovens e mais militantes. Outros não gostavam do que o poeta Rabindranath Tagore chamava do enfoque "estreito" de Gandhi num único campo em detrimento de uma simpatia cosmopolita mais ampla. "Para todos", escreveu Tagore, "ele diz apenas: fie e teça, fie e teça". Um fato de extrema importância foi que M. A. Jinnah, cujas habilidades políticas haviam sido apuradas em cooperação com Gokhale e que era comprometido com o constitucionalismo, renunciou ao Congresso e aderiu à Liga Muçulmana, em vez de apoiar o que ele via como um movimento de massa desordeiro, infundido de símbolos religiosos.

Muitas vezes, também, a adesão de um grupo levava os rivais locais a juntar-se a partidos de oposição ou permanecer neutros. Por exemplo, no *hartal* de Bombaim em 1919, a liderança assumida pelas classes empresariais guzerates manteve os trabalhadores industriais maratas em casa.

Como escreveu um observador da época: "Os maratas raramente esquecem que são maratas e que ele [Gandhi] é guzerate; entre eles, a popularidade dele é intermitente e oscilante". No Punjab e em Madras, antagonismos provinciais de casta e de classe restringiram a base de apoio de Gandhi durante toda a década de 1920. Em ambas as províncias, os principais partidários do Congresso eram comerciantes e profissionais urbanos. No Punjab, a predominância dessa classe no Congresso incentivou a população rural majoritária, tanto hindu quanto muçulmana, proprietários rurais e arrendatários, a organizar seu próprio Partido Unionista concorrente sob a liderança dos proprietários rurais. Os punjabis rurais, sustentados pelos lucros que os agricultores haviam obtido graças à Lei de Alienação de Terras de 1901 e com suas alianças eleitorais entre classes cimentadas por laços tribais, participaram de modo desafiador do sistema político reformado e mantiveram os unionistas no poder até meados dos anos 1940. Nas regiões tâmiles do Sul, onde a comunidade brâmane havia defendido por muito tempo a causa nacionalista e dominado a *Home Rule League* [Liga do Estatuto do Lar] de Annie Besant, os não brâmanes desconfiados não viam sentido em substituir o domínio dos britânicos pelo dos brâmanes. Eles também se opunham à pregação de Gandhi do híndi como língua nacional. Por isso, proprietários rurais não brâmanes abastados organizaram o Partido da Justiça, que, no poder ao longo dos anos 1920, trabalhou com os britânicos para garantir uma maior parcela de governo e vagas na universidade para a sua comunidade.

A aliança entre o Congresso e os muçulmanos, um produto, como vimos, do Pacto de Lucknow de 1916, ganhara força à medida que a guerra se aproximava do seu fim. Com a derrota da Turquia, complementada pelo Tratado de Sèvres de 1920, de caráter punitivo, quantidades cada vez maiores de muçulmanos indianos começaram a temer pela independência do sultão otomano, cuja posição de califa do Islã oferecia, na visão deles, um fulcro ordenador que sustentava o direito e a fé dos muçulmanos em toda parte. A questão suscitou a primeira mobilização em massa de muçulmanos, que se desdobrou em assembleias, oratório e marchas de protesto. Ao fazê-lo, a agitação *khilafat*, com sua organização característica e repertório simbólico, ajudou a definir a identidade emergente dos "muçulmanos indianos".

O apoio britânico às duras sanções contra a Turquia no acordo pós-guerra aproximou grandes quantidades de muçulmanos, dos *deobandis* conservadores aos diplomados de educação ocidental de Aligarh, cada vez mais de Gandhi, para quem o tratamento dado à Turquia pelos britânicos merecia a mesma condenação que aquele dado à Índia. Em nenhum momento, porém, mais que uma parte desses muçulmanos aderiu ao Partido do Congresso como indivíduos. O Comitê Khilafat de Toda a Índia, embora coordenasse suas atividades estreitamente com Gandhi, sempre permaneceu um órgão separado; e sua visão do futuro da Índia, conforme elaborada pelos *'ulama* da Jamiat Ulama-e Hind, não era menos utópica que a do próprio Gandhi. As propostas apresentadas pela Jamiat imaginavam uma Índia composta de duas comunidades separadas – hindus e muçulmanos –, cada qual com seu próprio direito, sistema judiciário e sistema educacional. Apesar da sua posição anticolonial, a Jamiat fazia pouco caso do apelo do Congresso por um governo soberano com autoridade sobre cidadãos que compartilhavam objetivos e aspirações comuns. Em vez disso, os muçulmanos da Índia, embora dispersos por todo o país e divididos pela língua e pelos costumes, viveriam, na medida do possível, numa espécie de isolamento autoimposto, mais ou menos como Gandhi imaginava as comunidades aldeãs: juntos, mas separados dos seus semelhantes.

A aliança Congresso-Khilafat foi evocada muitas vezes por nacionalistas indianos, nos anos posteriores a 1947, numa espécie de devaneio nostálgico, como uma era de amizade que antecipava um caminho que não havia sido trilhado – o de uma Índia independente e indivisa. Decerto, esses anos de 1916 a 1922 representaram um período de harmonia comunitária que nunca seria recuperada. Mas as distinções entre as comunidades não foram rompidas. Nem Gandhi nem os líderes do Khilafat conceberam em algum momento uma Índia na qual as comunidades religiosas não fossem os atores principais. De fato, a organização de processões e assembleias paralelas mas separadas pelo Congresso e pelos khilafatistas só fez intensificar, e assim institucionalizar, essa distinção entre as comunidades. Até a própria bandeira *khilafat* manifestava visivelmente a diferença comunitária expondo o crescente muçulmano, a constelação auspiciosa conhecida pelos hindus como *saptarishi* – os sete *rishis* – e o Union Jack. Por isso, não surpreende que a união entre hindus e muçulmanos tenha ruído quando o único fio que os ligava foi cortado. Em 1924, o novo regime secular de Atatürk aboliu o *khilafat*. Privados dessa reivindicação comum e com suas ambições políticas intensificadas pela promessa de poder feita nas reformas Montagu-Chelmsford, os líderes hindus e muçulmanos voltaram-se cada vez mais para a mobilização de seguidores por meio do uso dos símbolos distintos de cada religião. O resultado foi uma era explosiva de revoltas e recriminação.

O CURSO DA NÃO COOPERAÇÃO

Para os britânicos, a opção de Gandhi pela não cooperação oferecia um dilema aparentemente insolúvel. Ao longo dos anos, os britânicos haviam concebido estratégias cada vez mais eficazes para lidar com os nacionalistas. Os moderados podiam ser conciliados ou ignorados; os terroristas revolucionários podiam ser trancados na cadeia e deixados lá por anos a fio. Mas a não cooperação de Gandhi era uma novidade desconcertante, e os britânicos não souberam de início como reagir. Os conservadores na metrópole, junto com os militares na Índia, pediram uma repressão aberta pela força. Porém, o Governo da Índia, receoso de enfrentar outros massacres como o de Amritsar e ansioso para obter algum apoio para a nova constituição da diarquia, especialmente entre os grandes grupos de opinião que não morriam de amores por Gandhi, não queria arriscar políticas que contrariariam ainda mais o povo indiano. Além disso, eles perceberam que espancar e prender grandes quantidades de manifestantes pacíficos faria que o Governo, e até os britânicos como um todo, parecessem opressores aos olhos do mundo e até de si mesmos. De fato, Gandhi tinha concebido esse tipo de agitação em parte com esse objetivo em mente – ao tomar a ascendência moral para si, ele queria apelar para a consciência britânica e fazê-los sentir que estavam violando seus próprios princípios se agissem com força contra ele. Contudo, o governo não podia apoiar o *Mahatma* abertamente, nem aceitar suas reivindicações políticas. O império britânico na Índia ainda importava para a maioria dos ingleses, em parte porque, na década de 1920, o mercado indiano assumira importância ainda maior como escoadouro crucial para as exportações britânicas. Por outro lado, exceto alguns liberais cristãos como C. F. Andrews, em geral os britânicos não confiavam em Gandhi. A rejeição desdenhosa de Gandhi como um "faquir seminu" por Churchill já em 1931 ecoava a maioria da opinião britânica. Embora os vice-reis fossem ocasionalmente tentados, como veremos, a chegar a um acordo com Gandhi, eles eram sempre impedidos pela força do sentimento imperialista e conservador.

Por isso, os britânicos eram impelidos em direção a uma política de manipulação delicada e complexa. No seu modo de ver, eles tinham de tratar Gandhi com gentileza suficiente para que ele não se tornasse um mártir aos olhos dos indianos; porém, ao mesmo tempo, eram obrigados a agir de maneira suficientemente enérgica para deixar visível para todos que eram eles, e não Gandhi, que estavam no comando. Na prática, isso significava muitas vezes que, em vez de prendê-lo imediatamente, os britânicos o seguiam e o vigiavam, dando-lhe, por assim dizer, muitas oportunidades de encrencar-se. Durante o movimento de não cooperação de 1920-22, essa política de contenção trouxe bons dividendos. Gandhi não foi incomodado enquanto fazia sua campanha, até a matança em Chauri Chaura; depois disso, quando a opinião indiana voltou-se contra a não cooperação e o próprio Gandhi renunciou a ela, os britânicos sentiram que havia chegado o momento em que eles podiam prendê-lo com segurança. O julgamento subsequente do *Mahatma* por sedição, longe de provocar um levante, apenas marcou o fim desse primeiro movimento. Com flexibilidade tática, usando as habilidades que eles aprimoraram durante esse primeiro embate com Gandhi, os britânicos puderam impedir que o nacionalismo ganhasse um ímpeto que pudesse derrubá-los. Eles foram habilidosos ao esperar que os momentos de agitação passassem, tiraram partido dos períodos de aquietação e mantiveram assim o controle do processo de restituição do poder. Mas a manipulação era pouco para suspender ou reverter o escoamento contínuo da autoridade britânica.

Com o término da primeira campanha gandhiana de não cooperação, as relações britânicas com o Congresso caíram num padrão que, embora não pudesse ser chamado de amistoso, ainda se baseava num conjunto de pressupostos compartilhados que moldaram o crescimento do nacionalismo indiano no quarto de século de 1922 a 1947. O primeiro deles era a convicção britânica de que eles podiam ter certeza de que Gandhi não insuflaria uma revolução violenta. Nos primeiros anos depois de 1919, muitos britânicos estavam convencidos de que o *Mahatma* estava alimentando um redemoinho que ele não poderia controlar. As repercussões de Chauri Chaura asseguraram-lhes que, embora não apoiasse o domínio britânico, Gandhi ainda estava comprometido com um curso de ação não violenta. Isso tornava crível a política de observar e aguardar, de contenção suave em vez de recurso imediato à força. Do lado de Gandhi, o repúdio por parte dos britânicos, depois de Amritsar, diante de um governo de militares podia ser a esperança de que talvez um apelo aos valores morais britânicos pudesse funcionar, que as consciências britânicas pudessem ser despertadas, o que incentivou Gandhi a permanecer dentro dos limites da não violência. Uma revolução violenta não era apenas moralmente errada, mas desnecessária.

Decerto, diante de uma provocação extrema o Congresso poderia, especialmente em 1942, como veremos, acenar para a violência; ao passo que os britânicos, diante da desobediência civil generalizada, recorreram às vezes com extrema brutalidade, marcada por acusações de *lathi* e prisões em massa. Mesmo assim, um grau surpreendente de razoabilidade, e até de verdadeira boa vontade, dominava as tratativas entre os britânicos e o Congresso. Talvez seja estranho que isso tenha se manifestado mais visivelmente na cadeia, onde os líderes do Congresso recebiam acomodações especiais classe A que lhes autorizavam o acesso a livros, visitas e comida não permitidos a prisioneiros comuns. O julgamento de Gandhi por sedição em 1922 deu o tom. Depois de descrever como os eventos de 1919 o haviam levado a "pregar o desafeto" pelo domínio britânico, ele passou a solicitar e submeter-se com alegria à pena mais alta que lhe pudesse ser infligida. O juiz, por sua vez, disse que as acusações acarretavam uma pena de prisão de seis anos, mas acrescentou que, se mais tarde o governo julgasse conveniente reduzir a pena, ninguém ficaria mais satisfeito do que ele mesmo. Gandhi também usou o julgamento para exprimir de maneira sensacional elementos centrais do seu estilo político. Ele recusou-se a ser colocado na posição impotente e humilhante do réu ordinário e declarou-se culpado de modo desafiador, até tomando para si a responsabilidade pelos atos de outros. No processo, adotou noções britânicas de "justiça", mas também as repudiou, por serem incompatíveis com o colonialismo. Ao mesmo tempo, ao atrair o sofrimento para si próprio, ele incrementou seu papel de santo que faz sacrifícios para o bem de todos.

Como deixou claro o colapso da não cooperação depois de Chauri Chaura, o movimento em direção à independência não seria marcado por uma pressão contínua e implacável, exercida ano após ano. Ao contrário, as atividades do Congresso dos anos 1920 e 1930 até os anos 1940 passaram por uma série de altos e baixos, tanto em intensidade quanto em foco. Podemos identificar, talvez, três grandes ciclos. Cada um deles começou com um ato crasso de provocação por parte dos britânicos. Seguiu-se então uma escalada da comoção que culminou num programa de desobediência civil sob a liderança de Gandhi. Os britânicos reagiram com uma combinação criteriosa de concessões e prisões. Depois, cada vez mais desmoralizados, com seu entusiasmo desgastado, os líderes nacionalistas caíram lentamente em inatividade. O resultado foi um período prolongado de aquietação. Durante esses anos, Gandhi retirou-se da política e mergulhou no que ele chamava de seu trabalho "construtivo", sobretudo a promoção da fiação manual e o melhoramento da condição dos intocáveis. Enquanto isso, os membros politicamente mais engajados do Congresso, atraídos pelo chamariz dos parlamentos reformados, que ofereciam oportunidades cada vez maiores de deter poder dentro do sistema, abandonavam a não cooperação em troca de uma participação ativa na ordem política da Índia britânica. Esse estilo de atividade política continuava até que outro incidente provocador desencadeasse mais uma explosão de entusiasmo nacionalista.

Depois de 1922, quando a não cooperação ativa entrou numa fase de aquietação, um certo número de eminentes políticos do Congresso, entre eles C. R. Das e Motilal Nehru, ansiosos por entrar novamente na lida, formaram o Partido Swaraj dissidente e contestaram com sucesso as eleições para as assembleias reformadas com o objetivo, nunca realizado, de "destruí-las" a partir de seu interior. Simultaneamente, com o incentivo de Gandhi, o movimento *khadi*, através da Associação dos Fiadores de Toda a Índia, assumiu uma forma organizada. Para os nacionalistas gandhianos, a importância do *khadi* ia muito além do seu papel como significante da produção *swadeshi*, ou mesmo sua afirmação do valor do trabalho manual artesanal. O uso desse tecido rude e simples, geralmente branco, ao erradicar as distinções de região junto com as de casta, classe e religião, definia o usuário como membro de uma nação indiana universal. Ao rejeitar a visão britânica da Índia como um país de comunidades separadas cujos diversos estilos de roupa anunciavam visualmente seu despreparo para o autogoverno, o *khadi* construía uma Índia que era unida, disciplinada e coesa.

Ademais, o *khadi* abriu novas oportunidades para as mulheres indianas. Se antes a retórica nacionalista havia definido as mulheres como as guardiãs de uma Índia "espiritual" interior, agora, ao fiar e usar o *khadi*, as indianas participavam ativamente da criação da nação. Essa transformação não foi fácil nem ausente de complicações. Muitas mulheres da elite relutavam em abandonar os sáris de seda cintilante que definiam sua condição elevada para usar o rude tecido branco associado anteriormente às prostitutas, às viúvas e aos pobres. Algumas delas, e não apenas mulheres mas também homens como Nehru, procuraram um compromisso usando fazendas com alto número de fios ou texturizadas. Ainda assim, o *khadi* era importante porque, como escreveu Gandhi, esse tecido "une todos os irmãos e irmãs da Índia num só, que purifica e enobrece suas almas e os erguerá da vida atual de pobreza e servidão em direção à liberdade". O poder visual do *khadi* transparece facilmente nas vestimentas contrastantes do Congresso em 1919 (**imagem 34**), onde as roupas ocidentais ainda predominavam, e numa reunião de trabalhadores do Congresso em 1924 (**imagem 35**), onde prevalece o simples *khadi*, com o *topi* (gorro) gandhiano.

Levantes agrários e industriais

Junto com a ascensão do Congresso gandhiano, os anos imediatamente posteriores à guerra também assistiram ao surgimento de movimentos de

IMAGEM 34. Delegados na sessão de 1919 do Congresso em Amritsar.

IMAGEM 35. Trabalhadores do Congresso na Índia meridional, 1924. Jawaharlal Nehru (com faixa) no centro da fileira dianteira.

protesto baseados em classes. Estes alimentavam-se do deslocamento econômico dos últimos anos da guerra. No curto período entre 1917 e 1920, o nível dos preços subiu quase 50% e o dos alimentos básicos que constituíam a base da alimentação dos pobres aumentou mais que o dos produtos agrícolas de qualidade superior. Combinadas com os efeitos de uma monção fraca e da pandemia de gripe de 1918, as privações desses anos levaram a uma variedade de protestos. Os mais eminentes foram os movimentos *kisan sabha* (sociedade camponesa) de 1920-22 nas Províncias Unidas e em Bihar. Sob a liderança do carismático Baba Ramchandra, esse movimento, que tinha maior apelo nos distritos dominados pelos proprietários rurais no Sul e no Leste de Oudh, procurou pôr os interesses dos camponeses (e não nacionalistas) no topo da agenda. Ao aconselhar arrendatários a não pagar tributos injustos, tornados mais onerosos devido aos altos preços dos alimentos, Ramchandra inspirou uma série de manifestações sediciosas nas propriedades fundiárias. Às vezes, os manifestantes também atacavam bazares e bens dos mercadores numa tentativa de garantir preços fixos para produtos básicos. Os habitantes dos sopés do Himalaia exprimiram sua insatisfação invadindo e ateando fogo em reservas florestais. No entanto, esses protestos camponeses obtiveram pouco resultado. Apesar da oposição dos proprietários rurais, os britânicos aprovaram uma legislação que limitava o aumento dos impostos e protegia os arrendatários contra o despejo. Mas essa lei não alterou fundamentalmente as bases do poder rural. De fato, esse desafio ao poder dos proprietários rurais só serviu para impulsioná-los na arena política, onde o chamado Partido Nacional Ruralista integrou o governo sob a diarquia constitucional nas Províncias Unidas.

Em comparação aos britânicos, o Congresso oferecia somente um pouco mais de apoio a esses movimentos camponeses. O jovem Jawaharlal Nehru, que nunca havia posto o pé numa aldeia na sua vida, retornou em 1920 de uma temporada de "andanças entre os *kisans*" para expressar sua simpatia pelo seu sofrimento. Posteriormente, inspirado por ideais socialistas, como vimos anteriormente, ele afirmou que uma distribuição mais justa da riqueza era essencial para a independência plena. Porém, afastado pela luta nacionalista, e frequentemente na cadeia, Nehru não teve a oportunidade de oferecer liderança ao meio rural. Gandhi, por sua vez, era abertamente hostil a qualquer agitação baseada em classes. Ele estava disposto a apoiar a luta rural somente quando ela fosse dirigida contra os britânicos, como na *satyagraha* inicial em Champaran contra os agricultores britânicos, que forçavam os camponeses a plantar índigo em condições desfavoráveis, e na sua rigidamente organizada "campanha de imposto zero", na qual camponeses *pattidar* proprietários de terras em regiões selecionadas da sua província natal do Guzerate, sobretudo em Bardoli em 1928, recusaram-se a pagar os impostos fundiários cobrados pelo governo. Inspirado pela visão de uma sociedade organizada sem o autointeresse capitalista, ele apelou aos ricos proprietários rurais e industriais indianos para agirem como avalistas dos menos privilegiados. Essa noção de harmonia de classes favorecia, é claro, os interesses políticos do Congresso: quando uma classe não era jogada uma contra a outra, todas podiam trabalhar juntas em prol da luta anticolonial. Além disso, esses conselhos não eram antipáticos aos olhos dos grupos que formavam o grosso dos partidários do Congresso. Nem o próspero industrial *marwari* nem o proprietário camponês que arava sua terra com o auxílio de lavradores de casta baixa em situação de servidão por dívida tinham muito entusiasmo pela guerra de classes ou por uma redistribuição da propriedade com a qual eles certamente sairiam perdendo. Como veremos, nem na sua passagem pelos ministérios em 1937-9, nem depois de 1947 o Congresso promulgou uma legislação abrangente de reforma agrária.

Os anos de desassossego que se seguiram à Primeira Guerra Mundial também conheceram uma onda sem precedentes de greves entre os trabalhadores das fábricas, acompanhada pela formação dos primeiros sindicatos da Índia. Por meio do Congresso de Sindicatos Trabalhistas de Toda a Índia, o Congresso procurou controlar e subordinar aos seus próprios intentos nacionalistas o movimento sindical nascente. Mas a liderança de classe média do Congresso era incapaz de conter a militância dos operários do chão de fábrica. Assim, a organização sindical forneceu uma abertura para os comunistas nascentes da Índia. Inspirado pelo sucesso da revolução bolchevique de 1917 na Rússia, o revolucionário engajado M. N. Roy (1887-1954), que viveu no exílio no México e depois na União Soviética, criou o Partido Comunista da Índia em 1920. Embora o partido tivesse sido proibido e Roy continuasse no exílio, em meados dos anos 1920, os organizadores comunistas haviam criado sindicatos e organizado greves nas fábricas indianas de tecido, juta e aço, bem como nas oficinas ferroviárias. Em 1928, quando trabalhadores da indústria têxtil de Bombaim ficaram em greve por mais de seis meses para protestar contra cortes salariais, os comitês de trabalhadores das fábricas uniram-se para formar o sindicato Girni Kamgar, liderado por comunistas, que no seu apogeu contou cerca de 60 mil membros.

Todavia, esses sucessos foram de curta duração. A repressão governamental foi feroz. Um julgamento por "conspiração", ocorrido em 1929, terminou com a prisão de todos os principais líderes comunistas por mais de quatro anos. Sem apoio de Gandhi e do Congresso, e visto muitas vezes com desconfiança até pelos próprios trabalhadores (pois muitos dos seus líderes eram homens de casta alta que nunca haviam exercido um trabalho manual), o Partido Comunista Indiano teve grandes dificuldades para consolidar sua posição. Ao contrário dos seus colegas chineses liderados por Mao nesses anos, eles nunca conseguiram penetrar no campo. Obtiveram sucesso apenas em áreas onde conseguiam apoio de líderes *kisan* descontentes, como Swami Sahajanand em Bihar. Mudanças abruptas na "linha" do Partido Comunista, decididas em Moscou, deixaram os comunistas indianos ainda mais à deriva e ineficazes.

Fora do nacionalismo "oficial", existia um populismo renitente que não era disciplinado nem pelos comunistas, nem pelo Congresso gandhiano. Fomentado por uma sensibilidade hindu e uma admiração pela violência, esse populismo manteve vivos na era gandhiana elementos do movimento de proteção das vacas do final do século XIX e da campanha terrorista do início do século XX. As histórias convencionais não o levaram em conta em grande parte porque, como notou recentemente Christopher Pinney, as provas de sua existência e a própria inspiração do movimento assumiam a forma de estampas, cartazes e outras formas de imagens visuais. Expresso com frequência em termos alegóricos, com divindades hindus representando figuras políticas, esse nacionalismo populista celebrava heróis martirizados que haviam morrido ao enfrentar os britânicos. O mais destacado entre eles era Bhagat Singh. Em dezembro de 1928, Bhagat Singh matou um alto oficial de polícia britânico em Lahore; vários meses mais tarde, ele jogou bombas na Câmara Legislativa. Sentenciado e enforcado, ele alcançou fama imortal pela sua imitação dos trajes e modos britânicos, os quais lhe permitiram não ser identificado durante algum tempo. Sempre representado com um chapéu de feltro inglês, ele era, como Subhas Chandra Bose depois dele, a antítese de Gandhi. A ampla disseminação da sua imagem em fotografias e cartazes, bem como sua inclusão subsequente no panteão nacionalista, são uma prova do poder daquilo que tanto os britânicos quanto o nacionalismo gandhiano procuravam suprimir.

Não cooperação: a segunda rodada, 1927-1934

Em 1927, ao antecipar em dois anos a revisão legal das reformas Montagu-Chelmsford, o governo britânico instituiu uma comissão, dirigida pelo liberal sir John Simon, para recomendar uma nova reforma da Constituição indiana. Porém, em vez da gratidão esperada, os britânicos só colheram animosidade, pois todos os membros da comissão pertenciam ao Parlamento britânico. Para um espectro extraordinariamente amplo da opinião indiana, do Congresso e da Liga Muçulmana aos nacionalistas hindus e aos liberais moderados, essa comissão exclusivamente britânica manifestava a pressuposição de que os indianos eram incapazes de decidir seu próprio futuro, de que ainda eram crianças que precisavam de pais oniscientes para legislar por elas. Esse erro crasso inaugurou o segundo grande ciclo da não cooperação gandhiana, que durou, com uma breve trégua em 1931, de 1930 a 1934.

Diante dessa hostilidade inesperada, o vice-rei lorde Irwin (1927-31), apoiado por um governo trabalhista recém-chegado ao poder na Grã-Bretanha, emitiu uma declaração segundo a qual o resultado natural do progresso constitucional da Índia seria a condição de "Domínio". Praticamente a mesma coisa havia sido dita por Montagu em 1917 e ainda não havia um calendário para a independência. Não obstante, dado que os domínios de colonização branca, como o Canadá e a Austrália, haviam obtido recentemente o controle pleno de seus assuntos internos e externos, a declaração de Irwin implicava que a Grã-Bretanha tinha abandonado qualquer esperança de conservar uma autoridade permanente sobre um domínio indiano. Como a desconfiança dos indianos com relação à Comissão Simon não dava sinais de atenuação, e os planos para outro movimento de não cooperação já estavam em curso, o governo de Ramsey MacDonald foi levado, em 1930, a mais uma concessão. Deixando o desamparado Simon sem socorro, os britânicos convocaram uma série de conferências em Londres, para as quais todos os elementos da opinião política indiana foram convidados e das quais se esperava que um esquema consensual de reforma constitucional pudesse surgir. Essa expectativa de MacDonald se mostraria equivocada.

Durante o ano de 1928, enquanto o maquinário da não cooperação era azeitado, os nacionalistas indianos apressaram-se para produzir algum frente comum que eles pudessem apresentar aos seus governantes. O mais notável desses documentos, o chamado *Relatório Nehru*, batizado com o nome do seu autor Motilal Nehru, era não somente inaceitável para os britânicos, por causa da sua exigência de autonomia imediata, mas ampliava o fosso já existente entre o Congresso e grande parte da opinião muçulmana. Ao repudiar o compromisso de 1916 do Congresso com eleitorados comunitários separados, o Relatório Nehru traçava um plano para uma Índia federal bastante similar à que surgiu depois de 1947, com um centro forte que possuía todos os poderes residuais e sem assentos reservados no parlamento federal para a comunidade muçulmana. Longe de apaziguar os temores muçulmanos, o Relatório Nehru só reacendeu a suspeita de um "*Raj* hindu", e uniu a maioria dos líderes políticos muçulmanos, exceto um pequeno grupo de "muçulmanos nacionalistas", na oposição ao Congresso. Jinnah, por exemplo, estava pronto para abrir mão dos eleitorados separados se pudesse conseguir um terço de assentos reservados no Legislativo e a atribuição de poderes residuais às províncias. Este último objetivo destinava-se a garantir uma autonomia relativa para as províncias de maioria muçulmana, mas conflitava necessariamente com aqueles, como Nehru, que desejavam um governo central forte, capaz de implementar políticas em toda a Índia.

Posteriormente, essa desconfiança jamais foi superada. Contudo, o caminho a seguir, enquanto os líderes muçulmanos brigavam entre si, foi incerto por muito tempo. Eles nunca procuraram instituir políticas de base islâmica, mas sim identificar estratégias para proteger os interesses dos muçulmanos da Índia. Seus desacordos diziam respeito aos meios constitucionais mais eficazes para alcançar esse fim. Não havia, nesses anos, uma visão de um Estado muçulmano separado. Como escreveu Muhammed Ali, líder ocasional do Khilafat, em 1930: "Pertenço a dois círculos de tamanho igual mas que não são concêntricos. Um é a Índia e o outro é o mundo muçulmano [...]. Pertencemos a esses círculos e não podemos deixar nenhum deles".

O segundo movimento de não cooperação, ou desobediência civil, tinha muitos elementos em comum com o primeiro, mas também comportava diversas características únicas. A mais surpreendente foi a decisão de Gandhi de inaugurar o movimento em março de 1930 com uma marcha de 380 km do seu *ashram* até o mar, seguida por uma fabricação ilícita de sal a partir da fervura de água marinha. Como o imposto sobre o sal não era uma das principais fontes de receita do governo, muitos membros do Congresso contemplaram estarrecidos, enquanto os britânicos, intrigados, apenas observaram. Mas a marcha do sal foi um golpe de gênio. A figura frágil de Gandhi caminhando adiante com seu cajado para enfrentar o imperialismo britânico acerca do acesso a um produto básico logo se tornou o foco de atenção solidária, não apenas na Índia, mas no mundo todo, sobretudo nos Estados Unidos, onde a marcha do sal trouxe o *Mahatma* à atenção do público pela primeira vez. A poderosa imagem visual da marcha foi reforçada ainda mais pelas fileiras de manifestantes vestidos de *khadi*, incluindo, pela primeira vez, participantes femininas. O governo prendeu Gandhi logo depois da marcha, mas o estrago já tinha sido feito. Mais disciplinado na sua organização (apesar de menos apocalíptico nas suas expectativas) do que seu predecessor uma década antes, o movimento de desobediência civil espalhou-se rapidamente por toda a Índia. Seu apelo foi reforçado pela Grande Depressão. À medida que os preços caíam, os agricultores, presos num dilema entre as receitas em queda dos seus produtos e os impostos fundiários inflexíveis, voltaram-se rapidamente para a desobediência civil, enquanto os comerciantes julgavam os *hartals* muito menos onerosos numa depressão do que em tempos de prosperidade.

Essa segunda campanha alcançou uma série de grupos que não haviam participado anteriormente. Pela primeira vez, as mulheres saíram às ruas; protestos contra as regulamentações florestais ocorreram na Índia Central; na fronteira Noroeste, apesar da reputação de violência da região, um movimento entre os *pathans* muçulmanos, liderado por Abdul Ghaffer Khan, que se tornou conhecido como o "Gandhi da Fronteira", aliou-se a Gandhi. Entretanto, além da Fronteira, contrariamente a 1920, a participação muçulmana foi terrivelmente limitada. O fato mais significativo talvez fossem as incursões que o *Mahatma* começara a fazer em direção ao Sul da Índia. Nos anos 1920, a Índia meridional havia permanecido alheia ao nacionalismo. Contudo, por volta de 1930, com não brâmanes ocupando cada vez mais lugares no governo e nas universidades, o Partido da Justiça havia cumprido grande parte da sua missão. Ao mesmo tempo, poetas e intelectuais tâmiles, usando símbolos tâmiles, incluindo a atribuição de origem dravídica ao deus Shiva e a deificação da língua tâmil como deusa digna de reverência no lugar do sânscrito, como mostrou Sumathi Ramaswami, haviam ajudado a criar uma cultura indiana meridional cada vez mais segura de si. Nem o nacionalismo nem Gandhi representavam mais uma ameaça. Ademais, a liderança do Congresso trabalhou com afinco para construir pontes em direção à população mais numerosa do Sul da Índia. Um elemento do programa do Congresso que abordou um tema especialmente candente entre os grupos camponeses em ascensão social foi sua defesa a favor da proibição do álcool, já que, no Sul, perfurar palmeiras e beber o suco fermentado denotava uma condição de casta inferior. Em meados dos anos 1930, ao afastar o inepto Partido da Justiça, o Congresso tornara-se a organização política dominante na Índia meridional. No entanto, o sentimento dravídico continuava poderoso. Nesses anos, ele assumiu a forma do movimento militante "Autorrespeito", sob a liderança de E. V. Ramaswami Naicker (1880-1974).

Diante do apelo popular crescente do Congresso, os britânicos começaram a temer um escoamento da sua autoridade para as mãos deste. O que mais assustou, especialmente os conservadores na metrópole como Churchill, foi talvez a visão, em março de 1931, de Gandhi subindo os degraus da recém-terminada Casa do Vice-Rei em Nova Déli para parlamentar, aparentemente em condição de igualdade, com lorde Irwin. Não menos devoto que o próprio Gandhi e movido por um sentimento análogo de propósito moral, Irwin estava determinado a estender a mão ao seu antagonista. O pacto Gandhi-Irwin que resultou disso – e trouxe uma pausa temporária para a desobediência civil e permitiu que Gandhi comparecesse à segunda conferência – garantiu pouca coisa para os britânicos e, denunciado por Nehru e outros como uma "traição", ainda menos vantagem imediata para o Congresso. Mesmo assim, esses eventos indicaram que o Congresso havia ganho uma legitimidade inédita como representante de uma nação indiana embrionária. Por conseguinte, no momento em que o pacto Gandhi-Irwin ruiu no início de 1932, quando Gandhi retornou de Londres de mãos vazias, o novo vice-rei lorde Willingdon (1931-6), ansioso por assegurar aos simpatizantes da Grã-Bretanha na Índia que o domínio colonial ainda estava sob controle, reprimiu o Congresso com severidade excepcional. Cerca de 40 mil indianos foram presos em três meses e muitos deles, incluindo o próprio Gandhi, mofaram na cadeia por até dois anos.

Novas oportunidades e novos conflitos

Com o Congresso fora de ação, os britânicos avançaram na sua própria reestruturação do governo da Índia. O fato mais significativo foi a tentativa de incorporar os príncipes indianos ao sistema político. Isolados uns dos outros até a criação da Câmara dos Príncipes em 1920, os príncipes foram vistos como os representantes ideais da Índia "feudal" que os britânicos haviam criado para assegurar sua predominância. À medida que o movimento do Congresso ganhou força, os príncipes, subitamente conscientes da sua própria vulnerabilidade, propuseram que a Índia dos britânicos e a Índia dos príncipes fossem reunidas num Estado federal único. Esse esquema apresentava vantagens não somente para os príncipes, que agora seriam incorporados à nova Índia desde o princípio, mas para outras pessoas também. Alguns líderes muçulmanos viam na federação uma maneira de conquistar aliados conservadores contra o Congresso, enquanto para os britânicos um Estado federal oferecia uma oportunidade providencial de abalar o poder do mastodonte do Congresso. A maioria dos conservadores britânicos nunca havia se conformado com a perspectiva de uma Índia independente. Depois de 1931, com um governo nacional dominado por conservadores no poder em Londres, eles estavam determinados a conceber maneiras de conservar a Índia, ou, como disse o secretário para a Índia, Samuel Hoare, "uma aparência de governo responsável" para os indianos, mantendo ao mesmo tempo "para nós as rédeas que realmente guiam o sistema de governo". Isso significava que os políticos do Congresso tinham de ser desviados para as províncias e mantidos nelas, enquanto o governo central, com poder compartilhado entre muçulmanos, príncipes e outros grupos como os siques e os intocáveis, estaria nas mãos daqueles em quem os britânicos podiam confiar para garantir seus interesses.

Ao perseguir esse objetivo, o Communal Award de 1932 procurou dar tratamento especial (incluindo eleitorados separados) a uma variedade de pretensas "minorias". Estas últimas abrangiam sobretudo os intocáveis, que tinham começado a organizar-se sob B. R. Ambedkar (1891-1956), em oposição a Gandhi. Este não queria ver os intocáveis separados da comunidade hindu em geral e imaginava ser o guardião das pessoas oprimidas, os quais ele chamava de *harijans* (filhos de Deus). Por isso, enquanto estava na cadeia, ele lançou-se num épico "jejum até a morte" para obter a revogação desse decreto. À medida que Gandhi ficava mais fraco, foi alcançado um compromisso no qual os eleitorados separados restritos aos eleitores intocáveis foram substituídos por assentos reservados aos intocáveis nas diversas Assembleias Legislativas indianas. Embora isso tenha encerrado a crise imediata e, junto com as promessas de acesso igual a poços, estradas, templos e outros lugares públicos, prenunciasse a inclusão dos intocáveis como membros iguais do Estado indiano, uma melhora significativa só ocorreria em questão de décadas. Mesmo hoje em dia, não se pode dizer que os intocáveis, agora conhecidos como *dalits*, estejam totalmente livres do estigma da sua condição inferiorizada.

O Communal Award [Sentença Pública] foi seguido pela Lei do Governo da Índia de 1935. Destinada a implementar uma estrutura para a visão que os Conservadores tinham da Índia, ela previa um centro federal e, ao eliminar a diarquia, estendeu substancialmente a autonomia provincial, com ministérios responsáveis perante as assembleias locais, agora encarregadas de todos os ramos do governo. Essa lei viria a ter consequências amplas, embora a maior parte delas não fosse aquelas que seus autores conservadores tinham planejado. O centro federal viria a existir quando metade dos príncipes mais importantes concordasse com seus termos. Porém, em 1935, os príncipes já estavam ficando cada vez mais apreensivos. Receosos da perda de soberania acarretada pela federação e satisfeitos em não fazer nada e assistir enquanto os políticos da Índia brigavam entre si, eles começaram a negociar por melhores condições e, no fim, dinamitaram todo o esquema. Os britânicos, por sua vez, relutavam em pressioná-los demais, pois os príncipes tinham amigos poderosos entre os conservadores "linha-dura" no Parlamento, e os funcionários em Nova Déli, em todo caso, não viam inconvenientes em deixar o centro nas mãos dos britânicos por mais alguns anos. O surgimento, no final da década de 1930, num certo número de Estados, de movimentos populares pela reforma da autocracia principesca, alguns deles apoiados por congressistas locais, reforçou o entusiasmo decrescente dos príncipes pela federação. Todavia, os príncipes acabariam pagando um preço alto por esse comportamento míope. Afinal, quando seus patronos britânicos foram embora, eles viram-se deixados para trás, como baleias encalhadas, com poucos amigos e sem base institucional na nova ordem política.

Nas províncias, a nova lei energizou a política. O eleitorado foi estendido substancialmente, de modo que cerca de 30 milhões de indianos – um sexto da população adulta, incluindo algumas mulheres – agora podiam votar. Libertos de uma confrontação cada vez mais estéril, os líderes do Congresso, como uma década antes, em meados dos anos 1920, estavam ansiosos para retomar a atividade eleitoral. Encontravam-se, no entanto, numa posição muito mais forte do que antes. O prestígio do Congresso, com Gandhi à sua frente, havia atingido auges inéditos em decorrência da campanha de desobediência civil, ao passo que voluntários haviam difundido sua mensagem por todo o país. Só faltava transformar em votos essa condição aprimorada de organização nacionalista primordial da Índia. Com as eleições sob a égide da Lei de 1935, o Congresso iniciou o processo de transformar-se de um movimento de massa para um partido político. Num triunfo esmagador, ao ganhar 758 de cerca de 1500 assentos nas diversas assembleias provinciais, o Congresso formou, em 1937, governos em sete províncias, entre elas Madras, Bombaim, as Províncias Centrais, Bihar e as Províncias Unidas.

No governo, o Congresso fez poucas das coisas que disse que faria. Não derrubou a Lei de 1935, mas preferiu cooperar amigavelmente com os governadores provinciais britânicos e garantir a lei e a ordem, como seus predecessores haviam feito. Por ser uma organização de elites comerciais e profissionais e agricultores abastados, ele não promulgou reformas agrárias extensas, a não ser algumas medidas para aliviar o endividamento. O Congresso também se viu envolvido numa tensão permanente entre sua estrutura (que abrangia toda a Índia, na qual o Alto Comando ditava a política) e a importância crescente das províncias, onde os líderes locais seguiam seus próprios interesses, apoiados pelos seus próprios seguidores. Não obstante, os efeitos a longo prazo dos ministérios do Congresso foram imensos. Um deles foi simplesmente o treinamento que os políticos do Congresso, acostumados apenas com a agitação e a oposição, receberam na prática do governo. Quando a guerra estourou em 1939, já capazes e experientes, eles estavam bem preparados para tomar as rédeas e governar a Índia por si mesmos, como fizeram poucos anos depois.

Mas, infelizmente, os governos do Congresso fracassaram completamente em conquistar a simpatia dos seus compatriotas muçulmanos. Isso resultou, em grande parte, de desfeitas não intencionais, junto com uma insensibilidade a ansiedades profundas. Nas Províncias Unidas, por exemplo, quando o novo governo estava sendo formado, o Congresso desdenhou aberturas da Liga Muçulmana para uma coalizão. Eles foram arrogantes ao dizer ao seu líder provincial, Chaudhuri Khaliquzzaman, que os membros da Liga só poderiam participar do novo governo se dissolvessem a Liga e aceitassem a disciplina do Partido do Congresso. O Congresso, com a maioria absoluta dos assentos legislativos, não precisava de apoio. Porém, eles pareciam não perceber ou não se importar que, se eles haviam conquistado a maioria dos assentos abertos na assembleia das Províncias Unidas, a Liga Muçulmana, por sua vez, obteve 29 dos assentos reservados para os muçulmanos, e o Congresso, nenhum. Outrossim, homens como Nehru, com seu idealismo socialista, desconfiavam dos líderes da Liga, que julgavam ser representantes dos interesses "feudais" dos proprietários rurais. Sejam quais forem os motivos, esse tratamento desdenhoso não reconfortou a opinião muçulmana.

Enfurecida com essa humilhação nas mãos do Congresso, a Liga Muçulmana redobrou seus esforços para obter uma adesão de massa. Isso não seria uma tarefa fácil. Em toda a Índia, nas eleições de 1937, a Liga havia obtido menos de 5% do total dos votos dos muçulmanos e não tinha se imposto como o partido predominante em nenhuma das províncias de maioria muçulmana. No Punjab e em Bengala, partidos regionais assumiram o poder. Embora os líderes desses partidos fossem muçulmanos, assim como a maior parte dos seus seguidores, e embora eles se empenhassem para apoiar Jinnah nas questões muçulmanas relativas à totalidade da Índia, não foi formado nenhum partido de cunho comunitário. Em Bengala, o Partido Krishak Praja de Fazl al-Haq, que liderou várias coligações de governo depois de 1937, dedicava-se ao melhoramento dos arrendatários do Bengala Oriental, enquanto o Partido Unionista de Sikander Hayat no Punjab, que possuía membros hindus há muito tempo, sempre se apresentava como o defensor de todas as classes agrícolas do Punjab.

Alhures, nas províncias com minorias muçulmanas substanciais, o Congresso e a Liga competiram por espaço no final da década de 1930. Numa tentativa de passar por cima dos políticos muçulmanos, o Congresso lançou-se numa campanha de "contato de massa" que só fez hostilizar ainda mais os líderes muçulmanos e facilitou seus esforços de engajar novos membros na Liga. Por outro lado, os líderes muçulmanos reclamavam do favoritismo para com os hindus e da propagação de símbolos hindus, como a vaca e o híndi, por parte dos governos do Congresso. Essas alegações tinham pouco fundamento no nível da política, pois a liderança do Congresso tentou escrupulosamente ser justa, mas a enxurrada de novos recrutas para o partido, muitos provenientes das aldeias, outros em busca de cargos e poder, acentuou inevitavelmente seu caráter hindu. Em 1939, com receio de que o Congresso se apoderasse do centro, muitos muçulmanos começaram a buscar novas maneiras de garantir seus interesses. Entre elas estava a original ideia de que os muçulmanos da Índia compunham uma nação com direito a um Estado separado. Outros continuaram comprometidos com uma Índia unificada. Maulana Azad, presidente do Congresso em 1940, exprimiu essa posição com muito vigor:

> Tenho orgulho de ser indiano. Faço parte da unidade indivisível que é a nacionalidade indiana [...]. O Islã tem agora um direito ao solo da Índia tão importante quanto o do hinduísmo. Se o hinduísmo foi a religião do povo daqui por muitos

milhares de anos, o Islã também foi a sua religião por mil anos. Assim como um hindu pode dizer com orgulho que ele é indiano e segue o hinduísmo, assim também podemos dizer com o mesmo orgulho que somos indianos e seguimos o Islã.

A INDÚSTRIA E A ECONOMIA

Os anos entreguerras foram marcados não somente por reviravoltas políticas dramáticas, mas também por um declínio econômico esmagador que alimentou muito a frustração nacionalista. Muitas das crises que atingiram a Índia, entre elas a pandemia de gripe de 1918 e a Grande Depressão dos anos 1930, tiveram sua origem em outro lugar. No entanto, seu impacto foi devastador. Depois de um período de relativa estabilidade em meados dos anos 1920, a Depressão desencadeou uma queda abrupta dos preços. Por consequência, o valor dos cultivares plantados pelos camponeses indianos caiu pela metade, enquanto os mercados ultramarinos do país para produtos agrícolas secaram. Para piorar as coisas, os preços de alimentos e matérias-primas caíram ainda mais que os dos produtos manufaturados importados. A retração tornou-se ainda mais intolerável pelo fato de que os custos dos agricultores, sobretudo seus impostos fundiários e suas dívidas acumuladas, fixados em espécie, permaneceram inalterados; por isso, seu ônus efetivo dobrou.

Na Índia, uma combinação perniciosa de crescimento populacional e exaustão do solo contribuiu para piorar o impacto geral da crise. Até os anos 1920, a população havia sido controlada por uma alta taxa de mortalidade, resultante de fome, pobreza e doença. Melhoras modestas na saúde pública e o desaparecimento quase completo das carestias de grande magnitude por 50 anos depois de 1910 desencadearam um crescimento da população ainda lento, mas que se acelerava. Nos anos entreguerras, esse aumento chegou em média a mais de 1% por ano. Infelizmente, o crescimento populacional indiano não foi acompanhado de um aumento correspondente da produção de alimentos. É verdade que a agricultura comercial cresceu, bem como as áreas irrigadas. Mas isso limitava-se principalmente ao Punjab, que, durante esses anos, por contar com uma vasta rede de canais perenes alimentados pelos rios do Himalaia, assumiu o papel que conserva até hoje de celeiro da Ásia meridional. Em outros lugares, especialmente nas regiões arrozeiras da Índia, o cultivo cada vez mais intensivo manteve a produção, no melhor dos casos, nos mesmos níveis anteriores. Em decorrência disso, esse país conheceu um declínio global da produção *per capita* de gêneros alimentícios. Em Bengala, o declínio chegou a quase 40% no período de 1911 a 1941, uma queda compensada apenas pela importação de arroz da Birmânia.

A indústria, embora ainda fosse apenas uma pequena fração do total da economia indiana, saiu-se consideravelmente melhor que a agricultura. Nesses anos, embora continuasse sob domínio britânico, a Índia deu início ao processo de desligar sua economia da longa subserviência colonial à da Grã-Bretanha. O processo era mais visível na indústria manufatureira indiana de maior destaque, a dos tecidos de algodão. As importações de têxteis, que haviam atingido um pico de 2,2 bilhões de metros de tecido em 1913, caíram drasticamente nos anos seguintes. No final dos anos 1930, as fábricas indianas tinham garantido até dois terços do mercado doméstico de tecidos em peça. Ao mesmo tempo, a indústria começou a estender-se para fora dos seus centros estabelecidos na Índia Ocidental, ao passo que várias comunidades ativas há muito tempo no comércio, entre elas os *marwaris* e os *chettiars*, começaram pela primeira vez a investir em manufatura. Os ideais de *swadeshi* foram mobilizados para incentivar as compras de consumo no crescente mercado da classe média urbana. A publicidade da **imagem 36** mostra como uma empresa têxtil procurou identificar seus produtos com a própria nação indiana.

Reagindo à importância crescente da indústria manufatureira indiana e ansioso para garantir o apoio dos industriais do país na luta contra o nacionalismo gandhiano, o governo colonial, apesar dos urros de protesto da Grã-Bretanha, abandonou sua defesa de longa data dos interesses da indústria britânica. A partir de meados dos anos 1920, uma medida de "proteção discriminatória" foi concedida para indústrias de maior importância, como ferro e aço, têxteis, açúcar, papel e fósforos. Os efeitos dessas medidas foram, no entanto, inibidos pelas restrições fiscais do governo. Especialmente durante a crise econômica dos anos 1930, tolhido por um compromisso com finanças deflacionárias que a Índia compartilhava com a Grã-Bretanha, o governo assistiu impotente a tais fatos. Não obstante, a nova política industrial e de tarifas iniciou um processo que, com o tempo, libertou a economia da Índia do domínio europeu, mas isolou-a do restante do mundo. Reforçado pelo sentimento nacionalista, esse padrão de crescimento voltado para dentro persistiu até os anos 1980.

Os anos entreguerras, quando o Congresso e os britânicos permaneceram presos a um combate prudente, fixaram precedentes e estabeleceram instituições que duraram por décadas a seguir. Sobretudo, esse extenso período de luta criou no Congresso Nacional Indiano um movimento nacionalista disciplinado, com uma liderança testada no centro e trabalhadores dedicados em toda a multiplicidade de vilarejos indianos. Essa estrutura

IMAGEM 36. Publicidade dos tecidos E. D. Sassoon & Co. "EDSU", com uma mulher vestida de sári superposta ao mapa da Índia.

organizacional, inédita nas outras "novas nações" que surgiram das reviravoltas de meados do século, graças à sua capacidade de mobilizar pessoas aos milhares, seja para manifestar nas ruas, seja para votar nas eleições, garantiu ao Congresso o domínio do sistema político indiano até a década de 1970. De fato, por muitos anos, por ser o único órgão nacional além do governo, o Congresso representava visivelmente a "comunidade imaginada" da nação. Embora os enfrentamentos acirrados com os britânicos em ocasiões como a marcha do sal inflamassem a imaginação pública, o que era mais importante a longo prazo era a lenta ampliação do círculo do público. Da diarquia nas assembleias aos ministérios de 1938-9, os indianos obtinham cada vez mais espaços nos quais podiam assumir alguma responsabilidade pela administração do seu país. Não menos importante foi a institucionalização das eleições como o mecanismo apropriado para a participação popular na política. No momento da independência, os caminhos democráticos haviam se tornado tão arraigados na Índia que repudiá-los seria impensável. No fim, pode-se dizer que a "dança" ritual do Congresso e do governo britânico por tantos anos selou compromissos e ensinou a cada um os limites do possível, de forma que facilitaram não somente uma transferência suave do poder, mas um compromisso duradouro com uma sociedade liberal.

Porém, ao mesmo tempo, essa nova política ampliou fissuras na sociedade que anteriormente tinham tido pouca importância e poderiam muito bem ter desaparecido se o autogoverno tivesse sido obtido nos anos 1920. Em vez disso, categorias descritivas – muçulmanos, não brâmanes, agricultores – usadas pelos britânicos para seus próprios fins haviam se tornado o foco de competição intensa. À medida que mais e mais pessoas obtinham acesso ao poder e viam que o centro era inacessível, essas tensões locais de casta e comunidade adquiriram uma nova visibilidade política, e limites fluidos consolidaram-se em práticas arraigadas. O próprio ato de votar, por forçar as pessoas a fazer escolhas individuais conscientes, acelerou esse processo. Enquanto o Congresso batalhava para unir todos os indianos sob sua própria tenda, outras fidelidades, especialmente no nível recentemente empoderado das províncias, também encontraram um solo receptivo. Nação e comunidade, universalismo gandhiano e paroquialismos intensamente sentidos saíram simultaneamente reforçados do aprendizado das décadas entreguerras. Eles fariam dos anos 1940 um período de triunfo – e tragédia.

capítulo 7

A DÉCADA DE 1940:
TRIUNFO E TRAGÉDIA

No dia 3 de setembro de 1939, quando estourou a Segunda Guerra Mundial, o vice-rei lorde Linlithgow declarou que a Índia, junto com a Grã-Bretanha, estava em guerra com a Alemanha de Hitler. Dois meses mais tarde, em protesto contra esse ato unilateral, que para os indianos parecia uma reafirmação do imperialismo britânico autoritário, os ministros do Congresso nas províncias renunciaram. Em março de 1940, ao tirar proveito do que eles viram como uma "libertação" oportuna do governo do Congresso, a Liga Muçulmana, na sua assembleia anual em Lahore, promulgou a Resolução do Paquistão com sua mal definida exigência de Estados muçulmanos independentes. Estava montado o cenário para as crises que dominariam a década de 1940 – a guerra, o movimento final de não cooperação do Congresso, a ascensão do nacionalismo muçulmano e finalmente, em 1947, a independência, com a partição devastadora do subcontinente em dois Estados.

A declaração unilateral de guerra, um ato provocador do tipo que havia caracterizado com muita frequência a política britânica na Índia, foi um erro tático. Pode-se dizer o mesmo da renúncia dos ministros do Congresso, que deu início a uma série prolongada de negociações e atos de desobediência civil que culminariam no "levante" decisivo de agosto de 1942. No final dos anos 1930, a Grã-Bretanha e a Índia estavam derivando lentamente em direção a uma separação amigável. Os interesses da Grã-Bretanha na Índia estavam declinando à medida que o nacionalismo econômico afirmava-se em todo o mundo, enquanto no fronte político, depois de 1937, os políticos do Congresso haviam demonstrado uma capacidade de governar que anunciava bons auspícios para uma Índia independente. A chegada da guerra, com a renúncia dos ministros do Congresso, mudou tudo. Agora, repentinamente, encurralados inicialmente na luta contra Hitler e, a partir de dezembro de 1941, também contra os japoneses, os britânicos estavam desesperados para manter o acesso aos recursos humanos e materiais e às bases seguras que a Índia oferecia. O Exército indiano foi aumentado dez vezes para lutar no Oriente Médio e no Sudeste Asiático, assim como para proteger o país depois que os japoneses avançaram sobre Assam em 1942. À medida que os britânicos esforçavam-se para alimentar, vestir e armar essa imensa força, eles consumiram seus investimentos na Índia; ao final da guerra, a nação indiana já não era mais devedora da Grã-Bretanha, mas havia acumulado em Londres balanços de mais de 1 bilhão de libras esterlinas.

Da negociação ao "levante" de agosto

Enquanto o Congresso e os britânicos circundavam-se com cautela entre 1939 e 1942, cada qual procurava tirar uma vantagem decisiva da crise provocada pela guerra. No entanto, o impasse que surgiu no verão de 1942 foi um resultado que ninguém escolheu. Diferentemente de 1914, quando estourara a Primeira Guerra Mundial, em 1939 o Congresso não ofereceu apoio incondicional ao esforço de guerra. Ao sentir que, naquela ocasião, seu auxílio havia sido dado como certo e que eles tinham sido tratados injustamente depois do fim da guerra, o Congresso, dessa vez, estava determinado a arrancar dos britânicos um valor substancial pela sua cooperação na guerra. Ao mesmo tempo, porém, a natureza desta – uma luta contra o fascismo – dava a ela um apelo, especialmente para os internacionalistas liberais como Jawaharlal Nehru, que havia viajado pela Europa nos anos 1930. Decerto, alguns membros do Congresso mantiveram distância. O compromisso de Gandhi com a não violência impedia-o de participar, enquanto alguns poucos, sobretudo Subhas Chandra Bose (1897-1945), como veremos, buscavam a liberdade da Índia através da cooperação com os poderes fascistas. Mas a visão de Nehru predominava no Comitê de Trabalho, de modo que a posição consistente de negociação do Congresso era a de que a Índia deveria participar dessa luta mundial pela liberdade, mas que só poderia fazê-lo de maneira significativa se ela mesma fosse livre. Conforme a situação militar da Grã-Bretanha se tornava cada vez mais desesperadora, desde a queda da França em 1940 até a queda de Cingapura e da Birmânia nas mãos dos japoneses no início de 1942, os líderes do Congresso emprestaram urgência cada vez maior às negociações. Mas a insistência fundamental numa transferência imediata e substancial do poder nunca foi abandonada.

Os britânicos, por sua vez, com um senso igualmente crescente de urgência, procuravam o apoio do Congresso para o esforço de guerra. Cada crise no campo de batalha gerava uma oferta melhor. Por ocasião da visita aérea de sir Stafford Cripps a Déli em abril de 1942, os britânicos declararam sua disposição de oferecer a independência à Índia, convocando uma Assembleia Constituinte no final da guerra, mas com a ressalva importante de que nenhuma porção discordante do país seria obrigada a unir-se ao novo Estado. Durante a guerra, para facilitar a colaboração, os indianos receberiam mais assentos no conselho executivo do vice-rei. A Grã-Bretanha estava disposta a ir tão longe – muito mais longe do que já havia ido – em parte para satisfazer o sentimento anticolonialista que crescia no mundo. Sobretudo, o aliado indispensável da Grã-Bretanha, os Estados Unidos sob o presidente Franklin Roosevelt, insistia que não estava lutando na guerra a fim de preservar o Império britânico; por isso, o representante estadunidense em Déli, Louis Johnson, sempre procurou empurrar o governo britânico na Índia em direção à conciliação.

Mas a missão Cripps estava condenada. Suas propostas não transformaram, como o Congresso exigia, o conselho do vice-rei num gabinete responsável perante um Legislativo indiano, nem mesmo transferiram o ministério da Defesa para os indianos. Membro esquerdista do Partido Trabalhista e amigo de Nehru, Cripps fez o que pôde para arquitetar um acordo. Mas o nível de desconfiança era simplesmente alto demais e um número excessivo de figuras influentes não queria que as negociações tivessem sucesso. Em 1942, o ardente imperialista Winston Churchill tornara-se chefe de um governo de coalizão em tempo de guerra, e ele insistia no fato de que não havia se tornado o principal ministro do rei "para presidir à liquidação do Império britânico". Gandhi também, ao antecipar uma possível derrota britânica na guerra, desdenhou a oferta de Cripps como um "cheque pré-datado de um banco em concordata". Não havia caminho de volta para a promessa de independência após a guerra enunciada na oferta de Cripps, mas aos olhos da Grã-Bretanha sitiada o controle da Índia durante a guerra era essencial para a vitória.

Diante do colapso dessas negociações, o Congresso desesperou-se. No verão de 1942, ele decidiu realizar um ato maciço de contestação, conhecido como o movimento "Saiam da Índia". Ao contrário das campanhas gandhianas anteriores de 1920-2 e 1930-2, a de agosto de 1942 não foi um movimento disciplinado de desobediência civil. Em vez disso, desde o início, em parte porque os líderes do Congresso foram presos sumariamente, o movimento irrompeu em violência descoordenada, conforme líderes inferiores, estudantes e outros ativistas assumiam a iniciativa. Em poucos dias, esse "levante" de agosto tinha se tornado a ameaça mais grave ao domínio britânico na Índia desde a revolta de 1857. A mística da não violência gandhiana obscureceu com frequência o caráter único desse tumulto. De fato, o próprio papel de Gandhi nesse movimento tem sido objeto de controvérsia. Na cadeia, impossibilitado de comunicar-se com seus seguidores, ele não podia oferecer liderança. Porém, anteriormente, ao descrever a Índia como uma jovem atacada por um soldado, ele havia afirmado que ela deveria revidar com dentes e unhas em vez de submeter-se ao estupro. A violência era preferível à covardia.

O levante obteve apoio inicialmente na cidade de Bombaim, onde operários assumiram a dianteira com greves e ataques à polícia, mas seu centro logo se deslocou para o campo, especialmente no Leste das Províncias Unidas, em Bihar e no extremo ocidente de Bengala. Ali, numa incrível repetição de 1857, que também havia encontrado muito apoio nesses distritos orientais do Ganges, o movimento "Saiam da Índia" assumiu a forma de uma rebelião camponesa. Estudantes militantes, provenientes de Benares e Patna, juntaram-se a camponeses pequenos e médios, que haviam sido recrutados anteriormente por organizações *kisan sabha* radicais não associadas ao Congresso. Juntos eles lançaram um ataque maciço contra prédios públicos e a rede de comunicações do governo britânico. Centenas de estações de trem e uma longa quilometragem de trilhos foram destruídos, enquanto linhas telegráficas eram arrancadas por aldeões com postes e tudo, às vezes com auxílio de elefantes. Em Bihar, onde o movimento *kisan sabha* era mais forte, cerca de 170 delegacias de polícia, agências do correio e outros prédios governamentais foram destruídos e a província ficou efetivamente isolada do restante do país. Diversas administrações distritais entraram em colapso nas Províncias Unidas e um governo "nacional" foi instalado em Midnapur (Bengala).

Apesar das paixões que desencadeou, o movimento "Saiam da Índia" não expulsou os britânicos dali. Ao contrário, ele foi brutalmente reprimido. Ao tirar partido do grande número de tropas estacionadas no país por causa da guerra, e sustentados pela crença de que a guerra justificava represálias severas contra rebeldes domésticos, os britânicos mobilizaram cerca de 50 batalhões e esmagaram o levante – exceto por alguns bolsões de guerrilha que resistiram em áreas isoladas – dentro de pouco mais de seis semanas. Todos os líderes do Congresso foram mantidos em detenção por quase três anos, até o fim da guerra. Não obstante, talvez em parte porque foi o último movimento de massa da era colonial – já que a independência ocorreu cinco anos depois sem novo recurso à não cooperação –, para muitos o movimento "Saiam da Índia" assumiu, num olhar retrospectivo, a condição mítica de um momento memorável de idealismo e sacrifício. O movimento até lançou figuras heroicas, como o socialista Jayaprakash Narayan (1902-79), que estabeleceu um "governo provisório" na fronteira com o Nepal. Muitos membros da elite profissional e comercial também simpatizavam em silêncio com o movimento. Por outro lado, houve funcionários da polícia e do baixo escalão que, anos mais tarde, contaram como, após a fuga dos britânicos, eles mesmos mantiveram as comunicações operantes ou defenderam delegacias de polícia isoladas contra multidões amotinadas, em Azamgarh ou Faizabad. A satisfação do dever cumprido numa época de crise complementa as lembranças orgulhosas do "combatente pela liberdade de 1942".

JINNAH E A IDEIA DO PAQUISTÃO

O desafeto renovado com o Congresso, da renúncia inicial dos seus ministros às negociações abortadas subsequentes e ao levante final do movimento "Saiam da Índia", forçou os britânicos a procurar apoio para a guerra em outro lugar e até deu uma oportunidade, como pensaram alguns, de retomar a iniciativa política e, assim, acertar uma transferência de poder para grupos mais conciliadores que o Congresso. O mais destacado entre esses beneficiários foi a Liga Muçulmana. Em 1940, quando a Liga adotou o Paquistão como meta para a evolução política da sua comunidade, a ideia existia somente há uma década. A noção de que os muçulmanos da Índia eram uma nação embrionária que merecia algum tipo de entidade política autônoma encontrou sua primeira expressão nos escritos do poeta Muhammad Iqbal referentes às regiões de maioria muçulmana do Noroeste. Elas receberam o nome de "Paquistão", imaginado em 1933 por um grupo de estudantes de Cambridge como uma confederação gigante de Estados descontínuos. O nome "Paquistão" foi criado para representar, por um lado, os nomes das províncias que ele deveria incluir (isto é, o Punjab, a região afegã, Sind, Baluchistão) e, por outro lado, uma "terra dos puros".

Durante muito tempo, essas ideias não formaram uma política prática, pois os interesses muçulmanos pareciam suficientemente bem protegidos por partidos regionais nas regiões de maioria muçulmana do Noroeste e do Leste que integrariam inevitavelmente um "Paquistão", ao passo que os muçulmanos minoritários em outras regiões não ganhariam nada com um Estado que os excluiria. Porém, por volta de 1940, a ansiedade quanto ao destino dos muçulmanos numa Índia que se aproximava rapidamente da independência compeliu a Liga a proclamar que, em qualquer plano constitucional, as regiões onde os muçulmanos constituíam a maioria numérica deveriam ser agrupadas "para formar 'Estados independentes' nos quais as unidades constituintes seriam autônomas e soberanas". Como formulou Jinnah no seu discurso presidencial à Liga naquele ano:

> Os *mussalmans* [muçulmanos] não são uma minoria, como se costuma achar e entender [...]. Os *mussalmans* são uma nação segundo qualquer definição de nação, e precisam ter sua pátria, seu território e seu Estado. Queremos viver em paz e harmonia com nossos vizinhos, na condição de povo livre e independente. Queremos que nosso povo desenvolva ao máximo nossa vida espiritual, cultural, econômica e política da maneira que julgamos melhor, em concordância com nossos próprios ideais e conforme o gênio do nosso povo.

Apesar das aparências, naquela altura nada era certo, muito menos inevitável. Acima de tudo, é importante evitar que se leia retrospectivamente na Resolução de 1940 o Estado do Paquistão que surgiu em 1947. Embora o curso da política muçulmana naqueles sete anos tenha sido objeto de muita discussão, até 1946 ninguém – nem Jinnah, nem os líderes muçulmanos provinciais, nem os britânicos – concebia, e muito menos desejava, a partição que acabou por acontecer. De fato, muitos muçulmanos opunham-se a qualquer partição. No início dos anos 1940, o Partido Unionista de Sikander Hayat mantinha o Punjab, a pedra fundamental de qualquer Paquistão, firmemente sob seu controle, e eles não viam benefício algum nesse Estado. Outros, incluindo muitos 'ulama, especialmente os de Deoband, aliados ao Congresso, procuravam promover a moralidade individual entre os muçulmanos e a cooperação entre comunidades religiosas numa Índia independente, e por isso opunham-se a um Estado separado.

Além disso, até o último momento, as fronteiras de um Paquistão continuavam incertas, assim como se ele deveria compreender um Estado ou dois. O próprio Jinnah, como afirmou Ayesha Jalal no seu relato revisionista *The Sole Spokesman* (O Único Porta-voz), concebia de início o "Paquistão" não como um Estado separado, mas como uma carta ou ficha útil na negociação, a ser jogada num acordo pós-guerra. Nesse sentido, a Resolução de 1940 dava continuidade à estratégia de décadas, essencial para o idioma colonial do governo por "comunidade", segundo a qual os muçulmanos procuravam garantir uma posição melhor para si por meios como eleitorados separados, reserva de assentos ou províncias de maioria muçulmana. Todavia, sua simplicidade deu à ideia do Paquistão uma atração irresistível para muçulmanos temerosos; e os britânicos, na sua ansiedade de obter o apoio dos muçulmanos na guerra, alimentaram-na com atos como a disposição nas propostas Cripps que permitia que as províncias "se retirassem" de qualquer Índia independente.

Guerra e fome

Enquanto isso, os acontecimentos na Índia devastada pela guerra estavam se precipitando em direção a uma crise à medida que os japoneses avançavam na selva de Assam. O impacto mais devastador ocorreu durante a grande fome de Bengala de 1943, na qual aproximadamente 2 milhões de pessoas podem ter perecido. Como foi o caso na única outra grande fome anterior de Bengala (a de 1770) nos primórdios do domínio britânico, a de 1943 foi produto da deficiência administrativa. Provocada pela interrupção das importações de arroz da Birmânia, ocupada pelos japoneses, a escassez de alimentos deteriorou-se em crise por causa da decisão do governo de desviar grãos do campo para a cidade a fim de disponibilizar grandes estoques de comida para os militares e a população irrequieta de Calcutá. Depois dessas imagens de sofrimento e morte em tempo de guerra, a imagem duradoura do *"sonar Bangla"* (Bengala dourado) como terra de fartura nunca pôde ser recuperada.

Na frente de batalha, além dos japoneses e dos britânicos, dois exércitos indianos enfrentavam-se. Sua existência conjunta anunciava a ruptura da antiga tradição colonial de lealdade, junto com a ideia de que existiam "raças marciais" distintas que eram as únicas aptas para a guerra. Desesperados para ampliar seu contingente militar, que atingiu o tamanho de mais de 2 milhões de homens em 1945, os britânicos abandonaram a estratégia de recrutamento que tinha definido o Exército indiano desde os anos 1860. Soldados eram recrutados em todo o país e os oficiais indianos viram-se catapultados, pela primeira vez, pelas exigências da guerra, para posições de comando. Em 1945, a Índia possuía assim um Exército, "nacional" em tudo a não ser nas suas patentes mais altas, preparado para liderar o país rumo à independência. Contudo, a lealdade aos britânicos não podia mais ser dada como certa. O fato mais notável foi que a rebelião assumiu a forma de uma tropa sob o comando de Subhas Chandra Bose, composta inicialmente de soldados indianos capturados depois da queda de Cingapura.

Bose, assim como Nehru, havia liderado há muito tempo a ala mais esquerdista do Congresso, voltada para o socialismo. Ele estava profundamente comprometido com o anticolonialismo e com uma política social e de gênero mais igualitária que a de Gandhi e, quando lhe foi negada a presidência do

Congresso que ele havia ganho em 1939, Bosi rompeu definitivamente com este último. Marginalizado dentro do Congresso e alvo da vigilância britânica, Bose escolheu aliar-se às potências fascistas contra os britânicos e fugiu da Índia, primeiro para a Alemanha de Hitler e depois, num submarino alemão, para Cingapura, ocupada pelos japoneses. As tropas que ele reuniu incluíam não apenas prisioneiros de guerra, mas outros residentes indianos da região, abrangendo um inédito destacamento de mulheres que recebeu o nome da heroína do "Motim", a rani de Jhansi. Essas tropas, conhecidas como o Exército Nacional Indiano (INA, na sigla em inglês) e que alegavam representar a Índia livre, participaram da ação contra os britânicos na Birmânia mas realizaram pouca coisa que conduzisse ao objetivo de marchar sobre Déli. Seu mote *"Dilli chalo"* ("rumo a Déli") evocava as lembranças de 1857. A existência do INA suscitou grande orgulho na Índia, até mesmo entre aqueles que repudiavam suas ligações com os fascistas. Uma iniciativa britânica no final de 1945, depois da guerra, para julgar por deslealdade três oficiais do INA – um hindu, um muçulmano e um sique – provocou manifestações generalizadas e garantiu a reputação do INA de combatentes pela liberdade da Índia. Bose morreu num acidente aéreo quando tentava chegar ao território ocupado pelos japoneses nos últimos meses da guerra. Sua saga romântica, combinada com o seu nacionalismo desafiador, fez dele uma figura quase mítica, não somente no seu Bengala natal, mas em toda a Índia. É esse mito heroico e corajoso que é lembrado hoje, em vez da visão que Bose tinha durante a guerra de uma Índia livre sob o governo autoritário de alguém como ele.

Da Conferência de Simla à missão do gabinete

À medida que a guerra se aproximava do fim, os britânicos reabriram as negociações sobre o futuro da Índia. Em junho de 1945, o vice-rei lorde Wavell reuniu, na capital estival de Simla, Gandhi, Jinnah e a liderança do Congresso, apenas recém-liberada da cadeia. A **imagem 37** mostra Nehru e Jinnah durante um intervalo das negociações. Wavell procurou resolver o impasse político instituindo um conselho executivo totalmente indiano (exceto por ele e o comandante em chefe) para exercer um governo provisório. Embora o conselho devesse integrar um número igual de "hindus de casta" e de muçulmanos, acatando assim uma das principais reivindicações muçulmanas, as negociações fracassaram quando Jinnah insistiu no direito da Liga Muçulmana de nomear todos os membros muçulmanos. Ao afirmar a condição de "único porta-voz" dos muçulmanos da Índia, Jinnah preferiu

IMAGEM 37. Jawaharlal Nehru (à esquerda) e M. A. Jinnah (à direita) andando no jardim durante a Conferência de Simla, junho de 1945.

nenhum avanço político a qualquer reconhecimento do direito do Congresso, ou dos unionistas do Punjab, de representar a opinião muçulmana. O fato de que os britânicos deixaram Jinnah estraçalhar a Conferência de

Simla, em vez de prosseguir sem ele, é uma prova do peso político que a Liga tinha conseguido graças à sua cooperação com o governo imperial durante a guerra.

Nos meses que se seguiram, a Grã-Bretanha perdeu cada vez mais o poder e a vontade de controlar os eventos na Índia. Em julho de 1945, um ministério trabalhista sob a liderança de Clement Attlee substituiu o governo conservador de Churchill. Embora os trabalhistas nunca tivessem sido tão hostis ao império como às vezes se diz, mesmo assim a vitória de Attlee dava à causa da independência da Índia, e particularmente ao Congresso, um interlocutor compreensivo. Mais importante que isso era o fato de que, embora vitoriosa na guerra, a Grã-Bretanha havia sofrido imensamente na luta. Ela simplesmente não tinha os recursos humanos ou econômicos necessários para coagir uma Índia inquieta. Para o público britânico, os empregos e as habitações prometidas pelo novo governo socialista passavam na frente de uma reafirmação custosa do domínio colonial. Na Índia, um motim naval em Bombaim no ano de 1946 ressaltou o fato de que não se podia mais contar com a fidelidade dos serviços subalternos. Além disso, o Serviço Público Indiano, o "quadro de aço" de elite do governo britânico, era composto, em 1945, por mais da metade de indianos, e esses homens, apesar de ainda leais, haviam começado a aspirar ao serviço sob um governo nacional. Em 1946, tudo o que a Grã-Bretanha podia esperar fazer, como perceberam homens como Wavell, era arranjar a transferência de poder para aqueles que "o povo indiano escolheu por si mesmo". Isso não seria uma tarefa fácil nem simples.

A rodada de abertura da "partida final" do domínio britânico na Índia aconteceu nas eleições realizadas no inverno de 1945/46. Estas últimas, ao varrer do tabuleiro os atores menos importantes, reduziu a cena política ao Congresso e à Liga Muçulmana, agora mais do que nunca jogados diretamente um contra o outro. Para o Congresso, o resultado, nunca duvidoso, era em grande parte uma repetição de 1937, com a reputação do partido incrementada agora pela recordação do seu papel no movimento de agosto de 1942. O Congresso obteve 90% dos votos dados para o Legislativo central nos eleitorados abertos (não muçulmanos) e formou governos em oito províncias. A Liga Muçulmana, por sua vez, obteve todos os 30 assentos reservados para muçulmanos no Legislativo central e 442 dos 500 assentos para muçulmanos nas assembleias provinciais. Num surpreendente contraste com o péssimo desempenho de 1937, agora a Liga havia feito valer a alegação de Jinnah de que ela, e somente ela, representava os muçulmanos da Índia. Foi uma transformação eleitoral drástica, mas o que o voto significava para aqueles que haviam votado na Liga não era imediatamente evidente.

Frio, distante, uma figura elegante em trajes ocidentais (ver **imagem 37**), Jinnah não encarnava, de nenhum modo óbvio, a ideia de um líder carismático. De fato, desde Wavell na conferência de Simla até os historiadores da atualidade, muitos julgaram irritante, se não repulsiva, a suposta arrogância de Jinnah e sua indisposição de participar das trocas da negociação. Porém, a força da sua personalidade podia ser irresistível. A jovem begum Ikramullah, de início relutante em encontrar-se com Jinnah (porque ela tinha ouvido dizer que ele era "muito rude e esnobava todo mundo"), voltou de uma visita maravilhada com o fato de que "escutá-lo e não ser convencido era impossível". Ele estava, disse ela, "tão completamente, tão unicamente, tão intensamente convencido da verdade do seu ponto de vista que não se podia evitar também ficar convencido". Não surpreende que esse apelo pessoal, em nome de um Paquistão mantido propositalmente ambíguo, tenha obtido seus maiores sucessos entre a comunidade muçulmana instruída, produto de instituições como a Universidade Aligarh, onde o ideal moderno do nacionalismo muçulmano havia nascido.

Alcançar a ampla população rural, especialmente nas províncias de maioria muçulmana, era uma questão mais difícil. Ao contrário da elite, cuja consciência política havia sido moldada pelo medo da sua situação numa Índia governada pelo Congresso, os muçulmanos punjabi e bengali estavam protegidos pela sua posição majoritária em províncias que possuíam uma grande medida de autonomia. No entanto, o apoio dessas províncias era essencial se um Paquistão de algum tipo devia ser criado; e, por isso, Jinnah dispôs-se a obter a adesão delas para a Liga Muçulmana. Em Bengala, o Partido Krishak Praja de Fazl-ul-Haq, que nunca havia comandado uma maioria na assembleia por si mesmo, sempre dependera de seus parceiros de coalizão. Depois de 1940, com o Congresso e a Liga na oposição, sua base de apoio encolheu lentamente, até que, em 1943, na crise da fome, o ministério de Fazl-ul-Haq cedeu lugar a um governo da Liga Muçulmana sob o poder de Khwaja Nazimuddin. No Punjab, o Partido Unionista, baseando-se nos laços de parentesco e de clã que ligavam os proprietários rurais e camponeses de diversas comunidades religiosas, era muito mais resistente a apelos fundamentados na solidariedade muçulmana. Embora o principal ministro unionista, Sikander Hayat Khan, tivesse concordado em seguir Jinnah nas questões relativas ao conjunto da Índia, em 1944 seu sucessor Khizr Hayat Khan rompeu estrondosamente com Jinnah e preparou o caminho para um confronto direto nessa que era a mais crítica das províncias muçulmanas.

A estratégia de Jinnah, com a qual ele procurava minar os unionistas, era dupla. Por um lado, ele tentou tirar proveito de rivalidades de facção entre os grupos fracamente ligados de proprietários rurais que compunham o Partido Unionista; por outro lado, ele procurou passar por cima desses líderes de clãs e apelar diretamente aos eleitores camponeses. Ao fazê-lo, ele recorreu ao auxílio dos *pirs* (guias espirituais) dos templos sufis espalhados pelo interior. Com a legitimidade que esses *pirs* conferiram à sua campanha, mobilizando grupos de estudantes ativistas que vinham das cidades, Jinnah reuniu os eleitores rurais do Punjab sob o mote "Islã em perigo!". Não se deve imaginar que Jinnah tenha obtido sua vitória apenas por meio da manipulação de elites, como um titereiro, ou ludibriando um campesinato crédulo. Embora depois de 1947 os indianos tivessem desejado muitas vezes pensar que tenha sido assim, Jinnah não criou o Paquistão do nada, por meio de habilidade e artifício. Pelo contrário, a visão de "Paquistão" que foi apresentada aos muçulmanos punjabi e outros evocava uma lealdade religiosa permanente e profunda. Anteriormente, a crença privada tinha pouco a ver com a identidade pública; um "muçulmano" era alguém definido, na aritmética do colonialismo, como membro de uma comunidade muçulmana fixada "objetivamente". De fato, apelos baseados unicamente na religião estavam rigidamente excluídos do processo eleitoral. Sob a pressão da campanha eleitoral de 1946, com sua retórica comunitária explosiva, tudo isso mudou. Agora, enquanto os ativistas da Liga Muçulmana percorriam o campo, o compromisso pessoal com o Islã fundiu-se com uma afirmação da solidariedade da comunidade muçulmana. Votar tornou-se um ato ritual de incorporação ao corpo do Islã. Como relatou um agente eleitoral: "Em todo lugar aonde fui, todos diziam sem parar, *bhai* [irmão], se não tivéssemos votado na Liga, teríamos nos tornado *kafir* [infiéis]".

Por conseguinte, para o eleitor muçulmano médio, o Paquistão passou a significar duas coisas ao mesmo tempo. Era, na condição de Estado-nação moderno para os povos muçulmanos da Índia, a culminação lógica do longo processo da política colonial para os muçulmanos. Porém, ao mesmo tempo, como símbolo da identidade muçulmana, o Paquistão transcendia as estruturas ordinárias do Estado. Nessa qualidade, ele evocava uma ordem política islâmica ideal, na qual a realização de uma vida islâmica seria combinada com a autoridade ritual do Estado. Esse Paquistão não seria simplesmente uma arena na qual os políticos, ainda que muçulmanos, continuariam suas disputas cotidianas. Durante os levantes sangrentos de 1946 e 1947, o Paquistão passou por uma transformação de ideal visionário a Estado territorial. No entanto, ele não podia, depois da independência, livrar-se do legado de sua origem como terra "pura", ao mesmo tempo de muçulmanos e de um Islã confessional, por menos que este último tivesse sido a intenção de Jinnah.

Incapaz de garantir um acordo a respeito de qualquer fato dos dois partidos políticos antagônicos da Índia, os britânicos autorizaram uma missão de alto nível do gabinete, enviada à Índia em março de 1946 para formular um plano próprio. Sua proposta de uma Índia independente envolvia uma federação complexa de três níveis, cuja característica central era a criação de grupos de províncias. Dois desses grupos compreenderiam as províncias de maioria muçulmana do Leste e do Oeste; um terceiro incluiria as regiões de maioria hindu no centro e no Sul. Esses grupos, que receberiam a responsabilidade pela maior parte das funções de governo, seriam subordinados a um governo da União que controlaria a defesa, as relações exteriores e as comunicações. Com esse esquema, os britânicos esperavam poder manter a Índia unificada, fato desejado pelo Congresso e por eles mesmos e, ao mesmo tempo, através dos grupos, preservar a essência da reivindicação de um "Paquistão" feita por Jinnah. Essa proposta chegou tentadoramente perto de dar a Jinnah o que ele mais queria – que não era tanto um Estado independente, mas um "grande" Paquistão de províncias. Jinnah queria a todo custo evitar o que ele chamou em 1944 de um Paquistão "aleijado, mutilado e carcomido", no qual todos os distritos de maioria não muçulmana, regiões que compreendiam cerca de 40% de Bengala e do Punjab, seriam cortados do novo Estado. Ao integrar províncias inteiras (especialmente as províncias-chave do Punjab a Oeste e de Bengala a Leste) ao seu Paquistão, Jinnah podia conciliar seus líderes provinciais muçulmanos, receosos da desordem e da perda do seu poder se suas províncias fossem divididas ao meio. Além disso, as grandes populações hindus de Bengala e do Punjab assegurariam um tratamento justo para as populações muçulmanas consideráveis, inevitavelmente deixadas para trás nas províncias de maioria hindu.

Acima de tudo, Jinnah queria a paridade para o seu Paquistão com relação à Índia hindu. Ele sentia que isso podia ser obtido mais facilmente por meio de um conjunto de províncias reunidas. Repudiando a ideia democrática liberal da Índia como um país onde as maiorias governam, Jinnah argumentou que, como a Índia muçulmana englobava uma "nação" tal como a Índia hindu, ela tinha direito à representação igual em qualquer instituição do governo central. A lógica eleitoral liberal que via os muçulmanos como uma comunidade minoritária, cujos membros eram livres para escolher quem eles queriam que os representasse, tinha de ceder lugar, na sua visão, à assertiva de que os muçulmanos e não muçulmanos eram membros de duas entidades políticas fixas e distintas, cada qual com direito às suas próprias instituições de autogoverno. De fato, como expressão dessa dicotomia, Jinnah teria preferido apenas dois grupos – um Paquistão e um Hindustão – em vez da missão do gabinete dos três. Não obstante, a Liga Muçulmana aceitou as propostas da missão do gabinete.

Agora a bola estava no campo do Congresso. Embora o esquema de agrupamento preservasse a unidade da Índia, a liderança do Congresso, sobretudo Jawaharlal Nehru, agora indicado para ser o sucessor de Gandhi, chegou cada vez mais à conclusão de que, de acordo com as propostas da missão do gabinete, o centro seria fraco demais para alcançar os objetivos do Congresso, que via a si mesmo como o sucessor do governo britânico. Olhando para o futuro, o Congresso, especialmente sua ala socialista chefiada por Nehru, queria um governo central que pudesse dirigir e planejar uma Índia livre do colonialismo, que erradicasse a pobreza do povo e crescesse para tornar-se uma potência industrial. A comunidade empresarial indiana também apoiava a ideia de um governo central forte. De fato, em 1944 um grupo de eminentes industriais já tinha formulado, no Plano de Bombaim, um esquema para o desenvolvimento rápido de indústrias de base sob a liderança do Estado. Num discurso provocador de 10 de julho de 1946, Nehru repudiou a noção do agrupamento compulsório das províncias, a chave para o Paquistão de Jinnah. As províncias, disse ele, deviam ser livres para aderir a qualquer grupo ou a nenhum. Com esse discurso, Nehru efetivamente dinamitou o esquema da missão do gabinete, e com ele qualquer esperança de uma Índia unida. Era melhor um Paquistão completamente independente, concluiu relutantemente o Congresso, que um Estado atravancado por províncias fortes demais e pelos interesses das comunidades e dos proprietários rurais, que julgava serem representados pela Liga.

Massacre e partição

Encurralado num canto, privado do seu Paquistão de "grupos", Jinnah ficou desesperado. Agora ele tinha necessariamente de aceitar o Paquistão "carcomido" que ele tinha desdenhado anteriormente. Para obtê-lo, e mostrar ao Congresso que ele não podia simplesmente ser deixado de lado no acordo final, Jinnah passou à "ação direta". Ao fazê-lo, ele precipitou, talvez invo-

IMAGEM 38. Motim de Calcutá, agosto de 1946.

luntariamente, os horrores da revolta e do massacre que viriam a desfigurar a chegada da independência. Na Grande Matança de Calcutá, de 16 a 20 de agosto de 1946, quando turbas varreram as ruas da cidade, cerca de 4 mil pessoas de ambas as comunidades foram mortas e milhares de outras feridas ou desabrigadas (ver **imagem 38**). A matança de aproximadamente 7 mil muçulmanos em Bihar e de um número menor de hindus no distrito bengali de Noakhali seguiu-se logo depois. É improvável que Jinnah tenha buscado ativamente essa carnificina, mas as paixões dos dois lados haviam se tornado tão inflamadas que, exceto quando o próprio Gandhi estava fisicamente presente, como por um certo tempo em Noakhali, as exortações à não violência só encontravam ouvidos moucos.

A luta pelo controle do Punjab sucedeu em 1947. Ali, apesar da sua vitória entre o eleitorado muçulmano da província, Jinnah ficou enraivecido ao encontrar instalado no cargo, sob o poder de Khizr Hayat, um ministério que comportava os remanescentes dos unionistas, agora reduzidos a dez assentos na assembleia, aliados com o Congresso e com os siques acalis. Em março, através de uma campanha de desobediência civil, ele derrubou esse governo. Os distúrbios que se seguiram abriram caminho para o que seria o maior holocausto de todos – o do Punjab. No entanto, a contenda no Punjab não opôs simplesmente hindus e muçulmanos. Os siques da província foram cruciais para o seu desfecho: aglomerados nos distritos centrais, em torno de Lahore e da sua cidade sagrada de Amritsar, eles representavam uma minoria substancial da população da província, cerca de 13%, mas não eram maioria em lugar nenhum. Por isso, qualquer partição lhes representava um anátema. Temiam ser incluídos num Paquistão à mercê dos muçulmanos, de quem desconfiavam. Receavam, talvez ainda mais, uma partição do próprio Punjab, seguindo uma linha que separava os distritos de maioria hindu e muçulmana, pois isso deixaria sua pequena comunidade impotente, dividida entre os dois novos Estados. Porém, depois que a Índia unida foi abandonada, não se podia adotar com justiça outra maneira de demarcar a fronteira, a não ser uma que acompanhasse a linha que separava os distritos de maioria hindu e muçulmana.

À medida que o Norte e o Leste da Índia afundavam no caos, o primeiro-ministro britânico Attlee anunciou a nomeação, em fevereiro de 1947, do jovem e arrojado lorde Mountbatten como o último vice-rei. Mountbatten levou com ele instruções para transferir o poder até junho de 1948, uma data logo antecipada para 15 de agosto de 1947. Os conservadores na metrópole denunciaram amargamente essa "afobação"; porém, dadas as dificuldades econômicas da Grã-Bretanha, que haviam agravado nos anos imediatamente seguintes à guerra, existia um incentivo forte para uma transferência rápida para governos sucessores que seriam os únicos capazes de impor a ordem. Portanto, sob imensa pressão de tempo, com o relógio avançando velozmente, Mountbatten e sua equipe tiveram de tomar uma série de decisões fundamentais – sobretudo, se o poder seria entregue a dois, três ou mais Estados sucessores e se a linha de fronteira entre eles seria traçada. Além disso, ainda havia o destino dos Estados principescos, ligados somente à Coroa, sem lugar reconhecido na ordem constitucional indiana.

No momento em que Mountbatten assumiu o cargo, uma Índia unificada estava fora de questão. Mas não era certo, de modo algum, que haveria somente dois Estados sucessores. Inicialmente, no Plano Bálcãs, Mountbatten tinha proposto transferir o poder para as diversas províncias, que poderiam juntar-se à Índia ou ao Paquistão ou permanecer independentes. Ao ver esse plano de antemão, Nehru, determinado a impedir uma verdadeira "balcanização" da Índia em pequenos Estados, fez que Mountbatten concordasse em transmitir o poder diretamente, com base na Lei de 1935, a dois domínios, que permaneceriam na Commonwealth a fim de suavizar a transição. Nesse ponto, duas outras opções desapareceram. Uma era a de um Bengala unido independente, um plano sugerido por líderes muçulmanos bengalis, relutantes em serem subordinados ao distante Punjab. Contudo, como afirmou Joya Chatterjee, o Congresso local preferia a partição da província – à qual eles tinham se oposto tão acerbamente em 1905 – para que pudessem reivindicar o controle de pelo menos sua metade ocidental. Em Bengala, assim como no centro, grande parte da responsabilidade pela partição residiu naqueles que se opunham a ela ostensivamente. A outra oportunidade perdida foi a de um Estado muçulmano independente a Leste, sugerida na própria Resolução do Paquistão de 1940. Porém, em 1947, o compromisso de Jinnah com a teoria das "duas nações" o havia levado a voltar-se contra esse resultado, enquanto a concessão de Calcutá à Índia pela Comissão de Fronteiras, ao privar o Bengala Oriental do seu maior escoadouro para processamento e envio de exportações, fez que ele parecesse economicamente inviável sozinho. Cerca de 25 anos depois, em 1971, o Bengala Oriental, lesado pelo seu tratamento dentro do Paquistão, faria valer sua reivindicação de independência como o Estado do Bangladesh.

À meia-noite de 15 de agosto de 1947, num gesto memorável que suscitou um sentimento de orgulho em todo o país, Jawaharlal Nehru, na condição de primeiro ocupante do cargo de primeiro-ministro do país, pôs-se de pé na sala do parlamento e anunciou que a Índia havia conquistado sua liberdade. Com palavras eloquentes, ele disse à assembleia que:

> Muitos anos atrás, marcamos um encontro com o destino, e agora chegou a hora de cumprir nossa promessa, não completamente ou em plena medida, mas de modo muito substancial. Ao toque da meia-noite, enquanto o mundo dorme, a Índia acordará para a vida e a liberdade.

Nos anos seguintes, e até o presente, a imagem central da comemoração do Dia da Independência da Índia é o discurso à nação pelo primeiro-ministro sobre as muralhas do histórico Forte Vermelho de Shah Jahan. A **imagem 39** mostra Nehru nas muralhas do forte, sob a bandeira indiana, com a histórica Jami Masjid de Déli ao fundo.

No entanto, a independência viria a ser desfigurada pelos horrores medonhos do tumulto e do massacre, sobretudo no Punjab. Se a decisão de Mountbatten de acelerar a transferência do poder contribuiu ou não para a desordem que se seguiu, isto é tema de controvérsia há muito tempo. Poder-se-ia argumentar que, se os britânicos tivessem aguentado mais um ano, com a instalação de instituições transitórias e a mobilização prévia do Exército nas regiões conturbadas, uma transferência pacífica poderia ter sido arranjada para governos mais preparados para manter a ordem. Mas também se poderia argumentar com a mesma facilidade que o "tratamento

IMAGEM 39. Nehru dirige-se à nação a partir do Forte Vermelho, Déli, no Dia da Independência, 1947.

de choque" de uma transferência precoce tinha a finalidade de forçar os políticos rivais da Índia a encerrar suas pendengas e aceitar a responsabilidade por uma desordem crescente que a Grã-Bretanha já não estava mais em condições de conter sozinha.

O surto inicial, em março de 1947, aconteceu no Punjab Ocidental, de maioria muçulmana, quando muçulmanos atacaram habitantes hindus e siques da região. Conforme a independência se aproximava, a violência se espalhava através da província e envolvia todas as comunidades, especialmente os siques, que viram sua comunidade, com suas terras e templos, cortada em duas pela Concessão de Fronteiras anunciada em 16 de agosto. A escalada da violência no Punjab é geralmente atribuída a uma fúria irracional na qual, da noite para o dia, aldeões que até então estavam satisfeitos se lançaram no assassinato e estupro de pessoas que haviam sido suas amigas. Essa história foi contada em relatos ficcionais, como os contos de Saadat Hasan Manto e o romance arrebatador de Khushwant Singh (*Trem para o Paquistão*). No entanto, os massacres não eram totalmente sem direção, e novos detalhes sobre os seus horrores vieram à tona há pouco tempo.

O Punjab contava com uma sociedade altamente militarizada que havia sido durante muito tempo a base de recrutamento para o Exército indiano, a ponto de um terço dos homens elegíveis terem servido na guerra. Em 1947, a província continha uma grande quantidade de soldados desmobilizados. Muitos deles eram siques, que, por serem os que mais tinham perdido com a partição, tiraram proveito do seu treinamento militar e conhecimento dos armamentos modernos para organizar e dirigir ataques, de forma metódica e sistemática, contra aldeias, trens e fileiras de refugiados. Juntos, antigos membros do INA e do Exército indiano formavam bandos móveis chamados *jathas*, marcavam alvos e executavam ataques, muitas vezes com uma frequência de três ou quatro por noite, contra aldeias de maioria muçulmana no Punjab Oriental.

Esses ataques não se limitavam, de modo algum, aos siques. Frequentemente, em particular quando muçulmanos atacavam aldeias hindus, os homens forçavam suas mulheres a saltar dentro de poços para preservar sua pureza intocada, e depois eles lutavam até o fim. Trens que levavam refugiados através da fronteira eram alvos particularmente tentadores para todos os lados (ver **imagem 40**). Esses trens eram emboscados ou descarrilados e os passageiros indefesos eram assassinados sentados nos seus vagões ou depois de serem lançados sobre os trilhos. Com frequência, trens chegavam ao seu destino levando centenas de cadáveres a bordo. A chegada de cada

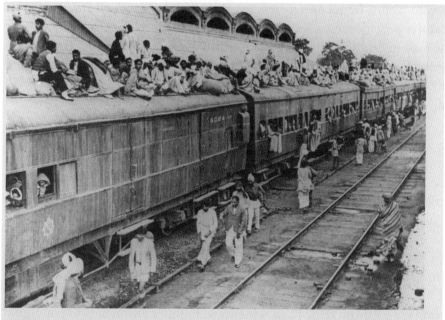

IMAGEM 40. Trem levando refugiados, 1947.

trem provocava, por sua vez, um clamor de vingança por parte da comunidade atingida.

A perda de vidas foi imensa. As estimativas vão de várias centenas de milhares até 1 milhão. Porém, mesmo para aqueles que sobreviveram, o medo gerava uma percepção generalizada de que só se podia estar seguro entre os membros de sua própria comunidade; e isso, por sua vez, ajudou a consolidar as lealdades para com o Estado, seja a Índia ou o Paquistão, no qual se poderia encontrar um abrigo seguro. Isso era especialmente importante para o Paquistão, onde o auxílio que o Estado oferecia aos muçulmanos deu-lhe, pela primeira vez, uma realidade territorial visível. O medo também provocou uma migração de massa sem paralelo na história da Ásia meridional. Num período de apenas três ou quatro meses no final de 1947, uma quantidade de hindus e siques estimada em cerca de 5 milhões transferiu-se do Punjab Ocidental para a Índia, enquanto 5,5 milhões de muçulmanos viajaram na direção oposta. O resultado, equivalente ao que se chama hoje de "limpeza étnica", gerou um Punjab indiano 60% hindu e 35% sique, enquanto o Punjab paquistanês tornou-se quase totalmente muçulmano. Uma migração semelhante, apesar de menos extensa, ocorreu entre o Leste e o Oeste de Bengala, embora ataques mortíferos contra os refugiados em fuga, com as respectivas perdas de vidas, tenham sido muito menos frequentes na região oriental. Até aqueles que não se mudaram, se pertencentes à comunidade errada, viam-se tratados amiúde como se fossem inimigos. Em Déli, os muçulmanos da cidade, refugiados num velho forte, foram encarados com intensa desconfiança e hostilidade por muitos meses depois da partição. Em toda parte, a partição desalojou perto de 12,5 milhões de pessoas da Índia indivisa.

Mesmo penando para instalar-se no cargo, os novos governos de ambos os lados da fronteira foram capazes de conter a violência com rapidez impressionante. Na maioria das regiões, eles controlaram-na antes do final de 1947. Esse sucesso é testemunha da resistência das estruturas do Estado colonial sobre as quais os dois Estados sucessores tinham se estabelecido. Funcionários britânicos permaneceram no local somente do lado paquistanês, pois esse Estado tinha a difícil tarefa de instalar um governo central a partir do zero. Contudo, ambos os Estados, que possuíam exércitos disciplinados e funcionários públicos, agiram rapidamente para organizar a reinstalação dos refugiados e, de modo mais geral, para recobrar a autoridade e legitimidade para si mesmos. Embora enfraquecido por algum tempo, o Estado nunca desmoronou na Ásia meridional. Essa resiliência também permitiu aos novos governos resolver outros desafios que surgiram durante a turbulência da transição. Entre eles estavam os movimentos de base camponesa, muitas vezes liderados por comunistas, que ameaçavam a dominação das elites conservadoras, tanto do Congresso quanto da Liga Muçulmana, os quais controlavam os novos governos. Os mais notáveis foram o movimento Tebhaga em Bengala, de meeiros e grupos tribais que exigiam uma distribuição mais justa da produção agrícola, e o colossal levante de Telengana no Haiderabad principesco, que envolveu milhares de camponeses pobres numa luta de guerrilha contra o governo do *nizam* e só foi derrubado pelo Exército indiano.

Definir a nação:
príncipes, Caxemira, rapto de mulheres

O movimento Telengana era parte de uma questão maior e extremamente intrincada – a do destino das centenas de Estados principescos espalhados pelo subcontinente. Como os príncipes sob o domínio britânico possuíam ligações apenas com os britânicos, o advento da independência deixou-os totalmente desamparados. Mountbatten insistiu que eles não poderiam esperar auxílio algum da Grã-Bretanha e aconselhou os príncipes a negociar as melhores condições que conseguissem com os novos regimes. Os novos governos, ansiosos para evitar uma balcanização ainda maior da Índia, também decidiram promover a integração dos príncipes. É compreensível que estes relutassem em ver seus Estados desaparecerem abruptamente do mapa e que tenham implorado mais tempo e melhores condições. Mas esses protestos foram vãos, pois os príncipes isolados tinham muito pouca influência sobre o poderoso Governo indiano na negociação. Para amenizar o choque da integração, o ministro dos Estados Vallabhbhai Patel (1875-1950) e seu adjunto V. P. Menon procederam por etapas, pedindo a princípio a simples acessão à União Indiana, e somente mais tarde uma fusão administrativa completa; e eles ofereceram generosas pensões privativas aos príncipes. Uma combinação de ameaças e intimidação – envolvendo às vezes ordens peremptórias de entregar o poder num prazo determinado, marcado muitas vezes em horas, ou enfrentar as consequências, anunciadas amiúde como um levante popular – garantiu a acessão de todos os príncipes, exceto alguns poucos, na data da independência. A fusão e consolidação desses Estados outrora principescos, alguns deles em províncias vizinhas, outros agrupados em novas províncias, ocorreu em 1948.

Entre os renitentes estava o *nizam* de Haiderabad. Governante de um Estado vasto e populoso, o *nizam*, de religião muçulmana, optou pela independência, que ele procurou impor com auxílio de um Exército irregular recrutado entre membros da aristocracia muçulmana do Estado. Mas o sonho foi em vão. Seu Estado estava cercado de território indiano por todos os lados; o grosso dos seus súditos eram hindus; e suas tropas irregulares foram incapazes de subjugar até os rebeldes Telengana. Em setembro de 1948, o Exército indiano interveio e encerrou a dinastia de dois séculos do *nizam*, e junto com ela o único sítio de fomento da cultura e do ensinamento islâmico no Decão. O outro resistente importante foi o marajá hindu da Caxemira. Separada das planícies indianas, cercada por montanhas altas, a Caxemira era o único Estado importante que compartilhava uma fronteira ao mesmo tempo com a Índia e o Paquistão. Seu governante podia, assim, aderir apropriadamente a qualquer um deles. Incerto quanto ao caminho a tomar, o marajá vacilou até que uma invasão de tropas irregulares do Exército paquistanês forçou-o a decidir. Então, em outubro de 1947, ele aderiu à Índia. Assim começou uma saga de conflito entre a Índia e o Paquistão que dura até hoje e na qual o povo da Caxemira, reduzido amiúde à condição de peões, sofre incomensuravelmente.

A Caxemira importava não tanto porque possuía minérios ou outros recursos valiosos, nem porque era o estado natal da família Nehru, mas sim porque, para ambos os lados, ela suscitava questões fundamentais para sua autodefinição como nação. Para o Paquistão, o fato crucial era a população muçulmana esmagadora da Caxemira. A decisão do marajá da Caxemira de aderir à Índia contrariava a lógica segundo a qual a Índia britânica havia sido dividida. A existência do Paquistão tinha por premissa sua condição como pátria dos muçulmanos. Embora milhões de muçulmanos tivessem, na visão paquistanesa, de ser deixados para trás espalhados ao longo da Índia, a Caxemira, um Estado de maioria muçulmana, pertencia de direito ao Paquistão. De fato, se a Caxemira tivesse sido uma província indiana comum, ela teria praticamente feito parte do Paquistão desde o início. Um marajá hindu não devia, na visão dos paquistaneses, ter sido autorizado deliberadamente a desafiar os interesses dos seus súditos muçulmanos. Para corrigir esse suposto erro, o Paquistão travou três guerras com a Índia em 25 anos. Na primeira dessas guerras, em 1948, ele conquistou uma parcela da Caxemira Ocidental, junto com as regiões setentrionais de Gilgit e Baltistan, mas nunca conseguiu tomar posse do rico vale centrado em Srinagar, que constitui o coração do Estado.

Da perspectiva indiana, havia outras questões em jogo. Nehru, e com ele o Congresso, apesar de obrigado a aceitar a criação do Paquistão, nunca havia aceitado a teoria das "duas nações". A Índia não era, nessa visão, um "Hindustão", ou terra dos hindus. Numa derrota capital para Jinnah, Nehru sustentou que seu Estado era o sucessor legítimo da Índia britânica. Ele afirmou essa continuidade ao chamar o novo Estado de "Índia" e incentivar Mountbatten a permanecer por um ano como seu governador-geral titular. O Paquistão, em contrapartida, rejeitou a oferta de Mountbatten de servir também como seu governador-geral. Ao contrário, o próprio Jinnah assumiu o cargo.

Na visão do Congresso, a Índia era não apenas o único sucessor da Índia britânica, mas também um Estado laico, no qual os muçulmanos, junto com todas as outras minorias, estavam, em princípio, em condições de igualdade com seus concidadãos hindus. Milhões de muçulmanos, que ficaram para trás depois da partição por escolha ou necessidade, já viviam dentro da Índia. O acréscimo dos habitantes da Caxemira seria apenas mais um testemunho da natureza inclusiva do novo Estado. Na medida em que a acessão do marajá da Caxemira era, segundo os termos dos acordos de partição, perfeitamente legal, Nehru não via motivo para desfazê-la. Pelo contrário, ele sentia que havia agido de modo apropriado ao responder ao pedido de socorro do marajá repelindo os invasores paquistaneses que avançavam sobre Srinagar.

Porém, essas considerações não puseram fim à disputa. Ao procurar apoio internacional, o Paquistão levou a questão da Caxemira à recém-criada Organização das Nações Unidas (ONU). Esta intermediou, em 1948, um cessar-fogo ao longo da linha de controle, que depois ela patrulhou enviando à Caxemira um contingente de observadores. Essa força de observadores da ONU permanece na Caxemira até hoje. Na época da acessão do marajá, Nehru havia concordado em realizar um plebiscito entre a população para decidir o estatuto posterior da Caxemira. Esse referendo nunca aconteceu. Do ponto de vista da Índia, a recusa do Paquistão de retirar seus "invasores" da província anulava as condições sob as quais a Índia havia concordado com o plebiscito. Em 1972, o Paquistão concordou em resolver a disputa por negociação, mas tratativas recorrentes não obtiveram progresso em direção a uma solução negociada. A Caxemira continua a mais disputada das questões que dividem os dois países. A própria população caxemiriana, de líderes ambivalentes – que às vezes apoiam a Índia, às vezes aceitam ajuda militar secreta do Paquistão –, permanece presa no meio. Presume-se com frequência que, se tivesse escolha, a maioria prefeririria a independência, como um Estado do Himalaia comparável ao Nepal ou Butão, à união com qualquer uma das duas potências da Ásia meridional.

A Caxemira não proporcionou a única questão em torno da qual problemas de identidade nacional foram definidos nos primeiros anos da independência. Emoções fortes também foram suscitadas pelo rapto, durante os tumultos provocados pela partição, de mulheres que, em vez de serem assassinadas em ataques aos vilarejos ou fileiras de refugiados, foram levadas como troféus pelos seus sequestradores. Como escreveu um oficial indiano sobre um ataque contra refugiados em Gujranwala: "Depois que acabou o massacre, as meninas foram distribuídas como doces". Frequentemente vendidas ou abandonadas depois de terem sido estupradas, essas mulheres também foram, às vezes, forçadas a se casar com os seus raptores. Estimativas dessas abduções vão de 40 mil a 50 mil devido em parte às atividades dos *jathas* siques organizados, talvez o dobro de mulheres muçulmanas tenha sido raptado do que hindus e siques. Logo depois da restauração da ordem, no final de 1947, ambos os governos empenharam-se para localizar mulheres sequestradas a fim que elas pudessem retornar à nação à qual deveriam pertencer "corretamente". O esforço investido na tarefa é uma prova não somente do horror que esses raptos suscitaram, mas também da força da lógica comunitária segundo a qual, na prática, os dois novos Estados definiam a si mesmos. As mulheres muçulmanas deveriam ficar no Paquistão; as hindus e siques, na Índia. Uma ordem moral decente exigia a restauração dessas mulheres, se não às suas próprias famílias, pelo menos aos seus "lares" nacionais. Para os indianos hindus, em especial, habituados a conceber a nação em termos de gênero, como uma terra na qual as mulheres representavam a pureza da "mãe", esses raptos suscitavam um sentimento poderoso de ultraje. A questão gerou debates acalorados até na Assembleia Constituinte.

Essa lógica, como no caso das caxemirianas, não levou em conta as vontades e desejos das próprias mulheres. Se muitas que retornaram foram bem recebidas pelas suas famílias, alguns homens não queriam tomar de volta esposas que haviam sido "conspurcadas". Certas vezes, as mulheres, cobertas de vergonha e culpa pelo seu fado, relutavam em retornar para uma recepção incerta. Muitas haviam se estabelecido nos seus novos lares, com filhos e maridos, e não queriam perder suas raízes novamente. Outras ainda tinham perdido todos os seus parentes. Como disse uma mulher ao seu "salvador": "Eu perdi meu marido e agora encontrei outro. Você quer que eu vá para a Índia onde eu não tenho ninguém". Para os governos da Índia e do Paquistão, no entanto, nada disso importava. Foi somente em 1954 que a política oficial de repatriação forçada foi abandonada.

A DIREITA HINDU E O ASSASSINATO DE GANDHI

Em 30 de janeiro de 1948, Mahatma Gandhi foi assassinado por um devoto hindu enquanto conduzia um encontro de oração em Nova Déli. Jawaharlal Nehru falou por uma nação enlutada quando disse à Índia numa transmissão radiofônica: "A luz deixou nossas vidas e há escuridão por toda parte". Apesar do profundo sentimento de perda que a morte do *Mahatma*, com 78 anos de idade, gerou na Índia, Gandhi havia se tornado cada vez mais marginal no cenário político indiano desde o final da guerra. Ele deixara seu sucessor indicado, Nehru, primeiro no governo interino de 1946-7 (e depois como primeiro-ministro da Índia independente) tomar a iniciativa nas questões de política e administração que acompanhavam a transferência do poder. Profundamente entristecido diante da perspectiva da partição, Gandhi manteve-se distante das negociações que a efetivaram. De fato, para evitar esse resultado ele propôs a sugestão radical de nomear Jinnah como primeiro-ministro de uma Índia unida; a única resposta foi um silêncio ensurdecedor. Mais tarde, Gandhi argumentou que o Congresso, tendo cumprido sua missão com a criação de uma Índia independente, deveria dissolver-se. Mais uma vez, não houve resposta. Não obstante, ao longo desses anos, de Noakhali em Bengala, passando pela Índia setentrional até Déli, o *Mahatma* permaneceu uma figura instigante e heroica, dedicada ao estancamento da violência. Ademais, logo antes da sua morte, Gandhi fez uma última intervenção decisiva no processo político indiano. Por meio de uma combinação de prece e jejum, ele forçou um ministério contrito a ceder ao Paquistão sua parcela dos ativos em dinheiro da Índia indivisa, cerca de 40 milhões de libras esterlinas, que até então haviam sido retidas, contrariamente aos acordos de partição.

O assassinato de Gandhi trouxe aos olhos do público um nacionalismo hindu que, durante a luta anticolonial liderada pelo Congresso, tinha sido raramente visível. Contudo, ele não surgiu repentinamente com o ato desesperado do assassino de Gandhi, Nathuran Godse; ao contrário, como vimos no Capítulo 5, um nacionalismo hindu confesso pode ser identificado já no movimento de proteção das vacas do final do século XIX. Em 1915, ele assumiu contornos institucionais com a fundação da Mahasabha hindu. A Mahasabha era uma aliança superficial de entusiastas hindus, principalmente das Províncias Unidas e do Punjab, que trabalhava em prol da proteção das vacas e da língua híndi, juntamente com atividades educacionais e de bem-estar social entre os hindus em geral. Seus objetivos, e até seus membros, muitas vezes não eram distintos daqueles do Congresso, pois homens como Pandit Mohan Malaviya atuavam em ambos. A Mahasabha diferenciava-se talvez de modo mais visível do Congresso pela sua propagação do híndi sanscrítico grafado na escrita devanágari. Gandhi, em contrapartida, ansioso para criar uma língua que unisse as pessoas, defendia o uso do vernáculo compartilhado do Norte da Índia, chamado hindustâni, escrito nos alfabetos *nagri* e indo-persa.

O mais destacado entre os primeiros defensores do que ele chamava de "Hindutva", ou "hinduidade", foi V. D. Savarkar (1883-1966). Era um brâmane *chitpavan* de educação inglesa (como Tilak e Gokhale) que, quando jovem, havia participado da política revolucionária; ao ser liberado de uma estada prolongada na cadeia, assumiu a liderança da Mahasabha. No seu tratado de 1923 sobre a "Hindutva", ele celebrou a grandeza e unidade do povo hindu:

> As condições ideais [...] nas quais uma nação pode atingir uma solidariedade e coesão perfeitas seriam encontradas, se tudo o mais permanecesse igual, no caso daqueles povos que habitam a terra que eles adoram, a terra de seus antepassados, que é também a terra dos seus Deuses e Anjos, Visionários e Profetas; cujas cenas da história também são as cenas da sua mitologia. Os hindus são praticamente o único povo que foi abençoado com essas condições ideais que são, ao mesmo tempo, um incentivo para a solidariedade nacional, a coesão e a grandeza.

O nacionalismo hindu assumiu uma forma mais militante com a fundação da Rashtriya Swayamsevak Sangh, ou RSS, em 1925. Uma organização composta em sua maioria de maharashtrianos de casta alta, a RSS organizou-se, contrariamente ao Congresso gandhiano, como um partido disciplinado de quadros. Ela não disputava eleições nem procurava uma base de massa, mas formava seus membros em células paramilitares uniformizadas. Embora o próprio Gandhi, por ser o *Mahatma*, fosse visto com frequência pelos indianos em termos hindus, ele insistia que a Índia independente deveria acolher os membros de todas as comunidades. A RSS, ao contrário, propugnava uma visão da Índia como uma terra de e para hindus. Defensora de um nacionalismo místico, com colorações racistas que evocavam simpatias com o fascismo alemão, a RSS era estridentemente antimuçulmana. Ela opunha-se sobretudo à concessão da partição feita aos muçulmanos, que seus membros denunciavam como a "vivissecção" da pátria. À medida que a independência se aproximava, a RSS obteve apoio entre estudantes, refugiados e as classes médias baixas urbanas, receosas da violência e dos sobressaltos à sua volta.

Para essas pessoas, a proteção da "mãe" hindu podia facilmente vir a exigir a remoção da figura que personificava de modo mais visível a Índia fraca e efeminada que eles tanto detestavam – Mohandas Gandhi. Por conta do assassinato, como Godse era membro da RSS e discípulo de Savarkar, não surpreende que o nacionalismo hindu tenha caído em profunda desgraça. A RSS foi banida por alguns anos e a repulsa a esse tipo de violência inibiu a formação de outros partidos dedicados à promoção de uma Índia declaradamente hindu. Foi apenas nos anos 1970, depois da oportunidade oferecida pela oposição ao período de regime arbitrário entre 1975-7, que a direita hindu começou a se reorganizar; e foi somente nos anos 1990, mais de 40 anos depois da morte de Gandhi, que ela finalmente conseguiu livrar-se do estigma desse assassinato.

Em 1950, a Índia havia sobrevivido a uma década extraordinária, talvez diferente de qualquer outra que o país tinha atravessado, que conheceu o triunfo de independência acompanhado pelas tragédias da guerra, da partição e por uma violência civil sem paralelo. No entanto, muitas coisas resistiram aos traumas dessa década e continuaram com poucas alterações. O Partido do Congresso, na condição de encarnação do nacionalismo indiano, saiu fortalecido e pronto para as disputas eleitorais que se seguiriam. Ele até realizou sem esforço uma mudança de liderança, a primeira em 25 anos, quando Gandhi entregou a direção a Nehru. Acima de tudo, as estruturas do Estado, com seu funcionalismo público e seu Exército disciplinados, sobreviveram intactas, transferidas com pouca interrupção das mãos dos britânicos para as dos dois governos sucessores. A promulgação de uma nova Constituição, em 26 de janeiro de 1950, significou para a Índia o começo de uma nova era, de construção da nação e desenvolvimento econômico.

capítulo 8

O GOVERNO DO CONGRESSO:
DEMOCRACIA E DESENVOLVIMENTO,
1950-1989

Forjada em intensos debates numa Assembleia Constituinte que se reuniu de 1947 a 1949, a Constituição da Índia estabeleceu um conjunto de princípios e instituições que governam a vida política do país até o presente. Como Nehru almejava criar uma Índia livre "moderna", a Constituição do país repudiou grande parte da sua herança colonial. Embora continuasse a ser membro da Commonwealth, a Índia foi proclamada República, o que encerrou a fidelidade para com a Coroa britânica quando a Constituição foi promulgada. Essa data, 26 de janeiro, conhecida como *Dia da República*, na qual ocorreu um desfile grandioso em Nova Déli, continua a ser um dos focos principais da comemoração da nação indiana. Mesmo rejeitando o imperial estilo vice-real de governo associado ao domínio britânico, a nova Índia buscou inspiração na prática política interna da Grã-Bretanha. A Constituição implementou um governo de estilo Westminster, com um parlamento composto de duas Câmaras e um primeiro-ministro selecionado pelo partido majoritário da Câmara baixa, chamada Lok Sabha, ou Casa do Povo. Nehru assumiu o cargo de primeiro-ministro, enquanto o presidente, instalado no antigo palácio vice-real, atuava como chefe de Estado titular, igual ao monarca na Grã-Bretanha. Os antigos eleitorados separados da época colonial, com suas tendências divisivas, foram igualmente abolidos em prol de circunscrições de membros individuais, calcadas nas da Grã-Bretanha, abertas a todos.

Elementos do velho estilo colonial de governança persistiram, todavia, na nova ordem. Cerca de 200 artigos da Lei do Governo da Índia de 1935, por exemplo, foram incorporados à nova Constituição. A estrutura federal, na qual o poder é compartilhado entre o centro e as antigas províncias, agora transformadas em estados, permaneceu intacta. É significativo que o mesmo tenha acontecido com a disposição da Lei de 1935, que conferia ao governador provincial, bem como ao presidente, o poder de estilo imperial de afastar ministros eleitos em tempos de exceção. Tais poderes foram frequentemente empregados na Índia independente para intimidar governos estaduais recalcitrantes e, num caso excepcional, para facilitar um período de regime autoritário de "emergência" em todo o país. Ademais, a estrutura administrativa do Serviço Público Indiano, renomeado *Serviço Administrativo Indiano*, continuou em vigor. Esse "quadro de aço", cujos membros britânicos foram substituídos por indianos formados no mesmo espírito de governança imparcial, era visto, nos anos tumultuados após a independência, como um baluarte necessário de estabilidade para o novo governo. Uma ideia norte-americana incorporada à nova Constituição foi a de uma Suprema Corte com poderes de revisão judicial da legislação. Em nenhum momento a Assembleia Constituinte considerou a instituição de um governo apartidário de estilo gandhiano, com um centro fraco e o poder difundido entre aldeias autônomas. A nova Índia não seria calcada numa visão do seu passado arcaico.

Todos concordavam que a nova Índia deveria ser um país democrático, com sufrágio universal e liberdade de imprensa e discurso. No entanto, perturbado pela discriminação persistente contra os "intocáveis" e outros grupos desfavorecidos, o Partido do Congresso tomou medidas para garantir que esses grupos tivessem participação na nova ordem constitucional. Uma delas foi a nomeação do renomado líder "intocável", o dr. B. R. Ambedkar, formado pela Universidade Colúmbia em Nova York, para presidir o comitê de redação da constituição. Desde a sua tensa divergência com Gandhi a respeito do *Communal Award* em 1932, eles nunca haviam se reconciliado. Ambedkar chamava o hinduísmo de uma "verdadeira câmara de horrores" e argumentava que tudo o que o gandhismo havia feito era "polir sua superfície e dar a ele uma aparência de decência e respeitabilidade". Antes da sua morte em 1956, Ambedkar converteu-se ao budismo. A nova Constituição proibia a intocabilidade, mas a disposição de maior importância a longo prazo foi a reserva de assentos no parlamento para os antigos intocáveis e as tribos carentes da floresta. Esses grupos eram enumerados numa tabela (*schedule*) especial da Constituição, e por isso tornaram-se conhecidos como "Castas e Tribos Tabeladas" (*Scheduled Castes and Tribes*). Os membros dessas castas candidatavam-se às eleições em circunscrições ordinárias onde eram os únicos candidatos autorizados. Dessa forma, o Estado evitava o uso de eleitorados separados ao estilo colonial, mas garantia aos "intocáveis" a inclusão no Legislativo. Sua presença dava mostras evidentes da preocupação do Estado com o bem-estar dessas comunidades. À medida que o tempo passou, como veremos, essas reservas passaram a incluir o acesso preferencial a instituições educacionais e serviços administrativos, enquanto a existência de tais benefícios para as castas "tabeladas" inspirou outras classes "atrasadas" a exigir um tratamento semelhante.

O Partido do Congresso sob a liderança de Nehru também estava comprometido com os princípios da laicidade e do socialismo. Apesar da predominância de hindus entre os seus membros, o Congresso sempre havia se proclamado uma organização secular, e Nehru estava determinado a fazer que a Índia fosse um Estado laico. Nos anos 1940 e 1950, especialmente após a partição do país e o assassinato de Gandhi, esse princípio encontrou pouca oposição aberta. Nehru teve o cuidado de dissociar o Estado da religião e do próprio Congresso, através, por exemplo, de medidas como a escolha da capital do leão do governante budista Asoka como o símbolo central da bandeira e da moeda do país (ver mais adiante **imagem 44**), em vez de adotar um ícone hindu ou até a roda de fiar gandhiana que adornava a bandeira do Partido do Congresso. Contrariamente à sua variante americana, que procurava erguer uma "muralha" entre a Igreja e o Estado, o secularismo indiano objetivava ter contato com todas as múltiplas religiões da Índia e promovê-las. Essa forma de secularismo, com suas escolas e códigos jurídicos de base comunitária, era difícil de pôr em prática. Além disso, a política incentivava uma fidelidade persistente à "comunidade" que se chocava com o individualismo de uma democracia. Ademais, a Constituição albergava entre seus princípios diretivos não somente o direito fundamental à propriedade privada, mas também um compromisso com a justiça econômica, definida como a distribuição dos recursos materiais do país de modo a promover o bem comum e uma partilha igualitária da riqueza. Em que medida e de que maneira esse ideal socialista se formou será um dos temas centrais deste capítulo.

As primeiras eleições gerais da Índia com sufrágio universal aconteceram no inverno de 1951/2. Realizar eleições livres numa escala tão maciça, com um eleitorado de 200 milhões, era um fato inédito no mundo todo. Sua realização bem-sucedida (a primeira de muitas eleições como essa que viriam a ocorrer nos próximos 50 anos) foi um tributo, em grande parte, ao treinamento político que os indianos haviam recebido durante as últimas

IMAGEM 41. Vijayalakshmi Pandit discursa no comício eleitoral de uma aldeia, Phulpur, Allahabad, 1964.

décadas do domínio britânico, especialmente nas eleições de 1937 e 1946. À época da independência, o princípio de que o voto (e não a violência ou um golpe de Estado militar) era o meio de instaurar governos já havia sido aceito entre todas as classes de indianos. Graças ao seu compromisso inabalável com o processo democrático durante o seu mandato de primeiro-ministro, Nehru gravou profundamente esse princípio no comportamento político indiano. A **imagem 41** mostra como até uma pessoa eminente como a irmã de Nehru, Vijayalakshmi Pandit, aqui em campanha em 1964, tinha de obter o apoio dos vilarejos mais remotos para conseguir ganhar uma eleição para o Parlamento.

Na eleição de 1951/2, o Partido do Congresso arrebatou o poder em âmbito tanto nacional quanto estadual. Na nova Lok Sabha, o partido obteve 364 dos 489 assentos. Essa vitória eleitoral, que capitalizou o apelo do Congresso como o partido que havia dado a independência à Índia e se envolveu no legado santificado do Mahatma Gandhi martirizado, não foi surpreendente. Porém, o apoio ao Congresso não era, de modo algum, universal. De fato, dos votos dados, o Congresso obteve apenas cerca de 45% apenas. O restante foi dividido entre uma série de partidos de oposição, direitistas, esquerdistas e regionais, empurrados para as margens pela dominação do centro político pelo Congresso. Essa disjunção entre o apelo popular limitado do Partido do Congresso e sua dominação do Legislativo seria uma característica da política indiana por décadas a fio.

As duas primeiras décadas da independência da Índia podem ser caracterizadas com propriedade como a era de Nehru. Diversos elementos moldaram juntos a vida política do país da década de 1950 até a de 1960. Estes incluem uma política de negociação, um compromisso com o desenvolvimento econômico e uma luta para conter o regionalismo linguístico divisivo. Todos eram unidos pela presença imponente de Nehru. Forçado nos primeiros anos do seu governo a compartilhar o poder com o imperioso Sardar Vallabhbhai Patel, em 1950, após a morte de Patel, Nehru venceu o único desafio que restava à sua autoridade, o de Purushottam Das Tandon à frente do Comitê de Trabalho do Congresso. A partir daí até sua morte em 1964, ele foi o mestre incontestado do cenário indiano. Ao operar a partir de uma inquestionada posição de força, mas nunca impiedoso ou vingativo, impôs sua vontade aos serviços administrativos, ao Exército e ao parlamento. Admirado, até idolatrado como "Panditji", com sua rosa característica espetada no *sherwani* (paletó), esse líder representava a nova Índia independente tanto para si mesma como para o mundo em geral.

A visão de Nehru de uma nova Índia assumiu talvez sua faceta mais visível nas planícies do Punjab, com a construção de Chandigarh. Como a Índia perdera a antiga capital da província, Lahore, para o Paquistão, a necessidade de um novo sítio era urgente. Para Nehru, tinha de ser uma cidade inteiramente nova, que "simbolizasse a liberdade da Índia, livre das tradições do passado [...] uma expressão da confiança da nação no futuro". Por isso, nenhum dos estilos arquitetônicos existentes (como o indo-sarraceno, tingido de colonialismo) seria apropriado, nem o "hindu" arcaico utilizado pelo governo estadual de Orissa na sua nova capital em Bhubaneshwar. Em vez disso, Nehru voltou-se para o internacionalmente famoso arquiteto franco-suíço Le Corbusier, que projetou para ele uma cidade modernista por completo, com prédios cívicos feitos de linhas arrojadas e cores ousadas (ver **imagem 42**). O conjunto estava implantado num plano de "setores" rigidamente demarcado, no qual tudo, das autoestradas e parques às residências das diferentes classes de funcionários públicos, cada qual aglomerada por categoria, estava previsto nos mínimos detalhes. Embora admirada pela ousadia da sua concepção, Chandigarh foi muitas vezes alvo de críticas por desconsiderar as condições indianas e a herança arquitetônica da Índia. Espalhada demais, grandiosa demais em sua monumentalidade, a cidade parece remota das realidades da vida indiana. Mas isso era exatamente a

IMAGEM 42. Detalhe de arquitetura, Chandigarh.

intenção de Nehru – usar o modernismo internacionalista de Le Corbusier como veículo para a criação de uma Índia pronta para a segunda metade do século XX.

Parte do mesmo idealismo nehruviano pode ser vista no cinema indiano dos anos 1950. Populares e acessíveis, produto dos imensos estúdios de Bombaim, que logo seriam chamados de "Bollywood", os filmes comerciais sempre captaram o clima da época na Índia. As músicas dos filmes eram cada vez mais difundidas, divulgadas primeiro pelas rádios e depois em fitas cassete. Além das histórias habituais de romance escapista, os filmes da era Nehru deixavam explícitos os ideais do nacionalismo, bem como os desafios do desenvolvimento e da vida urbana. Muitos filmes populares mostravam estrelas que retratavam o indiano "moderno" que punha a "nação" antes do "eu". Outros contrapunham as esperanças dos humildes aos perigos da vida urbana. Um crítico chamou o filme *Shree 420* (**imagem 43**), de 1955 ("Sr. Trapaça", pois o número faz alusão a uma seção do Código Penal Indiano), de parábola da modernidade indiana. Uma de suas canções mais conhecidas celebra a identidade nacional do herói dentro de um mundo mais amplo, simbolizado de modo extravagante pelas suas próprias roupas:

> *Mere juutee hain japaanii*
> *Yeh patluun inglistaanii*
> *Sar peh laal topii ruusii*
> *Phir bhii dil hai hindustanii*
>
> Nos meus pés, sapatos do Japão
> Mas é da Inglaterra que vêm minhas calças
> Na minha cabeça, um chapéu vermelho da Rússia
> Mas o meu coração é indiano!

Um filme paradigmático da era Nehru é *Mughal-e-Azam* (1960), uma parábola histórica que fez do imperador Akbar um Nehru idealizado, que governava um país no qual hindus e muçulmanos conviviam alegremente e os desejos pessoais eram sacrificados de bom grado pelo bem da nação. Para que ninguém deixasse de entender o argumento, o filme começava e terminava com uma silhueta do mapa da Índia pré-partição surgindo do horizonte ao som de "Eu sou a Índia", diante do qual Akbar era apresentado como devoto celebrado. *Mother India* (1957) atribuiu o papel icônico de representar a nação a uma mulher que, em prol do bem maior, matou, ela própria, seu filho bandido. De tom otimista, esses filmes celebram uma Índia na qual a virtude triunfa e as instituições liberais do país moldam cidadãos patrióticos para uma nação livre.

A NOVA ORDEM POLÍTICA

O sistema político da década de 1950 dependia, para funcionar corretamente, da colaboração que relacionava a liderança de Nehru às relações locais

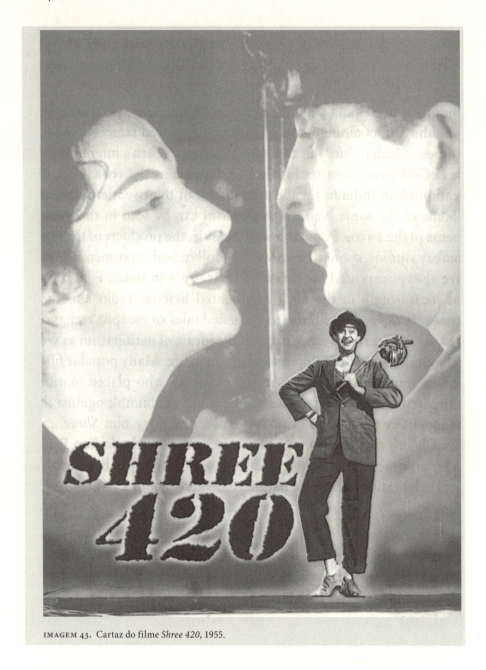

IMAGEM 43. Cartaz do filme *Shree 420*, 1955.

de uma série de "chefes" do partido. Embora as incansáveis campanhas de Nehru e sua condição de herdeiro escolhido por Gandhi tivessem dado ao Congresso os seus sucessos eleitorais, sua autoridade só podia ser exercida através da organização do partido. Por meio da sua mobilização inicial das massas para a não cooperação nos anos 1920, Gandhi havia feito do Congresso uma poderosa organização com raízes profundas nas aldeias indianas; a partir das eleições de 1937, o partido havia se transformado lentamente de um órgão de agitação num receptor de votos. Na década de 1950, Nehru era o cabeça dessa organização, mas não controlava os mecanismos através dos quais ela funcionava. Ele era, decerto, indispensável. Toda vez que ele ameaçava renunciar, gritos de "Panditji, não nos abandone" soavam nos salões do Parlamento. Mas no seu gabinete, exceto pelo seu irascível ministro da Defesa, V. K. Krishna Menon, Nehru estava cercado de homens conservadores da organização, como Govind Balabh Pant, S. K. Patil e Morarji Desai, cujo poder derivava do seu controle das organizações partidárias em nível estadual e distrital. De igual modo, os principais ministros estaduais, embora ligados ao centro pela participação no Comitê de Trabalho do Congresso, eram amplamente autônomos no exercício do poder nos seus Estados. Juntos, esses homens faziam funcionar o sistema do Congresso. Em essência, chefes do partido atribuíam cargos e fundos de desenvolvimento aos trabalhadores dos níveis mais inferiores do Congresso nos distritos; estes, por sua vez, liberavam esses fundos para os controladores dos "bancos de votos" cruciais nas aldeias, geralmente líderes de ricas castas camponesas que podiam levar seus colegas aos pleitos para votar no Congresso. Numa forma que lembrava a "máquina" política ao estilo de Chicago, favores eram trocados por votos em cada localidade e o conjunto era integrado no topo por meio da organização do Congresso.

Mas uma política populista não era, de modo algum, inexistente na Índia dos anos 1950. Assim que a nova Constituição foi inaugurada, Nehru teve de enfrentar um movimento tumultuado pela reorganização das províncias da Índia. As origens do problema tinham raízes profundas no passado colonial do país. Quando os britânicos formaram as províncias e separaram delas as centenas de Estados principescos, eles levaram em conta somente sua própria conveniência administrativa e as necessidades políticas do momento. Por conseguinte, certos grupos linguísticos, especialmente os falantes de oriá e telugo, foram divididos em duas ou mesmo três províncias, enquanto outros foram incorporados em grandes províncias multilinguísticas como Madras e Bombaim. A integração dos Estados principescos depois de 1947 piorou as coisas ao acrescentar à mistura outras unidades definidas arbitrariamente, algumas das quais eram grandes Estados autônomos como Mysore e Haiderabad, ao passo que outras eram pequenos principados aglutinados às pressas em estruturas administrativas impraticáveis, como Madhya Bharat na Índia Central.

Em 1920, como parte da sua reestruturação do Congresso, Gandhi havia instituído comitês provinciais do Congresso segundo linhas linguísticas. Desse modo, raciocinou ele, ao aproximar-se de cada um na sua própria língua, o Congresso poderia tornar-se mais receptivo às necessidades dos diversos povos da Índia. Porém, quando se tornou possível, depois da independência, traduzir essas províncias de base linguística na estrutura administrativa do Estado indiano, Nehru bateu o pé. Contra o pano de fundo ameaçador da partição e do "Plano Bálcãs", que propunha a ruptura da Índia, Nehru estava decidido a não fazer nada que incentivasse o separatismo de qualquer tipo. Durante todo o tempo em que esteve no cargo, manter a unidade da Índia sempre havia sido a prioridade suprema de Nehru. No entanto, ele não podia, por ser governante democrático, ignorar o crescente clamor por estados linguísticos, fato que começou no Sul e depois espalhou-se para o Oeste e o Norte do país. Os *andhras*, falantes de telugo, haviam penado por muito tempo sob a dominação dos falantes de tâmil, mais instruídos, na presidência multilíngue de Madras e desejavam seu próprio Estado até mesmo antes da independência. Diante da oposição obstinada de Nehru, o líder *andhra* Potti Sriramalu iniciou um jejum até a morte em outubro de 1952. Sriramalu morreu em dezembro; três dias depois, o governo concordou em estabelecer um estado *andhra*.

Uma vez lançado, o processo de reorganização não podia ser interrompido. Foi criada uma Comissão de Reorganização dos Estados e seu relatório, implementado em 1956, fez surgir uma Índia completamente reordenada, dividida em 14 Estados com base nas línguas. O Estado de Kerala foi criado para os falantes de malaiala; o antigo Mysore, agora Karnataka, incluía falantes de canará; Madras, mais tarde renomeado Tamilnadu, tornou-se o lar dos falantes de tâmil; e assim por diante. Os populosos Estados de língua híndi das Províncias Unidas, renomeadas Uttar Pradesh, e Bihar, com o Bengala Ocidental que já era unilíngue, permaneceram inalterados. Ademais, foram criados seis pequenos territórios da União, governados diretamente de Déli. A reorganização dos Estados incentivou uma nova política linguística regional; todavia, ao mesmo tempo, ao satisfazer pacificamente um sentimento popular muito intenso, a mudança ajudou a tolher o entusiasmo separatista. De fato, na maior parte da Índia, o Congresso, como a própria nação indiana, saiu fortalecido por ter resolvido com sucesso, de maneira democrática, esse desafio à sua autoridade. Esse reconhecimento da diversidade linguística pode ser visto até nas cédulas indianas. Na **imagem 44**, embora predominem o híndi e o inglês, as palavras "dez rúpias" estão impressas em todas as 14 línguas oficiais da Índia.

IMAGEM 44. Reprodução fac-similar de uma cédula indiana de 10 rúpias.

O governo Nehru procurou isentar dessa reorganização duas das antigas províncias, as de Bombaim e do Punjab. Embora a antiga presidência de Bombaim contivesse duas regiões linguísticas claramente demarcadas, de falantes de guzerate no Norte e falantes de marati no Sul, seu centro metropolitano, a cidade de Bombaim, continha uma população mista, com predominância dos guzerates no comércio e na indústria e uma maioria de trabalhadores de língua marati. Contudo, a tentativa de manter a velha estrutura estava condenada desde o início. Incitados pelas mudanças em outros lugares, dois novos partidos políticos surgiram simultaneamente para exigir um estado maharashtriano separado. Acompanhada de uma série de revoltas mortais na cidade de Bombaim, a separação do Guzerate de Maharashtra finalmente ocorreu em 1960; e Bombaim, depois renomeada Mumbai, continuou a ser a capital deste último.

O Punjab representava um problema muito mais intrincado. Além de combinar falantes de punjabi e híndi no restante da província que coube à Índia depois de 1947, o Estado também abrigava uma comunidade religiosa distinta, a dos siques. Estes dominavam a porção do Estado que falava punjabi e, através do seu partido Akali Dal, organizaram uma campanha por um Estado de língua punjabi. Inevitavelmente, isso deu à reivindicação desse Estado a ideia de exigência de uma pátria sique. Depois da experiência lancinante da partição, Nehru opunha-se peremptoriamente à criação de qualquer Estado baseado em credos religiosos. Após a morte de Nehru, enfim aconteceu em 1966 uma reorganização, declaradamente baseada em elementos linguísticos e não religiosos, na qual se recortou um Estado do

Punjab de língua punjabi; as áreas remanescentes de língua híndi ascenderam à condição de Estados com o nome de Haryana e Himachal Pradesh. No entanto, o lugar dos siques na União Indiana continuou sem solução e voltou a assombrar o governo nos anos 1980.

Nehru resolveu outro problema territorial pela força das armas. A partida da Grã-Bretanha da Índia havia deixado intocados os diminutos enclaves coloniais da França e de Portugal. A França foi convencida a entregar pacificamente seu território, centrado na cidade de Pondicherry. Portugal, cujo controle sobre Goa datava de 450 anos, resistiu de forma obstinada. Finalmente, em 1959, Nehru, exasperado, mandou o Exército ao território, venceu facilmente a guarnição portuguesa e incorporou Goa, com suas dependências de Diu e Daman no Guzerate, à União Indiana. Essas antigas colônias continuam até hoje como Estados separados, com suas características distintas.

A NOVA ORDEM ECONÔMICA

Mesmo antes da independência, os líderes indianos haviam determinado que o atraso econômico que tinha caracterizado uma parte tão grande da experiência colonial devia ser rompido. Como vimos, nos anos anteriores à independência, o Congresso batalhou para suprimir as diferenças de classe em prol do protesto anticolonialista. Contudo, à medida que a independência se aproximou, tornou-se mais difícil conter aqueles que queriam uma mudança social radical. Em decorrência disso, a liderança do Congresso, primeiro sob Gandhi e depois sob Nehru, teve de rechaçar pedidos de uma revolução socialista por parte da esquerda, revolução na qual as elites proprietárias seriam removidas em prol de um Estado dominado por trabalhadores e camponeses. O Partido Socialista do Congresso, de orientação marxista, formado em 1934, esforçou-se na década seguinte para inclinar o Congresso para a esquerda. Durante grande parte desse período, eles foram apoiados pelos ativistas radicais do Partido Comunista da Índia (PCI), ligados à Internacional Comunista, de dominação soviética. Embora o PCI, já enfraquecido por uma repressão feroz, tenha caído em descrédito ao apoiar a Segunda Guerra Mundial a pedido da União Soviética, o partido continuou atraente para muitos intelectuais e encontrou seguidores entre os camponeses pobres do interior. Na época da independência, os comunistas assumiram papéis de destaque no levante Telengana em Haiderabad e ao incentivar movimentos camponeses militantes em Bengala e Kerala.

O compromisso de Nehru com o socialismo sempre fora ambivalente. Apesar de atraído pela sua formação e suas convicções ao grupo socialista do Congresso, ele nunca fez parte dele. Tal como Gandhi, ele abominava a violência e sempre procurou fazer do Congresso uma força unificadora, e não divisiva, na vida política indiana. Ainda assim, sua crença na necessidade urgente de uma ordem social mais justa levou Nehru, no cargo de primeiro-ministro, a apoiar medidas cada vez mais abrangentes em nome da reforma agrária e do controle do Estado sobre a economia indiana. Em 1955, o Congresso comprometeu-se formalmente com o princípio, lançado inicialmente como objetivo de política em 1947, de que "deve haver um planejamento com vistas ao estabelecimento de um padrão socialista de sociedade no qual os principais meios de produção estejam sob propriedade ou controle social".

A primeira medida tomada foi a abolição dos *zamindari*. Incorporada à plataforma do Partido do Congresso em 1946, ela ganhou forma legislativa no início dos anos 1950. Embora as disposições dessas leis variem de um Estado para outro, elas geralmente fixaram tetos para a propriedade de terras e protegeram os direitos dos grandes proprietários fundiários diante dos governos estaduais. No final da década, os grandes barões rurais indianos, cujas propriedades datavam, em grande parte, dos primórdios do regime colonial, não existiam mais. Todavia, a extensão da transformação pode ser facilmente exagerada. Apesar dos protestos dos socialistas indianos, os proprietários rurais receberam garantia de indenização por todas as propriedades tomadas. Além disso, de acordo com a Constituição, o tema da reforma agrária foi atribuído aos Estados, não ao governo central, de forma que as castas camponesas abastadas que dominavam os partidos estaduais filiados ao Congresso agiram de modo a fixar tetos altos o bastante para que elas não fossem afetadas de modo negativo. Ademais, a legislação de abolição era cheia de lacunas. Por meio de expedientes astutos, dividindo suas propriedades entre familiares antes da entrada em vigor do teto legislativo, cobrindo a terra com pomares ou usando-a para cultivo pessoal, de modo a isentá-la do confisco, muitos proprietários rurais conseguiram preservar propriedades substanciais e, com elas, uma participação na nova ordem política. Os camponeses sem-terra ganharam pouca coisa com a abolição dos *zamindari*, enquanto os arrendatários cultivadores precisavam, para obter título pleno sobre suas terras, fazer pagamentos ao governo por vários anos.

O precedente aberto pela abolição dos *zamindari* foi seguido por medidas posteriores de reforma agrária. Planos ambiciosos que anunciavam transformações fundamentais da sociedade rural acabaram por produzir modestas medidas de mudança. Um plano que não deu certo foi o da agricultura cooperativa. Inspirado pelo exemplo da China de Mao e convencido de que somente terrenos maiores que os reduzidos lotes dos camponeses ofereciam esperança de uma agricultura mais produtiva, Nehru fez o Congresso aprovar, em 1959, uma resolução que pedia a combinação de terras para a "agricultura conjunta cooperativa". Como esse plano enfrentava diretamente o poder das castas fundiárias dominantes, que teriam de dividir a terra com seus vizinhos mais pobres, ele nunca aconteceu na prática. Tiveram maior sucesso, por serem compatíveis com os interesses das elites aldeãs abastadas, os projetos correlatos de Desenvolvimento Comunitário (1952) e o Panchayati Raj (1959). O primeiro dividiu o país em blocos de desenvolvimento e pôs à disposição em cada bloco, no nível das aldeias, trabalhadores qualificados que podiam aconselhar os agricultores quanto ao uso de sementes melhoradas, fertilizantes e afins. O segundo criou instituições de autogoverno, com o nome dos conselhos tradicionais de cinco ("*panch*") anciões, em âmbito local. A cada bloco, e ainda mais aos *panchayats* (conselhos) das aldeias, incumbiam as tarefas de traçar planos de desenvolvimento e alocar fundos governamentais entre os projetos que cada comunidade local preferia. Por trás do plano estava uma visão dos aldeões indianos não mais como recebedores passivos da ajuda governamental, mas trabalhando juntos de forma democrática em benefício de todos. No entanto, apesar dessa retórica bem intencionada, as castas fundiárias dominantes, ao garantir sua eleição para os *panchayats*, efetivamente monopolizaram essas novas instituições. Por conseguinte, elas dirigiam os escassos fundos de desenvolvimento para suas próprias fazendas e fortaleciam sua posição de intermediários inamovíveis entre a aldeia e o sistema político mais amplo. Os planos de desenvolvimento rural dos anos Nehru obtiveram resultado na medida em que incentivaram prósperos proprietários rurais camponeses a eliminar as ineficiências agrícolas da era colonial. Eles não contribuíram para a redução das desigualdades de renda ou da pobreza entre os milhões de aldeões pobres e sem terra da Índia. Os planos gandhianos, como o movimento *bhoodan* de Vinoba Bhave, que almejava dons de terra para os sem-terra, embora tenham obtido muita publicidade, só tiveram um pouco mais de sucesso em garantir uma distribuição mais justa da terra cultivável.

Um ponto central da concepção da nova Índia de Nehru era a economia planificada. Nesse intuito, ele estabeleceu em 1950 uma comissão de planejamento que formulou planos quinquenais sequenciais para o desenvolvimento da Índia. O primeiro, para o período 1951-6, enfocava a agricultura; o segundo, para 1956-61, a indústria. No cerne da empreitada de planejamento

IMAGEM 45. Siderúrgica Durgapur, Bengala Ocidental, construída com auxílio dos britânicos.

estava um compromisso com a criação de uma base industrial substancialmente ampliada. A indústria pesada, como o ferro e aço, teria preferência sobre a produção de bens de consumo; a substituição de importações deveria garantir uma maior autossuficiência econômica para o país, de modo que o isolamento da Índia com relação ao sistema capitalista mundial, que aumentara desde a Depressão dos anos 1930, havia se tornado ainda mais acentuado; e o setor público seria favorecido com relação às empresas privadas na alocação dos fundos de investimento. As "altas esferas da economia", sobretudo atividades essenciais como ferrovias, linhas aéreas e produção de energia, ficariam sob controle exclusivo do governo. Outros empreendimentos industriais do governo, como a siderúrgica Durgapur construída com o auxílio dos britânicos (representada na **imagem 45**), complementavam os que permaneciam sob propriedade privada.

Essa década de desenvolvimento planejado conseguiu desarmar a armadilha da estagnação econômica que havia marcado os últimos anos da era colonial. A produção agrícola cresceu 25% durante o primeiro plano e mais 20% durante o segundo. A produção industrial cresceu em média cerca de 7% por ano no início dos anos 1960. De modo geral, a renda nacional indiana aumentou em aproximadamente 4% por ano ao longo dos dois primeiros planos. Embora o crescimento populacional de 2% tenha dissipado grande parte desse ganho, ainda restava um aumento da renda *per capita* de quase 2%. Todavia, esses sucessos modestos tiveram um custo substancial. O foco na indústria desviou para projetos vistosos fundos que poderiam ter sido usados para elevar a produção agrícola e deixou o país com uma gama de "elefantes brancos" ineficientes que continuaram, por décadas, a sugar recursos escassos. A insistência na autossuficiência industrial elevou os preços ao consumidor e entulhou o país com produtos como o carro Hindustan Ambassador, cujo desenho permaneceu inalterado por 40 anos. Embora os capitalistas indianos fossem estritamente regulados, eles dominavam o mercado doméstico sem medo de concorrência. O socialismo de Nehru, ao contrário do de Mao, nunca procurou abranger a economia inteira. Ele era pouco mais que um emaranhado de alvarás, licenças e créditos, que nunca teve controle sobre o vasto mundo habitado pelos pequenos comerciantes e agiotas. Por trás do "setor socializado de pequeno porte" havia o que o embaixador dos Estados Unidos J. K. Galbraith uma vez chamou de "o maior exemplo do mundo de uma anarquia operacional".

Junto com o desenvolvimento econômico vinha o compromisso de remover as barreiras que tolhiam as mulheres indianas. A Constituição concedeu às mulheres o direito pleno de voto e elas não hesitavam em exercê-lo. As leis promulgadas na era Nehru, muitas delas integrantes de um código revisto do Direito hindu, haviam dado às mulheres hindus o direito de entrar com ação de divórcio, de herdar bens em pé de igualdade com os homens e de adotar crianças. Em 1961, o dote foi proibido por lei. Contudo, na prática, dada a falta de recursos das mulheres e as inúmeras restrições sob as quais elas ainda trabalhavam, especialmente no campo, essas leis eram pouco mais do que declarações de boas intenções. O relatório do governo de 1975 intitulado "Rumo à Igualdade" revelou a discriminação generalizada que sofriam meninas e mulheres e insuflou nova energia ao movimento pelos direitos das mulheres na Índia.

Guerra, fome e turbulência política

Perto do final dos anos 1950, o envelhecido Nehru teve de enfrentar crises que ele nunca havia previsto. A produção de alimentos estagnou e depois começou a declinar. Ao mesmo tempo, um conflito inesperado com a China deixou a política externa indiana em frangalhos. Desde o início, Nehru havia orientado a Índia para o não alinhamento na Guerra Fria e, motivado em parte pelo idealismo gandhiano, ele procurou projetar a Índia, junto com Estados de mentalidade supostamente semelhante, como a China de Mao e a Indonésia de Sukarno, como um mediador entre as duas superpotências. Essa amizade sino-indiana, expressa de forma memorável no dito "Hindi-Chini-bhaibhai" ("Indianos e chineses são irmãos"), esfacelou-se após a tomada do Tibete pela China. Em 1959, o líder religioso tibetano, o Dalai Lama, junto com milhares de outros refugiados, fugiu para a Índia, onde recebeu asilo e continua no exílio até hoje. Três anos depois, em 1962, após Nehru ter tentado, sem sucesso, expulsar os chineses da região litigiosa de Aksai Chin, ao Norte da Caxemira – que os britânicos haviam reivindicado para a Índia mas nunca ocupado –, os chineses invadiram a Índia em retaliação. Numa demonstração estonteante de força, eles avançaram sem impedimento pelas planícies de Assam. Embora os chineses tenham se retirado unilateralmente para além do Himalaia oriental, eles nunca abandonaram o planalto de Aksai Chin. Essa derrota humilhante foi seguida por uma inclinação da China em direção ao Paquistão e, por algum tempo, aproximou a Índia dos Estados Unidos. Ela também provocou um desvio maciço de recursos do desenvolvimento para o Exército, que havia sido negligenciado e continuava inalterado desde a era colonial. Vendo suas políticas socialistas sob ataque generalizado, Nehru morreu em maio de 1964. O moderado Lal Bahadur Shastri (1904-66) sucedeu-o no cargo de primeiro-ministro.

Em 1965, a Índia cambaleou sob uma nova série de crises. Uma delas foi causada pela questão das línguas. A Assembleia Constituinte tinha determinado que o híndi na escrita devanágari seria a língua oficial da nova Índia. Maculado pela sua associação com o Paquistão, o urdu quase deixou de ser usado em prol de uma versão sanscrítica do híndi, promovida por entusiastas na All-India Radio e nas escolas. Para facilitar a transição do inglês para o híndi, a Constituição previa um período de 15 anos de substituição gradual, no qual a língua do dominador colonial continuaria a ser usada. No entanto, o híndi era a língua materna de menos da metade das pessoas da Índia, e elas concentravam-se na parte Norte do país. Os habitantes do Sul e do Leste que não falavam híndi não tinham vontade de ver suas línguas relegadas a uma condição subalterna e de se verem em desvantagem na concorrência pelos escassos empregos no governo. Muitos membros das elites indianas também queriam manter o inglês como uma "janela para o mundo".

Por isso, o final do período de transição de 15 anos (1965) foi acompanhado de uma explosão maciça de sentimento anti-híndi. O centro dessa agitação era Tamilnadu. Defensores apaixonados da beleza e pureza da sua língua materna, os tâmiles lutaram contra o recém-chegado do Norte por meio de atos desesperados como a autoimolação. No fim, um compromisso manteve o inglês como língua associada, usada amplamente para a comunicação inter-regional. Se o uso contínuo do inglês deu aos indianos instruídos um acesso sem precedentes à economia global, onde predomina a língua inglesa, ele também perpetuou, junto com as divisões persistentes de casta e religião, uma divisão entre aqueles – não mais de 5% da população – cujo conhecimento do inglês os situa na elite e aqueles que precisam viver dentro dos confins mais estreitos das línguas vernáculas. Como no caso anterior dos estados linguísticos, no caso da agitação anti-híndi a capacidade do governo central de satisfazer o regionalismo de base linguística no Sul também é prova da força da democracia indiana. Como veremos, movimentos regionais posteriores, no extremo Nordeste e no Norte, seriam um teste ainda mais duro para a unidade da Índia.

O ano de 1965 também assistiu à tensão contínua com o Paquistão degenerar em guerra declarada. Ofendido pela recusa da Índia de realizar um plebiscito na Caxemira, o Paquistão começou por sondar sua fronteira meridional com a Índia, no Rann de Kutch, e depois, em setembro, enviou combatentes guerrilheiros, seguidos por tropas regulares do Exército, para a própria Caxemira. A Índia reagiu enviando tanques através das planícies do Punjab até os arredores de Lahore. Um cessar-fogo depois de três semanas de combate, confirmado por um acordo em janeiro de 1966, mediado pela União Soviética num encontro em Tashkent entre Shastri e o general paquistanês Ayub Khan, restaurou o *status quo* de antes do início das hostilidades. Novos choques militares com o Paquistão, na época da luta pela liberdade do Bangladesh em 1971, e depois nos cumes nevados da Caxemira em 1999, mantiveram viva uma tensão permanente, mas reforçaram a lição de que a Índia era a potência dominante no subcontinente e de que o Paquistão não podia obter a Caxemira pela força das armas.

Depois que terminou o encontro em Tashkent, o primeiro-ministro Shastri morreu inesperadamente de um ataque do coração. Isso desencadeou uma crise de sucessão que coincidiu com o agravamento da crise econômica. A crise de sucessão foi resolvida com a escolha de Indira Gandhi, filha única de Nehru. Ela atuara como anfitriã oficial da residência do primeiro-ministro no lugar do seu pai viúvo e fora ministra da Informação e Comunicação no governo Shastri. Em 1966, aos 48 anos de idade, Indira Gandhi era viúva, pois seu marido pársi, Feroze Gandhi (sem relação com o Mahatma) morrera alguns anos antes; ela também era mãe de dois filhos.

Indira Gandhi teve de enfrentar uma situação econômica crítica. A ausência de monções em 1965 e uma seca persistente em 1966 provocaram um inédito declínio de cerca de 19% da produção de alimentos em um ano. Diante do espectro da fome, a Índia desesperada pediu socorro aos Estados Unidos. As importações de alimentos impediram um desastre, mas o desenvolvimento sofreu uma parada súbita. Nesse momento de crise, Indira Gandhi abandonou o foco de seu pai em investimentos nas indústrias do setor público e dedicou-se a aumentar a produção agrícola por quaisquer meios. Para garantir a continuidade da assistência dos Estados Unidos, ela desvalorizou a rúpia e, no intuito de obter a autossuficiência alimentar, adotou uma nova estratégia agrícola inaugurada pelas fundações Ford e Rockefeller daquele país. O elemento central dessa estratégia eram novas variedades de sementes de alto rendimento desenvolvidas no México e nas Filipinas. Segundo o programa do pacote agrícola, a disseminação dessas novas variedades de sementes seria combinada com o uso de fertilizantes químicos e o incremento da irrigação. O objetivo era reunir todos esses insumos num mesmo lugar ao mesmo tempo, de modo a evitar a dissipação dos benefícios – sementes aqui, fertilizantes ali – comum nos planos anteriores, que procuravam dar alguma coisa para todo mundo.

O resultado foi a chamada "Revolução Verde". Somente nos anos 1967/8, a produção agrícola indiana deu um salto de 26% e a renda nacional subiu 9%. Até a produção industrial começou a recuperar-se. Apesar de um crescimento populacional imenso de mais de 2% ao ano, a Índia finalmente estava progredindo no sentido de alimentar sua população. Porém, a Revolução Verde também teve suas desvantagens. Em primeiro lugar, simplesmente não era possível manter as taxas de crescimento espetaculares do final dos anos 1960. A Índia continuava a depender dos caprichos das chuvas de monção. Embora a produção de alimentos tenha alcançado um total de 100 milhões de toneladas em 1970, ela não ultrapassou essa quantidade em nenhum dos cinco anos seguintes. Parte do problema estava no fato de que os benefícios da Revolução Verde eram distribuídos de maneira desigual. As novas variedades de trigo, quando unidas à irrigação garantida nas grandes fazendas, mostraram-se muito mais receptivas a um "salto" da produção que o arroz, cujas novas sementes eram menos adaptadas às condições indianas e cujos lotes eram amiúde pequenos e dispersos. Em 1980, 75% de todo o trigo era plantado em campos irrigados, comparado a apenas 42% do arroz. O coração produtor de trigo da Índia – sobretudo o Punjab e Haryana, que estavam se tornando rapidamente locais de tratores e poços – era mais do que nunca, no âmbito da "Revolução Verde", o "celeiro" do país. Em contrapartida, o Bengala produtor de arroz, juntamente com as áreas montanhosas de agricultura seca da Índia Central, onde a irrigação em larga escala não era factível, ficavam cada vez mais para trás.

A "Revolução Verde" também deixou disparidades sociais. Não somente os novos insumos funcionavam melhor em grandes propriedades, mas o sucesso dependia de habilidades empreendedoras e acesso ao crédito, que os mais ricos, graças aos seus contatos políticos, obtinham com mais eficiência. Portanto, na ausência de um compromisso do governo com qualquer outra meta além de maximizar a produção – pois a nova riqueza agrícola não era taxada, e muito menos distribuída –, os aldeões pobres, mesmo se obtivessem benefícios marginais, viam-se comparativamente ainda mais desamparados.

A insistência na obtenção da autossuficiência na produção de alimentos, embora tenha evitado a fome no campo, teve o efeito a longo prazo de atravancar um crescimento econômico equilibrado. Houve pouco incentivo para uma agricultura comercial que gerasse renda, emprego e consumo nas áreas rurais. O resultado, como Francine Frankel deixou claro, em vez de um poder de compra crescente que impulsionasse a industrialização da Índia, foi um regime de subsídios, preços subsidiados e garantia de compras que minava os incentivos de mercado para uma produção eficiente. Ao mesmo tempo, os pobres eram sustentados por um sistema de racionamento que lhes assegurava alimentos a preços abaixo do mercado em lojas de racionamento do governo. A subsequente perpetuação das disparidades de renda, especialmente no campo, limitou o mercado doméstico para bens manufaturados de consumo de massa e ajudou a reduzir a taxa de crescimento da Índia de 3,6% ao ano na década de 1960 para 2,4% na década de 1970. Muito embora, como veremos, as taxas de crescimento tenham aumentado nos anos 1990, esse fracasso inicial em introduzir uma reforma estrutural deixou amplos segmentos da população indiana presos a ocupações que mal geram subsistência.

Foi sobre a base do sentimento de privação entre os despossuídos que Indira Gandhi construiu sua carreira política nos anos 1970. Mas esse desafio vindo de baixo não ficaria sem contestação. A mais chocante ocorreu em 1969, quando um grupo de proprietários rurais do distrito de Tanjore, em Tamilnadu, confinou 42 antigos "intocáveis" nas suas cabanas e ateou fogo a elas. De modo geral, apesar das esperanças suscitadas pela Revolução Verde, os anos 1960 não trouxeram mudanças fundamentais para o funcionamento da comunidade política indiana. Essa década, contrariamente às expectativas otimistas dos anos Nehru, foi uma era mais sombria e pessimista.

O GOVERNO DE INDIRA

Instalada no cargo como candidata de compromisso pelos "chefões" do Congresso, supunha-se que Indira Gandhi seria uma figura manipulável, cuja popularidade como filha de Nehru poderia ser usada em benefício desses figurões do partido nas eleições de 1967. Eles também calcularam que as simpatias esquerdistas dela poderiam desviar a atenção do conservadorismo deles. Porém, desde o início, Indira Gandhi estava decidida a mandar nela mesma: via a si própria como guardiã dos valores laicos e socialistas de seu pai, os quais, depois de um período inicial de indecisão, ela decidiu implementar.

As eleições de 1967, longe de revitalizar o Congresso, assinalaram o início do fim para a poderosa organização que Gandhi criara e Nehru alimentara ao longo de tantos anos. Na Lok Sabha, a maioria do Congresso foi reduzida de mais de uma centena para meros 20 assentos, enquanto os partidos de oposição tanto de direita, incluindo a Swatantra da livre iniciativa e a Jan Sangh hindu, quanto de esquerda, como os comunistas e socialistas, ganharam assentos. Nos Estados, as perdas foram ainda mais devastadoras. Partidos comunistas chegaram ao poder no Bengala Ocidental e em Kerala; o DMK dravidiano, que capitalizou a agitação linguística, assumiu o poder em Madras; e coligações de direita tomaram o poder em diversos Estados setentrionais. A partir desse momento, embora pouco favorecido em recursos, Kerala lançou um plano de desenvolvimento próprio que fez dele, no final do século, o único Estado indiano com alfabetização quase universal e uma igualdade de gêneros efetiva entre homens e mulheres.

A derrota eleitoral de 1967, da qual, em Bengala e Madras-Tamilnadu, o Congresso nunca se recuperou, trouxe descrédito aos chefes do partido e incentivou Indira Gandhi, depois de dois anos atrelada desconfortavelmente a eles, a romper de forma decisiva com seus antigos padrinhos em 1969. Expulsa do partido por ter desafiado seu candidato à presidência da Índia, Indira Gandhi formou seu próprio Partido do Congresso (I) e depois agiu rapidamente para consolidar sua posição. Primeiro, ela afirmou suas credenciais de esquerda ao nacionalizar, sob aplausos do povo, os maiores bancos do país. Em seguida, ela formou alianças com o DMK tâmil e os comunistas (PCI), o que lhe permitiu continuar no cargo. Estava começando um período de "*Indira Raj*" de quase 15 anos. A aliança com o DMK teve um efeito inesperado. Para garantir seu apoio, Indira Gandhi foi obrigada a ceder fundos de desenvolvimento para o estado de origem do partido, Tamilnadu. Por sua vez, isso incentivou os habitantes do Sul a reconsiderar o valor dos seus laços com a Índia, o que pôs fim a qualquer ideia de secessão.

Entrementes, à medida que o crescimento econômico estagnava no início dos anos 1970, a agitação social crescia em toda a Índia e descontentes de todo tipo – dos funcionários municipais e operários aos pobres e sem-terra – foram às ruas. O movimento mais ameaçador foi o naxalita, centrado no Bengala Ocidental, que defendia a luta armada para realizar uma revolução de estilo maoísta e obteve apoio de estudantes e grupos tribais, bem como dos despossuídos rurais. Indira Gandhi mobilizou-se para colocar-se à frente desse levante popular. Abandonando os esforços para trabalhar através do maquinário do Partido do Congresso, ela apelou ao povo passando por cima dos políticos estabelecidos do país. O sucesso dessa estratégia foi confirmado nas eleições de 1971. Concorrendo sob o lema "*garibi hatao*" (chega de pobreza), o Partido do Congresso nascente de Indira Gandhi reverteu as perdas do antigo partido em 1967 e obteve o número surpreendente de 352 assentos no Parlamento, não muito longe daquele que seu pai havia obtido para o Congresso nas eleições da década de 1950.

Encorajada por esse triunfo eleitoral, Indira Gandhi continuou sua marcha em direção à esquerda. Ao fazer aprovar uma emenda constitucional que restringia o "direito fundamental" à propriedade, ela aboliu as pensões privativas que haviam sido concedidas aos príncipes indianos em 1947 para dourar a pílula da integração dos Estados. Seguiu-se a nacionalização das companhias de seguros e minas de carvão. Em 1971, Indira Gandhi também concluiu uma aliança com a União Soviética; ao fazê-lo, ela pôs fim aos laços estreitos com os Estados Unidos, já fragilizados pela ajuda contínua dos Estados Unidos ao Paquistão e que haviam sido forjados à época da guerra com a China. No entanto, seu maior triunfo foi a guerra de dezembro de 1971 com o Paquistão. Desde o final dos anos 1960, este estava lutando para conter os interesses divergentes de suas duas alas, a Leste e a Oeste, separadas por 1,6 mil km de território indiano. Em 1971, a ira bengali por causa da dominação punjabi no Estado transformou-se em rebelião aberta. Enquanto o governante do Paquistão, o general Yahya Khan, se esforçava para sufocar essa resistência pela força das armas, a Índia mobilizou-se para apoiar os bengalis, primeiramente por meio de auxílio secreto aos rebeldes e depois, em dezembro, da invasão direta. O resultado foi um colapso estarrecedor da autoridade paquistanesa no Leste e a rendição do seu Exército, que entregou nas mãos dos indianos 100 mil prisioneiros de guerra. Com a emergência da nova nação do Bangladesh, o Paquistão, agora confinado a Oeste, foi reduzido à metade do seu tamanho anterior, e a predominância da Índia no subcontinente foi confirmada de modo decisivo.

Além dessas iniciativas políticas, a vitória na eleição de 1971 abriu caminho para uma nova ordem política. É possível identificar três elementos que definiram as características do *"Indira Raj"*. Um foi a mobilização direta do campesinato, e não por meio dos antigos intermediários eleitos. Isso significava inevitavelmente passar por cima das abastadas castas rurais dominantes para buscar o apoio das chamadas "classes atrasadas", bem como dos intocáveis e muçulmanos, que sempre haviam visto no Congresso seu único baluarte contra a opressão. Esse novo estilo político, por sua vez, inaugurou um autoritarismo populista, ou o que poderia ser chamado de *democracia plebiscitária*, na qual só importava a figura de Indira Gandhi. O mote "Indira é a Índia e a Índia é Indira" exprimia com eficácia esse foco na pessoa da líder. Era inevitável que isso desvalorizasse ainda mais a organização do Partido do Congresso em todos os níveis. De fato, para impedir críticas, Indira Gandhi abandonou a prática de selecionar líderes do partido conforme a base que eles comandavam nas regiões de origem, e instituiu em seu lugar uma política de nomeação de "lealistas" dependentes de favores seus. Com o tempo, à medida que sua base no campo desaparecia em toda a Índia, o Partido do Congresso tornou-se pouco mais que uma *coterie* de sicofantas agarrados à sua líder voluntariosa.

Por fim, o novo populismo, por meio do seu uso de lemas atrativos como *"garibi hatao"*, correu o risco de alimentar expectativas, em especial entre os indianos pobres, que não podiam ser facilmente satisfeitas. Apesar de duas décadas de desenvolvimento planejado, a pobreza profunda continuava arraigada na Índia. Uma pesquisa de 1971 estimou que 38% da população rural, e quase metade da urbana, aglomerada em conjuntos de barracos frágeis chamados *basti* e sem emprego regular, vivia abaixo do nível de pobreza baseado em consumo de calorias. Melhorar as condições de vida desse grande número de pessoas seria, na melhor das épocas, uma tarefa hercúlea. No entanto, as medidas socialistas de Indira Gandhi, quando não eram de natureza puramente simbólica, como a abolição das pensões dos príncipes, apenas arranhavam as bordas do problema. Apesar da introdução de alguns planos de geração de renda no campo, ela não ousou contrariar as classes rurais abastadas, das quais o país dependia para aumentar a produção de alimentos. Ao mesmo tempo, a corrupção administrativa crescente, junto com a sonegação fiscal generalizada entre os ricos, tornava quase impossível um ataque direto à pobreza. Até mesmo a "estrutura de aço" de outrora do Serviço Administrativo Indiano, abalado pelas exigências ruidosas de diversos grupos de interesse e dos políticos que os representavam, não pôde resistir à desmoralização corrosiva que o rodeava. Preso entre os objetivos conflitantes do crescimento econômico e da justiça social e carecendo de atuação administrativa confiável no campo, o governo estava reduzido a uma ineficácia quase total.

A escassez de alimentos cada vez mais frequente e o desemprego em alta, piorados pela crise mundial de energia de 1974, que provocou uma espiral inflacionária, ofereceram oportunidades para os políticos de oposição. Um dos mais destacados era o velho socialista e gandhiano Jayaprakash Narayan. J. P. (como era chamado), que, como Gandhi, tinha renunciado aos cargos políticos para servir os pobres, possuía uma autoridade moral próxima à da própria Indira. Aliado a Morarji Desai, veterano do Congresso e rival de longas datas de Indira, cujo estado natal do Guzerate era palco de protestos maciços da classe média, ele oferecia um desafio notável. Ao mobilizar seguidores no seu estado natal desesperadoramente empobrecido de Bihar, J. P. convocou uma campanha extraparlamentar de massa de "revolução total". Seguiu-se um crescendo de greves e manifestações, jejuns e *sit-ins* por toda a Índia. A crise finalmente chegou ao auge com a decisão de um tribunal superior de 12 de junho de 1975, que declarou que a eleição de Indira Gandhi em 1971 fora adulterada por práticas corruptas e era, portanto, inválida. Em vez de renunciar, duas semanas depois, em 26 de junho, num golpe preventivo contra seus adversários, Indira Gandhi declarou um estado extraordinário de emergência.

De acordo com as normas de exceção, todas as liberdades civis, incluindo o *habeas corpus*, foram suspensas; uma censura rigorosa da imprensa foi implementada; os partidos políticos de oposição foram banidos; dezenas de milhares de adversários de Indira Gandhi foram presos sem cerimônia; e as eleições parlamentares marcadas para março de 1976 foram adiadas. Em julho, o Parlamento foi convocado para promulgar uma emenda constitucional que inocentava retroativamente Indira Gandhi de todas as acusações de fraude eleitoral. Desde o início, o estado de emergência, que muitos indianos de classe média apoiaram como a única alternativa à temida anarquia, foi maculado por essa associação umbilical com a sobrevivência política da própria Indira. Embora anunciasse uma vez mais um "ataque direto contra a pobreza", o estado de emergência não criou novas instituições que pudessem executar essa campanha. Pelo contrário, numa maneira que lembrava o fascismo italiano, o governo tentou fazer progredir a Índia ao instigar no povo indiano um compromisso com a disciplina e o trabalho pesado. Os funcionários de escritório chegavam na hora; incidentes de contrabando e evasão fiscal caíram drasticamente; uma paz trabalhista assegurada ajudou a garantir um crescimento industrial renovado. Até o clima colaborou. Uma boa monção em 1975 possibilitou uma safra recorde de 121 milhões de toneladas de grãos, acompanhada de uma queda da taxa de inflação.

Esses ganhos aparentes de "eficiência" não foram obtidos sem custos. Os procedimentos sumários por meio dos quais as normas de exceção foram aplicadas eram acompanhados amiúde de arrogância e desprezo pelos pobres por parte dos funcionários do governo. Duas medidas, em particular, provocaram um ressentimento popular intenso. Ambas estavam intimamente associadas à autoridade irrefreada que Indira Gandhi depositava no seu filho mais novo, Sanjay Gandhi (1947-1980), que ela havia inicialmente promovido para conter a influência crescente dos comunistas no Partido do Congresso. A primeira medida era a remoção das favelas. A velha Déli mogol, um labirinto de becos e ruas estreitas confinadas numa área restrita dentro dos muros, tornara-se cada vez mais congestionada com o passar dos anos. Ali ainda havia uma grande população muçulmana, assim como numerosas oficinas e comércios. Decidido a fazer de Déli uma cidade moderna e bonita, Sanjay empreendeu uma demolição em massa de barracos, lojas e bairros residenciais que abriu uma ferida através da cidade toda, até os portões da Jama Masjid, e deslocou talvez meio milhão de pessoas.

O controle da população/natalidade indiana crescente era há muito tempo uma prioridade do governo. Porém, além de incentivos ao planejamento familiar colados em cartazes, poucas medidas práticas haviam sido tomadas para realizar esse controle, de modo que não apenas o número absoluto de indianos continuava a crescer, até cerca de 660 milhões em 1971, mas também a taxa de crescimento aumentava, o que era ainda mais preocupante. Nos anos 1960, ela era superior a 2% ao ano. Sanjay adotou a causa do controle populacional com entusiasmo. Foi decretada a esterilização para homens que tivessem mais de dois filhos. Para atingir as metas fixadas, os pobres e mais vulneráveis eram muitas vezes arrastados pela polícia e esterilizados à força. Essa campanha draconiana aterrorizou aqueles que temiam a perda da potência e da progenitura e atrasou a causa do controle de natalidade voluntário na Índia por anos a fio. Essas e outras práticas arbitrárias foram justificadas pela incorporação das palavras de ordem "secularização" e "socialismo" à Constituição do país.

A melhor expressão do sentimento onipresente de desilusão com o Estado que marcou esses anos é possivelmente o filme bastante popular *Sholay* (1975). Nele, um bandido, depois de liberado, mata a família e corta os braços do oficial de polícia, um proprietário local ou *thakur*, que o havia prendido. O *thakur* pede ajuda a dois pequenos criminosos que ele conhecera outrora, Jai e Veeru, e juntos, graças à sua valentia, eles capturam o malvado Gabbar. No lugar das instituições ineficazes do Estado, *Sholay* celebra a classe marginalizada na figura do herói Jai – representado pelo mega-astro Amitabh Bachchan – que dá sua vida pelo *thakur*. Numa inversão da imagem hostil habitual, o proprietário rural "feudal" também é mostrado como uma pessoa fundamentalmente boa, capaz de agir no lugar do Estado impotente. Poucos anos depois, na vida real, uma mulher de casta baixa, Phulan Devi, também atraiu a imaginação pública de forma semelhante quando escapou de um casamento brutal e do estupro coletivo por membros da casta dominante de sua aldeia para liderar um bando de assaltantes e buscar vingança, baseada num esconderijo no labirinto de penhascos ao Sul das Províncias Unidas. Nos anos 1980, no imaginário popular, o Estado já não era mais visto como solução para problemas fundamentais.

O interlúdio Janata e o retorno de Indira

Juntas, a remoção das favelas e as campanhas de esterilização de Sanjay contrariaram os dois grupos que haviam sido os defensores mais ferrenhos de Indira Gandhi – os muçulmanos e os pobres. Por isso, quando Indira, que desconhecia o ressentimento que borbulhava aos seus pés, convocou eleições inesperadamente para março de 1977, na esperança de legitimar seu regime de exceção, ela, em vez disso, foi destituída do cargo. Reunidos sob a bandeira do Partido Janata, os adversários de Indira Gandhi obtiveram 295 assentos na Lok Sabha contra 154 do Congresso e puseram fim a 30 anos de governo ininterrupto do Congresso. Morarji Desai foi o primeiro ocupante do cargo de primeiro-ministro que não pertencia ao Congresso. Os eleitores indianos prezavam claramente sua democracia e não tinham a intenção de abrir mão dela. Como escreveu um jornalista a respeito da campanha eleitoral, o público das aldeias no remoto interior respondia favoravelmente "a argumentos sofisticados acerca de liberdades civis, direitos fundamentais e a independência do Judiciário".

Morarji era um brâmane ascético, conhecido pela prática de beber sua própria urina como parte da sua terapia diária de ioga. Aos 80 anos de idade, ele presidia uma coligação fracionada. Apesar de composta de uma gama de adversários do Congresso situados ao longo de todo o espectro político, dos socialistas a partidos regionais como o agrário Bharatiya Lok Dal de Charan Singh, a coligação era dominada pela direitista Jan Sangh. A participação no governo Janata ofereceu à direita hindu, desacreditada desde 1948 por causa do assassinato de Gandhi, uma oportunidade de ganhar respeitabilidade e, impulsionada pelos seus quadros RSS, de começar a propagar uma forma mais marcadamente "hindu" de nacionalismo indiano. Porém, desde o início, embora unido em torno da restauração das liberdades civis e de um sistema federal viável na Índia, o governo Janata foi prejudicado por disputas entre seus diversos membros. Sobretudo, em vez de sustentar o precário equilíbrio dos interesses representados pelo partido Janata, vários dos seus líderes queriam tomar o lugar de Morarji Desai como primeiro-ministro.

As políticas Janata, graças ao seu enfoque no investimento na agricultura em vez da indústria e a uma ênfase gandhiana na tecnologia de pequena escala, tiveram sucesso moderado. A produção de alimentos atingiu recordes de 126 milhões de toneladas em 1977/8 e 131 milhões em 1978/9. Mas nada conseguia pôr fim às rixas entre os líderes do partido. Em 1979, Morarji Desai foi forçado a renunciar em prol de Charan Singh, um *jat* que foi o primeiro primeiro-ministro não brâmane da Índia. No entanto, ele não conseguiu obter maioria no Parlamento e ficou menos de um mês no cargo. Com seu fracasso, a coligação Janata ruiu. Eleições realizadas em janeiro de 1980 levaram o Congresso de volta ao poder, liderado por uma Indira Gandhi presumivelmente desacreditada. Como o país mais uma vez descobriria com as coligações instáveis dos anos 1990, não era fácil montar um partido de oposição que pudesse desafiar com sucesso a longa dominação do Congresso sobre o sistema político indiano.

Resiliente e indomável como sempre, Indira Gandhi garantiu para o Congresso, na eleição de 1980, uma maioria soberana de dois terços em Lok Sabha. Ela mesma candidatou-se às eleições pelo Andhra Pradesh, o que marcou uma transição da base tradicional do partido do Norte para o Sul do país. Contudo, retomou rapidamente seu estilo personalista de governança: ao treinar Sanjay como seu herdeiro, até deixou-o conceder "vagas" de candidatura às eleições pelo Congresso para uma grande quantidade dos seus favoritos e lealistas. Porém, a seis meses das eleições, Sanjay morreu num acidente de acrobacia aérea em junho de 1980. Indira, de luto, recorreu ao seu filho mais velho, Rajiv (1944-91), empregado como piloto na Indian Airlines, e encarregou-o de assumir o bastão do destino político da família.

Depois de reinstalada no poder, Indira Gandhi começou a aliciar eleitores com base em filiação étnica e religiosa e a manipular cinicamente grupos comunitários para obter vantagens políticas. De fato, tanto o partido governante quanto a oposição abandonaram o "secularismo" desacreditado. Para a maioria, esse recurso à "carta" étnica ocorreu discretamente, sem reconhecimento aberto. Não obstante, essa ab-rogação do tradicional secularismo do Congresso viria a ser a ruína de Indira Gandhi, tendo instituído na Índia, pela primeira vez desde os anos 1940, uma política comunitária divisiva. Os siques foram os primeiros a serem atingidos por essa nova política perversa. Apesar da sua posição no cerne da "Revolução Verde", alguns siques, não satisfeitos com a formação de um estado de língua punjabi, exigiram que lhes fosse concedida Chandigarh, então compartilhada com Haryana, para ser a capital somente do Punjab. Outros, encorajados pelo entusiasmo dos siques da diáspora, nos Estados Unidos, no Canadá e em outros lugares, começaram a fazer pressão por um Estado sique autônomo, e até independente, chamado *Calistão*. Enquanto isso, a dissensão interna sobre questões de prática religiosa sique, junto com a oposição à liderança moderada do estabelecido Akali Dal, levaram, no final da década de 1970, à ascensão de um jovem pregador fundamentalista, Sant Jarnail Singh Bhindranwale, que adotou a causa do Calistão. Como o Akali Dal havia apoiado o governo Janata e controlava o governo do Punjab, Indira Gandhi decidiu alijá-lo, e por isso deu seu apoio a Bhindranwale. Esse apoio só fez recrudescer suas reivindicações extremistas. Em 1984, Bhindranwale e seus seguidores armados embarricaram-se no mais sagrado dos templos siques, o Templo Dourado em Amritsar, e juraram não sair enquanto um estado sique não fosse criado.

Após ter montado nesse tigre, agora Indira Gandhi não conseguia mais se livrar dele. Aceitar um Calistão era impossível, pois o Punjab, por ser um crítico Estado de fronteira, era essencial para a segurança da Índia. Por isso, ela decidiu esmagar o movimento de Bhindranwale. Ela o fez enviando o Exército para tomar o templo. Embora Bhindranwale tenha sido morto, também pereceram milhares de outros siques reunidos em torno do templo; cem soldados também tombaram. Mas a principal baixa dessa "Operação Estrela Azul" – um segundo massacre de Amritsar, depois do de Jallianwalla Bagh em 1919 – foi a lealdade dos siques enfurecidos e amargurados em toda a Índia. Entre eles estavam os guarda-costas da própria Indira Gandhi. Em 31 de outubro de 1984, quando ela saiu para caminhar da sua casa para seu escritório no jardim do seu complexo murado, dois dos seus guarda-costas siques voltaram suas armas contra ela. Indira morreu instantaneamente.

Imediatamente, a revolta pública contra o assassinato dessa mulher que fora por tantos anos a líder dileta da Índia irrompeu em todo o país. Seu foco voltou-se rapidamente contra a grande população sique de Déli. Visíveis por causa das suas barbas e turbantes, os homens siques eram um alvo especialmente fácil para as multidões que percorriam as ruas da cidade em busca de vingança. Durante três dias, gangues de incendiários e matadores, em cumplicidade criminosa com a polícia e os políticos do Congresso, que indicavam as casas dos siques, tiveram liberdade para cometer atrocidades sem restrições. Mais de mil siques inocentes foram assassinados somente em Déli e milhares de outros perderam seus lares. Ninguém nunca foi julgado.

O fim de uma dinastia – Rajiv Gandhi, 1984-1989

Em 1984, Rajiv Gandhi era jovem, belo e cativante; sua figura de "sr. Certinho" contrastava fortemente com a imagem de "mafioso" do seu irmão. Por isso, depois da morte de sua mãe, o país voltou-se imediatamente para ele para ser o novo primeiro-ministro. Ao agir rapidamente para capitalizar a simpatia que ele havia angariado como único filho de uma mãe martirizada, Rajiv convocou eleições parlamentares para dezembro de 1984. Com uma imagem comparável à de um ídolo de cinema de Bombaim, Rajiv acedeu ao poder carregado pela maior vitória eleitoral já obtida pelo Partido do Congresso. Seus 415 assentos deram ao partido uma maioria de 80% em Lok Sabha, ao passo que, com mais de 48% dos votos populares, o Congresso chegou mais perto do que nunca de obter o apoio da maioria absoluta do eleitorado.

No cargo, Rajiv distanciou-se de algumas das políticas de sua mãe. Ele procurou, embora sem muita eficácia, revitalizar a organização do Partido do Congresso. Ao desfazer a estrita centralização do poder em Déli, instaurada por Indira Gandhi, ele trabalhou duro para incluir os partidos políticos regionais e não relacionados ao Congresso. No Punjab, ele chegou a um acordo com o Akali Dal, que permitiu a esse partido assumir o governo em 1985. Infelizmente, esse acordo, que teria transferido Chandigarh tão somente para o Punjab, nunca foi implementado de forma plena nem conseguiu pôr fim a atos isolados de terrorismo, sobretudo por parte dos entusiastas do Calistão. Por conseguinte, o Punjab foi posto sob governo presidencial em 1987 e em estado de sítio no ano seguinte. A violência dos siques agora era comparada a da polícia paramilitar, que assolava o Estado perseguindo e prendendo jovens siques sem medo de contestação jurídica. Foi somente nos anos 1990 que a ordem civil foi finalmente restaurada no Punjab.

A ruptura mais significativa de Rajiv com a tradição do Partido do Congresso foi a abertura da Índia para o sistema capitalista mundial e, junto com ela, a defesa das virtudes da iniciativa privada. Até os anos 1980, a Índia estivera economicamente isolada do mundo por quase 50 anos. Muitos elementos poderosos da sociedade indiana julgavam essa situação favorável. Burocratas corruptos encarregados de emitir licenças e manufaturas ineficientes beneficiavam-se com mercados cativos e uma circulação confortável de "dinheiro paralelo" por baixo do pano. Políticos, tanto da direita hindu quanto da esquerda socialista, estavam encantados em manter a Índia livre da "mácula" da cultura e dos produtos norte-americanos. Outros, cujas ideias haviam sido moldadas na época colonial, simplesmente suspeitavam de todos os capitalistas, considerando-os egoístas e exploradores. Atento para o novo mundo dos computadores e do capital móvel, Rajiv procurou aliar-se aos jovens administradores modernos, que, como ele, julgavam limitador o velho "governo dos alvarás". As regulamentações que regiam o tamanho das empresas foram eliminadas; os impostos sobre patrimônio e herança foram reduzidos; e o emaranhado de licenças que restringia a importação de bens de consumo duráveis e produtos de alta tecnologia como computadores foi simplificado. No entanto, imobilizado por uma oposição ideológica e social persistente, o governo de Rajiv não conseguiu ir mais adiante. Reformas substanciais só viriam a ocorrer na década de 1990.

A abertura da Índia ao investimento estrangeiro causou também a catástrofe de Bhopal, o pior desastre industrial de todos os tempos. Em dezembro de 1984, um vazamento não detectado numa fábrica de pesticidas operada pela companhia estadunidense Union Carbide espalhou gás tóxico pela vizinhança da fábrica, habitada principalmente por trabalhadores pobres. Cerca de 7 mil morreram instantaneamente devido à inalação do gás, enquanto muitos milhares mais na cidade viriam a falecer em decorrência dos seus efeitos ou ficaram marcados por doenças crônicas. Numerosos processos foram abertos contra a Union Carbide; a companhia acabou concordando com um acordo extrajudicial de aproximadamente 470 milhões de dólares. Muitas das vítimas não receberam indenização alguma, ou muito pouca, e o esforço para inculpar o presidente da companhia na época, Warren Anderson, pela responsabilidade do desastre não teve resultado.

Apesar de suas inovações na política econômica, Rajiv não conseguiu emancipar-se totalmente do hábito de sua mãe de brincar com o fogo da política comunitária. Dessa vez, foram os muçulmanos que pagaram o preço de uma intervenção excessiva. A ocasião foi a decisão Shah Bano de 1985 da Suprema Corte Indiana. O eterno problema dos códigos jurídicos separados para hindus e muçulmanos, criado há 200 anos na época de Warren Hastings, nunca fora resolvido pela Índia independente. Uma diretiva constitucional obrigava o novo Estado a criar um código civil uniforme que cobrisse a totalidade dos diversos povos da Índia, mas esse código nunca foi promulgado. O governo Nehru havia reformado e codificado o Direito hindu; mas, por medo de contrariar a opinião muçulmana, deixou intacto o Direito muçulmano. Na decisão Shah Bano, no caso de uma mulher muçulmana divorciada que pediu pensão ao seu ex-marido, a Suprema Corte deixou de lado o código muçulmano, que concedia a pensão apenas por poucos meses, e em vez disso decidiu, com base no Direito penal, que a pensão era necessária para impedir que a mulher ficasse desamparada. Esse desafio aberto à autoridade do Direito pessoal muçulmano ofendeu grande parte da opinião muçulmana, haja vista que, no pesado clima de desconfiança entre as comunidades que então prevalecia, a decisão parecia ameaçar os valores compartilhados da vasta população muçulmana da Índia. Nesse país, onde os muçulmanos eram uma minoria amiúde apreensiva, o antigo Direito pessoal tinha um significado que ele não possuía no Paquistão, onde o Direito de família foi reformado substancialmente na década de 1960.

Rajiv Gandhi importava-se pouco com o caso Shah Bano e, sem dúvida, teria preferido um código civil comum; não obstante, ele viu na oposição à decisão da Suprema Corte uma oportunidade divina para atrair os eleitores muçulmanos conservadores para a causa do Congresso. Por isso, ele fez aprovar no Parlamento um projeto de lei que derrubava a decisão Shah Bano ao exigir que os litígios entre muçulmanos fossem resolvidos de acordo com o Direito pessoal muçulmano. Como justificativa, ele disse que cabia aos "próprios muçulmanos cuidar das suas leis" e mudá-las se quisessem. Ainda assim, um precedente perigoso de intervenção do Estado fora criado. Além disso, o resultado do caso Shah Bano deu uma arma aos adversários do Congresso, que começaram a alegar que o governo "paparicava" os muçulmanos com uma legislação especial em detrimento da maioria hindu. O foco obsessivo no "mau tratamento" das mulheres pelos muçulmanos também distraiu a opinião pública dos abusos aos quais as mulheres eram sujeitadas em toda a Índia, da negligência das meninas à matança brutal de jovens noivas às quais se ateava fogo para que o marido pudesse obter o segundo dote de uma nova esposa.

A intervenção de Rajiv na política étnica do Sri Lanka, o antigo Ceilão, seria ainda mais desastrosa. O Sri Lanka é uma ilha dividida entre uma maioria budista de língua cingalesa e uma minoria tâmil predominantemente hindu relacionada com os tâmiles da Índia do outro lado do estreito de Palk. Desde a sua independência, o Sri Lanka tinha conhecido uma harmonia precária entre as comunidades. Em 1983, entusiastas cingaleses decidiram varrer a porção meridional ou cingalesa da ilha dos seus residentes tâmiles. A violência desse expurgo provocou a reação de um movimento tâmil de resistência guerrilheira, os Tigres Tâmiles, que reivindicaram independência para as áreas setentrionais em torno da península de Jaffna.

Como os tâmiles da Índia simpatizavam com seus congêneres do Sri Lanka, de início Rajiv deu assistência secreta aos rebeldes, por exemplo, lançando mantimentos para eles de paraquedas sobre a Jaffna sitiada. Quando o conflito chegou a um impasse, o presidente do Sri Lanka incentivou a Índia a enviar uma força de "manutenção da paz" à ilha. Essa força foi encarregada de desarmar os terroristas tâmiles para que eleições pudessem ser realizadas. Contudo, os Tigres recusaram-se a entregar as armas e passaram a usá-las contra os soldados indianos. Seguiu-se um combate sangrento, no qual o Exército indiano logo perdeu a confiança dos dois lados. Finalmente, em 1990, o governo indiano extirpou-se dessa luta inútil simplesmente retirando suas tropas. Não obstante, o ódio e a amargura dos tâmiles contra a Índia persistiram. Durante sua longa campanha separatista, os Tigres conceberam uma ferramenta nova e poderosa: o atentado suicida. Em maio de 1991, eles usaram essa arma contra Rajiv Gandhi, que eles consideravam responsável pela intervenção da Índia. Quando Rajiv estava em campanha em Tamilnadu, uma mulher, presumivelmente membro de um grupo terrorista dos Tigres, abriu caminho até chegar do lado dele num comício eleitoral e então detonou a bomba que trazia oculta consigo. A explosão resultante matou Rajiv, a assassina e uma dúzia de presentes. Desde esse evento, os atentados suicidas difundiram-se como arma usada por grupos beligerantes na Palestina, no Iraque, na Rússia e em outros lugares.

No entanto, no momento da sua morte, Rajiv estava afastado do cargo, pois sua reputação de "sr. Certinho" havia sido manchada por uma série de escândalos. O mais grave deles foi o caso Bofors, no qual Rajiv foi acusado de receber propina de uma empresa sueca de munições em troca da concessão de contratos de defesa. Rajiv reagiu destituindo seu ministro das Finanças V. P. Singh, que passou para a oposição. Depois de derrotas eleitorais no meio do seu mandato, Rajiv recorreu aos eleitores no outono de 1989. Um pacto eleitoral por parte dos principais partidos de oposição para não competir entre si por assentos aumentou drasticamente sua capacidade de derrotar candidatos do Congresso. Por conseguinte, o Congresso obteve menos de 40% dos assentos na Lok Sabha. V. P. Singh assumiu o cargo à frente de um governo de minoria, baseado numa coligação precária dos seus partidários com os membros dos partidos comunistas e do novo Partido Bharatiya Janata (BJP) em ascensão, que surgira da reorganização do Jan Sangh depois do colapso do Janata em 1980. Uma nova era da política indiana estava prestes a começar.

A derrota e morte de Rajiv puseram fim a cerca de 40 anos de governo da família de Jawaharlal Nehru na Índia, depois de 20 anos de liderança na luta pela independência do país. Do avô Motilal ao pai Jawaharlal, à sua filha Indira e enfim seus dois filhos, os Nehrus foram essenciais para a vida política da Índia durante a maior parte do século XX. Não se pode subestimar o papel dessa família, sobretudo na obtenção da independência da Índia e na consolidação posterior do país como uma poderosa nação democrática.

capítulo 9

A ÍNDIA DEMOCRÁTICA NA VIRADA DO MILÊNIO: PROSPERIDADE, POBREZA, PODER

> *Hoje somos um povo livre e soberano e livramo-nos do fardo do passado. Encaramos o mundo com olhos limpos e amistosos, e o futuro com fé e segurança.*
>
> Primeiro-ministro Jawaharlal Nehru, transmitido de Nova Déli, 15 de agosto de 1947

É muito provável que as palavras esperançosas dos pais fundadores de qualquer nação sejam lidas com certo grau de ironia meio século mais tarde. Se as palavras dos pais fundadores por vezes soam insinceras, às vezes também preveem muitos sucessos, como a orgulhosa pretensão da Índia de ser a maior democracia do mundo (**imagem 46**). Até a virada do milênio, mais de uma dúzia de eleições gerais e centenas de eleições estaduais produziram um alto grau de politização, que se estende àqueles que, há muito tempo, estavam fora do sistema político. Em 1997, no aniversário do primeiro meio século de Índia livre, K. R. Narayanan (1920-2005), *dalit* de nascença, tomou posse como presidente do país, um símbolo poderoso do progresso e das aspirações dos "intocáveis". É importante notar que, em meio século, o cargo de presidente já havia sido ocupado em três ocasiões anteriores por um muçulmano e, na época do assassinato de Indira Gandhi, por um sique, o que causara grande comoção. O ativismo da Suprema Corte, por exemplo, ao indiciar altos líderes políticos e do governo por corrupção ativa e passiva, assim como ao favorecer processos de interesse público, fortaleceu o exercício efetivo das liberdades civis. A imprensa indiana continuou famosa pela sua independência e vitalidade. A liberalização econômica estimulou o crescimento de uma classe média urbana próspera e conferiu à Índia uma

IMAGEM 46. "Hora de votar – Índia".

posição central na indústria global de programas de computador. Filmes de Bollywood e uma cultura cada vez mais aberta para o mundo, além do papel tradicional da Índia como lugar de turismo e produtora de arte, sabedoria e artesanato, encantam quantidades cada vez maiores de consumidores do mundo todo.

Porém, o país continuou a ser flagelado por uma pobreza aparentemente insolúvel, tanto em áreas rurais quanto em favelas urbanas. Os anos do milênio também foram marcados por uma violência considerável dirigida contra os muçulmanos e outros grupos, entre eles cristãos, grupos tribais e *dalits*. Em 1992, a destruição da mesquita BabriMasjid por militantes hindus foi seguida por um *pogrom* antimuçulmano que deixou pelo menos mil mortos; uma campanha orquestrada de violência ainda maior ocorreu uma década depois no Guzerate. A influência crescente do partido nacionalista hindu, o Bharatiya Janata Party (BJP, Partido do Povo Indiano), suscitou novos temores quanto à tradição laica indiana e à vitalidade de sua cultura religiosa plural. A situação na Caxemira, que parecia não resolvida desde a partição, durante os anos 1990 tornou-se praticamente uma guerra civil e continua sem solução. As tensões contínuas com o Paquistão permanecem, com surtos explosivos recorrentes, dos quais os mais graves foram uma incursão paquistanesa no distrito de Kargil, na Caxemira, em 1999, e os ataques terroristas de 2008 em Mumbai, perpetrados por militantes baseados no Paquistão. Tensões de classe ou de casta também foram visíveis nessas décadas, com protestos em 1990 contra a implementação do relatório da Comissão Mandal a favor de mais ações afirmativas, e continuaram com episódios periódicos de violência contra as classes mais baixas e os povos tribais. As mulheres ainda enfrentavam sérias desvantagens e a "morte por dote" era o sinal mais flagrante da sua falta de poder. A proporção desfavorável de gêneros na Índia, e no subcontinente como um todo, foi uma explicação mais importante para a diferença no atendimento de saúde e na nutrição para meninas e mulheres, característica de uma sociedade em contexto de escassez extrema. A ausência de instalações básicas de educação e saúde pública, especialmente nas áreas rurais, limita ainda mais a liberdade e as oportunidades de grande parte da população. O "fardo do passado" – de pobreza e desigualdade – ainda pesa sobre muitos povos da Índia.

Nos anos 1990, os conflitos mais graves foram religiosos, incluindo os regionais, que encontraram expressão na religião, e os de casta, que foram deslocados para a religião. Certas pessoas argumentaram que a influência significativa do passado sobre o conflito étnico-religioso na Índia foi um legado remanescente do colonialismo britânico. Segundo esse argumento, não haveria necessidade de considerar diferenças essenciais entre as culturas, dada a estratégia colonial de definir grupos comunitários como componentes básicos da sociedade. Regiões anteriormente sob influência colonial britânica, incluindo a Irlanda do Norte, a Palestina e a Malásia, assim como a Índia, passaram todas por conflitos étnico-religiosos graves depois da independência. O legado da economia colonial também deixou a Índia em séria desvantagem no desenvolvimento social e econômico, um "fardo do passado" do qual ela não consegue livrar-se facilmente.

Contudo, o passado colonial da Índia não explica tudo. Nos anos que se seguiram à independência, os próprios governantes do país conceberam políticas que refletiam uma ambivalência profunda quanto à questão de saber se a nova nação deveria ser uma sociedade de indivíduos ou de grupos comunitários. Ao eliminar os eleitorados separados, a constituição indiana procurou obliterar categorias coloniais, como "muçulmanos", em prol da visão liberal de indivíduos livres que interagem com o Estado. No entanto, a própria categoria de "minoria", essencial para o "senso comum" cotidiano e usada em órgãos como a Comissão de Minorias federal pós-independência (que cuida do que poderia ser definido de modo mais geral como direitos

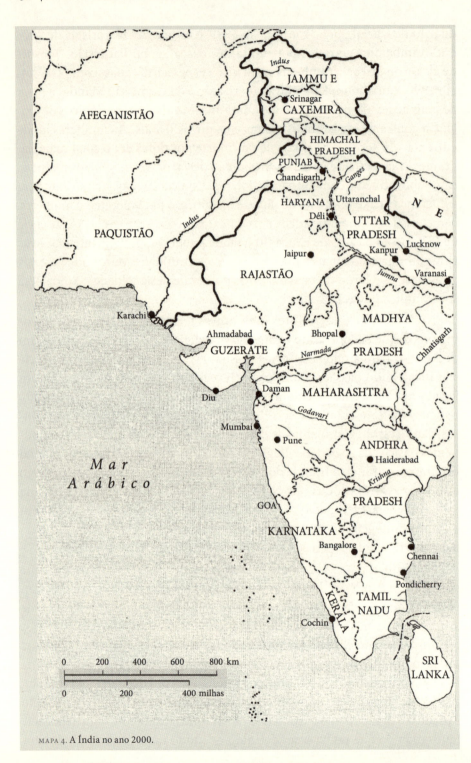

MAPA 4. A Índia no ano 2000.

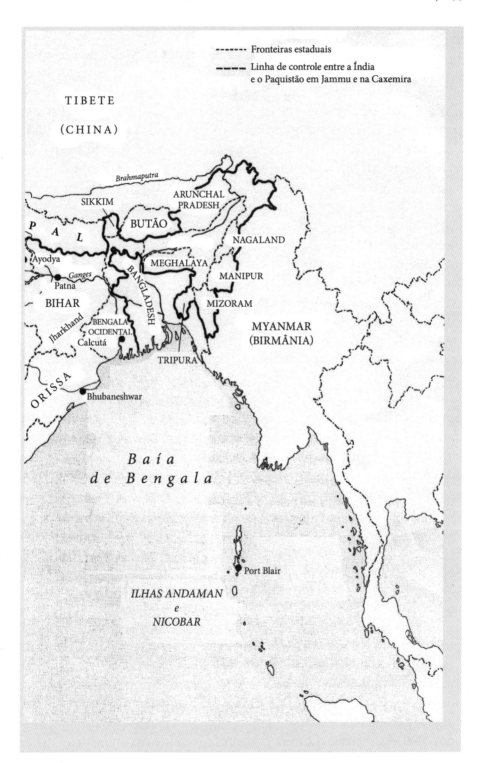

humanos ou direitos civis), desafia o ideal liberal. Outrossim, foi mantida a velha política colonial de códigos civis separados definidos pela religião, com um direito pessoal distinto para cada grupo religioso. Esse pluralismo jurídico deveria ser temporário, haja vista o objetivo de um Código Civil Uniforme identificado como um dos "princípios diretores" do novo Estado. Porém, no fim das contas, somente os códigos hindus foram submetidos à reforma legislativa, e impuseram-se assim como o direito normativo de *facto* da Índia independente. Os "intocáveis" de outrora e as "tribos" igualmente desfavorecidas obtiveram reconhecimento constitucional na forma de discriminação compensatória na educação e nos empregos públicos. Essa disposição, por sua vez, incentivou outros grupos, inclusive as chamadas "outras classes atrasadas" (Other Backward Classes, OBCs), além de cristãos, budistas e depois muçulmanos empobrecidos, a fazer reivindicações semelhantes. Embora a enumeração das divisivas categorias de casta no censo tenha sido abandonada desde a década de 1930, nos anos 2000 certos grupos reivindicaram o uso destas para garantir seus direitos. No fim das contas, a Índia não tinha como escapar das contradições inerentes ao tratamento dos seus cidadãos ao mesmo tempo como indivíduos e membros de coletividades.

Essas tensões, seja com relação às "minorias" religiosas, castas mais baixas ou grupos tribais, embora existissem desde a independência, ganharam nova virulência na virada do século. Uma série de fatores políticos e econômicos entrou em jogo, sobretudo aqueles associados à liberalização econômica iniciada em grau muito limitado nos anos 1980 e que avançou rapidamente nos anos 1990. Com a liberalização econômica, a Índia abriu-se cada vez mais à cultura global por meio da televisão a cabo e via satélite, de filmes, propagandas comerciais, da internet e das redes da diáspora. Com uma televisão cada vez mais orientada para os consumidores, de um lado, e do outro o estilo de vida cada vez mais visível daqueles que tiravam proveito da nova economia, as tensões geradas pela privação regional e de classe só poderiam crescer. Como no caso da Revolução Verde, quando os agricultores mais ricos eram amiúde os beneficiários mais evidentes, a liberalização e a retirada concomitante da proteção para a agricultura, os recursos naturais e o setor público deram origem, de modo ainda mais dramático, a vencedores e perdedores. O resultado foi a violência dirigida contra supostos rivais devido a privilégios econômicos, afirmação dos interesses locais e de casta, e afirmação nacional – militar, cultural e econômica – contra supostas ameaças à integridade da Índia. Nos anos 2000, essas tensões ficaram evidentes de modo mais dramático entre as

IMAGEM 47. Cadetes em treinamento na Escola de Combate na Selva e Contrainsurgência, Chattisgarh (separados aqui em dois grupos, que representam os irmãos beligerantes "Pandav" e "Kaurav" do épico *Mahabharata*).

populações tribais ou "Adivasi" pobres, espalhadas ao longo das regiões interiores secas e cobertas de florestas da Índia Central e Oriental. Esses grupos eram escassamente contemplados por programas governamentais e tiveram suas terras erodidas pela exploração externa das florestas, energia hidrelétrica e recursos minerais. Apesar de intensos esforços da polícia, às vezes com apoio estatal a milícias locais mal treinadas, insurgentes que se chamam de maoístas ou "naxalitas" firmaram-se, até o fim da década, em um quarto dos distritos do país, e havia pouca perspectiva de uma solução negociada para o que havia se tornado uma luta sangrenta (**imagem 47**).

Ao contrário da supressão autoritária de dissidências pelo Estado chinês, as tensões na Índia, por mais dramáticas que fossem, continuaram a ocorrer principalmente dentro das estruturas políticas existentes. Em 1989, o Partido do Congresso já não conseguia reivindicar o direito exclusivo de governar nem surgiu nenhum outro partido para angariar o tipo de apoio generalizado de que o Congresso havia gozado outrora. Amrita Basu e Atul Kohli identificaram o que eles chamaram de "desinstitucionalização" do Estado indiano, evidente nos anos 1990 com o declínio não apenas do Partido do Congresso, mas também da burocracia, bem como das instituições normativas existentes desde a independência – "laicidade, socialismo e democracia de tipo nehruviano". O vácuo resultante, combinado com a competição democrática crescente em termos de números e do declínio das antigas hierarquias, deu abertura a novos estilos de concorrência política. Os desafiadores do Congresso incluíam não somente o partido nacionalista hindu, mas também outros que representavam as castas mais baixas e as diversas regiões. A Índia, nas palavras de Atul Kohli, tornou-se "uma democracia barulhenta" – o lado político do que V. S. Naipaul chamou com propriedade em 1990 de "1 milhão de motins agora". Essa proliferação de reivindicações de grupos parece ser característica das democracias nos países em desenvolvimento e não deve ser considerada prova de fracasso nem, necessariamente, permanente.

Os anos desde 1990 viram uma série de governos de coalizão envolvendo o BJP, o Congresso e os diversos partidos regionais. O período inicial do governo Janata Dal (1989-90) abriu caminho para as tensões inter-relacionadas de classe, religião e gênero que se seguiram. O período da coligação do Congresso sob Narasimha Rao (1991-6) marcou o início efetivo da liberalização econômica, da abertura cultural e econômica para os mercados mundiais e do desmantelamento do controle estatal debilitante. Enfim, depois de um interregno de coligações da Frente Unida (1996-8), o governo do BJP (de 1998 a 2004) apresentou novas estratégias de administração das coligações, assim como uma nova presença confiante – econômica, cultural e militar – no mundo exterior. As eleições de 2004 viram o retorno do Congresso ao poder, sob o primeiro-ministro Manmohan Singh; essa vitória foi consolidada na eleição de 2009, que deixou o Congresso próximo de uma maioria absoluta de assentos na Lok Sabha. Não obstante, o BJP e vários partidos regionais continuaram a controlar grande parte das assembleias estaduais.

A DÉCADA DE 1990 E A ASCENSÃO DO NACIONALISMO HINDU

O ano de 1989 foi de mudanças memoráveis em todo o mundo. Na Índia ele também inaugurou uma nova era. A coligação Janata Dal incluiu, pela primeira vez, o partido nacionalista hindu, o BJP, com base urbana e de casta alta, que obtivera 86 (dos 545) assentos da Lok Sabha. Essa coligação durou pouco mais de um ano e enfrentou, desde o início, um conjunto de problemas interligados. Um deles foi o separatismo regional. Em 1990, o Exército indiano foi mobilizado nos três estados de fronteira da Caxemira, do Punjab e de Assam. A insurgência contida com mais eficiência foi a dos separatistas siques do Punjab. Embora tenha havido, apenas em 1990, cerca de 4 mil mortes em decorrência do conflito, uma combinação de repressão brutal contra os militantes com concessões por parte do governo central logo tornou possível a retomada da vida política normal no Punjab; eleições estaduais são realizadas regularmente desde 1992. Em Assam, um movimento semelhante de "autodeterminação" – alimentado em parte pelo ressentimento contra uma espécie de "colonialismo interno" no qual os não assameses, sobretudo imigrantes bengalis, haviam ocupado posições estratégicas nos negócios, nas indústrias extrativistas e no governo – também conheceu seu pico por volta de 1990-1. Ali também uma combinação de operações armadas importantes e incorporação às instituições políticas possibilitou posteriormente que os residentes de Assam participassem do quadro constitucional. Os *mizo, naga* e outros grupos "tribais" da remota fronteira oriental além de Assam, ainda inconformados por ser controlados por uma Déli distante, continuaram a desafiar a autoridade desta última.

Apenas na Caxemira uma solução para o movimento de separação regional mostrou-se impraticável. O ano de 1989 marcou o início de uma insurgência permanente, alimentada pelo apoio secreto do Paquistão. O levante decorreu da frustração crescente dos caxemíris com o tratamento do Estado por parte de Déli. A imposição de líderes escolhidos pelo governo central, mais a manipulação das eleições locais e a negação do que os caxemíris pensavam ser uma autonomia prometida, redundaram finalmente na militância da Frente de Liberação de Jammu e da Caxemira, um movimento dedicado a objetivos políticos, não religiosos. Os *pandits* hindus, uma comunidade de elite pequena mas influente que havia conquistado uma posição favorável, primeiro sob os marajás e depois sob os sucessivos governos do Congresso, e defensora de uma cultura caxemíri própria que os ligava à Índia, sentiram-se sitiados quando o levante começou a ganhar força. Mais de 100 mil deles fugiram do Estado no início dos anos 1990; sua causa foi logo assumida pela direita hindu. Enquanto o governo tentava localizar "suspeitos" e extirpar paquistaneses "infiltrados", toda a população foi submetida a uma repressão feroz. No final dos anos 1990, a presença militar indiana havia escalado para aproximadamente um soldado ou policial paramilitar a cada cinco caxemíris, e cerca de 30 mil pessoas haviam morrido no conflito. Os anos seguintes assistiram a uma redução da violência, concomitante à participação generalizada nas eleições indianas, e uma subsequente redução do contingente militar, apesar da ausência de solução. O consenso geral é que os caxemíris devem procurar um grau de autonomia regional, não uma união com o Paquistão.

Problemas relacionados às aspirações das castas e classes mais baixas e, inevitavelmente ligados a estes, problemas relacionados à comunidade muçulmana, também foram identificados no início da década e continuaram a reverberar por muitos anos. A crise que derrubou a coligação Janata foi a decisão de implementar o relatório de 1980 da Comissão Mandal, há muito tempo moribundo, que havia recomendado cotas para cargos no governo federal e no setor público, assim como vagas em instituições de ensino superior, para as OBCs. Estimou-se que as OBCs eram tão numerosas quanto as castas e tribos tabeladas somadas e que juntas elas representavam cerca de metade da sociedade como um todo. No entanto, elas só ocupavam perto de 2% dos cargos no exclusivo Serviço Administrativo Indiano. As recomendações da Comissão Mandal elevavam as cotas totais até os 49,5% permitidos pela constituição, uma porcentagem excedida em diversos Estados do Sul (para cargos estaduais), onde a posição social das castas mais altas havia sido desafiada desde muito tempo. O relatório não hesitou em culpar as castas mais altas, que – alegava-se – haviam "sujeitado as restantes a todo tipo de injustiça". Em setembro de 1990, Déli estava num impasse, enquanto grupos de casta alta e baixa se enfrentavam e protestavam no Norte da Índia. O BJP retirou seu apoio ao governo. Eles e outros opositores argumentaram, como fazem adversários da ação afirmativa nos Estados Unidos, que esses programas fomentavam divisões sociais, não recompensavam o mérito e beneficiavam somente os mais favorecidos dentro dos grupos carentes. Em 1992, a Suprema Corte manteve a legalidade do relatório da comissão e o governo passou a implementá-lo.

A crise do relatório Mandal coincidiu com a escalação dramática por parte do BJP, com seu aliado Vishva Hindu Parishad (o Conselho Mundial Hindu), da reivindicação acalentada de construir um templo dedicado a Ram no local exato de uma mesquita mogol de 1528 na cidade de Ayodhya, no Norte da Índia. Já em 1949, o governo havia fechado a mesquita aos devotos quando ativistas, alegando um milagre, introduziram ilegalmente um ícone de Ram na mesquita. Ativistas hindus sustentavam que os construtores da mesquita é que haviam destruído um antigo templo, erigido no local exato do nascimento do deus Ram.

A devoção pessoal a Ram, assim como as encenações anuais da sua história no festival outonal de Diwali, faziam parte da vida religiosa há muito tempo, especialmente no Norte. Contudo, a tradição de Ram havia ganhado mais destaque graças à transmissão televisiva semanal, aos domingos de manhã, dos 78 episódios do épico de Ram, o *Ramayana*, iniciada em 1987.

O seriado foi exibido pela rede de televisão estatal Doordarshan. Foi o programa mais popular já apresentado na televisão indiana e, como notaram os críticos, ele incentivou uma imagem homogeneizada de uma história compartilhada que sempre tivera múltiplas formas regionais e locais. Além disso, por meio da sua apresentação televisiva, a história foi tornada mais concreta e mais histórica. Na televisão, os deuses foram "humanizados". Ram e seu irmão Bharat, por exemplo, não foram retratados com pele azul como as representações convencionais de Ram e Krishna (**imagem 10**). A localização de Ayodhya tornou-se um ponto mais concreto e específico no mapa. A influência do programa em si tornou-se um evento midiático, sobretudo por causa do ritual que as famílias e vizinhos praticavam ao assisti-lo. O épico foi um evento comercial avassalador, não só a produção inicial, mas também a venda associada de fitas, a franquia de produtos derivados e a proliferação de publicações e outros produtos que aproveitavam a nova "febre Ramayana". A televisão estatal lançou um novo seriado no ano seguinte, o segundo grande épico hindu, o *Mahabharata*.

Em outubro de 1990, L. K. Advani, presidente do BJP, realizou uma peregrinação por toda a Índia numa Toyota transformada em carruagem. Vestido como Ram, ele deslocou-se pelo país cumprindo a estratégia política altamente eficiente de recolher tijolos para a construção do novo templo. O próprio Advani pode ter sido circunspecto, mas os manifestantes tinham predileção por versos como "O único lugar para os muçulmanos é o cemitério (*qabarstan*) ou o Paquistão". Temendo um banho de sangue quando Advani se aproximasse de Ayodhya, o governo mandou prendê-lo e evitou qualquer ataque contra a mesquita. No entanto, a imagem de Advani como Ram subsistiu na imprensa impressa e televisiva, cada vez mais influente. Por exemplo, ele foi mostrado numa pose jovial mas marcial na capa da equivalente indiana da revista *Time* (**imagem 48**).

Muitos dos historiadores profissionais mais respeitados do país argumentaram que não havia provas da destruição de um templo para construir a mesquita; outros salientaram que Ayodhya surgira como cidade de peregrinação hindu somente sob o patrocínio dos governantes muçulmanos de Awadh, no século XVIII. Outros ainda se recusaram sequer a entrar num debate cuja premissa de historicidade putativa era vista como um parâmetro falho de política pública. Mas o BJP e suas organizações auxiliares haviam encontrado um símbolo imbatível para a mobilização pública. A importância do local de nascimento de Ram não era, diziam eles, uma questão de fato, mas de fé. Reivindicar esse local de nascimento era, eles insistiam, essencial

IMAGEM 48. L. K. Advani como o deus Ram.

para a "honra nacional". Apoio implícito à posição hindu de que devia ter havido um templo foi dado pela decisão do Levantamento Arqueológico da Índia de empreender novas escavações no local.

Dois anos depois, em 6 de dezembro de 1992, "*karsevaks*" (trabalhadores voluntários) hindus de todo o Norte da Índia e até do Sul convergiram para a mesquita em Ayodhya e demoliram-na tijolo por tijolo. As autoridades policiais e estaduais, em sua maior parte, simplesmente assistiram imóveis enquanto *sadhus*, ativistas militantes, jovens urbanos e autênticos arruaceiros devastavam o sepulcro. Treze muçulmanos foram assassinados com machados e facas; jornalistas foram espancados e suas câmeras confiscadas. Ativistas do VHP tiveram participação fundamental nisso, assim como nos ataques anteriores à mesquita. Após o ataque de 1992, imensas revoltas antimuçulmanas espalharam-se por toda a Índia; aproximadamente mil pessoas foram mortas, quase todas elas muçulmanas, das quais uma grande parte em Bombaim. Ali, o partido Shiv Sena e seu líder, Bal Thakeray, com a conivência de autoridades policiais e civis, encabeçaram o ataque. Os líderes do BJP e do VHP mobilizaram-se para dissociarem-se da violência. O governo Narasimha Rao, culpado grandemente por não ter agido antes, dissolveu os quatro governos estaduais ocupados pelo BJP e prendeu altos líderes do partido.

O bloco de organizações nacionalistas hindus que ganhou visibilidade com a questão do templo de Ram era conhecido como Sangh Parivar, a "família" de organizações Sangh. No seu núcleo estava a Rashtriya Swayamsevak Sangh (RSS, a Associação dos Voluntários Nacionais), uma organização paramilitar de quadros fundada em 1925, cujas ramificações (*shakhas*) treinavam os jovens em força física e autodisciplina e fomentavam uma ideologia hindu revivescente. A RSS ganhara visibilidade de forma dramática quando um dos seus membros assassinou Gandhi, e depois disso a organização foi banida. Os membros mais destacados do BJP, incluindo Atal Bihari Vajpayee e L. K. Advani, tinham conexões de longa data com a RSS. Eles pertenciam aos membros fundadores do partido político pós-independência Jan Sangh, que, após participar da coligação do partido Janata (1977-9), renascera como o BJP. A extensa rede de organizações ligadas à RSS visava estudantes universitários, trabalhadores e camponeses; outras ainda enfocavam a educação e ascensão social dos grupos tribais (onde havia temores de influência cristã) e nas áreas rurais.

O VHP, de importância central, foi criado em 1964 a fim de organizar os líderes sectários hindus para enfrentar a atividade missionária cristã e disseminar ensinamentos hindus por todo o mundo. Sua finalidade é ser uma organização de serviço cultural e social, com preocupações e programas que lembram movimentos de reforma da época da Arya Samaj. Suas atividades incluem treinamento educacional e vocacional para mulheres viúvas e abandonadas; programas para treinar sacerdotes "de casta baixa", especialmente em áreas "tribais" e de favelas; um programa de reforma social focado em casta e dote; e programas para restaurar e usar templos abandonados. Bajrang Dal, o Exército com o nome do fiel companheiro macaco de Ram, Hanuman, operava sob a alçada do VHP; seus membros eram considerados por toda parte como valentões sempre prontos para brigar com os muçulmanos. O Shiv Sena, originalmente um partido maharashtriano que se opunha ferozmente à imigração de mão de obra de outros Estados, no final dos anos 1990 também estava vinculado superficialmente à Parivar. Essas organizações não somente partilhavam uma ideologia, mas também proporcionavam comunidade, apoio mútuo e ascensão social para homens e mulheres de todas as gerações. Devido à sua inserção da religião militante no nacionalismo moderno, as organizações Parivar estavam longe de ser "tradicionais" e compartilhavam muitas características com movimentos semelhantes do século XX no mundo todo.

Um elemento crucial do poder do movimento nacionalista hindu nos anos 1990 foi a ligação estreita entre comunidade religiosa e classe. Como o relatório Mandal e outras medidas pareciam ameaçar os interesses da classe média, o BJP, cujo apoio fundamental provinha de pequenos empresários, comerciantes e trabalhadores de colarinho branco, escalou uma retórica que negava a relevância do conflito de classe em prol da unidade da religião. Nesse sentido, pode-se dizer que os muçulmanos desempenharam o papel de bode expiatório para problemas que não causaram e de contraponto para criar uma identidade majoritária. Mais de um comentador viu um desejo de desviar a atenção de "Mandal", que acarretava concorrência econômica entre hindus, para a campanha por "*mandir*" (templo), que podia unir os hindus contra os "forasteiros". A população muçulmana da Índia, cuja desvantagem relativa podia ser medida pela baixa representação nos cargos públicos e no ensino superior, estava, além disso, ligada econômica e politicamente às ameaçadoras classes baixas, tanto de forma material quanto política. A imagem de gênero também ajudou a sustentar o discurso majoritário sobre os muçulmanos e as castas baixas nos anos 1990. Para os nacionalistas hindus, os homens muçulmanos eram saqueadores estrangeiros que haviam "violado" a pátria-mãe e as mulheres da Índia. Os homens muçulmanos, segundo uma variante do discurso colonial sobre os homens indianos em geral, oprimiam suas mulheres. As mulheres muçulmanas, no entanto, podiam ser redimidas pela submissão aos homens hindus. As mulheres de classe baixa eram, há muito tempo, presa legítima das classes altas. Acreditava-se que a submissão das mulheres definia a "masculinidade" e a "honra". Esses temas estavam presentes não apenas em declarações ideológicas explícitas, mas também em filmes e na literatura de ficção.

O BJP consolidou seu poder crescente em eleições sucessivas na década de 1990. Em 1998, ele empatou com o Congresso no total de votos apurados e, embora não tivesse maioria por si mesmo, estava bem adiante do seu rival no número de assentos ocupados na Lok Sabha. Em 1999, ao cortejar com habilidade os partidos regionais, o BJP conseguiu formar uma coligação que sobreviveu durante todo um mandato de cinco anos. Por causa dos seus parceiros de coligação, o BJP tinha necessariamente de moderar sua agenda "hindu". Não houve medidas para construir o templo de Ayodhya, ainda sob exame judicial; não houve esforços para tentar promulgar um Código Civil Uniforme; não houve tentativa de ab-rogar o Artigo 370 da Constituição, que proibia forasteiros de serem donos de terras na Caxemira. O BJP alegava oferecer um "secularismo genuíno", ao contrário do que a Parivar gostava de chamar de "pseudossecularismo" nehruviano, que significava, insistiam eles, que as minorias eram mimadas e favorecidas. Compreensivelmente, o sentimento antimuçulmano foi desviado para o cenário internacional, onde uma série de problemas identificaram os muçulmanos como uma ameaça que cercava a Índia, seja no Paquistão, na Caxemira, no Bangladesh (onde "infiltradores" atravessavam a fronteira) ou no Oriente Médio, onde a Índia inverteu completamente sua tradição de longa data de simpatia pelos palestinos para reconhecer e apoiar Israel.

Em maio de 1998, o governo indiano, que sempre se recusara a assinar o Tratado de Não Proliferação Nuclear, pela primeira vez desde 1974 testou publicamente armas nucleares numa base remota no deserto. A decisão foi justificada como uma reação ao crescente poderio nuclear da China, mas entendida como um desafio pelo Paquistão, que reagiu imediatamente com seus próprios testes. Estes suscitaram um sentimento de orgulho entre os indianos e assinalaram uma nova afirmação da hegemonia indiana na região da Ásia meridional. As intrusões ineptas do Paquistão em Kargil, além da Linha de Controle, na primavera de 1999, foram fortemente condenadas, não apenas na Índia mas em outros lugares, e os confrontos provocaram perdas de vidas dos dois lados nessa região gelada de altitude elevada. Em todas essas ações, Vajpayee tinha apoio muito além do seu próprio partido. Renitente na relação com os muçulmanos fora da Índia, o partido conseguia distanciar-se de grande parte da ideologia Hindutva do VHP e da RSS.

Não obstante, os anos de governo do BJP testemunharam um horrendo surto de violência étnica. Em 2002, o incêndio de um vagão de trem na cidade de Godhra, no Guzerate, matou vários "*karsevaks*" hindus que retornavam de Ayodhya, o que degenerou num *pogrom* organizado que se estendeu por semanas contra os muçulmanos em todo o Estado. A causa inicial do incêndio nunca foi determinada, mas é quase certo que ele não foi deflagrado deliberadamente, como os hindus alegaram com frequência na época, por vendedores muçulmanos na plataforma da estação que estavam sendo hostilizados por passageiros do trem. O governo estadual, controlado pelo BJP, longe de tentar conter as "represálias" dos hindus, foi tacitamente conivente com a violência resultante. Durante três dias, a polícia cruzou os braços enquanto multidões lideradas por ativistas do VHP e do BJP, usando extratos informatizados tirados dos registros da municipalidade de Ahmadabad, identificavam lojas e residências de muçulmanos, arrastavam seus proprietários para fora, matavam e estupravam indiscriminadamente e depois incendiavam os prédios. De Ahmadabad a violência espalhou-se para outras cidades e até para o campo. A ordem só foi restabelecida quando o Exército foi mobilizado em todo o Estado. Pelo menos mil pessoas morreram e cerca de 150 mil abrigaram-se em campos de ajuda humanitária. Poucos muçulmanos retornaram aos bairros onde sempre haviam vivido.

O governo estadual do BJP, liderado por Narendra Modi, não pagou pela sua cumplicidade nesses eventos. O governo nacional, também sob controle do BJP, pôs a culpa nos muçulmanos de Godhra e isentou Modi de qualquer responsabilidade. Quando o Estado foi às urnas em dezembro de 2002, o BJP obteve a reeleição com uma ampla maioria na assembleia do Guzerate; durante a década seguinte, Modi continuou como ministro-chefe do Estado e ator de destaque na vida política indiana. Quase dez anos mais tarde, em 2011, 31 sediciosos foram finalmente condenados por um horripilante ato de violência, no qual 33 muçulmanos foram queimados vivos em suas casas.

Desde 2002, os muçulmanos da Índia têm concentrado sua atividade política cada vez mais na atenuação da sua posição econômica desfavorecida do que na proteção de símbolos culturais. Mesmo a decisão de segunda instância de 2010 sobre o caso da mesquita de Ayodhya, que dividiu a propriedade em litígio em ações – das quais duas organizações hindus receberam um terço cada e o terço restante foi para um grupo muçulmano –, não causou protestos violentos. A má condição econômica da comunidade muçulmana foi confirmada de forma patente por uma comissão governamental de 2006 cujo relatório (o Relatório Sachar) mostrou que a renda e o nível educacional dos muçulmanos eram evidentemente superiores aos das castas "listadas" hindus mais atrasadas. Durante muito tempo, os muçulmanos consideraram que o Partido do Congresso, devido à sua tradição de laicidade, era seu protetor, mas essa ligação havia se desgastado nos anos 1990. Ao contrário talvez do que presume a maioria das pessoas, tirando o Jama'at-i Islami na Caxemira, não havia na Índia nenhum partido muçulmano "fundamentalista" baseado em princípios islâmicos. A maior organização de muçulmanos na Índia, assim como no Paquistão e no Bangladesh, era o Tablighi Jama'at transnacional, cujo centro histórico ficava perto do santuário sufi de Hazrat Nizamu'd Din, em Nova Déli. Esse movimento enfatizava junto a outros muçulmanos a missão interna de cultivar padrões impecáveis de devoção e moralidade no comportamento cotidiano, combinados com uma recusa "contracultural" dos bens de entretenimento e consumo. A maioria dos muçulmanos, tal como os outros indianos, deu apoio aos partidos que eles julgavam melhor servir seus interesses mais amplos, incluindo desde a publicação do Relatório Sachar, reivindicações de cotas legislativas e outras para muçulmanos de casta baixa, ou mesmo para todos os muçulmanos.

Nem toda a política da virada do milênio envolveu choques partidários e surtos de violência. O poder concedido às mulheres e às castas baixas foi um tema central do período. A década de 1980 assistira à aprovação de uma série de medidas legislativas protetoras, estimuladas em parte pelo relatório do Governo da Índia sobre a condição das mulheres, de 1975. Mas os críticos insistiram que tais leis, ao enfocar os crimes por dote, o estupro e outras formas de violência contra as mulheres, e até a discriminação de gênero contra o feto para selecionar filhos homens, haviam sido mal concebidas e raramente levavam a condenações. Em 2006, após uma longa campanha, foi finalmente promulgada uma lei para conter a violência doméstica. Para muitos, uma estratégia para atender às necessidades das mulheres era tratá-las, segundo o modelo das Castas e Tribos Tabeladas, como grupo desfavorecido. Uma emenda constitucional aprovada em 1992 deu mais poder às municipalidades eleitas e aos *panchayats* das aldeias. Nesses órgãos locais, as mulheres tinham um terço dos assentos e um terço dos cargos de *sarpanch*, ou chefe de aldeia (rotativos entre as aldeias). Karnataka foi pioneiro na aplicação de cotas para mulheres nos anos 1980, e Rajiv Gandhi havia proposto as mesmas cotas no nível nacional como parte de uma medida para institucionalizar os conselhos de aldeia democraticamente eleitos. A partir de meados dos anos 1990, metade das mulheres eleitas eram membros de castas baixas, um avanço possível em parte porque as mulheres de classe baixa estavam mais acostumadas a trabalhar em público do que as mais privilegiadas. Além de tratar de questões relacionadas à saúde, educação e desenvolvimento, as mulheres dinamizaram em particular os protestos contra as lojas de bebidas alcoólicas, as quais elas consideravam com razão que minavam seus homens, frequentemente por culpa não somente dos donos das lojas, mas também das castas altas e dos empregadores, responsáveis por incentivar o consumo de álcool. As mulheres membros dos *panchayats* também intervieram em crises domésticas. Numa entrevista de 1999 a um jornal, um brâmane furioso, ex-chefe de aldeia, comentou a respeito de uma *sarpanch* de casta baixa: "O Governo virou o poder de cabeça para baixo. O Governo está deixando essas pessoas sentarem em cima de nós. Nós somos os governantes, mas agora ela está governando". Todavia, conselhos autosselecionados de anciões de casta alta continuam muitas vezes a desempenhar um papel na solução de litígios nas aldeias e na aplicação de costumes matrimoniais tradicionais.

Na virada do milênio, estava claro que os membros mais oprimidos da sociedade indiana – as castas baixas, os pobres e os analfabetos – estavam aderindo a partidos políticos e votando em números cada vez maiores, como faziam as mulheres. De fato, para os pobres e as castas baixas, o voto era literalmente a única arma que possuíam para garantir seus direitos. Em contraste com países como os Estados Unidos, os pobres da Índia votam cada vez mais em quantidade proporcionalmente maior que os ricos, que até recentemente não encaravam o engajamento político como essencial para o seu bem-estar. Em decorrência disso, as castas baixas ajudaram a excluir do cargo partidos que elas julgavam estar ignorando seus interesses, incluindo o próprio BJP em 2004, e tais castas dão em geral apoio a partidos de base regional liderados por pessoas como elas. Numa história de vida admirável (registrada a partir de entrevistas), uma mulher *pariah* "intocável" de Tamilnadu, Viramma, descreveu como os trabalhadores do partido passavam pela aldeia todas as noites, incitando os habitantes pobres do meio rural a buscar educação, lutar contra a opressão e desafiar as divisões de casta. Desconfiada quanto às possibilidades de mudança, mesmo assim Viramma acrescentou, ao falar do astro do cinema M. G. Ramachandran, que fundou o Anna DMK e liderou o governo estadual de Tamilnadu por uma década até 1987: "Veja o MGR, ele daria sua vida por nós".

Em Uttar Pradesh, a base histórica do Partido do Congresso, dois partidos não brâmanes e de casta baixa têm desempenhado papéis cada vez mais importantes na política estadual. Mayawati, uma mulher *dalit* chefe do partido Bahujan Samaj, cujo apoio principal era *dalit*, cumpriu diversos mandatos como ministra-chefe do Estado. Apesar de decorar desafiadoramente as cidades do Estado com memoriais a Ambedkar e a si própria, ela também buscou alianças com brâmanes e outras castas de elite (**imagem 49**). O partido rival Samajwadi, liderado por Mulayam Singh Yadav, cujo apoio central é composto por muçulmanos e *yadav* (tradicionalmente a casta dos pastores bovinos, classificada como OBC), fez oposição a Mayawati. A leste, em Bihar, Laloo Prasad Yadav, exuberante e corrupto, dominou o governo estadual por 15 anos a partir de 1990. Porém, desde 2005, Nitesh Kumar, do Partido Unido Janata Dal, procurou superar a política de casta com um programa concebido para fomentar o crescimento econômico e erradicar a reputação duradoura de atraso do Estado.

IMAGEM 49. Estátua de B. R. Ambedkar em construção, Varanasi.

Liberalização econômica

Em 1991, com a chegada ao poder do governo de coalizão do Congresso sob o comando de Narasimha Rao, problemas evidentes já na década precedente haviam deixado evidente que o estimado "padrão socialista de desenvolvimento", com seus controles estatais, subsídios e empresas públicas, estava gravemente abalado. O déficit fiscal do governo quase dobrou durante os anos 1980; a posição da Índia como nação industrial caiu; suas exportações de produtos manufaturados, já infinitesimais, declinaram numa época em que a parcela dos países em desenvolvimento nas exportações de produtos manufaturados estava aumentando. Todos os governos da década de 1980 haviam tentado uma liberalização econômica fragmentária, isentando mais indústrias de licenciamento, substituindo cotas sobre produtos importados por tarifas e permitindo um pouco mais de expansão das grandes empresas. Rajiv Gandhi, apesar do seu governo fortemente majoritário, não conseguiu obter apoio para uma política de liberalização abrangente, que era considerada um afastamento da dupla temática de autossuficiência e auxílio aos pobres. Essas questões, motivadas em grande medida pelo medo de perder o apoio dos eleitores, implicaram que a liberalização nas décadas seguintes seria sempre tolhida por compromissos e contradições.

Ao assumir, o governo Narasimha Rao enfrentou pagamentos anuais astronômicos da dívida, reservas escassas de moeda estrangeira e uma avaliação de crédito tão baixa que foi forçado a adiantar reservas de ouro para garantir empréstimos estrangeiros. Nesse ponto, parecia não haver opção senão recorrer ao Fundo Monetário Internacional (FMI) e às políticas de "ajuste estrutural" que ele exigia. O colapso da União Soviética (URSS), ademais, havia desacreditado o planejamento centralizado e encerrado acordos que comprometiam a URSS com a importação de mais produtos manufaturados da Índia. O primeiro orçamento do governo, orquestrado pelo ministro das Finanças Manmohan Singh, comprometeu-se com uma série de reformas e recebeu em troca um empréstimo de 1,4 bilhão de dólares do FMI. A rúpia foi desvalorizada em 20% e tornou-se parcialmente conversível, os subsídios à exportação foram abolidos, as tarifas reduzidas, o número de empresas estatais diminuído e as licenças para a maioria das indústrias canceladas. Foi aberta uma bolsa de valores. Foram feitas tentativas de simplificar e racionalizar os impostos. Assim, a Índia participou de uma transição mundial na qual as economias nacionais foram crescentemente integradas a um sistema econômico global. Nos primeiros três anos das reformas, a taxa anual de crescimento do PIB atingiu 7%.

Um setor particularmente bem-sucedido da nova economia foi o desenvolvimento de *softwares*. Bangalore, em Karnataka, despontou como o "Vale do Silício" indiano, enquanto Haiderabad, em Andhra Pradesh, surgiu como centro de alta tecnologia para empreendimentos comerciais globais. Entre aqueles especialmente encorajados a investir estavam os chamados "NRIs", ou "*non-resident Indians*" (indianos não residentes). Muitos deles eram empreendedores que tinham migrado para os Estados Unidos, onde fundaram empresas de grande porte como a Sun Microsystems e o Hotmail. No final da década de 1990, um quarto das empresas de alta tecnologia do "Vale do Silício" da Califórnia eram administradas por imigrantes indianos, e a comunidade da Ásia meridional nos Estados Unidos era a mais rica do país em termos *per capita*.

No início dos anos 1990, o BJP e os partidos de esquerda uniram-se para lastimar a política econômica Rao-Singh, depreciando-as como o fim da autossuficiência econômica. Eles afirmaram que as reformas eram o caminho para o desemprego e a inflação e que não representavam nada além de uma oportunidade para uma pequena elite ser corrompida pela cultura e pelos bens de luxo estrangeiros. A preocupação com relação à abertura econômica envolvia não somente o medo da concorrência, mas também o temor de que a liberalização trouxesse consigo uma ameaça à cultura indiana autóctone, bem como à sua moral ou "valores familiares" (expressão usada num manifesto eleitoral do BJP de 1998).

Além dos argumentos econômico-morais baseados em *swadeshi* ou autossuficiência, duas críticas muito diferentes também foram feitas às reformas econômicas, tanto no governo Rao como nos governos que se seguiram. Uma era simplesmente que as reformas não tinham ido longe o bastante. Em cada etapa, os líderes políticos tinham medo de perder seus eleitores e da possível agitação social se interferissem nas indústrias estatais ineficientes de modo a gerar, por exemplo, demissões em massa. Eles não estavam dispostos a encerrar subsídios que mantinham baixos os preços de produtos alimentícios de base, ou a criar impostos sobre a agricultura. Havia muitos eleitores que temiam as reformas, incluindo a classe média, que se beneficiava com os subsídios para fertilizantes, energia elétrica e comunicações; funcionários de empresas públicas ineficientes; burocratas que tiravam proveito de suas atribuições; e agricultores de casta baixa que queriam mais alocações de recursos estatais. Outro problema correlato era a incapacidade dos governos de atualizar uma infraestrutura obsoleta e inadequada, como se via em todos os aspectos da energia, transporte e comunicação.

A segunda crítica importante, o fracasso por parte dos sucessivos governos em investir adequadamente em capital humano, foi expressa da maneira mais eloquente por Amartya Sen, que ganhou o prêmio Nobel de economia em 1998:

> Depois de cinquenta anos de independência, metade dos adultos da Índia são analfabetos (na verdade, mais de dois terços das mulheres adultas não sabem ler nem escrever). A esse respeito, a Índia está hoje muito atrás de onde o Japão estava na época da restauração Meiji em meados do século XIX, e muito longe do que a Coreia do Sul, Taiwan, China, Tailândia e outros países no leste e sudeste da Ásia alcançaram muito antes do início da sua expansão econômica voltada para o mercado [...]. Os líderes reformistas indianos [...] deixaram de reconhecer o papel da alfabetização generalizada e de outras formas de realização social (reforma agrária completa, bom sistema de saúde etc.) que possibilitam um processo compartilhado e participativo de expansão econômica. A Índia não teve dificuldade em elevar sua taxa global de crescimento econômico removendo entraves e restrições e tirando proveito de oportunidades de comércio [...]. Mas uma grande parte da sociedade indiana continua excluída da gama de oportunidades econômicas.

O BJP fora um crítico severo da liberalização promovida pelo Congresso e pela Frente Unida. Não obstante, quando chegou ao poder em 1998, o partido pôs a reforma econômica no cerne do seu programa. Como seus predecessores, ele não conseguiu avançar rapidamente em direção às políticas integradas necessárias para alcançar esses objetivos, nesse caso em parte por causa de divisões internas. A oposição *swadeshi*, especialmente contra o investimento estrangeiro em bens de consumo, estava entranhada no BJP e na Sangh Parivar em geral. O próprio termo *swadeshi* era reminiscente das tradições do movimento nacionalista do início do século XX e evocava temores de controle estrangeiro, agora na forma do FMI, Banco Mundial, Acordo Geral de Tarifas e Comércio (GATT) e Organização Mundial do Comércio (OMC). Contudo, Vajpayee logo pôs em prática políticas que garantiriam o investimento estrangeiro tão necessário. O investimento não era mais restrito à manufatura e infraestrutura, mas permitido até para bens de consumo. Não se exigia mais um controle majoritário indiano nos empreendimentos conjuntos, exceto para alguns bens de consumo. O BJP tomou outras medidas às quais também se opusera anteriormente, incluindo uma reforma da Lei de Patentes para adequar-se às normas da OMC e a autorização do investimento estrangeiro em seguros. Em 2000, estava claro que, por maiores que fossem suas diferenças quanto aos princípios do secularismo, os reformadores do BJP e os do Congresso tinham mais semelhanças que diferenças quando se tratava de política econômica. Depois de 40 anos de socialismo, havia agora um consenso nacional a favor da liberalização econômica. Nas palavras de Vajpayee: "*Swadeshi*, no contexto de hoje, é qualquer coisa que promova [...] [o fortalecimento] da base econômica da Índia".

Um foco particular de esperança na economia era o potencial da tecnologia para superar os impedimentos existentes das velhas políticas e da infraestrutura inadequada. Vajpayee ganhou crédito considerável com sua ação para reduzir os monopólios estatais e as licenças de telecomunicações. Houve exemplos eloquentes de populações rurais, armadas de telefones celulares e computadores movidos a energia solar, que obtiveram acesso a informações meteorológicas e de mercado, a serviços de comércio eletrônico e à burocracia governamental. A Comissão Eleitoral inaugurou o uso de computadores para as eleições no meio rural. Novas comunicações também ofereceram à Índia oportunidades inusitadas num novo tipo de setor de "serviços", a saber, a exportação de serviços que incluem desenvolvimento de programas de computador; serviços de secretariado, por exemplo para transcrições médicas; e serviços de engenharia. Outras áreas de serviços que começaram a despontar como exportações potenciais incluem o ensino superior em inglês; a pesquisa, incluindo exames clínicos em áreas como farmácia; o entretenimento, no cinema e na música; consertos e manutenção em transportes; e televendas. Nessas áreas, a internet desempenhou um papel fundamental, e a população indiana da diáspora – já não mais considerada como "fuga de cérebros" – mostrou-se um recurso inestimável. Em 2010, as remessas anuais de indianos emigrados para a Índia atingiram um total de 55 bilhões de dólares.

O setor de alta tecnologia prosseguiu no seu crescimento espetacular sob o governo do Congresso liderado por Manmohan Singh, que sucedeu ao do BJP em 2004. Afinal, como ministro das Finanças do governo Rao, Singh fora responsável pela introdução do programa de reformas. Inicialmente pouco mais que uma terceirização do processamento de dados para bancos estrangeiros e outras ações do tipo, além do fornecimento de assistência técnica para os consumidores geralmente desprevenidos de empresas estrangeiras, a indústria de tecnologia da informação (TI) indiana floresceu, na primeira década do novo século, a ponto de desempenhar um novo papel de ator principal da economia global. Graças a taxas de crescimento que às vezes chegavam a 20% ao ano e a vendas anuais que totalizaram 23 bilhões de dólares em 2004, a indústria de TI – terceirização, programação e máquinas somadas – gerou para a Índia superávit na balança de pagamentos e reservas crescentes de moeda estrangeira. Esse crescimento precoce foi motivado pela demanda externa, da qual cerca de dois terços partiu dos Estados Unidos. Conforme os níveis salariais aumentaram no final da década, junto a uma demanda interna crescente, a indústria começou a galgar degraus na escala de competências, de "assistência técnica" para inovação criadora, e a gerar capital de risco local para complementar o das empresas estrangeiras.

Oportunidades crescentes na economia indiana em expansão incentivaram o empreendedorismo e podem pôr fim a décadas de emigração de engenheiros e pessoal técnico altamente qualificado. Algumas histórias de sucesso assemelham-se aos contos de Horatio Alger sobre o apogeu da industrialização estadunidense. Sunil Mittal, por exemplo, começou sua carreira com um empréstimo de 1,5 mil dólares para um pequeno negócio de bicicletas, depois passou, nos anos 1980, à importação de geradores portáteis do Japão e então voltou-se, inicialmente, para a importação, e em seguida fabricação, de telefones celulares. Quando a tecnologia de celulares desenvolveu-se nos anos 1990, Mittal criou uma empresa de telefonia celular, obteve a concessão de atender Nova Déli e, ao fazê-lo, rompeu o monopólio centenário das empresas estatais que forneciam serviços de telecomunicação na Índia. Em 2005, o império empresarial de Mittal, o Grupo Bharati, tinha um valor de mercado de 2 bilhões de dólares e 5 mil empregados.

Para entender como a economia de alta tecnologia e cada vez mais orientada para o consumo funcionava na Índia no fim da primeira década do século XXI, basta olhar para a cidade de Gurgaon, ao lado de Déli. Não faz muito tempo, nos anos 1980, Gurgaon era um centro comercial modorrento dos pastores *jats* vizinhos. Hoje ela tem 26 centros comerciais, 7 campos de golfe e quase 3 milhões de m^2 de superfície comercial. Essa expansão foi alimentada em parte pela proximidade da capital nacional, mas também – e de forma aparentemente perversa – pela falta de infraestrutura e instituições governamentais eficientes na Índia. A ausência de órgãos de planejamento local implicou que os incorporadores estavam livres para, a seu bel-prazer, comprar terras e erguer prédios de apartamentos para moradia de empregados do setor de alta tecnologia. Da mesma forma, novos entrantes no setor de terceirização, como a General Electric, não sofreram restrições às suas atividades. Por conseguinte, em 2010, o distrito urbano tornara-se lar de 1,5 milhões de pessoas. Diante da falta dos serviços públicos usuais, incorporadores e empresas mobilizaram-se para fornecer sua própria energia elétrica, água, segurança privada, transporte para os trabalhadores e assim por diante. De fato, Gurgaon tornou-se um conjunto de enclaves autossuficientes isolados, cada qual rodeado pelos barracos e abrigos dos milhares de trabalhadores migrantes carentes que prestam os serviços subalternos – de operários da construção a vigias e criadas – que a cidade solicita. A extensão recente do metrô de Déli até a cidade – um caso de fornecimento eficiente de infraestrutura pelo governo – pode ajudar a aliviar o caos viário endêmico de Gurgaon e integrar mais plenamente a cidade à malha regional mais ampla (**imagem 50**).

A história de Gurgaon deixa muito evidente como a Índia se tornou um país de "duas economias"– uma urbana e próspera, a outra rural e pobre. A primeira, que compreende talvez 20% da população, vive num mundo impulsionado pelo consumo, quase indistinguível da Europa Ocidental ou dos Estados Unidos. A renda em alta, junto com uma nova rede de rodovias que liga as quatro maiores cidades da Índia – um projeto de infraestrutura necessário há muito tempo – incentivou a demanda por automóveis, e dúzias de modelos, de fabricação tanto estrangeira quanto nacional, competem

IMAGEM 50. Cinco e meia da tarde na Via Expressa Gurgaon.

por fatias de mercado no lugar do velho Hindustan Ambassador. Os centros comerciais, condomínios fechados e edifícios de apartamentos típicos de Gurgaon hoje estão espalhados por todas as grandes cidades da Índia. Por causa do rápido crescimento da população instruída, hoje a Índia é o país do mundo com a maior circulação de jornais; contrariamente ao Ocidente, onde a circulação caiu após o advento da internet, na Índia os números das vendas de jornais cresceram cerca de 40% em apenas cinco anos, de 2005 a 2009. No lugar do único canal estatal de televisão de 1980, a Índia hoje tem mais de 500 canais a cabo e por satélite que levam aos espectadores todo tipo de programação. Não são só os ricos que gozam desses benefícios; estima-se que até 80% dos que vivem em cidades, e também, muitos habitantes das aldeias, ou possuem televisores ou têm acesso compartilhado à televisão.À medida que se disseminam as oportunidades de renda e trabalho, as famílias estendidas que viviam juntas foram substituídas por famílias nucleares de pais e filhos que vivem separadamente e nas quais, muitas vezes, ambos os adultos trabalham fora de casa. No entanto, ao contrário da Europa ou dos Estados Unidos, o trabalho de empregados domésticos continuou facilmente disponível em muitas áreas urbanas. As viagens ao exterior, tanto voltado ao turismo como para visitar parentes, também se tornaram corriqueiras.

O mais impressionante é que, com o advento da segunda década do século XXI, o ativismo político de classe média, com a bandeira do combate à corrupção, floresceu de repente, não somente nas urnas mas nos tribunais e até nas ruas. Para espanto de muitos funcionários do governo, os indianos têm aproveitado plenamente da Lei de Direito à Informação para solicitar a abertura de arquivos governamentais. Além disso, o verão de 2011 viu o surgimento de uma forma de protesto político raramente usada desde a independência: a greve de fome. Decepcionados com a maioria dos políticos e partidos e frustrados por um governo que produziu pouca coisa para eles, milhares de indianos foram às ruas para apoiar o pedido de Lokpal, ou um órgão governamental forte e independente de combate à corrupção; esses protestos foram liderados pela figura apartidária Anna Hazare, que usou reiteradas greves de fome para impor sua vontade a um Parlamento recalcitrante. Resta saber se o "Movimento Anna" representa um novo estilo de política indiana ou apenas um breve surto de descontentamento da classe média.

Apesar do seu rápido crescimento, a próspera classe média indiana tem sido tolhida por diversas restrições estruturais. Somente o setor de serviços gerou, em 2010, 55% do PIB da Índia. Ao contrário da manufatura, a TI e as indústrias correlatas proporcionaram na Índia – como em outros países – oportunidades limitadas para a criação de empregos não qualificados. As disparidades regionais limitaram ainda mais a ascensão social. Os habitantes dos Estados ocidentais e meridionais tiveram o maior crescimento dos setores técnicos e de serviços. Em contrapartida, os Estados orientais, bem como a Planície Gangética oriental, por permanecerem presos à agricultura de subsistência e a uma indústria pesada em declínio, ficaram cada vez mais para trás. Dois Estados são especialmente dignos de nota. Um é o Guzerate. Graças a uma infraestrutura melhor que a de muitos Estados e a uma longa tradição de empreendedorismo, o Guzerate prosperou, sobretudo na indústria. Apesar de ter 5% da população da Índia, o Guzerate gera 16% da produção industrial do país e 22% das suas exportações. O Estado de Kerala, no extremo Sudoeste, embora não seja líder no crescimento da renda *per capita*, apresenta indicadores de qualidade de vida, como proporção de gênero, taxa de alfabetismo e de crescimento populacional, não muito distantes dos de países do Primeiro Mundo.

Em grande parte da Índia rural, especialmente nas áreas tribais desesperadamente carentes, bem como nas ocupações ilegais nas cidades, a prosperi-

IMAGEM 51. Oficial do Exército tenta dispersar moradores locais que bloquearam uma estrada durante protestos em Manipur, 2010.

dade se faz pouco presente. A pobreza debilitante afeta, segundo estimativas oficiais, cerca de um terço da população, e muitas pessoas mais vivem à beira da miséria (**imagem 51**). Ademais, a produtividade agrícola, que não costuma crescer mais que 2 ou 3% ao ano, tem atravancado fortemente o crescimento do PIB indiano como um todo. Além disso, as áreas rurais, em parte devido ao aquecimento global generalizado, foram duramente atingidas por uma combinação de seca e enchentes. Como disse o primeiro-ministro Manmohan Singh no seu discurso do Dia da Independência em 2011, a Índia precisa de "uma segunda Revolução Verde na agricultura".

Não obstante, as mudanças estão chegando ao campo. Conforme escolas de todo tipo brotam por todo o país para satisfazer uma demanda urgente, a educação, ainda que por vezes de qualidade duvidosa, faz-se disponível na maioria das aldeias (**imagem 52**). As linhas elétricas agora chegam a quase todos os povoados. Outrossim, o governo tomou diversas medidas para aliviar a pobreza e incentivar algum grau de distribuição de renda. A Lei Nacional de Garantia do Emprego Rural assegura que todos tenham acesso a pelo menos cem horas de trabalho remunerado por ano. Além disso, todas as crianças nas escolas públicas agora têm direito a uma refeição no meio do

IMAGEM 52. Sala de aula, Madhya Pradesh.

dia. O governo também lançou um plano ambicioso para garantir que todos tenham meios de identificação. Num país que carece de número de previdência social ou outros recursos identificadores, os pobres estão frequentemente à mercê de funcionários locais corruptos. O objetivo do plano, que usa um banco de dados biométricos de imagens da retina e das impressões digitais, é gerar não um cartão passível de abuso fraudulento, mas um número exclusivo, além de acesso a uma conta bancária para cada um dos 1,2 bilhões de cidadãos indianos. A expectativa é que os pobres, uma vez que tenham sua identidade assegurada, possam então fazer valer suas reivindicações de direitos e serviços que lhes são outorgados. No entanto, alguns afirmam que essas medidas concebidas para aliviar a pobreza, combinadas com um compromisso politicamente arraigado com subsídios aos alimentos e à produção, possam reduzir a taxa de crescimento econômico.

Um século asiático

Uma maneira útil de avaliar as perspectivas da Índia no mundo do século XXI, que certamente será dominado pelo continente asiático, é colocá-la lado a lado com sua "grande potência" rival, a China. Em muitas frentes, a superioridade chinesa é, no momento, tangível. Segundo a medida de progresso favorita de todo mundo – o crescimento do PIB – a liderança chinesa, com mais de 10% anuais contra 8% da Índia, é constante mas tem diminuído.

A Índia poderia alcançá-la dentro de poucos anos. Porém, medidas que captam aspectos mais amplos da qualidade de vida e do progresso das condições de vida são mais perturbadoras. Em 2010, a expectativa de vida na China era de 73,5 anos; na Índia era apenas de 64,4 anos. A taxa de mortalidade de crianças abaixo de cinco anos – um indicador crítico do bem-estar social – era de 50 para 1.000 na Índia, contra 19 para 1.000 na China, e a proporção dos sobreviventes que são subnutridos é muito maior na Índia que na China: algumas estimativas fornecem para a Índia uma proporção de 43%, comparada a 7% na China. A escolaridade média na Índia foi estimada em 4,4 anos, comparada a 7,5 anos na China; não surpreende que a taxa de alfabetismo adulto seja de 94% na China, comparada a 74% na Índia. O total de gastos governamentais com atendimento de saúde na China, de quase 2% do PIB, é quase o dobro do da Índia.

Está claro que a Índia tem muito a fazer no seu investimento em recursos humanos. Mas nem todos os indicadores favorecem a China. A Índia tem uma população consideravelmente mais jovem. Por causa da política de um filho por família na China, 31% da população indiana tem menos de 15 anos de idade, comparado com cerca de 20% na China. Esse "dividendo demográfico" dará à Índia, à medida que a educação se difundir, uma mão de obra crescente e produtiva que sustentará a prosperidade do país por muitas décadas. A produção industrial da Índia, estimulada pela demanda interna em disparada, também está crescendo rapidamente. Em julho de 2011, a Ford Motor Company anunciou planos de instalar uma fábrica automotiva na Índia – o que implicará empregos bem remunerados – a fim de conquistar uma fatia do mercado automotivo em expansão no país. A revista *Economist* até previu que o próspero Estado do Guzerate poderá desempenhar o papel de locomotiva industrial da Índia tal como fez a província de Guangdong na China nos anos 1990.

Mas o caminho da Índia para a prosperidade nunca será o mesmo do da China. Acima de tudo, a Índia oferece ao seu povo uma sociedade livre e aberta, na qual profissionais de todo tipo, bem qualificados e falantes de inglês, estão ligados ao mercado global de ideias. É impossível estimar a extensão da criatividade e inovação que emergirão da Índia nos anos vindouros. E há também o simples fato da tão valorizada democracia. Como escreveu Amartya Sen na sua avaliação de maio de 2011 da "qualidade de vida" na Índia comparada à da China: "A maioria dos indianos valoriza fortemente a estrutura democrática do país, inclusive seus numerosos partidos políticos, eleições livres sistemáticas, imprensa sem censura, liberdade de expressão e a independência do Judiciário, entre outras características de uma democracia viva". A liberdade de expressão, conclui Sen, é algo que as pessoas aproveitam e prezam. O bem-estar de uma sociedade não se mede apenas pelos indicadores sociais tradicionais. Embora haja muito ainda a ser feito, especialmente com relação à erradicação da pobreza e à garantia de estruturas eficazes de governança, as conquistas da Índia desde a independência no sentido de preservar a liberdade e a democracia são únicas diante das novas nações do mundo.

Notas biográficas

AHMAD KHAN, Sayyid (1817-98). Nascido numa família que serviu primeiro os mogóis e depois os britânicos, Sayyid Ahmad foi funcionário da administração judicial da Companhia das Índias Orientais. Durante a revolta de 1857, ele salvou as vidas de seus colegas britânicos em Bijnor e depois escreveu um ensaio sobre as causas da revolta, instando aos britânicos que explicassem seu fracasso em respeitar a opinião dos seus súditos indianos. Ele incentivou os muçulmanos a participarem da educação ocidental e fundou, em 1877, o Colégio Maometano Anglo-Oriental em Aligarh. Nos seus escritos religiosos, ele defendeu uma interpretação do Corão baseada na convicção de que os ensinamentos deste estavam de acordo com "as leis da natureza". Em 1886 ele fundou a Conferência Educacional Maometana. Ao argumentar que o constitucionalismo liberal ocidental era inapropriado para a Índia, ele recusou-se a participar do Congresso Nacional Indiano.

BENTINCK, Lorde William Cavendish (1774-1839). Governador de Madras 1803-7; destituído por causa do motim do Exército em Vellore. Serviu como governador britânico da Sicília durante as Guerras Napoleônicas. Retornou à Índia como governador-geral (1828-35). Introduziu reduções controvertidas nos gastos governamentais, bem como reformas liberais, especialmente a abolição do *sati* (1829) e a introdução da educação inglesa (1835).

CLIVE, Robert (1725-74). Nomeado escrivão a serviço da Companhia das Índias Orientais em 1743, Clive foi postado em Madras. Em 1747, durante a Guerra da Sucessão Austríaca, ele obteve uma comissão de alferes e participou de campanhas contra os franceses e seus governantes indicados na Carnática. Após destacar-se na defesa bem-sucedida de Arcot em 1751, Clive retornou à Inglaterra em 1753 e voltou novamente à Índia em 1756 com a patente de tenente-coronel. Quando estourou a Guerra dos Sete Anos, ele mobilizou-se para garantir a posição dos britânicos em Bengala, primeiro derrotando o nababo Suraj-ud-daula (fevereiro de 1757) e depois derrubando-o na famosa Batalha de Plassey (junho de 1757). Como governador de Bengala (1758-60), Clive amealhou uma imensa fortuna. Ele cumpriu um segundo mandato como governador de Bengala de 1765 a 1767, após a encampação da administração fiscal da província pelos britânicos.

CURZON, George Nathaniel (1859-1925). Formado em Eton e Oxford, ele serviu, na condição de membro do Parlamento pelo Partido Conservador, como subsecretário para a Índia (1891-2) e de Negócios Estrangeiros (1895-8). Na década de 1890, viajou por toda a Ásia Central e Oriental. Como governador-geral e vice-rei da Índia (1899-1905), trabalhou energicamente para reorganizar a administração. Ele presidiu o *durbar* de Déli em 1903 e criou a Província da Fronteira Noroeste, mas atraiu a inimizade dos indianos instruídos em 1905 com sua divisão de Bengala baseada nos territórios das comunidades. Após retornar da Índia, foi elevado à Câmara dos Lordes. Durante a Primeira Guerra Mundial, serviu nos governos de coalizão de Asquith e Lloyd-George. De 1919 a 1924, foi o ministro britânico das Relações Exteriores.

GANDHI, Indira (1917-84). Filha única de Jawaharlal Nehru e mãe viúva de dois filhos – (Rajiv (1944-91) e Sanjay (1947-80) –, serviu como ministra no governo de Lal Bahadur Shastri (1964-6). Após a morte deste último em 1966, assumiu o cargo de primeira-ministra da Índia apesar da sua experiência administrativa limitada, mas com a vivência de anfitriã oficial de seu pai, liderança no Congresso da Juventude e associação com causas de esquerda. Reeleita por pouco em 1967, rompeu definitivamente com a velha liderança do Congresso dois anos depois e formou um partido do Congresso distinto. Concorrendo com um mote populista, o seu Congresso (I) venceu as eleições em 1971. Em junho de 1975, depois de ter sido condenada por fraude eleitoral no pleito de 1971, ela suspendeu a Constituição e declarou um estado de emergência nacional. Sua derrota na eleição seguinte, em março de 1977, pôs fim a 30 anos de governo do Congresso. Retornou ao poder em 1980. Em 31 de outubro de 1984, foi assassinada por dois dos seus guarda-costas siques, em vingança pelo ataque armado que ela havia ordenado contra o Templo Dourado em Amritsar no mês de junho do mesmo ano.

GANDHI, Mohandas Karamchand (1869-1948). Nascido numa família da casta *bania* que serviu nos Estados principescos do Guzerate, Gandhi estudou Direito em Londres (1888-91). Por não conseguir encontrar trabalho em Bombaim, ele exerceu o ofício na África do Sul de 1893 a 1914. Ali estabeleceu seu primeiro *ashram* e, enquanto trabalhava para defender os direitos dos residentes indianos da África do Sul, concebeu os princípios da "*satyagraha*". Ao retornar à Índia, Gandhi fixou sua base em Ahmadabad e dali lançou protestos de camponeses e trabalhadores em Bihar e no Guzerate em 1917-18. Em 1919, ele liderou o protesto nacional contra as Leis Rowlatt. Em setembro de 1920, obteve o apoio do Congresso Nacional Indiano para sua estratégia de não cooperação não violenta com os britânicos. Em 1930 encabeçou a famosa "marcha do sal" até o mar; no ano seguinte, após a assinatura do Pacto Gandhi-Irwin, Gandhi representou o Congresso na segunda conferência de Londres. Embora tenha continuado a ser o líder simbólico do movimento nacionalista indiano, Gandhi retirou-se da participação ativa na política depois de meados dos anos 1930. Foi assassinado por um fanático hindu em 30 de janeiro de 1948.

GOKHALE, Gopal Krishna (1866-1915). Nascido numa família de brâmanes chitpavan, Gokhale estudou em Bombaim e depois instalou-se em Poona, onde se tornou professor na Universidade Fergusson. Foi membro da Sociedade Educacional do Decão e secretário da Poona Sarvajanik Sabha (1890). Foi eleito membro do Conselho Legislativo Provincial de Bombaim em 1899 e do Conselho Legislativo Imperial em 1902, onde defendeu o programa do chamado ativismo político "moderado" em prol da reforma constitucional indiana. Em 1905, ele fundou a Sociedade dos Servidores da Índia para trabalhar pela reforma social.

HASTINGS, Warren (1732-1818). Hastings entrou para a Companhia das Índias Orientais em 1750. Ele serviu como residente na corte de Murshidabad (Bengala) de 1757 a 1760 e como governador-geral (1772-85). Como este último, Hastings teve de enfrentar a oposição conjunta da maioria do seu conselho, mas conseguiu sanear as finanças da Companhia, em parte ludibriando seus aliados indianos, e consolidou a posição da Companhia em Bengala ao conter os avanços maratas. Mecenas da cultura indiana,

Hastings fundou a Sociedade Asiática de Bengala (1784). Ao retornar à Inglaterra, foi destituído pela Câmara dos Comuns por causa dos seus métodos arbitrários de governança. Depois de um longo julgamento, foi absolvido em 1795.

IQBAL, Muhammad (1873-1938). Iqbal estudou na Universidade Government, em Lahore, em Cambridge e na Alemanha, obteve um doutorado em Filosofia e formou-se advogado. Ele é amplamente reconhecido como um importante pensador religioso e como o poeta mais influente em urdu do século XX. Seus temas incluem a individualidade e a injunção ao esforço constante, a oposição ao capitalismo e imperialismo e a celebração de uma visão utópica associada ao "Oriente", à Ásia e, sobretudo, ao Islã. No seu discurso presidencial à Liga Muçulmana de Toda a Índia, em 1930, ele adotou a ideia da consolidação territorial dos muçulmanos dentro da Índia. Seus escritos incluem *A Reconstrução do Pensamento Religioso no Islã* (*The Reconstruction of Religious Thought in Islam*), baseado nas palestras proferidas em 1928. Em 1931 e 1932, participou das conferências na Inglaterra.

JINNAH, Muhammad Ali (1875-1948). Nascido numa família de empresários, Jinnah estudou Direito em Londres e retornou à Índia em 1896. Figura central da advocacia em Bombaim, ele atuou na política do Congresso, como assistente próximo de G. K. Gokhale e na Liga Muçulmana, à qual se filiou em 1913. Em toda a sua carreira, trabalhou para obter eleitorados separados, reservas de assentos e ponderação para os muçulmanos na política eleitoral. Reprovava as técnicas de não cooperação e desobediência civil de Gandhi; não apoiou o movimento Khilafat; e não conseguiu chegar a um acordo com o Congresso quanto às garantias constitucionais para os muçulmanos. Em 1931, retirou-se para um escritório de advocacia em Londres, mas em 1935 retornou à Índia para fazer campanha pela Liga Muçulmana e, depois de 1940, para fazer pressão por uma comunidade política muçulmana independente. Foi o primeiro governador-geral do Paquistão (1947-8).

MACAULAY, Thomas Babington (1800-59). Reformista *whig*, Macaulay foi secretário do Conselho de Controle da Índia (1832-4). Em seguida, viajou para a Índia como membro do conselho do governador-geral (1834-8). Em Calcutá, foi nomeado presidente da comissão para redigir um código penal para a Índia e produziu a famosa "Minuta sobre a educação" (1835), que defendia o apoio do governo para a instrução em língua inglesa. Ao retornar à Inglaterra, serviu como ministro da Guerra (1839-41) e escreveu uma história da Inglaterra, hoje clássica, bem como outros ensaios.

NEHRU, Jawaharlal (1889-1964). Brâmane da Caxemira, cujo pai Motilal foi um próspero advogado e político do Congresso, Nehru estudou na Universidade Trinity em Cambridge (1907-10) e tornou-se advogado em 1912. Seguidor de Gandhi, mas também socialista fabiano, participou dos diversos movimentos de não cooperação e foi presidente do Congresso Nacional Indiano (1930). No início da década de 1940, Gandhi o escolheu como seu sucessor. Assim, ele tornou-se vice-presidente do conselho do vice-rei no governo de transição de 1946-7 e primeiro-ministro da Índia independente em agosto de 1947. Seus anos de primeiro-ministro foram marcados pela institucionalização da democracia, o início do desenvolvimento econômico dirigido pelo Estado e uma política externa voltada para o não alinhamento na Guerra Fria.

ROY, Rammohun (*c.* **1774-1833**). Brâmane bengali educado em persa, árabe e sânscrito, aprendeu inglês sozinho por meio de contatos comerciais com funcionários públicos britânicos e do emprego na Companhia das Índias Orientais. Defensor virulento do monoteísmo ético, da reforma social e do liberalismo político, foi um dos fundadores de uma associação chamada Brahmo Samaj em 1828. Seus escritos incluem traduções dos Upanixades, *Os Preceitos de Jesus* (1820), manuais, jornais, panfletos e petições. Morreu na Inglaterra, para onde havia viajado para pedir ao Parlamento melhoras no governo da Índia.

TAGORE, Rabindranath (1861-1941). Brâmane bengali, neto do industrial Dwarakanath Tagore e filho do reformador Debendranath Tagore, Tagore foi poeta e escritor de renome. Em 1901, ele fundou uma escola rural em Santiniketan, Bengala; mais tarde (1918), essa escola tornou-se a Universidade Visva-Bharati. Ele compôs o hino "Jana, Gana, Mana", adotado depois da independência como o Hino Nacional Indiano. Recebeu o prêmio Nobel de literatura em 1913 por *Gitanjali*, uma coletânea de poemas bengali. Seu romance *A casa e o mundo* é um relato evocador da partição de Bengala em 1905. Nunca foi um seguidor comprometido de Gandhi, mas renunciou à sua comenda de cavaleiro britânico para protestar contra o massacre de Amritsar (1919).

TILAK, Bal Gangadhar (1856-1920). Brâmane *chitpavan*, residente de Poona, Tilak ajudou a fundar a Sociedade Educacional do Decão (1885) e a Universidade Fergusson. Após romper com os "Moderados" em 1890, fundou dois jornais, o semanal *Kesari* em marata e seu equivalente em inglês *The Mahratta*. Nas páginas desses jornais, criticou o projeto da Lei do Consentimento (1891) patrocinado pelos britânicos e as medidas de controle da peste adotadas cinco anos depois. Nessa época, organizou dois festivais, um dedicado a Shivaji, herói de Maharashtra, e outro dedicado ao deus hindu Ganesh. Em 1897, sua prontidão em tolerar o assassinato de um oficial britânico levou à sua prisão por sedição. Na condição de líder dos "Extremistas" nacionalistas, foi posteriormente (1908-14) preso em Mandalay, na Birmânia, por seis anos. Ao retornar da Birmânia, Tilak ajudou a fundar (1916) a *Home Rule League* [Liga do Estatuto do Lar].

Ensaio bibliográfico

Esta seção não procura oferecer uma lista exaustiva das obras sobre a Índia moderna. Para recentes estudos de referência sobre tópicos importantes da história indiana, que contêm excelentes bibliografias, convidamos o leitor a consultar os volumes da série *New Cambridge History of India* (Cambridge: Cambridge University Press). Volumes selecionados dessa série são citados a seguir segundo a necessidade. Outros estudos acadêmicos sobre diversos tópicos são incluídos para cada capítulo a fim de estender a discussão que, neste livro, teve de ser breve.

Todos os autores mencionados no texto são identificados por meio da citação das obras das quais os excertos, ou outras referências, foram tiradas. Na medida do possível, os trechos selecionados das fontes originais foram extraídos de obras facilmente acessíveis, as quais os leitores podem consultar para obter mais esclarecimentos sobre o passado da Índia. Tais volumes de referência são enumerados conjuntamente, e separados das obras acadêmicas, para cada capítulo.

Prefácio

Nos últimos 20 anos, o conjunto dos "estudos subalternos" proporcionou uma contribuição imensa à reavaliação da história da Índia. Recomenda-se aos leitores consultar os volumes da série Subaltern Studies publicada pela Oxford University Press, Déli (1982-99), com vários volumes posteriores pela Permanent Black, Nova Déli. Uma seleção de ensaios tirados dos primeiros volumes foi publicada com o título de *Selected Subaltern Studies*, ed. Ranajit Guha e Gayatri Chakravorty Spivak (Oxford e Nova York: Oxford

University Press, 1988). Para uma avaliação da iniciativa dos "estudos subalternos", ver os ensaios coligidos em Vinayak Chaturvedi, ed., *Mapping Subaltern Studies and the Postcolonial* (Londres: Verso, 2000).

Benedict Anderson, *Imagined Communities* (Londres: Verso, 1983; ed. revista, 1991) teve enorme influência na orientação dos estudos sobre o nacionalismo na última década. Para a Índia, Partha Chatterjee, *The Nation and its Fragments* (Princeton: Princeton University Press, 1994) estimulou muitos debates sobre a natureza do pensamento nacionalista. Para uma narrativa alternativa da "modernidade" indiana, ver Dipesh Chakrabarty, *Provincializing Europe* (Princeton: Princeton University Press, 2000).

1. Sultões, mogóis e a sociedade indiana pré-colonial

Para uma discussão do lugar da Índia na ordem mundial como um todo, ver John F. Richards, "Early Modern India and World History", *Journal of World History* 8:2 (1997), p. 197-209; e Janet Lippman Abu-Lughod, "The World System in the Thirteenth Century: Dead-End or Precursor?", in Michael Adas, ed., *Islamic and European Expansion: the Forging of a Global Order* (Filadélfia: Temple University Press, 1993), p. 75-102. Para o "tríptico" orientalista, ver o volume de David Arnold na série New Cambridge History of India, *Science, Technology and Medicine in India* (2000), cap. 1.

Para um recente relato de referência sobre a Índia antiga, ver Romila Thapar, *Early India: From the Origins to 1300* (Berkeley: University of California Press, 2002). Para uma visão do período do Sultanato e dos mogóis que incorpora as pesquisas mais recentes, ver Catherine B. Asher e Cynthia Talbot, *India Before Europe* (Cambridge: Cambridge University Press, 2006).

Importantes estudos regionais recentes incluem Richard Eaton, *The Rise of Islam and the Bengal Frontier, 1204-1760* (Berkeley: University of California Press, 1993); Cynthia Talbot, *Precolonial India in Practice: Society, Region, and Identity in Medieval Andhra* (Oxford e Nova York: Oxford University Press, 2000); e Philip B. Wagoner, *Tidings of the King: a Translation and Ethnohistorical Analysis of the Rayavacakamu* (Honolulu: University of Hawaii Press, 1993). Sobre os movimentos *bhakti*, ver John Stratton Hawley e Mark Juergensmeyer, *Songs of the Saints of India* (Oxford e Nova York: Oxford University Press, 1998), e os excertos em Wm. Theodore de Bary, Stephen Hay e I. H. Qureshi, ed., *Sources of Indian Tradition*, vol. 1 (Nova York: Columbia University Press, ed. revista 1988).

Um relato geral acessível do Império Mogol é o de John F. Richards, *The Mughal Empire* (1993), na série New Cambridge History of India. Para uma coletânea útil de ensaios, ver Muzaffar Alam e Sanjay Subramanyam, ed., *The Mughal State 1526-1750* (Oxford e Déli: Oxford University Press, 1998). Stephen F. Dale, *The Garden of Eight Paradises: Babur and the Culture of Empire in Central Asia, Afghanistan, and India, 1483-1530* (Leiden: Brill, 2004), situa a vida de Babur, o fundador do Império Mogol, no contexto mais amplo da Ásia Central. Obras clássicas sobre a história mogol incluem a de Irfan Habib, *The Agrarian System of Mughal India* (Bombaim: Asia Publishing House, 1963); e M. Athar Ali, *The Mughal Nobility Under Aurangzeb* (1966; ed. revista Oxford e Déli: Oxford University Press, 1997). Para reflexões sobre a história da Índia meridional, ver o volume coletivo de Narayana Rao, David Shulman e Sanjay Subramanyam, *Textures of Time: Writing History in South India* (Nova Déli: Orient Longmans, 2001). Para um relato coletivo interessante dos impérios da "pólvora", ver Marshall G. S. Hodgson, *The Venture of Islam*, vol. II (Chicago: University of Chicago Press, 1974).

Estudos importantes sobre o período incluem Stephen Blake, *Shahjahanabad: the Sovereign City in Mughal India* (Cambridge: Cambridge University Press, 1991); Catherine B. Asher, *Architecture of Mughal India* (1992) na New Cambridge History of India; Sanjay Subramanyam, *The Political Economy of Commerce: Southern India, 1500-1650* (Cambridge: Cambridge University Press, 1990); e, para um relato estimulante da natureza das "castas", Susan Bayly, *Caste, Society and Politics in India from the Eighteenth Century to the Modern Age* (1999) na série New Cambridge History of India, cap. 1.

As citações foram tiradas de Ross E. Dunn, *The Adventures of Ibn Battuta: a Muslim Traveller of the Fourteenth Century* (Berkeley: University of California Press, 1986); as de Babur, de Gulbadan Begam, *The History of Humayan*, trad. Annette S. Beveridge (1902; reimpr. Déli: Low Price Publications, 1994); e as de Abu'l Fazl, de *Sources of Indian Tradition*, ed. de Bary, Hay e Qureshi.

2. O OCASO MOGOL: A EMERGÊNCIA DOS ESTADOS REGIONAIS E A COMPANHIA DAS ÍNDIAS ORIENTAIS

O século XVIII na Índia foi objeto de uma extensa historiografia revisionista recente. O melhor estudo sobre o declínio mogol é o de Muzaffar Alam, *The Crisis of Empire in Mughal North India, 1707-1748* (Oxford e Déli: Oxford University Press, 1986). Entre os estudos sobre regiões específicas, os mais úteis são os de J. S. Grewal, *The Sikhs in the Punjab* (1990) na New Cambridge History of India; Richard B. Barnett, *North India Between Empires: Awadh, the Mughals, and the British, 1720-1801* (Berkeley: University of

California Press, 1980); Bernard S. Cohn, "Political Systems in Eighteenth--Century India: the Benares Region", in Bernard S. Cohn, *An Anthropologist Among the Historians* (Oxford e Déli: Oxford University Press, 1987), p. 683-99; Stewart Gordon, *Marathas, Marauders, and State Formation in Eighteenth-Century India* (Oxford e Déli: Oxford University Press, 1994), e seu *The Marathas 1600-1818* (1993) na New Cambridge History of India; e Andre Wink, *Land and Sovereignty in India: Agrarian Society and Politics under the Eighteenth-Century Maratha Swarajya* (Cambridge: Cambridge University Press, 1986).

Sobre a religião e a sociedade, ver Susan Bayly, *Saints, Goddesses, and Kings: Muslims and Christians in South Indian Society, 1700-1900* (Cambridge: Cambridge University Press, 1989). Ralph Russell e Khurshidul Islam, *Three Mughal Poets: Mir, Sauda, Mir Hasan* (Cambridge, Mass.: Harvard University Press, 1968) é uma excelente introdução à cultura mogol tardia. Existem numerosos estudos sobre as operações das companhias mercantis europeias e o sistema de comércio no oceano Índico do século XVI ao XVIII. Para relatos gerais, ver Om Prakash, *European Commercial Enterprise in Precolonial India* (1998) na New Cambridge History of India; os ensaios em A. DasGupta e M. N. Pearson, ed., *India and the Indian Ocean, 1500-1800* (Oxford e Déli: Oxford University Press; 2ª ed., 1999); e as obras de K. N. Chaudhuri, especialmente seu *The Trading World of Asia and the English East India Company, 1660-1760* (Cambridge: Cambridge University Press, 1978).

A transição para o colonialismo pode ser estudada em Sudipta Sen, *Empire of Free Trade* (Filadélfia: University of Pennsylvania Press, 1998); C. A. Bayly, *Rulers, Townsmen, and Bazaars: North Indian Society in the Age of British Expansion, 1770-1870* (Cambridge: Cambridge University Press, 1983); e P. J. Marshall, "The British in Asia: Trade to Dominion, 1700-1760", que resume grande parte dos seus próprios estudos, em P. J. Marshall, ed., *The Oxford History of the British Empire*, vol. II, *The Eighteenth Century* (Oxford: Oxford University Press, 1998), p. 487-507. Recomenda-se também consultar dois volumes da New Cambridge History of India: P. J. Marshall, *Bengal: the British Bridgehead – Eastern India, 1740-1828* (1988); e C. A. Bayly, *Indian Society and the Making of British India* (1988). Para um relato revisionista estimulante, ver D. A. Washbrook, "Progress and Problems: South Asian Economic and Social History, c. 1720-1860", *Modern Asian Studies* 22 (1988), p. 57-96.

As citações de Bhimsen foram tiradas de J. F. Richards, "Norms of Comportment Among Imperial Mughal Officers", in Barbara D. Metcalf, ed., *Moral Conduct and Authority* (Berkeley: University of California Press, 1984); H. T.

Sorley, *Shah Abdul Latif of Bhit: his Poetry, Life and Times* (Oxford e Lahore: Oxford University Press, ed. de 1966 [1940]); as de Ananda Ranga Pillai, de Stephen Hay, ed., *Sources of Indian Tradition*, vol. II (Nova York: Columbia University Press, 1988); e Michael H. Fisher, ed., *The Travels of Dean Mahomet* (Berkeley: University of California Press, 1997).

3. O DOMÍNIO DA COMPANHIA DAS ÍNDIAS ORIENTAIS, 1772-1850

Sobre a estrutura e funcionamento do Estado da Companhia, ver Bernard Cohn, "The Language of Command and the Command of Language", in Nicholas Dirks, ed., *Colonialism and its Forms of Knowledge* (Princeton: Princeton University Press, 1996); Rosane Rocher, "British Orientalism in the Eighteenth Century", e David Ludden, "Orientalist Empiricism", in Carol Breckenridge e Peter van der Veer, ed., *Orientalism and the Postcolonial Predicament* (Filadélfia: University of Pennsylvania Press, 1993); C. A. Bayly, *Empire and Information: Political Intelligence and Social Communicaton in North India* (Cambridge: Cambridge University Press, 1996); e Radhika Singha, *A Despotism of Law* (Oxford e Déli: Oxford University Press, 1998).

As ideias que sustentaram o domínio britânico são exploradas em diversas obras clássicas. Entre elas estão Ranajit Guha, *A Rule of Property for Bengal* (1963; ed. revista, Durham: Duke University Press, 1996); David Kopf, *British Orientalism and the Bengal Renaissance* (Berkeley: University of California Press, 1969); e a influente obra de Eric Stoke, *The English Utilitarians and India* (Oxford: Clarendon Press, 1959). Um artigo importante é o de David Washbrook, "Law, State, and Society in Colonial India", *Modern Asian Studies* 15 (1981). Sobre os príncipes, ver Barbara Ramusack, *The Indian Princes and their States* (2004) na série New Cambridge History of India; e Michael Fisher, *Indirect Rule in India* (Oxford e Déli: Oxford University Press, 1993). Dois importantes estudos recentes examinam a história da Caxemira como Estado principesco e traçam um pano de fundo essencial para sua conturbada história pós-independência: são os de Mridu Rai, *Hindu Rulers, Muslim Subjects* (Déli: Permanent Black, 2004), e Chitralekha Zutshi, *Languages of Belonging* (Nova York: Oxford University Press, 2004). Para uma visão da Índia britânica do ponto de vista dos príncipes, ver Susanne Hoeber Rudolph e Lloyd I. Rudolph com Mohan Singh Kanota, *Reversing the Gaze: Amar Singh's Diary* (Boulder, Col.: Westview Press, 2002).

Estudos recentes que valem a pena ser consultados para tópicos específicos incluem os de Matthew Edney, *Mapping an Empire* (Chicago: University of

Chicago Press, 1997); Ajay Skaria, *Hybrid Histories: Forests, Frontiers, and Wilderness in Western India* (Oxford e Déli: Oxford University Press, 1999); Seema Alavi, *The Sepoys and the Company* (Oxford e Déli: Oxford University Press, 1995); e Thomas Trautmann, *Aryans and British India* (Berkeley: University of California Press, 1997). Sobre questões de gênero no período colonial, ver os diversos ensaios, sobretudo o de Lata Mani, sobre o *sati*, em Kumkum Sangari e Sudesh Vaid, ed., *Recasting Women: Essays on Colonial History* (Nova Déli: Kali for Women, 1989). A citação de uma residente inglesa de Calcutá que discute o *sati* foi tirada de Eliza Fay, *Original Letters from India (1779-1815)*, ed. E. M. Forster (Londres: Hogarth Press, 1986). Sobre os *bhadralok* e a vida social de Calcutá em geral, ver Pradip Sinha, *Calcutta in Urban History* (Calcutá, 1978); e S. N. Mukherjee, "Class, Caste and Politics in Calcutta, 1815-38", in E. Leach e S. N. Mukherjee, ed., *Elites in South Asia* (Cambridge: Cambridge University Press, 1970). *Representing Calcutta* (Nova York: Routledge, 2005), de Swati Chattopadhyay, situa, de forma sugestiva e original, a ordenação da sociedade bengali e da Índia britânica do século XIX dentro do quadro do planejamento e traçado urbano de Calcutá. Sobre os movimentos de resistência, deve-se consultar a obra influente de Ranajit Guha, *Elementary Aspects of Peasant Insurgency in Colonial India* (Oxford e Déli: Oxford University Press, 1984).

Citações extensas foram tiradas de Sita Ram, *From Sepoy to Subedar* (Londres: Routledge, 1970); as de Halhed, de Rosane Rocher, "British Orientalism" (citado anteriormente); as de Valentia, de Curzon of Kedleston, *British Government in India* (Londres: Cassell & Co., 1925); as de Trevelyan, de G. O. Trevelyan, *The Life and Letters of Lord Macaulay* (Londres: Longmans, Green, 1876).

4. Revolta, o Estado moderno e os súditos colonizados, 1848-1885

Escreveu-se muito sobre a revolta de 1857. São especialmente úteis as obras de Eric Stokes, *The Peasant Armed* (Oxford: Clarendon Press, 1986), e Rudrangshu Mukherjee, *Awadh in Revolt* (Oxford e Déli: Oxford University Press, 1984). Este último adota uma visão populista do levante que contrasta com o delineamento feito por Stokes dos antagonismos de casta e clã. Eric Stokes, *The Peasant and the Raj* (Cambridge: Cambridge University Press, 1978), situa o levante no contexto mais amplo da política agrária britânica. Sobre as consequências da revolta, especialmente os efeitos sobre a política britânica, ver Thomas R. Metcalf, *The Aftermath of Revolt: India, 1857-1870* (Princeton:

Princeton University Press, 1964). As atitudes e pressuposições que moldaram a governança indiana sob a Coroa são avaliadas em Thomas R. Metcalf, *Ideologies of the Raj* (1994), na série New Cambridge History of India. Um relato mais antigo, mas ainda estimulante, é o de Francis Hutchins, *The Illusion of Permanence* (Princeton: Princeton University Press, 1967).

As instituições do domínio britânico são examinadas em, entre outras obras, David Omissi, *The Sepoy and the Raj* (Basingstoke: Macmillan, 1994); David Arnold, *Colonizing the Body* (Berkeley: University of California Press, 1993); Nicholas Dirks, *Castes of Mind: Colonialism and the Making of Modern India* (Princeton: Princeton University Press, 2001); Dane Kennedy, *Magic Mountains* (Berkeley: University of California Press, 1996); Bernard Cohn, "Representing Authority in Victorian India", em Eric Hobsbawm e Terrence Ranger, ed., *The Invention of Tradition* (Cambridge: Cambridge University Press, 1983); Gauri Vishwanathan, *Masks of Conquest: Literary Study and British Rule in India* (Nova York: Columbia University Press, 1989). Sobre o desenho da cidade colonial, ver J. B. Harrison, "Allahabad: a Sanitary History", em K. Ballhatchet e J. Harrison, ed., *The City in South Asia* (Londres: Curzon Press, 1980); sobre a organização dos municípios, ver Narayani Gupta, *Delhi Between Two Empires, 1803-1931* (Oxford e Déli: Oxford University Press, 1981), e Douglas Haynes, *Rhetoric and Ritual in Colonial India: the Shaping of a Public Culture in Surat City* (Berkeley: University of California Press, 1991).

As citações foram tiradas de John Beames, *Memoirs of a Bengal Civilian* (Londres: Chatto and Windus, 1961; reimpr. Nova Déli: Manohar, 1984); Syed Ahmed Khan, *The Causes of the Indian Revolt* (1858, 1873; reimpr. Oxford e Karachi: Oxford University Press, 2000); Keshab Chandra Sen, "Lectures in India", in Hay, ed., *Sources of Indian Tradition*, vol. II; Harischandra foi citado em Vasudha Dalmia, "'The Only Real Religion of the Hindus': Vaishnava Self-Representation in the Late Nineteenth-Century India", in V. Dalmia e H. Von Stietencron, ed., *Representing Hinduism: the Construction of Religious Identity and National Identity* (Nova Déli: Sage, 1995), e Nazir Ahmad, *The Taubatu'n-Nasuh* (em urdu), ed. M. Kempson (Londres: W. H. Allen e Co., 1886) (também existe uma tradução em inglês por M. Kempson, ed. C. M. Naim (Déli: Permanent Black, 2004).

5. SOCIEDADE CIVIL, RESTRIÇÕES COLONIAIS, 1885-1919

Sobre a economia indiana no final do século XIX, os dois relatos nacionalistas clássicos são Romesh Chunder Dutt, *The Economic History of India*, vol. II (1904; reimpr. Déli: Publications Division, Government of India, 1960), e

Dadabhai Naoroji, *Poverty and Un-British Rule in India* (1901; reimpr. Déli: Publications Division, Government of India, 1962). Um relato útil do período inteiro do governo da Coroa e mais além é o de B. R. Tomlinson, *The Economy of Modern India, 1860-1970* (1993), na série New Cambridge History of India. Sobre o crescimento da indústria indiana, as obras mais completas são as de Rajnarayan Chandavarkar, especialmente seu *The Origins of Industrial Capitalism in India* (Cambridge: Cambridge University Press, 1994). Um estudo estimulante sobre a cultura trabalhista, que contesta as interpretações marxistas convencionais, é o de Dipesh Chakrabarty, *Rethinking Working Class History: Bengal, 1890-1940* (Princeton: Princeton University Press, 1989). Sobre a história ambiental, ver David Arnold e Ramchandra Guha, ed., *Nature, Culture, Imperialism: Essays on the Environmental History of South Asia* (Oxford e Déli: Oxford University Press, 1995).

Obras mais antigas mas ainda válidas sobre o nacionalismo indiano incluem Anil Seal, *The Emergence of Indian Nationalism* (Cambridge: Cambridge University Press, 1968); Stanley Wolpert, *Tilak and Gokhale* (Berkeley: University of California Press, 1962); e John Gallagher, Gordon Johnson e Anil Seal, ed., *Locality, Province, and Nation* (Cambridge: Cambridge University Press, 1973). Sobre mudança social e o crescimento das identidades comunitárias, ver Sandria Freitag, *Collective Action and Community: Public Arenas and the Emergence of Communalism in North India* (Berkeley: University of California Press, 1989); Gyanendra Pandey, *The Construction of Communalism in Colonial North India* (Oxford e Déli: Oxford University Press, 1990); e os ensaios da parte 2 de Sumit Sarkar, *Writing Social History* (Oxford e Déli: Oxford University Press, 1998). Dois importantes estudos recentes e originais sobre a construção da "nação" indiana são os de Manu Goswami, *Producing India: From Colonial Economy to National Space* (Chicago: University of Chicago Press, 2004), e Christopher Pinney, *"Photos of the Gods": The Printed Image and Political Struggle in India* (Londres: Reaktion Books, 2004). Este último é o primeiro relato extenso de um nacionalismo "populista" que tirava seu sustento da iconografia religiosa hindu.

Existem estudos importantes sobre vários outros dos principais movimentos de reforma do final do século XIX. Sobre o ativismo não brâmane, ver Rosalind O'Hanlon, *Caste, Conflict, and Ideology: Mahatma Jotirao Phule and Low Caste Protest in Nineteenth-Century Western India* (Cambridge: Cambridge University Press, 1985); sobre a Arya Samaj, ver Kenneth Jones, *Arya Dharm: Hindu Consciousness in Nineteenth-Century Punjab* (Berkeley: University of California Press, 1976); sobre Harischandra, ver Vasudha Dalmia, *The Nationalization of Hindu Traditions* (Oxford e Déli: Oxford

University Press, 1997). Sobre movimentos muçulmanos contemporâneos, ver Barbara Daly Metcalf, *Islamic Revival in British India: Deoband, 1860-1900* (Princeton: Princeton University Press, 1982); e David Lelyveld, *Aligarh's First Generation* (Princeton: Princeton University Press, 1977). Sobre os siques, ver Richard Fox, *Lions of the Punjab* (Berkeley: University of California Press, 1985). Sobre os debates entre as comunidades e no interior delas, ver Kenneth W. Jones, ed., *Religious Controversy in British India* (Albany: State University Press of New York, 1992). Sobre a política da "swadeshi", o estudo clássico é o de Sumit Sarkar, *The Swadeshi Movement in Bengal, 1903-1908* (Nova Déli: People's Publishing House, 1973).

Sobre questões de relações de gênero, ver Mrinalini Sinha, *Colonial Masculinity: the "Manly Englishman" and the "Effeminate Bengali" in the Late Nineteenth-Century* (Manchester: Manchester University Press, 1995); Barbara Daly Metcalf, *Perfecting Women: Maulana Ashraf Ali Thanawi's "Bhishti Zewar"* (Berkeley: University of California Press, 1990); Rokeya Sahkhawat Hossain, *Sultana's Dreams and Selections from the Secluded Ones*, ed. e trad. Roushan Jahan (Nova York: Feminist Press, 1988); e os excertos incluídos em Susie Tharu e K. Lalita, *Women Writing in India*, 2 vols. (Nova York: Feminist Press, 1992, 1993). Sobre a arte e arquitetura do final do século XIX na Índia, ver Tapati Guha-Thakurta, *The Making of a New "Indian" Art: Artists, Aesthetics and Nationalism in Bengal* (Cambridge: Cambridge University Press, 1992); Partha Mitter, *Art and Nationalism in Colonial India, 1850-1922* (Cambridge: Cambridge University Press, 1994); e Thomas R. Metcalf, *An Imperial Vision: Indian Architecture and Britain's Raj* (Berkeley: University of California Press, 1989).

As citações extensas de Naoroji foram tiradas de Hay, ed., *Sources of Indian Tradition*, vol. II; a de Rudyard Kipling, de *Kim* (1901; reimpr. Nova York e Oxford: Oxford University Press, 1987); as de Akbar, de Ralph Russell, *Hidden in the Lute: an Anthology of Two Centuries of Urdu Literature* (Harmondsworth e Déli: Viking Penguin, 1995); as do "Bande Mataram", de Hay, ed., *Sources of Indian Tradition*, vol. II; e as de Iqbal, de *Iqbal: a Selection of Urdu Verse*, ed. e trad. D. J. Matthews (Londres: University of London, School of Oriental and African Studies, 1993).

6. A CRISE DA ORDEM COLONIAL, 1919-1939

A literatura sobre Gandhi é vasta. É melhor começar pela sua autobiografia, *My Experiments with Truth* (Boston: Beacon Press, 1957), e por Rudrangshu Mukherjee, ed., *The Penguin Gandhi Reader* (Harmondsworth e Déli:

Penguin, 1993). O papel político de Gandhi na Índia é avaliado de maneira aprofundada por Judith Brown, *Gandhi's Rise to Power: Indian Politics, 1915-1922* (Cambridge: Cambridge University Press, 1972), e no seu *Gandhi and Civil Desobedience, 1928-1934* (Cambridge: Cambridge University Press, 1977). Sobre a *satyagraha* Rowlatt de 1919, ver Ravinder Kumar, ed., *Essays on Gandhian Politics* (Oxford: Clarendon Press, 1971); sobre Chauri Chaura, ver a análise pós-moderna de Shahid Amin, *Event, Metaphor, Memory: Chauri Chaura, 1922-1992* (Oxford e Déli: Oxford University Press, 1995). Para relatos gerais estimulantes do embate entre nacionalismo e colonialismo, incluindo discussões úteis sobre Gandhi, ver Ashis Nandy, *The Intimate Enemy: Loss and Recovery of Self Under Colonialism* (Oxford e Déli: Oxford University Press, 1983); e Partha Chatterjee, *Nationalist Thought and the Colonial World: a Derivative Discourse?* (Oxford e Déli: Oxford University Press, 1986).

Existem bons relatos da política nacionalista na maioria das províncias indianas. Ver especialmente David Hardiman, *Peasant Nationalists of Gujarat: Kheda District* (Oxford e Déli: Oxford University Press, 1981); Majid Siddiqi, *Agrarian Unrest in North India: the United Provinces, 1919-1922* (Déli: Vikas, 1978); e, sobre o movimento dravidiano no Sul da Índia, Sumathi Ramaswamy, *Passions of the Tongue: Language Devotion in Tamil India, 1891-1970* (Berkeley: University of California Press, 1997). Sobre o Khilafat, ver Gail Minault, *The Khilafat Movement: Religious Symbolism and Political Mobilization in India* (Nova York: Columbia University Press, 1982).

O histórico das negociações entre o Congresso e o governo britânico é examinado numa série de obras, entre as quais se destacam D. A. Low, ed., *Congress and the Raj, 1917-47* (Columbia, Mo.: South Asia Books, 1977), e seu *Britain and Indian Nationalism, 1929-1942* (Cambridge: Cambridge University Press, 1997). Sobre a história econômica do período colonial tardio, ver Amiya Kumar Bagchi, *Private Investment in India, 1900-1939* (Cambridge: Cambridge University Press, 1972; Claude Markovits, *Indian Business and Nationalist Politics, 1931-1939* (Cambridge: Cambridge University Press, 1985); e B. R. Tomlinson, *The Political Economy of the Raj, 1914-1947* (Londres: Macmillan, 1979).

As citações extensas de Gandhi foram tiradas de Mukherjee, *The Penguin Gandhi*, e de Shahid Amin, "Gandhi as Mahatma", *Subaltern Studies 3* (1984); as de Nehru, de Hay, ed., *Sources of Indian Tradition*, vol. II; e as de Azad, de Hay, ed., *Sources of Indian Tradition*, vol. II.

7. A DÉCADA DE 1940: TRIUNFO E TRAGÉDIA

Numerosos relatórios e extensas coleções de documentos registram os eventos que levaram à independência e à partição. Do lado britânico, o mais exaustivo é o conjunto de 12 volumes intitulado *India, the Transfer of Power, 1942-1947*, editado por N. Mansergh, E. W. R. Lumby e Penderel Moon (Londres: Her Majesty's Stationery Office, 1970-83). Uma compilação comparável do lado indiano está atualmente em processo de publicação. Um volume útil de ensaios é o de Mushirul Hasan, ed., *India's Partition: Process, Strategy, Mobilization* (Oxford e Déli: Oxford University Press, 1993). Relatos narrativos gerais incluem R. J. Moore, *Endgames of Empire* (Oxford e Déli: Oxford University Press, 1988), seu *Churchill, Cripps, and India* (Oxford: Oxford University Press, 1979) e, sobre os príncipes, Ian Copland, *The Princes of India in the Endgame of Empire, 1917-1947* (Cambridge: Cambridge University Press, 1997). O livro de Ayesha Jalal *The Sole Spokesman: Jinnah, the Muslim League and the Demand for Pakistan* (Cambridge: Cambridge University Press, 1985), embora controvertido, continua essencial para entender as origens do Paquistão.

A política do Punjab é explorada por David Gilmartin, *Empire and Islam: Punjab and the Making of Pakistan* (Berkeley: University of California Press, 1988), e a de Bengala é examinada por Joya Chatterjee, *Bengal Divided: Hindu Communalism and Partition* (Cambridge: Cambridge University Press, 1995). Sobre a fome em Bengala, ver Paul Greenough, *Prosperity and Misery in Modern Bengal: the Famine of 1943-44* (Oxford e Nova York: Oxford University Press, 1982).

A história social da partição, com seus massacres e raptos, só está sendo examinada agora. Os leitores podem consultar Ritu Menon e Kamla Bhasin, *Borders and Boundaries: Women in India's Partition* (Nova Déli: Kali for Women, 1998); Urvashi Butalia, *The Other Side of Silence: Voices from the Partition of India* (Harmondsworth e Nova Déli: Penguin, 1998); e a edição especial da revista australiana *South Asia* publicada em formato de livro por D. A. Low e Howard Brasted, ed., *Freedom, Trauma, Continuities: Northern India and Independence* (Nova Déli: Sage, 1998). Para um resumo útil dessa literatura, ver Gyanendra Pandey, *Remembering Partition* (Cambridge: Cambridge University Press, 2001).

As citações extensas de Jinnah e Savarkar foram tiradas de Hay, *Sources of Indian Tradition*, vol. II; e as de Nehru, dos *Speeches* de Jawaharlal Nehru, vol. I (Déli: Publications Division, 1958).

8. O governo do Congresso: democracia e desenvolvimento, 1950-1989

Sobre o desenvolvimento político da Índia independente, a pesquisa geral mais útil é a de Paul Brass, *The Politics of India since Independence* (1990), na série New Cambridge History of India. A história geral mais recente desse período é a de Bipan Chandra, Aditya Mukherjee e Mridula Mukherjee, *India After Independence* (Harmondsworth e Nova Déli: Viking Penguin, 1999). Os melhores estudos sobre a economia política da Índia nos anos de predominância do Congresso são os de Lloyd e Susanne Hoeber Rudolph, *In Pursuit of Lakshmi: the Political Economy of the Indian State* (Chicago: University of Chicago Press, 1987), e Francine Frankel, *India's Political Economy, 1914-1977* (Princeton: Princeton University Press, 1978). Uma segunda edição deste último volume, intitulada *India's Political Economy 1947-2004* (Oxford e Déli: Oxford University Press, 2005), com três capítulos adicionais, atualiza o relato até a eleição geral de 2004. Há muitos estudos feitos por economistas do desenvolvimento. Os interessados podem consultar as numerosas obras do vencedor do prêmio Nobel, Amartya Sen, e Pranab Bardhan, *The Political Economy of Development in India* (Oxford e Déli: Oxford University Press, 1985). Sunil Khilnani, *The Idea of India* (Londres: Hamish Hamilton, 1997; Nova York: Farrar Straus Giroux, 1998), oferece uma introdução acessível à construção da nação indiana desde a independência.

Um excelente portal sobre filmes em híndi, mantido por Philip Lutgendorf, está disponível em *www.uiowa.edu/~incinema*.

9. A Índia democrática na virada do milênio: prosperidade, pobreza, poder

O melhor estudo geral sobre o crescimento do nacionalismo religioso na Índia é o de Peter van der Veer, *Religious Nationalism* (Berkeley: University of California Press, 1994). Sobre a controvérsia acerca da mesquita de Ayodhya, mas sem incluir a destruição da mesquita em 1992, ver Sarvepalli Gopal, ed., *Anatomy of a Confrontation: the Babri Masjid – Ramjanmabhumi Issue* (Nova Déli: Viking, 1991). Sobre a política do BJP, ver Christophe Jaffrelot, *The Hindu Nationalist Movement in Indian Politics* (Nova York: Columbia University Press, 1996), e Thomas Blom Hansen, *The Saffron Wave* (Princeton: Princeton University Press, 1999). Sobre o papel importante desempenhado pelas mulheres na direita hindu, ver Paola Bacchetta, *Gender in the Hindu Nation: RSS Women as Ideologues* (Nova

Déli: Kali for Women, 2004). Dois importantes estudos recentes de cientistas políticos, embora com perspectivas espantosamente diversas quanto às causas e natureza da violência entre comunidades na Índia, são os de Ashutosh Varshney, *Ethnic Conflict and Civic Life: Hindus and Muslims in India* (New Haven: Yale University Press, 2002), e Paul R. Brass, *The Production of Hindu-Muslim Violence in Contemporary India* (Seattle: University of Washington Press, 2003). Para uma coletânea útil de ensaios, ver Gyanandra Pandey, *Routine Violence: Nations, Fragments, Histories* (Stanford, Calif.: Stanford University Press, 2006). Para uma discussão estimulante da política indiana, especialmente a das regiões, ver os artigos coligidos por Atul Kohli e Amrita Basu em "Community Conflicts and the State in India", na *Journal of Asian Studies 56* (1997).

Sobre as ligações cada vez mais estreitas entre cinema, televisão e política, ver Purnima Mankekar, *Screening Culture, Viewing Politics: an Ethnography of Television, Womanhood, and Nation* (Durham: Duke University Press, 1999); e Philip Lutgendorf, *The Life of a Text* (Berkeley: University of California Press, 1991). Para histórias de vida dos *dalits*, ver Viramma, Josiane Racine e Jean-Luc Racine, *Viramma – Life of anUntouchable* (Londres: Verso, 1997), e Vasant Moon, *Growing Up Untouchable in India* (Latham, Md.: Rowan and Littlefield, 2000). Numerosos portais dão informações valiosas acerca dos partidos políticos da Índia, bem como do envolvimento do país com a economia global. Foram usados aqui, para o VHP, RSS e BJP, respectivamente: *www.vhp.org, www.rss.org e www.bjp.org*. Um material excelente sobre a política e economia da Índia contemporânea está disponível no Center for the Advanced Study of India: *www.sas.upenn.edu/casi*.

As citações extensas de Nehru foram tiradas dos seus *Collected Speeches*, vol. I; as de Amartya Sen, do seu *Development as Freedom* (Nova York: Vintage Anchor, 2000); e do seu "Quality of Life: India vs. China", *New York Review of Books*, 12 de maio de 2011, acessado em *www.nybooks.com/articles/archives/2011/May/12/quality-of-life-india-vs-china*; a de V. S. Naipaul, do seu *A Million Mutinies Now* (Nova York: Viking Penguin, 1991); e a de Mohammed Habib, do portal *www.geocities.com/a_habib/Dada/ihc.html*.

ÍNDICE REMISSIVO

Abdu'l Latif Bhita'i, Shah, 66-7.
Abu'l Fazl, 41-3.
Abu-Lughod, Janet, 31.
Ackerman, J., 101.
Acordo Geral de Tarifas e Comércio (GATT), 310.
Advani, Lal Kishan, 299-301.
afegãos, 18, 23, 28, 30-1, 40-1, 58-9, 61, 69-70, 111, 116, 145 e 231.
África do Sul, 197.
Afzal Khan, 50.
Aga Khan (1877-1957), 157 e 185.
Agra, 45, 56, 61, 63-5 e 96.
agricultura,
    comercial, 151-2, 157, 223 e 275.
    Índia independente, 267-8, 270 e 273.
    infraestrutura, 315.
    mogóis, 63.
    período entreguerras, 223-4.
    produtividade, 223, 273-4 e 315-6.
    ver também imposto fundiário; *zamindari*.
Ahl-i Hadith, 168.
Ahl-I Sunnat wa'l Jama'at, 168.
Ahmad, Mirza Ghulam, 169.
Ahmad, Nazir, 146-8 e 174.
Ahmad Khan, Sayyid, 126, 130, 132, 141, 146, 162, 168-9, 185 e 187.
Ahmad Shah Abdali, 59.
Ahmadnagar, 35 e 50.
Ahmadabad, 40, 152, 190, 201 e 304.

Akali Dal, 265 e 282-3.
Akbar, imperador, 27, 41-6, 51, 58-9, 73, 135, 261 e 331-2.
Aksai Chin, 271.
al-Haq, Fazl, 222 e 237.
al-Hasan, Maulana Mahmud, 188.
Alam, Muzaffar, 56.
Alexandre, o Grande, 16 e 30.
algodão, 101, 123-4, 145, 151-2 e 180.
Ali, Amir', 168.
'Ali, Muhammad (1878-1931), 187, 189 e 207.
'Ali, Shaukat, 188.
Ali, Wazir, 100.
Aligarh, 132, 161, 185 e 237.
Allahabad, 129, 135-7 e 258.
Ambedkar, B. R., 219, 256 e 306-7.
Amin, Shahid, 203.
Amritsar, 59, 165, 207-8 e 241.
    ataque ao Templo Dourado, 281-2.
    massacre de 1919, 122, 194-5, 201, 207, 242 e 323-4.
Anderson, Warren, 284.
Andhra Pradesh, 281 e 308.
andhras, 35-8 e 264.
Andrews, C. F., 207.
árabe, língua, 30, 32, 85, 109, 112 e 147.
Arcot, 75, 97 e 320.
armas nucleares, 303.
Arnold, David, 28.
arqueologia, 90, 180 e 300.

arquitetura,
　　cidades coloniais, 92.
　　mogóis, 50 e 59-64.
　　Nova Déli, 186.
　　período do Sultanato, 40.
　　Rajputs, 61 e 65-6.
arrecadação fiscal, 65, 87 e 104.
arte, 51, 66 e 170-1.
Arya Samaj, 166-7, 174, 177 e 301.
Ashoka Maurya (c. 268-33 a.C.), 90 e 257.
Assam, 180-1, 186, 228, 233 e 271.
Associação de Reforma Social Rajahmundri, 166.
Associação dos Fiadores de Toda a Índia, 210.
Associação Hindu de Reforma Social, 166.
Associação Indiana, 162.
Associação Maometana Nacional, 162.
Associação Popular de Allahabad, 162.
Associação Presidencial de Bombaim, 162.
associações, 163-9.
asvapati, 38.
Atatürk, Mustapha Kemal, 206.
atentados suicidas, 286.
Attlee, Clement, 236 e 241.
Auckland, lorde, 115.
Aurangzeb, imperador, 27, 29, 46-50, 55-6, 58-9 e 74.
Austrália, 193 e 215.
Autorrespeito, 218.
automóveis, 312 e 316-8.
Awadh (Oudh), 135.
　　anexação, 123 e 127.
　　motins hindu-muçulmanos, 179.
　　movimentos camponeses, 210-1.
　　período mogol, 57, 65 e 300.
　　proprietários rurais, 131.
　　relações com os britânicos no século XVIII, 97-8.
　　revolta de 1857, 127-9.
　　ver também Províncias Unidas.
Ayodhya, 66, 290, 296-8, 301-6 e 315.
Azad, Maulana Abdul Kalam, 187 e 222.

Babur, Zahir al-Din Muhammad, imperador, 40-2 e 52.
Bachchan, Amitabh, 280.
Badayuni, Abdu'l Qadir, 43.

Bahadur Shah, 58, 127 e 129.
Bahmani, reino, 38.
Bajrang Dal, 301.
Baker, Herbert, 186.
Bálcãs, 187 e 355.
Baluchistão, 59 e 231.
Banaras, 164. *Ver também* Benares.
Banco Mundial, 310.
Banda Bahadur, 58.
Banerjea, Surendranath, 162 e 181.
Bangalore, 308.
bangalôs, 135 e 137.
Bangladesh, 13, 243, 272, 277 e 303-4.
Banjaras, 106 e 138-9.
Bardoli, 213.
Barelvi, Sayyid Ahmad, 111 e 130-1.
Baroda, 70.
base de dados biométricos, 316.
Bassein, Tratado de (1802), 96.
Basu, Amrita, 295.
Bayly, C. A., 91 e 94.
Bayly, Susan, 33 e 50.
Beames, John, 121-3, 130, 132, 136 e 145.
Benares, 46, 109 e 129. *Ver também* Banaras.
Bengala,
　　adda, 115.
　　bhadralok, 114, 181 e 204.
　　comunistas, 266-7 e 275.
　　conquista britânica, 76-80.
　　cultura de arroz, 273.
　　fome, 104 e 233.
　　migrações após a independência, 246.
　　movimento naxalita, 276.
　　movimento Tebhaga, 247.
　　movimentos de reforma, 174.
　　movimentos nacionalistas, 222 e 230.
　　muçulmanos, 33 e 238-9.
　　mulheres, 171-2.
　　negociações para a independência, 239-40 e 243.
　　partição (1905), 180-7 e 201.
　　período mogol, 40, 57 e 61.
　　período pré-colonial, 28, 34 e 40.
　　Permanent Settlement, 104-5, 114 e 128.
　　santals, 111.
　　século XIX, 115.
　　soberanias principescas, 123.

bengali, língua, 145.
Bentham, Jeremy, 107.
Bentinck, lorde William, 108, 112-3 e 319.
Berar, 35.
Besant, Annie, 189.
bhadralok, 114, 181, 204 e 330.
Bhairagis, 66.
bhakti, 31, 34, 38-9, 67 e 168.
Bharat, 299.
Bharatiya Lok Dal, 281.
Bharatpur, 61.
bhattis, 106.
Bhave, Vinoba, 268.
bhil, tribo, 106 e 111.
Bhimsen, 55-6.
Bhindranwale, Sant Jarnail Singh, 282.
Bhonsle, 69.
Bhopal, 284.
Bhubaneshwar, 259.
Bidar, 35.
Bihar, 78, 152, 179, 181, 186, 190, 202-3, 214, 221, 230, 241, 265, 278 e 306.
Bijapur, 38 e 47.
Bijnor, 126.
Birbal, 43.
Birla, família, 153.
Birmânia, 122, 127, 157, 179, 228 e 233-4.
Blavatsky, Madame, 189.
Bofors, caso, 286.
Bollywood, 259-61 e 290.
Bombaim, 73, 117, 152-3, 160-1, 182, 219, 236, 263, 291 e 301.
Bose, Subhas Chandra, 215, 228 e 233-4.
Brahmo Samaj, 112-3, 140, 166, 168 e 323.
brâmanes, 29, 31-2, 43-4, 49-50, 85, 117, 166, 205 e 355.
Brindaban, 48.
Buchanan, Francis, 91.
budismo, 22 e 90.
Bulhe Shah, 66.
Burke, Edmund, 84 e 94.
Butão, 250.
Buxar, batalha de (1764), 78.

Cabul, 41 e 116.
Calcutá,
　acordo de independência, 242.
　bhadralok, 114 e 204.
　capital da Índia, 94 e 186.
　comércio, 71 e 76.
　conquista britânica, 76-7.
　educação inglesa, 109 e 114.
　Grande Matança de Calcutá de 1946, 240.
　instalação dos britânicos, 93.
　Mahakali Pathshala, 174.
　partição de Bengala, 181.
　Segunda Guerra Mundial, 232.
　sociedade oitocentista, 114-5.
　Universidade Fort William, 87 e 114-5.
Calistão, 282-3.
campanhas de esterilização, 279-80.
camponeses,
　domínio colonial, 104-5.
　Império Mogol, 45.
　movimentos camponeses, 210-4, 245 e 266.
　Movimento "Saiam da Índia", 230.
　opressão, 151-2 e 216.
Canadá, 193, 215 e 282.
canais, 124-6.
Canning, lorde Charles John, 129-31.
Carlos II, 73.
cartismo, 120.
castas, 355.
　Castas e Tribos Tabeladas, 256-7 e 305.
　Comissão Mandal, 291 e 298.
　Communal Award de 1932, 219-20.
　dals, 114.
　era colonial, 117, 138, 143 e 163-4.
　e Exército, 88.
　e Gandhi, 199 e 202.
　Índia pré-colonial, 29 e 49.
　intocáveis, 19, 289 e 294. *Ver dalits* e VHP.
　não brâmanes, 143, 165, 204 e 216.
　Outras Castas Atrasadas (*Other Backward Castes* – OBC), 294, 298 e 306.
　reforma, 167 e 326.
Cawnpore (Kanpur), 129, 132-3 e 187.
Caxemira, 40-1, 116, 247-50, 271-2, 290-1, 296-7 e 303-4.
Ceilão (Sri Lanka), 157 e 286.
censos, 138, 163 e 294.
Chaitanya (1486-1533), 38.
Chandigarh, 259-60 e 282-3.
Chapekar, Balkrishna, 179.
Chapekar, Damodar, 179.

Chatterjee, Bankim Chandra, 148, 161, 169, 181 e 184.
Chatterjee, Joya, 243.
Chatterjee, Partha, 14.
Chattopadhyay, Swati, 173.
Chauhan Rajput Prithviraj, 30.
Chauri Chaura, matança de, 203, 208-9 e 334.
chettiars, 225.
chettiars nattukottai, 157.
China, 12, 16, 101-2, 157, 214, 268, 270-1, 276, 303, 309 e 316-8.
chishti, 34 e 69.
Chitral, 180.
cholas, 18.
Chowdhry, Nawab 'Ali, 184.
Churchill, Winston, 195, 207, 218, 229 e 236.
cinema, 100, 260-1 e 283.
Cingapura, 228 e 233-4.
citas, 18.
classe,
 camponeses, *ver* camponeses.
 e Gandhi, 211.
 e VHP, 301.
Clive, Robert, 77-9, 86-7, 97 e 319-20.
Código Civil Uniforme, 285, 294 e 303.
Cohn, Bernard, 55, 85 e 131.
comércio,
 Companhia das Índias Orientais, 70-5 e 101-3.
 economia colonial, 100-3.
 mogóis, 49.
 monopólios, 102.
 período do Sultanato, 31.
 pré-Primeira Guerra Mundial, 151.
 protecionismo, 180 e 223.
Comissão Eleitoral, 310.
Comissão Federal de Minorias, 294.
Comissão de Reorganização dos Estados, 264.
Comissão Mandal, 291, 298 e 302.
Comissão Simon, 215.
Communal Award de 1932, 219.
Companhia das Índias Orientais, 19 e 355.
 conquista e instalação, 69-82, 91, 100-2, 106 e 115-6.
 sociedade indiana sob o domínio da Companhia, 107-17.
 transferência da autoridade, 129-30.

Companhia das Índias Orientais holandesa, 70.
comunistas, 214, 247, 266 e 275.
comunitarismo, 175.
Conferência de Simla, 234-5 e 237.
Conferência Social Nacional, 166.
Congresso Nacional Indiano,
 aliança Congresso-muçulmanos, 189 e 205.
 cisão de 1907, 184 e 186.
 e camponeses, 211-2.
 e Indira Gandhi, 275-7 e 280.
 e muçulmanos, 161-2, 216 e 221-3.
 e o governo Attlee, 236.
 e os comunistas, 214.
 e príncipes, 219.
 estruturas, 223.
 fotografias, 211-2.
 governo do Congresso, 255-87.
 Índia meridional, 216-7.
 khadi, 210.
 Movimento "Saiam da Índia", 229-31.
 na década de 1990, 309.
 negociações para a independência, 236-7 e 239.
 origens, 150 e 161-2.
 período entreguerras, 220-1 e 226.
 Primeira Guerra Mundial, 187.
 retorno ao poder em 2004, 296.
 secularismo, 249 e 257.
 Segunda Guerra Mundial, 228-31.
 ver também eleições.
Constituição,
 abolição das categorias coloniais, 289 e 294.
 emendas, 276, 278 e 305.
 federalismo, 216 e 256.
 Índia independente, 255-7.
Coreia do Sul, 309.
Cornwallis, lorde, 83, 86-7, 93 e 104.
corrupção, 284, 289, 313-4 e 355.
corrupção ativa, 287.
Corte Suprema, 285, 289 e 298.
Cripps, Stafford, 229.
cristãos indianos, 171 e 311.
cristianismo, 44, 73, 107, 109 e 168.
cultura,
 era colonial, 88-92 e 164.
 mogóis, 65-8.
Curzon, lorde George, 149, 157, 180-3 e 320.

Daca, 76, 103 e 186.
Dadu (1544-1603), 38.
Dalai Lama, 271.
Dale, Stephen, 40-1.
dalits, 290.
   Communal Award de 1932, 219-20.
   definição, 220.
   e Gandhi, 198 e 219.
   e movimento em prol do autogoverno, 219.
   Índia independente, 256-7.
   mulheres, 301 e 305-6.
Dalmia, Vasudha, 143 e 169.
dals, 114.
Daman, 266.
Damasco, 31.
Dara Shukoh (1615-58), 46.
Darbhanga, 174.
Das, C. R., 204 e 210.
Datta, Narendranath, 167.
Daulatabad, 34 e 60-1.
Deb, Radha Kanta, 114.
Decão, 19, 27-8, 34-5, 39, 41, 47, 50, 56 e 179.
Defoe, Daniel, 147.
Déli, 34-5 e 59-61.
   capital da Índia, 186 e 194.
   cidade mogol, 66 e 140.
   conquista, 96.
   durbar imperial de 1911, 184.
   jats, 56.
   remoção das favelas, 279.
   revolta de 1857, 129 e 132.
Deoband, 168-9, 171, 188, 205 e 232.
Derozio, Henry, 109.
Desai, Morarji, 263, 278 e 280-1.
desobediência civil, *ver* não cooperação.
Devi, Phulan, 281.
devoção, 31, 34, 38, 51-2, 106 e 167-9.
Dhar, 177.
Dharma Sabha, 114.
Dia da República, 255.
diáspora, 157, 188-9, 282, 294 e 311.
Didu Miyan, 111.
Dig (Deeg), 61-2.
dinastia Lodi, 40 e 59.
dinastia omíada, 31.
direito,
   codificação, 85-6, 94-5, 138, 284 e 294.
   Código Civil Uniforme, 294 e 303.

Shah Bano, caso, 285-6.
Sultanato, 32.
Disraeli, Benjamin, 141 e 145.
Diu, 266.
Diwali, 298.
DMK, 275.
doenças, 178 e 223.
domínio britânico, *ver* domínio colonial.
domínio colonial,
   calamidades da década de 1890, 179-82.
   colaboradores, 157-63.
   Companhia das Índias Orientais, 69-79.
   conquista de Bengala, 76-81.
   conquista e instalação, 91-107 e 116.
   "Estado moderno", 118-20.
   estruturas sociais, 133-9 e 159-60.
   fardo do passado, 289-94.
   fundamento do domínio colonial, 84-95.
   governo Dalhousie, 121-6.
   governo indireto, 100.
   imperialismo britânico global, 150-7.
   indianos de educação inglesa, 143-5.
   líderes indianos "naturais", 140-2 e 159.
   modernidade, 140-4.
   período entreguerras, 193-226.
   Primeira Guerra Mundial, 187-91 e 355.
   revoltas, *ver* revoltas.
   sociedade indiana sob o domínio da Companhia, 107-17.
   sociedade pré-Primeira Guerra Mundial, 149-91.
   transferência da autoridade para a Coroa, 128-9.
dote, 270, 285, 291, 301 e 305.
Dow, Alexander, 94.
dravidianos, 17 e 216-7.
Dufferin, lorde, 122 e 149.
Dupleix, François, 74-5 e 79.
durbars, 141 e 193.
Durgapur, 269-70.
Dyer, Reginald, 194-5.

Eaton, Richard, 33.
economia,
   áreas rurais, 310 e 314.
   crescimento, 306, 309-10 e 316.
   governo de Indira Gandhi, 277-8.

governo de Rajiv Gandhi, 283-4.
Império Mogol, 48-9.
investimento estrangeiro, 284 e 310.
liberalização, 12, 289, 294-6 e 307-16.
período entreguerras, 225-6.
planejamento, 267-8.
pós-independência, 266-70.
pré-colonial, 31.
pré-Primeira Guerra Mundial, 151-2.
século XIX, 101-4.
serviços, 310.
ver também comércio.
Edney, Matthew, 91.
educação,
    alfabetização, 309 e 317.
    domínio colonial oitocentista, 109.
    Índia independente, 294, 301, 310-1 e 315-6.
    indianos de educação inglesa, 143-6 e 160-1.
    islâmica, 168.
    mulheres, 163, 170 e 305-6.
Egito, 95.
eleições, 289 e 317.
    lei de 1935, 221 e 256.
    lei de 1945-6, 258.
    lei de 1951-2, 257.
    lei de 1967, 275.
    lei de 1971, 276-7.
    lei de 1977, 280.
    lei de 1980, 281.
    lei de 1984, 283.
    lei de 1989, 286-7 e 295-6.
    lei de 1991, 12, 286, 296 e 307.
    lei de 1996, 296.
    lei de 1998, 302.
    lei de 1999, 306.
    lei de 2004, 296 e 310.
    lei de 2009, 296.
Elgin, lorde, 149.
Elizabeth I, 70.
Ellenborough, lorde, 115.
especiarias, 70-1 e 73.
estações de montanha, 133.
Estado laico, 249 e 257.
Estados Unidos, 217, 229, 257, 272, 298, 306, 308 e 311-3.
estradas, 312.
eurasianos, 93 e 136.

Exército,
    alojamentos coloniais, 135-6.
    Bajrang Dal, 301.
    e revolta de 1857, 125.
    exército britânico, 95.
    Exército Nacional Indiano, 234, 245, 248, 282 e 286.
    período mogol, 49-51.
    Primeira Guerra Mundial, 187.
    projeto imperialista, 157.
    punjabis, 132.
    raças marciais, 132.
    Segunda Guerra Mundial, 227 e 233-4.
    sipais, 87-9 e 127.
Exército Nacional Indiano, 234 e 245.

Faizabad, 88 e 231.
Farrukhsiyar, imperador, 74.
Fatehpur Sikri, 43.
federalismo, 216 e 256.
ferrovias, 119, 123-4, 142, 151-3, 161, 245 e 303.
Filipinas, 273.
Firoz Shah Tughluq (*c*. 1351-88), 34, 53 e 90.
fiscalismo militar, 63-5, 79, 81 e 97.
fome, 104-5, 179-80, 223, 233 e 272-4.
fortes, 61, 92, 135, 186 e 243-4.
França, 74-6, 79, 104, 228 e 266.
Francis, Philip, 104.
Frankel, Francine, 274.
Frente de Liberação da Caxemira, 297.
Frente Unida, 296 e 309.
fronteiras pós-independência, 264-6.
Fundo Monetário Internacional, 308 e 310.

Gabinete do vice-rei, 130.
Gaekwad, 69.
Galbraith, John Kenneth, 269.
Gama, Vasco da, 18.
Gandhi, Feroze, 272.
Gandhi, Indira,
    assassinato, 283 e 289.
    biografia, 320.
    e o Congresso, 275-7 e 280.
    estado de emergência, 278-80.
    primeiro governo, 272-80.
    retorno ao poder, 281-3.
Gandhi, Mohandas Karamchand,

assassinato, 251-4, 257 e 281.
biografia, 321.
Conferência de Simla, 234.
e classe, 211-2.
e Cripps, 229.
e hinduísmo, 197, 199 e 256.
e línguas, 264.
e migração, 157.
e os comunistas, 213.
juventude, 195-8.
legado, 258 e 261-3.
liderança, 193 e 195-206.
nacionalismo, 90.
não cooperação, 201, 203-4, 207-10 e 215-8.
não violência, 197, 199, 228 e 241.
personalidade, 200-2.
Primeira Guerra Mundial, 187.
prisão, 218.
seguidores e adversários, 197-201.
táticas políticas, 190.
visão política, 168 e 197-201.
Gandhi, Rajiv, 283-7 e 305-7.
Gandhi, Sanjay, 279-81.
Ganesh, 176.
Ganga, 17.
gaurakhshini sabhas, 177-8.
gênero, *ver* mulheres.
Genghis Khan, 40.
geografia, 14, 17 e 36-7.
Ghazna, 33.
Ghaznawi, Mahmud, 33.
Ghosh, Aurobindo, 184.
Ghosh, Nirbaran Chandra, 172.
Girni Kamgar, sindicato, 214.
Gladstone, William, 123 e 145.
Goa, 93 e 266.
Gobind Singh, guru, 59.
Godhra, 303.
Godse, Nathuram, 251 e 253.
Gokhale, Gopal Krishna, 161, 166, 175, 181-2, 184, 189-90, 252 e 321.
Golconda, 35-8 e 47.
Gopal Bhavan, 61-2.
Gosain Jadrup, 44.
gosains, 66.
governo Dalhousie, 121-6 e 131.
governo local, 142-3, 146, 150, 160-1, 182, 297 e 316.

Grécia, 187.
Greenough, Paul, 16.
greves, 213-4 e 230.
Grupo Jovem Bengala, 109.
Guerra da Sucessão Austríaca, 74-5.
Guerra dos Sete Anos, 76 e 79.
Guerra Fria, 270 e 323.
Guerras Napoleônicas, 88, 90 e 95.
gujars, 106.
Gujranwala, 250.
Gulbadan, 40.
Gupta, Narayani, 142.
Gurgaon, 310-1.
gurkhas, 132.
Guzerate, 20, 33-4, 41, 61, 97, 197, 201-2, 213, 265, 278, 290, 303-4, 314 e 317.
Gwalior, 69, 96 e 130.

Habib, Irfan, 45-6.
Haider Ali, 65.
Halhed, N. B., 85 e 90.
Hali, Altaf Husain, 175.
hanafi, escola, 32.
Hanuman, 299.
Hardinge, lorde, 115 e 153.
Hardy, Peter, 30.
Harischandra, Bharatendu, 143, 146, 160 e 168-9.
Haryana, 273 e 282.
Hastings, Warren, 83-9, 93-4, 104, 109, 285 e 321.
Hayat Khan, Khizr, 237 e 241.
Hayat Khan, Sikander, 222, 232 e 238.
Hazare, Anna, 314.
Hessing, John William, 63-4.
Hejaz, 187-8.
híndi, 146, 160, 205 e 271-2.
Hindu Mahasabha, 251-2.
hindus, 28, 89-90 e 109-10.
  associações, 166-71.
  BJP, 287, 290-1 e 302.
  código jurídico hindu, 84-5, 270, 285 e 294.
  e Gandhi, 197, 200, 250-3 e 281.
  e mulheres, 249-50 e 269.
  e Nehru, 247.
  e o Congresso, 256.
  Império Mogol, 38, 40 e 52.
  massacres decorrentes da partição, 243-6.
  militância, 250-3, 281, 290 e 298.

motins hindu-muçulmanos, 176-9, 301 e 304-6.
movimento em prol do autogoverno, 222.
negociações para a independência, 239-40.
proteção das vacas, 176-7 e 251.
relações com muçulmanos, 114, 162, 166-7, 222, 285 e 298-306.
violência no Guzerate contra os muçulmanos, 290 e 304.
Vishva Hindu Parishad (VHP), 298.
hindustâni, 252.
Hindustão, 19.
Hindutva, 252 e 303-4.
historiografia,
    Império Mogol, 45-6 e 51-3.
    na Índia oitocentista, 120-1.
    nacionalista hindu, 58 e 299-300.
    orientalistas, 28-9 e 52.
    período do Sultanato, 33.
Hoare, Samuel, 219.
Hodgson, Marshall, 52-3.
Holkar, 69.
Home Rule League, 189.
Hossain, Begum Rokeya Sakhawat, 174.
Humayun, imperador, 40.
Hume, Allen Octavian, 161-2.
hunos, 18.
Hutchins, Francis, 120.

Ibn Batuta, Abu Abd Allah al-Lawati al-Tanj, 32.
Ikramullah, Begram, 237.
Ilahahbadi, Akbar, 161.
Ilbert Bill, 145-6, 149 e 161.
Iluminismo, 120.
imposto fundiário,
    administração britânica, 104-5.
    Bengala, 78.
    maratas, 63.
    opressão, 151 e 216.
    Permanent Settlement, 104-5.
    revoltas, 213.
    sistema *jagirdari*, 46.
imposto sobre o sal, 217-8.
independência,
    declaração de Nehru, 242-4.
    Dia da Independência, 243 e 315.
    e Cripps, 229.

Estados principescos, 247-51.
massacres, 244-50.
migrações, 245.
negociações do pós-guerra, 230-7.
nova ordem econômica, 266-70.
nova ordem política, 261-6.
partição, 240-50.
proclamação da República, 16 e 255.
ver também movimento em prol do autogoverno.
indianos não residentes, 308.
Índias Orientais holandesas, 93.
índigo, 95, 151 e 190.
Indonésia, 271.
Indore, 69.
inglesa, língua, 143-55, 160 e 271-2.
insurgência maoísta, 295.
Internet, 294, 311 e 313.
intocáveis, *ver dalits*.
iogues, 43.
Iqbal, Muhammad, 169, 175, 190, 231 e 322.
Irwin, lorde, 215 e 218.
Islã,
    associações, 163-5.
    califa, 187.
    conversão ao, 30-1.
    direito pessoal, 32, 85, 285-6 e 302.
    e o Império Mogol, 44-6 e 52.
    movimentos oitocentistas, 109-10.
    pan-islamismo, 188-9.
    sufis, *ver sufis*.
    'ulama, 30-2, 43, 206, 232 e 358.
    ver também muçulmanos.
Israel, 301.

Jafar, Mir, 77-8.
Jagat Seths, 65, 77 e 80.
Jahangir, imperador, 41, 43-4, 47 e 71.
Jai Singh, Raja, 50 e 66-7.
Jaime I, 71.
jainistas, 21, 43 e 197.
Jaipur, 66-7.
Jalal, Ayesha, 232.
Jallianwalla Bagh, massacre de 1919, 122, 194-5, 201, 207, 209 e 283.
Jamiat Ulama-i Hind, 206.
Jammu, 116 e 297.

Jan Sangh, 275, 281, 287 e 301.
Janata Dal, 296-7 e 306.
Japão, 184, 228, 233, 309 e 311.
jats, 20, 47, 49, 56, 61-2, 128 e 132.
Jaunpur, 34.
Jhansi, 122.
Jinnah, Muhammad 'Ali, 190, 204, 216, 222, 231-2, 234-9, 249, 251 e 322.
Jodh Bai, 41.
Johnson, Louis, 229.
Jones, sir William, 85 e 89-90.
Jorge V, 16 e 186.
Jorge VI, 125.
jornalistas, 143.

Kabir (1440-1518), 38.
Kakatiya, reino, 33.
Kalat, 180.
Kali, 182-3.
kalighat, pinturas, 172-3.
Kanpur (Cawnpore), 129 e 134.
Kanpur, incidente de, 187.
Kargil, 290 e 303.
Karnataka, 35, 305 e 308.
Kashi Dharma Sabha, 168.
Kasim, Mir, 78.
Kaye, J. W., 139.
Kerala, 264, 266, 275 e 314.
khadi, 199, 210 e 217.
Khaliquzzaman, Chaudhuri, 221.
Khan, Abdul Ghaffer, 217.
Khan, Almas Ali, 97.
Khan, Ayub, 272.
Khan, Yahya, 276.
Khan, Zafar 'Ali, 187.
Khan Barelvi, Maulana Ahmad Riza, 168 e 187.
Khandesh, 106.
Khwaja Mir Dard, 68.
Kipling, Lockwood, 153.
Kipling, Rudyard, 157-8.
kisan sabha, 212-4 e 230.
Kitchener, lorde, 182.
Kodaikanal, 137.
Kohli, Arul, 295.
Kolhapur, 166.
Krishna, 39, 169, 177 e 299.

Krishnadevaraya, King, 38.
Kumar, Nitesh, 306.

Lahore, 162, 215, 241 e 259.
laicidade, 257 e 296.
Landowne, lorde, 149.
Lawrence, Henry, 122, 129 e 133.
Lawrence, John, 122 e 136.
Le Corbusier, 259-60.
Lei de Alienação Fundiária do Punjab de 1901, 159.
Lei de Direito à Informação, 314.
Lei de Patentes, 310.
Lei do Governo da Índia de 1858, 129.
Lei do Governo da Índia de 1935, 220-1, 242 e 255-6.
Lei dos Conselhos Indianos de 1909, 185-6.
Lei Nacional de Garantia do Emprego Rural, 315.
Leis Rowlatt, 193-4.
levantamentos, 91, 138 e 180.
levante de agosto (1942), 227-8, 230 e 236.
Liga Muçulmana,
    formação, 186-8.
    ideia do Paquistão, 227-9.
    negociações para a independência, 236-40.
    período entreguerras, 225-6.
    Primeira Guerra Mundial, 187 e 189-90.
    Resolução do Paquistão, 227.
    Segunda Guerra Mundial, 236.
    ver também Jinnah, Muhammad 'Ali.
línguas,
    anglicistas, 109.
    era colonial, 85-6 e 145-7.
    família indo-ariana, 90.
    Índia independente, 263-4.
    língua oficial, 94 e 271.
    línguas dravídicas, 166.
    línguas vernáculas, 87 e 146-9.
    período pré-colonial, 32.
    Províncias Unidas, 160.
    ver também línguas específicas.
Linlithgow, lorde, 227.
literatura,
    bhakti, 39.
    Império Mogol, 44, 50-1 e 67-9.
    Macaulay sobre a literatura indiana, 107-8.

na década de 1890, 175.
poesia, 39-40, 67-9, 147-8 e 191.
romances, 146-8 e 174-5.
sufis, 38-9.
Lok Sabha, 255, 258, 280-3, 287, 296 e 302.
Lokpal, 314.
Lucknow, 100-1, 128-9 e 133.
Lucknow, Pacto de, 189-90 e 205.
Ludden, David, 91.
Lutyens, Edwin, 186.
Lytton, lorde, 137, 141 e 145.
Lytton Gazette, 143-4 e 146.

Macaulay, Thomas Babington, 107-9, 112 e 322.
MacDonald, Ramsay, 215.
MacDonnell, sir Anthony, 160.
Mackenzie, Colin, 91.
Madhya Bharat, 263.
Madras, 73-5, 92, 105, 162, 166, 221 e 275.
madrasa, 169.
Mahabharata, 21, 44 e 299-300.
Mahajana Sabha, 162.
Mahakali Pathshala, 173-4.
Maharashtra, 60, 96-7, 105, 166, 204, 252 e 265.
Mahasabha hindu, 251.
Mahmud de Ghazna, 33.
Mahomet, Dean, 76.
Mal, Todar, 43.
Malabar, 31 e 70.
malaiala, falantes de, 265.
Malásia, 291.
Malaviya, Madan Mohan, 153 e 252.
maliki, escola, 32.
Malwa, 34 e 61.
Manipur, 180 e 315.
Mansab, 22 e 44.
Manto, Saadat Hasan, 244.
Mao Tse Tung, 268-9 e 271.
maratas, 28, 41, 50, 58, 61, 69, 95-100, 129-30 e 204-5.
marati, 146.
marati, falantes de, 265.
marwaris, 225.
Mathura, 47 e 128.
Mayawati, 306.
medicina, 164.

Meerut, 127.
Mehta, Pherozeshah, 189.
Menon, V. P., 247.
Menon, V. K. Krishna, 263.
mesquita Babri Masjid, *ver* Ayodhya.
mesquita Quwwatu'l-Islam, 33.
mesquitas, *ver* Ayodhya; Kanpur, incidente de.
México, 273.
Midnapur, 230.
migração,
    na década de 1990, 297, 301-2 e 311.
    partição, 246.
    trabalho servil, 153-7.
    ultramarina, 311.
    ver também diáspora.
Mill, James, 107.
Mill, John Stuart, 107.
Minto, lorde, 150 e 183-5.
Mir Taqi, Mir, 68.
Mirabai (c. 1498-1550), 38.
Mirza Rafi'ud-din Sauda, 69.
Mirzapur, 103.
Mittal, Sunil, 311.
modernidade, 15, 119-20, 133 e 140-4.
Modi, Narendra, 304.
mogóis, 15 e 127.
    administração, 27-9.
    Allahabad, 129.
    ascensão da Companhia das Índias Orientais, 70-6.
    cultura, 67-9.
    e domínio inglês, 127 e 130.
    estruturas sociais, 48-9 e 65.
    império, 39-53.
    literatura, 43 e 50-1.
    regionalização, 55-8 e 67-9.
    revoltas, 58-60.
    tecnologia, 51-2.
monções, 179, 211 e 273.
Montagu, Edwin, 190, 193-5, 206 e 215.
Morley, John, 182.
monte Abu, 137.
Mountbatten, lorde Louis, 242-3, 247 e 249.
movimento em prol do autogoverno,
    extremistas e moderados, 184.
    nacionalismo popular, 14 e 214.
    período entreguerras, 149 e 193-226.

Primeira Guerra Mundial, 187-91.
primórdios do nacionalismo, 161.
movimento Faraizi, 111.
movimento Ghadr, 188.
movimento Khilafat, 24, 190, 201 e 205-6.
movimento naxalita, 276 e 295.
Movimento "Saiam da Índia", 229-30.
movimento Tebhaga, 247.
muçulmanos, 29-30 e 356.
 Caxemira, 247-50.
 direito, 32, 84, 284-5 e 301.
 discriminação, 313.
 domínio colonial, 159-60.
 e mulheres, 163 e 166.
 e o Congresso, 161-2, 189-90, 205-6, 216 e 220-2.
 e Rajiv Gandhi, 284-5.
 estrutura social, 49.
 governo local, 185.
 ideia do Paquistão, 231-3, 238-9 e 285.
 literatura, 38-9 e 175.
 massacres decorrentes da partição, 243-7.
 motins hindu-muçulmanos, 176-9 e 301.
 movimento Khilafat, 24, 190, 201 e 205.
 partição de Bengala, 181 e 184-5.
 poligamia, 171.
 relações com os hindus, 14, 112, 159-60, 166-7, 298-302 e 304-5.
 representação política, 303-4.
 situação internacional, 314 e 325-6.
 Sultanato, 32-4.
 violência no Guzerate contra os, 290 e 303-4.
Mukherjee, Rudrangshu, 128.
Mukherjee, S. N., 115.
mulheres,
 corte mogol, 40.
 direitos de propriedade, 117.
 dote, 270, 285, 291, 301 e 305.
 e Gandhi, 199 e 234.
 e a revolta de 1857, 132.
 empoderamento, 305-6.
 era colonial, 170-75.
 Exército Nacional Indiano, 234.
 imagem de gênero, 302.
 Índia independente, 269 e 291.
 infanticídio feminino, 108.
 Lei da Idade de Consentimento, projeto, 176 e 178.
 luta nacionalista, 210 e 216.
 massacres decorrentes da partição, 240-1, 244-5 e 248.
 muçulmanos, 285-6.
 rani de Jhansi, 234.
 relações dos britânicos com os indianos, 93.
 reservas eleitorais, 301.
 sati, 108 e 112-3.
 Shah Bano, caso, 285-6.
Mulk, Nizamu'l, 57.
Mumbai, *ver* Bombaim.
Munro, Thomas, 105.
Murree, 137.
Murshidabad, 103.
música, 51, 67 e 311.
Mussoorie, 137.
Mysore, 65, 95, 105, 164 e 263.

nacionalismo, *ver* hindus; movimento em prol do autogoverno.
Nações Unidas, 249.
Nadir Shah, 59.
Nagpur, 69, 122 e 152.
Naicker, E. V. Ramaswami Naicker, 218.
Naipaul, V. S., 197 e 296.
Nana Sahib, 123, 128-30 e 132.
Nanak, Guru, 38-9 e 58.
não cooperação, 201, 203, 207-10 e 215-8.
Naoroji, Dadabhai, 150-1 e 190.
Napier, Charles, 116.
naqshbandi, 34.
narapati, 38.
Narayan, Jayaprakash, 231 e 278.
Narayan, Swami, 110.
Narayanan, K. R., 289.
Nehru, Jawaharlal,
 biografia, 323.
 Conferência de Simla, 234.
 declaração de independência, 241-2.
 dinastia, 202 e 286.
 e camponeses, 212.
 e Cripps, 229.
 e *khadi*, 210.
 e o assassinato de Gandhi, 251.
 internacionalismo, 228.
 morte, 271.
 primeiro-ministro, 255 e 257-71.

secularismo, 249-50, 256 e 266.
sobre a história da Índia, 289.
socialismo, 200-1, 233, 240 e 296.
Nehru, Motilal, 202, 210, 216 e 287.
Nepal, 115 e 250.
Noakhali, 241 e 251.
Nova Zelândia, 193.
Nu'mani, Shibli (1857-1914), 169.

OMC (Organização Mundial do Comércio), 310.
Ootacamund, 137.
ópio, 101-2.
oriá, língua, 263.
orientalistas, 28-9, 52, 85, 107 e 112.
Orissa, 41, 78, 136, 181, 186 e 259.
otomanos, 27, 41, 51, 65, 187, 190 e 356.
Oudh, *ver* Awadh.

Palestina, 286 e 291.
panchayats, 268, 305 e 356.
Pandit, Vijayalakshmi, 258.
pandits hindus, 297.
Panipat, batalha de (1761), 40 e 69.
Pant, Govind Balabh, 202 e 263.
Papadu, 57-8.
Paquistão, 13.
    armas nucleares, 303.
    e a Caxemira, 248-51, 272, 290-1 e 297-8.
    guerra de 1965 com a Índia, 272.
    guerra de 1971 com a Índia, 276.
    ideia do Paquistão, 231-3.
    independência, 247.
    intrusões em Kargil, 303.
    partição, 227-31 e 252.
    Punjab, 246 e 276.
parlamento, 255. *Ver também* Lok Sabha.
pársis, 73, 117, 152 e 357.
partição de 1947, 240-51 e 290.
Partido Bahujan Samaj, 306.
Partido Bharatiya Janata (BJP), 11, 287, 290, 296, 298-304, 306 e 308-11.
Partido da Justiça, 205 e 217.
Partido Janata, 280-3, 287 e 301.
Partido Krishak Praja, 222 e 237.
Partido Nacional Ruralista, 211.
Partido Samajwadi, 306.

Partido Shiv Sena, 301.
Partido Socialista do Congresso, 266 e 284.
Partido Swaraj, 210.
Partido Unionista, 222, 232, 235, 237 e 241.
partidos políticos,
    coligações da década de 1990, 296.
    e as classes oprimidas, 302-6.
    proliferação, 296.
    ver também eleições; *partidos específicos.*
Patel, Sardar Vallabhbhai, 247 e 259.
paternalismo, 121.
pathans, 50, 132 e 217.
Patil, S. K., 263.
peregrinação, 67, 135, 173, 187 e 299.
persa, 31-2, 39-40, 85 e 357.
persas, 59-60.
pestes, 179-80.
Phule, Jyotiba, 166.
Phulpur, 258.
Pillai, Ananda Ranga, 75.
pindaris, 96-7 e 106.
Pinney, Christopher, 214.
planejamento familiar, 279.
Plano Bálcãs, 242 e 264.
Plano de Bombaim de 1944, 240.
Plassey, batalha de (1757), 77 e 87.
poesia, 39, 67-9, 147-8 e 191.
poligamia, 171.
poligars, 111.
Pollilur, batalha de (1780), 96.
Pondicherry, 75, 184 e 266.
Poona, 69, 96, 123, 161 e 182.
Poona Sarvajanik Sabha, 162.
população, 15-6, 27, 223, 270, 279, 291, 312-4 e 317.
Portugal, 70 e 266.
povos tribais, 106, 294 e 298.
Presidência de Bombaim, 23 e 265.
Presidência de Calcutá, 83 e 357.
Primeira Guerra Mundial, 187-91.
príncipes,
    acordo de independência, 250-4 e 263.
    alianças subsidiárias com os britânicos, 96-9.
    Câmara dos Príncipes, 219.
    doutrina da caducidade, 105 e 123.
    e a política do Congresso, 218-20.
    e os residentes, 100.

Império Mogol, 56-7 e 75.
mecenato cultural, 164.
reinos regionais, 34-40 e 56-8.
soberanias, 122-3.
proteção das vacas, 176-9, 200-1 e 214.
Províncias Centrais, 221.
Províncias do Noroeste, 128, 135 e 179-80.
Províncias Unidas, 135, 160, 179-80, 202-3, 221 e 230.
Punjab, 18-9.
agricultura, 152, 223 e 273.
Chandigarh, 259-61 e 282-3.
conquista, 116 e 128.
e Rajiv Gandhi, 283.
fronteiras, 264-6.
Guerras Siques, 116, 122 e 128.
ideia do Paquistão, 231-2.
Império Mogol, 56 e 58-9.
massacres decorrentes da partição, 244-6.
militância na década de 1990, 297.
movimentos nacionalistas, 222.
muçulmanos, 33 e 237-9.
negociações para a independência, 237-8 e 240.
proteção das vacas, 178.
século XIX, 121.
siques, 265 e 282-4.
soberanias principescas, 122.
soldados, 132 e 244-5.
sufis, 69.
trabalho servil, 152-3.

qadiri, 34.
Qutbut'd-din Aibak, 31.

racismo, 86, 93, 107-8, 126-7, 132, 134, 138 e 145.
Raja Man Singh, 48 e 53.
Rajastão, 18, 47, 100, 122 e 152.
Rajput Pratnik Sabha, 164.
rajputs, 41, 43, 47, 49-50, 57-8, 66, 73, 97, 108, 128, 132 e 357.
Ram, 39, 67, 198, 298-300 e 358.
Ram, Sita, 88.
Ramabai, Pandita, 173.
Ramachandran, M. G., 306.
Ramakrishna, Shri, 167 e 184.
Ramaswami, Sumath, 218.

Ramayana, 44, 198 e 298-9.
Ramchandra, Baba, 211.
Ranade, Mahadev Govind, 58 e 166.
Rand, Walter, 179.
rani de Jhansi, 234.
Rao, Baji, 58.
Rao, P. V. Narasimha, 14, 296, 301 e 307-8.
Rao, V. Narayana, 57-8.
Rashtriya Swayamsevak Sangh (RSS), 252, 301 e 303-4.
Ray, Satyajit, 100.
Rebelião dos Boxers, 157.
reformas Morley-Minto, 185.
Relatório Chadwick de 1842, 134.
Relatório Nehru, 216-7.
Relatório Sachar, 304-5.
religião,
    domínio colonial, 142-3.
    Exército indiano, 88.
    ver também hindus; muçulmanos.
Rennell, James, 91.
residentes, 101.
Resolução do Paquistão (1940), 227 e 232-3.
revoltas,
    de 1857-8, 106-7, 119 e 125-35.
    kisan sabha, 210-4 e 230.
    movimentos religiosos do século XIX, 111.
    no período mogol, 56-61 e 69.
    ver também movimento em prol do autogoverno; *movimentos específicos*.
Revolução Verde, 273-4, 282, 294 e 315.
Richards, John, 51 e 56-7.
Ripon, lorde, 142 e 145.
Roe, sir Thomas, 71.
Rohillas, 59 e 69.
Roma, Spiridion, 71-3, 75-6 e 80.
romances, 146-8, 157-8 e 174-5.
Roosevelt, F. D., 229.
Roy, M. N., 214.
Roy, Ram Mohan, 112-4, 140 e 323.
Rushdie, Salman, 197.
Ruskin, John, 198.
Rússia, 184, 187, 202, 213-4, 266, 272, 276, 286 e 307-8.
ryotwari, 105.
sacas, 18.

safávidas, 27 e 41.
Sahajanand, Swami, 214.
saneamento, 134-5 e 141-2.
Sangh Parivar, 301-3 e 310.
sânscrito, 85, 109, 160, 218 e 251-2.
santals, 111.
Saraswati, Swami Dayanand, 166.
Sarkar, Sumit, 181.
Satara, 122.
sati, 108, 112 e 114.
Satyashodhak Samaj, 166.
Savarkar, V. D., 252-3.
secularismo, 249, 257, 266, 278, 280, 296 e 303-4.
    Ver também Estado laico; laicidade.
Segunda Guerra Mundial, 227-334.
Sen, Amartya, 14, 309 e 317.
Sen, Keshab Chandra, 140 e 146.
Sen, Sudipta, 78.
serviço postal, 123, 125 e 161.
serviço público,
    administração britânica, 85-6, 136-7 e 145.
    em 1945, 236.
    reformas de Cornwallis, 83 e 86.
    Serviço Administrativo Indiano, 87, 109, 256 e 277-8.
Servidores da Índia, 165.
Sèvres, Tratado de (1920), 205.
Shah Abdul Aziz, 110.
Shah Bano, caso, 285.
Shah Jahan, imperador, 27-8, 44, 49, 53 e 59.
Shah Waliullah, 69 e 110.
shaikhs, 50.
Shambaji, 58.
Sharar, 'Abdu'l-Halim, 175.
Shariat Allah (1781-1840), 111.
Shastri, Lal Bahadur, 271-2.
Shikarpur, 59.
shivaísmo, 38-9, 52, 176-7, 182 e 217.
Shivaji Bhonsle (1630-80), 50, 58 e 176.
Sholay, 280.
shuddhi, 167.
Shukla, Manohar Lal, 196.
Simla, 136.
Sind, 31, 33, 59, 116, 231 e 237.
Sindhi, Maulana 'Ubaidu'llah, 188.
Sindhia, 69.
Sindhia, Mahadji, 96.

sindicatos, 213.
Singh, Bhagat, 215.
Singh, Charan, 281.
Singh, Devi, 128.
Singh, Gulab, 116.
Singh, Khushwant, 244.
Singh, Manmohan, 13, 296, 308, 311 e 315.
Singh, Ranjit, 111 e 116.
Singh, V. P., 286-7 e 297.
Singha, Radhika, 94.
sipais, 87-9 e 127-8.
siques, 357.
    Calistão, 282 e 284.
    conquista, 116.
    domínio colonial, 160.
    e Aurangzeb, 47-9.
    e Indira Gandhi, 272-3 e 289.
    e movimento em prol do autogoverno, 226.
    Império Mogol, 56 e 58-9.
    massacres após a independência, 244.
    movimento Ghadr, 188.
    partição, 242 e 246.
    Punjab, 116, 121-3, 127, 265 e 282.
    soldados, 131-2 e 245.
    Templo Dourado, 282.
    trabalho servil, 152-3.
Siraj-ud-daula, nababo, 77-8.
Sirhindi, Shaikh Ahmad, 51.
Skaria, Ajay, 106.
Smith, Adam, 107.
socialismo, 202, 233, 257, 267, 269, 280, 296 e 310.
Sociedade Asiática de Bengala, 89-90 e 321.
Sociedade Educacional do Decão, 162, 321 e 323.
Sociedade Teosófica, 189.
sociedades, século XIX, 163-9.
software, desenvolvimento de, 290, 308 e 310.
Spear, Percival, 149.
Sri Lanka (Ceilão), 149 e 286.
Sriramalu, Potri, 264.
Stokes, Eric, 128.
sufis, 30-4, 38-9, 43, 69, 238 e 357.
suhrawardi, 34.
Sukarno, Ahmed, 271.
Sultanato, 29-34 e 44-5.
Sultanato de Déli, 29-34.
Sur, 51.

Suraj Mal, Raja, 61.
Surat, 71 e 73.
surs, 41.
swadeshi, 176, 201, 224 e 309-10.
Swatantra, 275.

Tablighi Jama'rat, 304-5.
Tagore, Debendranath, 114.
Tagore, Rabindranath, 114, 117, 173, 181, 191, 204 e 323.
Taiwan, 309.
Taj Mahal, 44-5 e 180.
Talbot, Cynthia, 33.
tâmiles, 146, 205, 217 e 286.
Tamilnadu, 271, 274-5, 286 e 306-7.
Tandon, Purushottam Das, 259.
Tanjore, 274.
Tata, família, 152.
Tata, Jamsetji, 152.
taxação,
    fiscalismo militar, 65, 80-1 e 97.
    fundiária, *ver* imposto fundiário.
    Império Mogol, 46, 63 e 65.
    imposto sobre o sal, 217-8.
tecnologia,
    domínio colonial, 119, 123-6, 137 e 160.
    Império Mogol, 51-2.
    tecnologia da informação, 311-2.
    telecomunicações, 310.
tecnologia da informação, 311.
Tegh Bahadur, guru, 47-50.
telecomunicações, 310.
telégrafo, 119, 123 e 136.
Telengana, 57.
Telengana, levante, 245 e 266.
telugo, 33 e 263.
terra,
    estruturas fundiárias, 159.
    Índia independente, 264-6.
têxteis,
    artesãos, 102.
    comércio, 74, 102, 145 e 151.
    greves, 213.
    indústria, 213-4.
    khadi, 199, 210 e 217.
thagi, 106-7.
Thakeray, Bal, 301.

Thanawi, Maulana Ashraf 'Ali, 171.
Thomason, James, 115.
Tibete, 180 e 291.
Tigres Tâmiles, 286.
Tilak, Bal Gangadhar, 58, 175-6, 179, 184, 189, 204, 252 e 323.
Timur (Tamerlão), 40 e 95.
Tipu Sultan, 65 e 95.
Tolstói, Leon, 198.
trabalho servil, 152-9.
Trevelyan, Charles, 107.
Triplicane Literary Society, 162.
Tughluq, Muhammad bin, 34.
Tughluqs, 32.
Tukaram (1608-1649), 38.
Tulsidas, 51.
turcos, 18, 27, 30 e 188.
Turquia, 188-9 e 205.
Tyabji, Badr al-din, 162.

Uganda, 153 e 156.
'ulama, 30-1, 43, 206, 232 e 358.
União Soviética, *ver* Rússia.
Union Carbide, 284-5.
Universidade Anglo-Muhammadan, 132 e 184.
Universidade de Déli, 111 e 147.
Universidade Fort William, 87 e 114-5.
Universidade Hindu, 109, 114 e 140.
Universidade Hindu de Banaras, 152-7.
Universidade Patna, 109-10.
universidades, 143 e 180.
Upanixades, 21, 46 e 112.
urdu, 68-9, 110-1, 143-4, 146-8, 160-1, 169 e 271.
Uttar Pradesh, 306.

Vajpayee, Atal Bihari, 301, 303 e 310.
Valentia, lorde, 95.
Varma, Ravi, 169-70.
vegetarianismo, 177 e 199-201.
Vidyalankar, Mrityunjay, 114.
Vijayanagar, 35.
Virasalingam (1848-1919), 166.
Vishva Hindu Parishad (VHP), 298, 230-1 e 301.
Vishvanath, Balaji, 61.
Vishwanathan, Gauri, 120.
Vitória, rainha, 131 e 140-1.

Vivekananda, Swami, 167, 175 e 184.
vishnuísmo, 39, 44, 51-2, 110 e 168.

Wajid Ali Shah, 128 e 147.
Waris Shah, 66.
Washbrook, David, 63 e 80.
Watson, J. Forbes, 139.
Wavell, lorde, 234-7.
Wellesley, lorde, 87 e 94-100.
Willingdon, lorde, 218.
Wolfe, James, 79.
Wood, sir Charles, 143.

xiitas, 43, 162, 176 e 355-6.

Yadav, Mulayam Singh, 306.
yadavs, 306.

zamindari,
    abolição, 267-8.
    definição, 45.
    domínio britânico, 106-7.
    período mogol, 46, 57, 61 e 65.
zimmi, 32.
zoroastrianos, 43 e 357.

Glossário

bhakti Atitude de culto e prática espiritual da tradição hindu caracterizada pela devoção pessoal a uma divindade, mediada amiúde por uma pessoa santa ou mestre.

brâmane A *varna* ou categoria social identificada na tradição sanscrítica clássica como a mais pura e aquela autorizada a cumprir as obrigações sacerdotais.

budista Seguidor de Gautama Buda (*n.* 560 a.C.). Como Mahavira Jain, ele rejeitou a autoridade do ritual bramânico e ensinou que o sofrimento é inseparável da existência e que devemos nos esforçar para extinguir o si e os sentidos a fim de alcançar um estado de iluminação chamado nirvana. Depois de apoiado pelo grande imperador Asoka (*c.* 269-232 a.C.), o budismo praticamente desapareceu do subcontinente indiano no século X. Ele foi revivido em meados do século XX pelo líder "intocável" Ambedkar.

califa Sucessor, usado em especial para os sucessores do profeta Maomé.

dalit Os "pisoteados", termo usado pelos antigos intocáveis para descrever sua comunidade. Nas últimas décadas, substituiu o termo *harijan* ("filhos de Deus") de Gandhi.

darbar Audiência real, salão de audiência, corte; governo executivo de um Estado principesco. Também *durbar*.

diwan O principal administrador civil de uma área sob poder dos mogóis; *diwani*, administração pública ou fisco.

feitor Agente comercial, neste caso da Companhia das Índias Orientais, residente na Índia; o termo feitoria denotava um armazém para guardar mercadorias.

hadith Tradições dos ditos e feitos do profeta Maomé.

hartal Fechamento de todas as lojas num mercado em protesto contra opressão ou maus-tratos.

imã Líder religioso; entre os xiitas, venerados descendentes masculinos do profeta Maomé, cuja sucessão se extinguiu após 12 titulares para a maioria dos seguidores xiitas, após 7 para várias seitas menores.

iogue Asceta hindu que pratica exercícios destinados a disciplinar a consciência para atingir controle e tranquilidade.

jagir O direito à receita fiscal estimada de um território, cedido por tempo limitado pelos mogóis como recompensa por um serviço; o detentor de um *jagir* é um *jagirdar*.

jainista Seguidor de Mahavira (n. 599 a.C.), que, como Buda, rejeitou a autoridade do ritual bramânico e pregou um sistema ético-filosófico ascético de negação do mundo. Especialmente bem-sucedidos nos negócios, os jainistas são uma pequena comunidade que reside sobretudo em Guzerate e Bombaim.

jat Uma comunidade camponesa e agrícola do Norte da Índia.

jesuíta Membro da Sociedade de Jesus da Igreja Católica Romana, fundada por Santo Inácio de Loyola em 1534; presente na Índia desde os seus primeiros anos através do estabelecimento de enclaves comerciais portugueses.

jizya Imposto pessoal cobrado dos não muçulmanos, que lhes dava direito à proteção e os liberava do serviço militar.

jotedar Arrecadador intermediário de impostos em Bengala, entre o camponês cultivador e o *zamindar*.

kayasth Casta do Norte da Índia, à qual muitos membros serviram desde a era mogol na burocracia governamental e em outras instituições que exigiam conhecimento de escrita, contagem etc.

khatri Casta do norte da Índia, à qual muitos membros serviram desde a era mogol na burocracia governamental e em outras instituições que exigiam conhecimento de escrita, contagem etc.

khilafat Califado, o cargo ou dignidade do califa; em "movimento Khilafat", organização que procurou impor a posição do sultão otomano como líder espiritual de todos os muçulmanos.

mansab Patente no sistema estatal mogol que implicava a obrigação de fornecer tropas em número correspondente ao da patente; o detentor de uma *mansab* é um *mansabdar*.

nababo Nawab, governador mogol; usado convencionalmente na Índia britânica como título de príncipes, chefes, entre outros, muçulmanos. O termo inglês *nabob*, uma corruptela de *nawab*, era usado para designar os ingleses que faziam fortuna repentinamente na Índia.

nabob ver *nababo*.

naib Representante, tal como um governador de província sob os mogóis; título de respeito.

otomano Vasto império da Ásia Menor e dos Bálcãs conquistado nos séculos XIV a XVI por turcos osmanli, que governaram até a dissolução do império em 1918 após a Primeira Guerra Mundial.

panchayat Conselho, corte para arbitragem de disputas, para vilas, castas ou outros grupos; oriunda da reunião tradicional de cinco (*panch*) anciões.

pandit Título de respeito para um brâmane culto; passou para o inglês como "*pundit*", perito ou autoridade em algum assunto.

pársi ver zoroastriano.

persa A língua literária e de governo do Sultanato de Déli, do Império Mogol e de outros Estados indianos pré-modernos.

peshwa Ministro-chefe marata hereditário; a partir de 1720, governante *de facto* da confederação marata.

pir "Ancião", fundador ou superior de uma ordem ou santuário sufi.

presidência A residência de um "presidente"; usado aqui para os três centros da Companhia das Índias Orientais, em Madras, Bombaim e Calcutá, estabelecidos no século XVII.

raja "Governante". Título amplamente usado na Índia britânica, não só para príncipes mas para chefes, *zamindars* etc.; habitualmente (mas nem sempre) restrito aos hindus.

rajput "Príncipe". Os clãs *rajput*, baseados no Norte e Noroeste da Índia, surgiram nos períodos medieval e mogol como príncipes guerreiros e aliados frequentes dos mogóis.

rendeiro Termo fiscal usado para uma pessoa que faz um lance para obter o direito de arrecadar impostos numa determinada área em troca do pagamento de um montante fixo ao governo.

sabha Associação ou sociedade; assembleia, conselho, corte.

sânscrito Língua indo-europeia que surgiu na Antiguidade como a língua sagrada da tradição jurídica e religiosa, cultivada pelos brâmanes.

satyagraha "Força verdadeira", um neologismo gandhiano para descrever seu método de solução de controvérsias baseado na busca compartilhada da "verdade" com um oponente, juntamente com respeito mútuo.

sayyid Muçulmanos que alegam descender do profeta Maomé.

settlement Na Índia britânica, termo fiscal usado no contexto da taxação agrícola para especificar um acordo com um indivíduo ou grupo acerca da responsabilidade de pagar um montante fixo de impostos sobre um determinado pedaço de terra; acarretava amiúde a propriedade efetiva da terra.

shaikh (1) Título de um mestre sufi (q.v.); (2) muçulmano que alega descender dos companheiros do profeta.

shari'at O conjunto das regras que regem a vida dos muçulmanos no Direito, ética e etiqueta.

sique Sikh, "discípulo", usado nesse caso para os seguidores da senda (*panth*) do mestre Guru Nanak. Ver também *bhakti*.

sudra A *varna* ou categoria social mais baixa identificada na tradição sanscrítica clássica; chamada a prestar serviços para as três *varnas* mais altas e puras.

sufi Aqueles que cultivam a dimensão interior do Islã por meio de práticas morais, disciplinas e associação com mestres sufi, que atuam como guias, professores e mediadores; um "místico".

sunitas A maioria dos muçulmanos que aceitam a autoridade dos primeiros quatro califas e o princípio do consenso para escolher os sucessores do profeta Maomé (570-632 d.C.).

swadeshi Da "sua própria terra"; usado pelos nacionalistas para incentivar a produção e o uso de produtos feitos na Índia.

swaraj Autonomia, autogoverno.

'ulama (sing.: *'alim*) Autoridades versadas nos estudos jurídicos e religiosos islâmicos.

vaixá A *varna* ou categoria social identificada na tradição sanscrítica clássica com negociantes, comerciantes e homens autorizados a realizar sacrifícios.

varna As quatro categorias hierárquicas ideais que compõem a sociedade humana (*brâmane*, *xátria*, *vaixá* e *sudra*, q.v.) nas tradições sanscríticas bramânicas, expressas sobretudo nos textos *dharmasastra* de Manu na virada do primeiro milênio.

xátria A *varna* ou categoria social identificada na tradição sanscrítica clássica com as pessoas autorizadas a exercer o poder militar e realizar sacrifícios.

xiitas A minoria de muçulmanos que rejeitam a sucessão dos primeiros quatro califas em favor dos direitos do genro do profeta Maomé, 'Ali, e seus descendentes, os imãs.

zamindar "Proprietário rural", a pessoa que arrecada e transmite a receita ou arrecadação fiscal ao governo.

zenana As habitações femininas numa casa indiana.

zoroastriano Seguidor do mestre iraniano Zoroastro (*n.* 660 a.C.), aproximadamente contemporâneo de Buda, Mahavira Jain e dos autores dos *Upanixades*, cujo monoteísmo ético, focado na divindade Ormazd, apoia-se numa luta universal entre luz e trevas. Somente pequenas comunidades de zoroastrianos continuaram depois do advento do Islã, incluindo grupos na costa ocidental da Índia conhecidos como pársis ("persas").

TOPÔNIMOS: GRAFIAS ALTERNATIVAS

Uso britânico	Uso contemporâneo
Banaras	Varanasi
Bombaim	Mumbai
Calcutá	Kolkata
Cawnpore	Kanpur
Ceilão	Sri Lanka
Daca	Dhaka
Ganges	Ganga
Jumna	Yamuna
Madras	Chennai
Oudh	Awadh
Poona	Pune
Simla	Shimla

GRÁFICA PAYM
Tel. (11) 4392-3344
paym@terra.com.br